LAUBHÜTTE DAVIDS
UND WOLKENSOHN

ARBEITEN ZUR GESCHICHTE DES ANTIKEN JUDENTUMS UND DES URCHRISTENTUMS

HERAUSGEGEBEN VON

Martin Hengel (Tübingen), Peter Schäfer (Berlin),
Pieter W. van der Horst (Utrecht), Martin Goodman (Oxford),
Daniël R. Schwartz (Jerusalem)

XXIV

LAUBHÜTTE DAVIDS UND WOLKENSOHN

Eine auslegungsgeschichtliche Studie zu Amos 9,11
in der jüdischen und christlichen Exegese

VON

SABINE NÄGELE

E.J. BRILL
LEIDEN · NEW YORK · KÖLN
1995

The paper in this book meets the guidelines for permanence and durability of the Committee on Production Guidelines for Book Longevity of the Council on Library Resources.

Library of Congress Cataloging-in-Publication Data

Nägele, Sabine
  Laubhütte Davids und Wolkensohn : eine auslegungsgeschichtliche Studie zu Amos 9,11 in der jüdischen und christlichen Exegese / von Sabine Nägele.
    p. cm. — (Arbeiten zur Geschichte des antiken Judentums und des Urchristentums, ISSN 0169-734X ; [Bd.] 24)
  Summary in English
  Includes bibliographical references and index.
  ISBN 9004101632
  1. Bible. O.T. Amos IX, 11—Criticism, interpretation, etc., Jewish. 2. Bible. O.T. Amos IX, 11—History. I. Title. II. Series.
  BS1585.2.N34 1995
  224'.806'09—dc20   94-39946
                                                              CIP

Die Deutsche Bibliothek - CIP-Einheitsaufnahme

Nägele, Sabine:
Laubhütte Davids und Wolkensohn : eine
auslegungsgeschichtliche Studie zu Amos 9,11 in der jüdischen
und christlichen Exegese / von Sabine Nägele. – Leiden ; New
York ; Köln : Brill, 1995
  (Arbeiten zur Geschichte des antiken Judentums und des
  Urchristentums ; 24)
  Zugl. : Tübingen, Univ., Diss., 1993
  ISBN 90–04–10163-2
NE: GT

ISSN   0169-734X
ISBN   90 04 10163 2

PRINTED IN THE NETHERLANDS

Meinem Mann
Ulrich Nägele
Spr 16,23f

INHALT

VORWORT

Die vorliegende Arbeit wurde im Sommersemester 1993 von der Evangelisch-theologischen Fakultät der Eberhard-Karls-Universität in Tübingen als Dissertation angenommen. Sie liegt hiermit im wesentlichen unverändert vor.

Für den des Deutschen unkundigen Leser habe ich eine ausführlichere Zusammenfassung in englischer Sprache angefertigt und im Anhang angefügt.

Mein besonderer Dank gebührt meinem Doktorvater, Prof. Dr. Otto Betz, der diese Arbeit mit großem, nie ermüdendem Interesse und seinem väterlichen Rat begleitet hat. In rabbinischer Weise ist er mir nicht nur Lehrer, sondern auch Vorbild geworden.

Ferner danke ich Herrn Prof. Dr. Martin Hengel für die Aufnahme meiner Arbeit in die Reihe "Arbeiten zur Geschichte des antiken Judentums und des Urchristentums" und dem Verlag E.J. Brill für ihr freundliches Entgegenkommen und ihre Unterstützung.

Außerdem möchte ich meinem Mann danken, der die Dissertation in seinem Herzen mitgetragen, mich immer wieder mit Wort und Tat ermutigt und schließlich selbstlos das Computerscript mit mir erstellt hat. Deshalb soll dieses Buch ihm gewidmet sein.

Böblingen, im August 1994   Sabine Nägele

EINLEITUNG

"Eine Auslegung kommt nicht zustande, indem ein Ausleger sich ohne Voraussetzungen mit einem Text auseinandersetzt; der Ausleger steht in einer bestimmten Tradition der Auslegung, mit der er sich einverstanden erklärt, von der er sich abgrenzt, von der er jedenfalls bestimmt ist. Seine Auslegung wird darum nur voll verständlich, wenn man sie als Bestandteil eines auslegungsgeschichtlichen Vorganges zu sehen vermag," schreiben L. Vischer und D. Lerch in ihrem Aufsatz "Die Auslegungsgeschichte als notwendige theologische Aufgabe."[1]

Zum Verständnis dieses "auslegungsgeschichtlichen Vorganges" soll mit der Behandlung des mir gestellten Themas ein kleiner Beitrag geleistet werden. Die Schönheit und Schwierigkeit der Stelle Am 9,11, aber auch ihre Wichtigkeit im Hinblick auf die messianische Erwartung haben eine reiche Auslegungtradition begründet.

Wir beginnen unsere auslegungsgeschichtliche Studie mit der jüdischen Exegese der genannten Stelle und besprechen zunächst die Auslegung der Qumrangemeinde, die Am 9,11 in ihren Schriften zweimal exegesiert; zum ersten in der sog. Damaskusschrift (CD 7,9b–21), zum zweiten in dem eschatologischen Midrasch 4Q Florilegium (1,10–13). Die Tatsache, daß die Stelle in den Schriften der Sekte vom Toten Meer zweimal aufgenommen wird (in CD in Verbindung mit Am 5,26f, das auch in der Stephanusrede Apg 7,42f zitiert wird) ist beispiellos und weist auf die große Bedeutung unserer Stelle für die Qumrangemeinde hin. Für den sog. Amos-Numeri-Midrasch im Damaskusdokument, der bislang als crux interpretum angesehen wurde, aber auch für 4QFlor 1,10–13, wird eine neue Deutung beigebracht.

Danach folgt eine Besprechung der Auslegung von Am 9,11 in der rabbinischen Literatur, in Targum, Talmud (bSan 96b) und Midrasch, wobei die Stelle zweimal in Auslegungsmidraschim (BerR 88,7; MTeh 76,3) und einmal in einem Homilienmidrasch (PesK 16,8) behandelt wird. Die Erwähnung von Am 9,11 im Talmudtraktat Sanhedrin verdient dabei besondere Beachtung, da sie in der christlichen Exegese mindestens seit dem Pugio Fidei des Raymundus

---

[1] L. Vischer/D. Lerch, Die Auslegungsgeschichte als notwendige theologische Aufgabe, TU 63 (1957) 414–419, 414.

Martini (1278) als rabbinischer Messiasbeleg herangezogen wird. In diesem Kapitel wird eine Deutung von bSan 96b erarbeitet, die dem zweiten Teil des Titels der vorliegenden Arbeit den Namen "Wolkensohn" verliehen hat.

Nach dieser Untersuchung der jüdischen Exegese wird die neutestamentliche Auslegung von Am 9,11 in Apg 15,13–21 einen eigenen besonderen Schwerpunkt bilden. Hier soll unter Heranziehung von exegetischen Traditionen der Qumrangemeinde versucht werden, den Hintergrund dieser schwierigen, umstrittenen und für die Entwicklung der Geschichte des Christentums ungemein wichtigen Schlüsselstelle zu erhellen, denn das sog. "Apostelkonzil" in Apg 15 bildet die "architektonische Mitte" der ganzen Apostelgeschichte, da sie den Übergang zur Heidenmission markiert. Auch für das sog. "Aposteldekret" wird eine neue Erklärung angeführt.

Nachdem so die Brücke zur christlichen Exegese von Am 9,11 geschlagen wurde, folgt nun ein diachroner Abriß der patristischen, mittelalterlichen, reformatorischen und aufklärerisch-neuzeitlichen Auslegung unserer Stelle. Wir spannen dabei einen "auslegungsgeschichtlichen Bogen," der von Ephraem Syrus (4.Jh.n.Chr.) bis E.B. Pusey (1860) reicht. Der patristische und voraufklärerische Teil (bis J.Chr.Harenberg 1763) wird durch eine Zusammenfassung abgeschlossen. Darüberhinaus wird in diesem Teil jedem Exegeten ein eigenes Kapitel, das für sich lesbar ist, zugestanden. Den Auslegern, die auch rabbinische Traditionen für ihre Untersuchungen heranziehen, wie z.B. Nicolaus von Lyra, wird dabei besondere Aufmerksamkeit zugewandt. In diesem Teil wird auch die vor 285 Jahren verfaßte Dissertation zu Am 9,11 von L.Chr. Miegius ausführlich besprochen.

Die Darstellung der modernen, von der Aufklärung geprägten Exegese von Am 9,11 (Hugo Grotius bis E.B. Pusey) wird dann wegen der Fülle des Materials, das aber gleichzeitig durch einen Mangel an Originalität und Kreativität gekennzeichnet ist, durch eine thematisch orientierte Abhandlung "Neuere Auslegung ab 1860" abgeschlossen und in zwei Linien der Auslegung übersichtlich zusammengefaßt. Die Literatur dieses abschließenden Teils wird wegen der sachlich ausgerichteten Darstellung dieses Kapitels im Anhang als Sekundärliteratur bibliographiert und somit nicht als Quelle.

Zum Schluß wird sich meine eigene Exegese der Amosstelle (unter Einschluß von Vers 12, da dieser auch in der neutestamentlichen Stelle mitzitiert ist) anschließen, deren besonderer Schwerpunkt auf dem Kapitel "Traditionsgeschichte" liegen wird. Da die Wendung

"Hütte Davids", die ja das Thema der vorliegenden Arbeit bildet, in Am 9,11 bis jetzt noch nicht befriedigend erklärt werden konnte, werden auch bislang noch nicht beachtete altorientalische Traditionen und Parallelen zur Erklärung des Begriffs "Hütte" herangezogen. Die hierbei beschrittenen Lösungswege und ihre Ergebnisse können dann dazu dienstbar gemacht werden, das Problem des traditionsgeschichtlichen Hintergrundes auch der Verse 12–15 zu beleuchten. Erst von hier an wird eine endgültige Klärung der literarkritischen Problematik unseres Textes möglich sein.

Wie wir sehen werden, bilden "Laubhütte Davids" und "Wolkensohn" die beiden Pole der jüdisch-christlichen Auslegung unserer Stelle, weshalb die vorliegende Arbeit diesen beiden Begriffen ihren Titel verdankt.

ÜBERSETZUNG VON AMOS 9

1 Ich sah den Herrn auf dem Altar stehen und er sprach: Schlage auf den Knauf und die Schwellen werden erbeben. Ich zerschmettere ihnen allen den Kopf und ihren Rest töte ich mit dem Schwert. Keiner von ihnen kann flüchten und keiner von ihnen kann sich retten.

2 Wenn sie in die Unterwelt einbrechen, meine Hand nimmt sie von dort weg. Wenn sie zum Himmel hinaufsteigen, hole ich sie von dort herunter.

3 Wenn sie sich auf dem Gipfel des Karmel verstecken, ich spüre sie von dort auf und ergreife sie. Wenn sie sich verbergen vor meinen Augen auf dem Grund des Meeres, gebiete ich der Schlange, sie zu beißen.

4 Und wenn sie vor ihren Feinden her in die Gefangenschaft ziehen, gebiete ich dort dem Schwert, daß es sie tötet. Ich habe mein Auge auf sie gerichtet zum Bösen und nicht zum Guten.

5 Und der Herr JHWH der Heere, der die Erde berührt, daß sie schwankt und alle trauern, die auf ihr wohnen. So daß sie sich ganz hebt wie der Nil und sich ganz senkt wie der Nil von Ägypten.

6 Der im Himmel seine Hochgemächer baut, sein Gewölbe auf der Erde gründet, der den Wassern des Meeres ruft und sie ausgießt auf das Antlitz der Erde, JHWH ist sein Name.

7 Seid ihr nicht wie die Söhne der Kuschiten für mich, Söhne Israels? Spruch JHWHs. Habe ich nicht Israel heraufgeführt aus dem Land Ägypten wie die Philister aus Kaphtor und Aram aus Kir?

8 Siehe, die Augen des Herrn JHWH sind auf das sündige Königreich/-tum gerichtet. Ich will es vertilgen vom Antlitz des Erd-

bodens. Doch will ich das Haus Jakobs nicht völlig vertilgen, Spruch JHWHs.

9   Denn siehe, ich befehle und schüttle unter (in) allen Völkern das Haus Israel wie man mit dem Sieb schüttelt und kein Steinchen fällt zur Erde.

10   Durchs Schwert sterben alle Sünder meines Volkes die sagen: "Nicht führst du herbei, nicht bringst du an uns heran das Unheil."

11   *An jenem Tag richte ich auf die gefallene Hütte Davids und vermaure ihre (pl.) Risse und seine (!) Trümmer richte ich auf und ich baue sie wie in den Tagen der Vorzeit,*

12   damit sie einnehmen den Rest von Edom und alle Völker über die mein Name ausgerufen ist, Spruch JHWHs, der dies tut.

13   Siehe es kommen Tage, Spruch JHWHs, da naht sich der Pflüger der Schnitter und der Traubenkelterer dem Sämann, da triefen die Berge von Most und alle Hügel werden erweicht.

14   Dann wende ich das Geschick meines Volkes Israel und sie bauen die verwüsteten Städte wieder auf und wohnen darin. Sie pflanzen Weinberge und trinken ihren Wein; sie legen Gärten an und essen ihre Früchte.

15   Ich pflanze sie in ihren Boden ein und sie sollen nicht mehr herausgerissen werden aus ihrem Boden, den ich ihnen gegeben habe, spricht JHWH, dein Gott.

SYNOPSE VON AMOS 9,11F IN DEN ANTIKEN VERSIONEN

MT	LXX	Vulgata	Targum	Versio Syriaca
בַּיּוֹם הַהוּא אָקִים	ἐν τῇ ἡμέρᾳ ἐκείῃ ἀναστήσω	in die illo suscitabo	בְּעִדָּנָא הַהִיא אֲקִים	bh bjwmʾ hw ʾqjm
אֶת סֻכַּת דָּוִיד הַנֹּפֶלֶת	τὴν σκηνὴν Δαυιδ τὴν πεπτωκυῖαν	tabernaculum David quod cecidit	יָת מַלְכוּתָא דְּבֵית דָּוִיד דִּנְפַלַת	mšknh ddwd dnpl
וְגָדַרְתִּי אֶת פִּרְצֵיהֶן	καὶ ἀνοικοδομήσω τὰ πεπτωκότα αὐτῆς	et reaedificabo aperturas murorum eius	וְאַבְנֵי יָת קִרְוֵיהֶן	wʾswg twrʿthwn
וַהֲרִסֹתָיו אָקִים	καὶ τὰ κατεσκαμμένα αὐτῆς ἀναστήσω	et ea quae corruerant instaurabo	וְכִנְשָׁתְהוֹן אֲקִים	wmshpjhwn ʾqjm
וּבְנִיתִיהָ כִּימֵי עוֹלָם	καὶ ἀνοικοδομήσω αὐτὴν καθὼς αἱ ἡμέραι τοῦ αἰῶνος	et reaedificabo eum sicut diebus antiquis	וְאַמְלְכִנּוּן כְּיוֹמֵי עָלְמָא	wʾbnjh ʾjk jwmtʾ dʿlm wʾjk šnjʾ ddrdrjn
לְמַעַן יִירְשׁוּ אֶת שְׁאֵרִית אֱדוֹם	ὅπως ἐκζητήσωσιν οἱ κατάλοιποι τῶν ἀνθρώπων	ut possideant reliquias Idumeae	בְּדִיל דְּיֵירְתוּן יָת שְׁאָרָא דֶּאֱדוֹם	mtl dnʾrtwn šrkʾ dʾdwm
וְכָל הַגּוֹיִם	καὶ πάντα τὰ ἔθνη	et omnes nationes	וְכָל עַמְמַיָּא	wklhwm ʿmmʾ
אֲשֶׁר נִקְרָא שְׁמִי עֲלֵיהֶם	ἐφ᾽ οὓς ἐπικέκληται τὸ ὄνομά μου ἐπ᾽ αὐτούς	eo quod invocatum sit nomen meum super eos	דְּאִתְקְרִי שְׁמִי עֲלֵיהוֹן	dʾtqrj šmj ʿljhwn
נְאֻם יְהוָה	λέγει κύριος	dicit Dominus	אֲמַר יְיָ	ʾmr mrjʾ
עֹשֶׂה זֹּאת	ὁ ποιῶν ταῦτα	faciens haec	דְּעָבֵד דָּא	dʿbd hljn

GESCHICHTE DER AUSLEGUNG

A. Jüdische Auslegung

1. *Qumran*

In den Schriften der Gemeinde am Toten Meer sind uns zwei Belege ihrer Auslegung von Am 9,11 überliefert: Einer in der sogenannten Damaskusschrift (CD 7,9b–21), der andere in einer Sammlung eschatologischer Midraschim[1] (4QFlor 1,10–13).

1) Wir setzen mit *CD 7,9b–21* ein. Seit der Auffindung von Fragmenten der Damaskusschrift in den Höhlen 4, 5 und 6 von Qumran gilt die Herkunft dieser Texte aus der Gemeinde vom Toten Meer als sicher.[2] Vor den Qumranfunden war die Damaskusschrift nur aus drei mittelalterlichen Handschriften (Ms A1; A2 und B, 10. bzw. 12. Jh.), die 1896 in der Geniza der Esra-Synagoge in Alt-Kairo gefunden worden waren,[3] bekannt.

Die Handschrift B geht mit Teilen von A (7,5–8,21) partiell parallel, was in der Forschung zu allerlei literarkritischen Operationen Anlaß gegeben hat.[4] Die uns interessierende Stelle CD 7,9b–21 ist davon nicht betroffen, da sie in der Handschrift B keine Parallele

---

[1] So die Klassifizierung bei J.M. Allegro, Further Messianic References in Qumran Literature, JBL 75 (1956) 174–187, 176f und Ders., Fragments of a Qumran Scroll of Eschatological Midrašîm, JBL 77 (1958) 350–354.

[2] G. Vermes, The Dead Sea Scrolls, 2nd. ed., London 1982, 49.

[3] S. Schechter, Fragments of a Zadokite Work. Documents of Jewish Sectaries I, Cambridge 1910.

[4] Angefangen bei dem Versuch, die Handschriften in eine befriedigende Reihenfolge zu bringen:

I. Lévi, Un Écrit Sadducéen Antérieur à la Destruction du Temple, REJ 61 (1911) 161–205.

C. Rabin, The Zadokite Documents, Oxford 1958, 28.

I. Rabinowitz, Sequence and Dates in the Extra-Biblical DSS Texts and the "Damascus Fragments", VT 3 (1953) 175–185, 175.

J.T. Milik, Ten Years of Discoveries in the Wilderness of Judaea, London 1959, 152.

J. Carmignac, Comparison entre les manuscrits "A" et "B" du Document de Damas, RdQ 2 (1959/60) 53–67.

A.M. Denis, Les thèmes de connaissance dans le Document de Damas, Louvain 1967 (StHell 15) 146.

J. Murphy-O'Connor, The Original Text of CD 7,9–8,2 = 19,5–14, HThR 64 (1971) 379–386.

hat. Die Gemeinsamkeiten enden bei CD 7,10 (Ms A1) bzw. CD 19,7 (Ms B).[5] In Manuskript A folgen dann Zitate aus Jesaja, Amos und Numeri, in Manuskript B aus Sacharja und Ezechiel.[6] Diese Tatsache rechtfertigt die isolierte Behandlung von CD 7,9b–21. M.E. ist die Erklärung für die Abweichung von Ms A1 und B an unserer Stelle darin zu suchen, daß in der exegetischen Technik der Qumranleute die Schriftbelege auswechselbare Größen waren, die je nach der Intention des Grundtextes eingefügt werden konnten. Dafür spricht auch die Existenz von Testimonien und Florilegien, ferner die Verwendung von Am 9,11 in CD 7 und 4QFlor jeweils in Kombination mit anderen Schriftstellen und damit in anderer Aussageabsicht. Diese Tatsache scheint mir die Divergenzen von Ms A und B besser zu erklären, als die Annahme zahlreicher Schreibfehler wie sie z.B. Murphy-O'Connor voraussetzt.[7] Davon abgesehen gehen Murphy-O'Connor, Brooke und Davies[8] von einer Priorität des B-Textes aus, der, nachdem der Sacharja-Ezechiel Midrasch durch aberratio oculi ausgefallen sei, mit dem Amos-Numeri Midrasch aufgefüllt worden sei. Auf diese Weise sei der Text A entstanden. Dem steht allerdings entgegen, daß nur die Texttradition von Ms A1 durch die Qumranfunde bestätigt wird.[9] Deshalb sollten die beiden Handschriften als eigenständige Zeugen exegetischen Bemühens der Qumransekte betrachtet werden.

Ders., A Literary Analysis of the Damascus-Document VI, 2–VIII, 3, RB 78 (1971) 210–232.

H. Stegemann, Die Entstehung der Qumrangemeinde, Diss. Bonn 1971 (1965) 165.

G.J. Brooke, The Amos-Numbers Midrash (CD 7,13b–8,1a) and Messianic Expectation, ZAW 92 (1980) 397–404.

Ph.R. Davies, The Damascus Covenant. An Interpretation of the "Damascus Document", Sheffield 1983 (JSOT-Supplement Series 25).

F.M. Strickert, Damascus Document VII, 10–20 and Qumran Messianic Expectation, RdQ 12 (1986) 327–349.

[5] S. die Synopse bei F.M. Strickert, Damascus Document VII, 10–20 and Qumran Messianic Expectation, a.a.O., 346–349. Die bisherigen Lösungsversuche werden gut zusammengefaßt auf S.327–329 und bei Ph.R. Davies, The Damascus Covenant, a.a.O., 145, sodaß sie hier nicht von neuem vorgeführt werden müssen.

[6] J. Murphy-O'Connor, A Literary Analysis of the Damascus Document VI, 2–VIII, 3, a.a.O., 223 nimmt dies zum Anlaß, CD 7,13c–8, 1a gar nicht erst zu besprechen, da die Stelle eine sekundäre Einfügung in Ms A sei. Das gleiche gilt für Ph.R. Davies, The Damascus Covenant, a.a.O., 147: "Because the midrash is secondary, we cannot assign any independent value to its witness regarding the historical traditions of the community."

[7] Vgl. den Artikel in HThR 64 (1971) a.a.O.

[8] S. Anm. 4

[9] H. Stegemann, Die Entstehung der Qumrangemeinde, a.a.O., 128. Unsere Stelle ist allerdings in den Qumranfunden nicht vertreten. G. Vermes, The Dead Sea

CD 7,9b–21 lautet in Übersetzung:[10]

9 Und alle die, die <Ms B: die Gebote und die Gesetze> verachten, wenn Gott das Land heimsuchen wird, die Taten der Gottlosen auf sie zurückfallen zu lassen, über sie gilt

10 beim Eintreffen des Wortes, das geschrieben steht in den Worten des Jesaja, dem Sohn des Amoz, des Propheten,

11 der gesagt hat: "Er läßt kommen[11] über dich und über dein Volk und über das Haus deines Vaters Tage wie

12 sie nicht[12] gekommen sind von dem Tage an als Ephraim von Juda abfiel" (Jes 7,17, vgl. CD 14,1); bei der Trennung der zwei Häuser Israels[13]

13 fiel Ephraim von Juda ab[14] und alle Abtrünnigen wurden dem Schwert überliefert,[15] und die Standhaften

14 retteten sich ins Land des Nordens, wie gesagt wurde: "Und ich

Scrolls, a.a.O., 49. J. Carmignac, Comparison entre les manuscrits "A" et "B" du Document de Damas, a.a.O., 66 meint, man müsse zwischen beiden Texten wählen und entscheidet sich für Ms A (gegen Ph.R. Davies, The Damascus Covenant, a.a.O., 145, der Carmignac im entgegegesetzten Sinn referiert. Hier muß bei Davies ein Mißverständnis vorliegen). Auch F. Strickert, Damascus Document VII, 10–20 meint, daß die Textabweichungen in Ms B eine absichtliche Neuschöpfung seien. S. die Kritik bei A.S. van der Woude, Die messianischen Vorstellungen der Gemeinde von Qumrân, Assen 1957, 38f.
[10] Als Textgrundlage dient E. Lohse, Die Texte aus Qumran. Hebräisch und deutsch, 3., gegenüber der zweiten unveränd. Aufl., München 1981, 80f. Zum Vergleich wurden Ch. Rabin, The Zadokite Documents, 2nd. rev. ed., Oxford 1958, 28f und L. Rost, Die Damaskusschrift, Berlin 1933 (Kl. Texte f. Vorlesungen und Übungen, hrsg. H. Lietzmann, 167) 16f herangezogen.
[11] Zitat Jes 7,17. Dort steht allerdings יהוה יביא. CD liest aber eindeutig יביא, ohne folgendes Tetragramm, s. S. Zeitlin, The Zadokite Documents. Facsimile of the Manuscripts in the Cairo Genizah Collection, Philadelphia 1952 (JQR. MS 1) VII. Es muß sich bei CD um einen Schreibfehler handeln, es sei denn, der Autor hätte die unpersönliche Formel: "Siehe Tage kommen" / הנה ימים באים wegen ihres eschatologischen Nachklangs im Sinn gehabt.
[12] Ergänzung der Negation nach Jes 7,17 in CD 14,1. Annie Jaubert, "Le pays de Damas", RB 65 (1958) 214–246, 227 will die positive Aussage beibehalten.
[13] Der Satz dient sowohl als Kommentar zum Jesajazitat wie zur Einführung von Z.13.
[14] A.S. van der Woude, Die messianischen Vorstellungen der Gemeinde von Qumrân, a.a.O., 40 übersetzt: "wurde Ephraim Fürst über Juda" und übergeht das מעל, dem etwas Partitives innewohnt. Ich kann seiner Übersetzung nicht zustimmen, zumal für סור die Schreibung שור in Hos 12,9 belegt ist. L. Rost, Die Damaskusschrift, a.a.O., 16 ändert in סר. Ottilie Schwarz, Der erste Teil der Damaskusschrift und das Alte Testament, Lichtland/Diest, o.J. (Diss. Nijmegen 1965) läßt beide Übersetzungsmöglichkeiten nebeneinander stehen, s.S.38f.
[15] Nach Ausweis von S. Zeitlin, The Zadokite Fragments, a.a.O., VII ist mit Rabin und Lohse הוסגרו zu lesen.

werde ins Exil führen den Sikkut eures Königs

15 und den Kijjun eurer Bilder[16] aus Meinem Zelt <מאהלי> nach
Damaskus / aus den Zelten <מאהלי> von Damaskus."[17] (Am
5,26f). Die Bücher der Tora, sie sind die Laubhütte (סוכת)

16 des Königs wie gesagt wurde: "Und ich werde aufrichten die
gefallene Laubhütte Davids"[18] (Am 9,11). Der König,

17 er ist die Gemeinde (הקהל), und die Sockel der Bilder[19] und der
Kijjun der Bilder, sie sind die Bücher der Propheten

18 deren Worte Israel verachtet hat. Und der Stern, er ist der Er-
forscher der Tora

19 der nach Damaskus kommt / gekommen ist,[20] wie geschrieben
steht: "Es tritt ein Stern auf aus Jakob und es ersteht ein Herrscherstab

20 aus Israel" (Num 24,17). Der Herrscherstab, er ist der Fürst der
ganzen Gemeinde
(כל העדה) und bei seinem Auftreten "wird er niederwerfen

21 alle Söhne Seths." Diese wurden gerettet zu ersten[21] Zeit der

---

[16] E. Lohse, Die Texte aus Qumran, a.a.O., 81 übersetzt singularisch "euer Bild"
im Gegensatz zum hebräischen Text, der ein Nomen im status constructus Plural
bietet. Bei den Gestirnnamen wurde von mir die masoretische Vokalisation beibehalten.

[17] Diese beiden Deutungsmöglichkeiten läßt der Konsonantenbestand zu. E. Lohse,
Die Texte aus Qumran, a.a.O., 81 bietet eine Krasis aus MT und einer Möglichkeit von CD: "über die Zelte von Damaskus hinaus", während sich R.H. Charles,
The Apocrypha and Pseudepigrapha of the O.T., vol. II: Pseudepigrapha, Oxford
1969 (=1913), Anm.5 S.816 für die Lesart von MT entscheidet und CD als korrupt
erklärt. Ch. Rabin, The Zadokite Documents, a.a.O., Anm. 2 ad Z. 15, S.29 hält
die Lesart von CD für eine echte Variante. Ein Forschungsüberblick ist bei Ottilie
Schwarz, Der erste Teil der Damaskusschrift und das AT, a.a.O., 121f zu finden.
Es ist seltsam, daß CD das ל vor דמשק in MT nicht beibehalten hat; es würde sehr
gut zu seiner Neuinterpretation passen.

[18] Wie M. Burrows, Die Schriftrollen vom Toten Meer, München 1957, 294 zu
seiner Übersetzung: "Die Bücher des Gesetzes sind die Halle des Königs... 'Ich
will die *Halle* Davids aufrichten'" kommt, ist unklar (Hervorhebung von mir).

[19] Soweit ich sehe, wird die Phrase in fast allen Übersetzungen als Schreibfehler
gestrichen. L. Rost, Die Damaskusschrift, a.a.O., 16 liest mit dem Vorschlag von
L. Ginzberg, Eine unbekannte jüdische Sekte, New York 1972 (=1922) 47: וכינוי
"die Benennung". Der handschriftliche Befund (s. wieder die Faksimileausgabe von
Zeitlin) könnte tatsächlich so gedeutet werden. Schließlich schlägt Ginzberg noch
eine Deutung von כיון im Sinne von "gerade machen" vor (S.48). Die Konjektur
von A. Dupont-Sommer, Die Essenischen Schriften vom Toten Meer, Tübingen
1960, Anm.2 S.147 ist vom Handschriftentext her unmöglich.

[20] Grammatikalisch läßt sich nicht entscheiden, ob הַבָּא als substantiviertes Partizip aufzufassen ist, oder ob das Wort in die Bestandteile ה = Relativpronomen +
3.pers. sg.qal. perf. zerlegt werden muß. Im ersten Fall müßte der Kontext über das
Tempus entscheiden, da das Partizip im Hebräischen zeitlos ist.

[21] Das mask. הראשון bezieht sich appositionell auf das ebenfalls mask. קץ. In CD

Heimsuchung, aber die Abtrünnigen[22] wurden dem Schwert überliefert.

CD 1–8 (Ms A1) wird seit ihrer Entdeckung formgeschichtlich als "Mahnrede" charakterisiert:[23] "It has become customary to divide CD into two parts, corresponding to A1/B (=I–VIII / XIX–XX) and A/2 (=IX–XVI). The nomenclature *Admonition* and *Laws* respectively is now commonplace."[24]

M.E. ist es nicht unmöglich, Ms A1 als *Apologie* der Gemeinschaft vom Toten Meer zu lesen. Dafür spricht der eingestreute Abriß der Geschichte Israels in nuce und die Gegenwartsanalyse—beide typische Bestandteile apologetischer Argumentation: Aus dem gegenwärtigen verderbten Zustand des Gottesvolkes und der vorausgegangenen Geschichte als einer Geschichte des Abfalls von Gott und seinen Geboten soll die Notwendigkeit des abgesonderten Lebens zwingend begründet werden (CD 6,14f), wobei Schriftzitate den Argumentationsgang stützen. Dieser Schuldaufweis aus Geschichte und Gegenwart

---

19,11 kommt die Phrase ebenfalls vor—und um die Verwirrung perfekt zu machen—in einer Konstruktusverbindung: בקץ פקדת הראשן. Man muß also entweder unserem Vorschlag folgen, dann wäre in CD 19,11 הפקודה nach 7,21 zu emendieren, oder man nimmt eine grammatikalische Unregelmäßigkeit an und beläßt beide Stellen. Die verschiedenen bisherigen Lösungsvorschläge sind übersichtlich zusammengefaßt bei A.S. van der Woude, Die messianischen Vorstellungen der Gemeinde von Qumrân, a.a.O., Anm.8 S.42.

An dieser Stelle soll auch darauf aufmerksam gemacht werden, daß קץ hier auch mit "Ende" übersetzt werden kann. Die Bedeutung "Zeit", die für die ganze Damaskusschrift gewöhnlich vorausgesetzt wird, ist eigentlich erst im talmudischen Hebräisch belegt.

[22] Korrektur nach 7,13.

[23] Z.B. L. Rost, Die Damaskusschrift, a.a.O., 3. A. Rubinstein, Urban Halakha and Camprules in the "Cairo Fragments of a Damascus Covenant", Sef. 12 (1952) 283–296, 291. I. Rabinowitz, Sequence and Dates of the Extra-Biblical DSS Texts and the "Damascus Fragments", VT 3 (1953) 175–185, 175. Ch. Rabin, The Zadokite Documents, a.a.O., X. K.G. Kuhn, Der gegenwärtige Stand der Erforschung der in Palästina neugefundenen hebräischen Handschriften, ThLZ 85 (1960) Sp. 649–657, 652f nimmt eine Homilie als Grundschrift an, in die midraschartige Stücke sekundär eingestreut worden seien.

J. Murphy-O'Connor sieht CD 7,4–8,3 als von Interpolationen durchsetzten (7,6b–8; 7,13c–8,1a) ermahnenden Epilog, der wiederum Teil eines Memorandums sei: A Literary Analysis of the Damascus Document, a.a.O., 227. Innerhalb des Epilogs sei 7,9–8,3 als Warnung anzusprechen (S.223).

Ph.R. Davies, The Damascus Covenant, a.a.O., 144, spricht von einer Mahnrede ("Admonition"), in die die Warnungen CD 7,10–8,2a und 8,2b–18 sekundär eingefügt worden seien.

[24] Ph.R. Davies, The Damascus Covenant, a.a.O., 48 (Hervorhebung im Original).

wird gesteigert durch die Aufzählung der positiven Forderungen des Gesetzes (6,15–7,9), deren Erfüllung in dieser Zeit der Gottlosigkeit nur in der Absonderung von der gesetzlosen massa perditionis und ihrem unreinen Tempelkult möglich ist. Denn die Heimsuchung aller Verächter des Gotteswillens steht bevor (CD 19,5f; 7,9b). Diese kleine Geschichte von Gesetzesgehorsam und Abfall soll den Weg der Qumranleute nach außen rechtfertigen und nach innen die Überzeugung der Ordensmitglieder von der Richtigkeit ihres Weges der Absonderung stärken.

In diesen Rahmen gehört unsere Stelle CD 7,9b–21.[25] Sie setzt ein mit der Androhung des eschatologischen Gerichts, das durch das Schriftzitat Jes 7,17 belegt und überhöht wird: Die letzte Heimsuchung wird das Gericht, das Israel mit der Reichstrennung und der anschließenden Vernichtung des Nordreiches[26] durch die Assyrer traf, bei weitem übertreffen. Bei der Katastrophe von 722 v.Chr. dienten in der Sicht von CD die Assyrer als Gerichtswerkzeuge zur Vernichtung der Abtrünnigen, d.h. die Bestrafung des Nordreiches ist zugleich eine Vernichtung seiner Sünder—der Verächter des Gesetzes (vgl. סור ni. im biblischen Hebräisch: "abweichen von Gott"). Für die Standhaften aber (Z.14), die an Gottes Geboten festhielten (vgl. 3,12; 8,2), knüpft sich damals und heute an die assyrische Deportation eine Verheißung. Erst an dieser Stelle beginnt m.E. der aktuelle Bezug des Textes.[27] Die Geschichte Israels als eine Geschichte des Abfalls und Ungehorsams vom geoffenbarten Willen Gottes lehrt, daß den Abtrünnigen die Vernichtung beschieden ist. Denjenigen aber, die am Gesetz festhalten (vgl. CD 3,12; 8,2 par 19,14) wird Rettung zuteil. Das durch die Assyrer herbeigeführte Exil ist in CD 7,14 kein

---

[25] Die oben gebotene Übersetzung wurde absichtlich etwas weiter gefaßt als der von MsB abweichende Teil, um den Kontext besser darstellen zu können.

[26] Die Übersetzung "herrschte Ephraim über Juda" paßt nicht zum Kontext, vgl. auch die ausführliche Kritik bei J. Maier, Die Texte vom Toten Meer, Bd. II: Anmerkungen, München/Basel 1960, 52.

[27] Gegen A. Dupont-Sommer, Die Essenischen Schriften vom Toten Meer, a.a.O., Anm. 2 S.146, der schon das Jesajazitat auf die Gemeindesituation anwendet: Die Mitglieder der Sekte, die in Jerusalem verblieben, wurden bei der Einnahme der Stadt durch Pompejus 63 v. Chr. getötet. Ebenso A.S. van der Woude, Die Messianischen Vorstellungen der Gemeinde von Qumrân, a.a.O., 46, "Ephraim" sei Symbol für die Sekte und "Juda" Bezeichnung des offiziellen, in Jerusalem seßhaften Priestertums. Doch kondiziert van der Woude wenig später (S.47), daß sich für die Begriffe eine figürliche Bedeutung im AT nicht aufweisen lasse. Ottilie Schwarz, Der erste Teil der Damaskusschrift und das Alte Testament, a.a.O., 103 denkt an ein Schisma innerhalb der Qumrangemeinde.

Ort der Strafe, sondern das "Land des Nordens" ist im Gegenteil ein Ort der Rettung, der Offenbarung neuen Heils. Darauf weist das Wortspiel mit נלה hi. "exilieren"—"offenbaren", das Teil des Zitats aus Am 5,26f ist.[28] Dieser Gebrauch des Wortes נלה setzt schon die ganze folgende Exegese Z.15b–18 und deren Deutungen voraus; das Wort hat an dieser exponierten Stelle Signalwirkung. Es wurde aus Am 5,27 an den Anfang von V.26 des Zitats in CD vorgezogen. Daraus ergibt sich, daß *das Zitat, das CD aus Am 5,26f bietet, bereits seinen exegetischen Absichten adaptiert ist;* die Abweichungen gegenüber dem masoretischen Text gehen nicht auf Fehler der Abschreiber zurück.[29]

Der Amos—Numeri Midrasch gehört zu den schwierigsten Stükken der Qumranschriften und hat den Kommentatoren immer wieder Kopfzerbrechen bereitet. A. Büchler nennt ihn "foolish and without the remotest parallel even in the freest rabbinic Haggadah"[30] und N. Wieder spricht von einem "veil of obscurity enwrapping this strange passage."[31]

Die Probleme beginnen bereits mit dem Amoszitat in CD 7,14b–15a und der Frage, wie סכות und כיון zu punktieren sind. Sowohl die masoretische Vokalisation סִכּוּת / כִּיּוּן als auch die von der modernen Forschung vorgeschlagenen Rekonstruktionen סַכּוּת / כֵּיָן nach den entsprechenden akkadischen Gestirngottheiten, sind vom Konsonantenbestand her möglich.[32] Die Lesung Sakkut hätte den Vorteil, ein schönes Wortspiel mit Sukkat "Hütte" in CD 7,15b.16 zu bilden, ist aber nicht mit Bestimmtheit nachzuweisen. Dagegen hat die Lesart סֻכּוֹת / סֻכַּת das Zeugnis der alten Versionen auf ihrer Seite:

---

[28] O. Betz, Offenbarung und Schriftforschung in der Qumransekte, Tübingen 1960 (WUNT 6) 13. Auch R.H. Charles, The Apocrypha and Pseudepigrapha of the O.T., vol. II: Pseudepigrapha, a.a.O., Anm. 5 S.816 glaubt, daß der Begriff absichtlich am Anfang des Zitats plaziert wurde.

[29] R.H. Charles, The Apocrypha and Pseudepigrapha of the O.T., a.a.O., Anm. 5 S.816 glaubt, daß das Fehlen des Satzes: "den Stern eures Gottes, den ihr euch gemacht habt" aus Am 5,26M und die Änderung von מהלאה ל in מאהלי auf fehlerhafte Abschrift zurückgehen.

Aus der apologetischen Tendenz der Damaskusschrift ergibt sich auch, daß es unmöglich ist, den masoretischen Text nach CD zu emendieren, wie es J. de Waard, A Comparative Study of the Old Testament Text in the Dead Sea Scrolls and in the New Testament, Leiden 1966 (STDJ 4) 42 vorschlägt.

[30] A. Büchler, Schechter's "Jewish Sectaries", JQR N.S.3 (1912/13) 429–485, 457.

[31] N. Wieder, "Sanctuary" as Metaphor for Scripture, JJS 8 (1957) 165–175, 165.

[32] S. die Erörterung bei P. von der Osten-Sacken, Die Bücher der Tora als Hütte der Gemeinde, ZAW 91 (1979) 423–435, 423–428. Nach neuesten Erkenntnissen der Keilschriftforschung ist die Lesung Sakkut jedoch wahrscheinlich nicht mehr

Aquila: συσκιασμούς

LXX / Symmachus: τὴν σκηνήν[33] (=Apg 7,43)

Die singularische Lesart von LXX und Σ ist überhaupt nicht mit dem uns jetzt vorliegenden Konsonantenbestand in MT in Einklang zu bringen—der ja durch den Text von CD bestätigt wird—während die pluralische Lesung Aquilas durch die singularische Ausdeutung in CD: "Hütte des Königs", "Hütte Davids" (Am 9,11) widerlegt wird. Vielleicht sind die "Schattendächer" des Aquila durch die aramäische Bibelübersetzung inspiriert, die סכה fast prinzipiell durch מטלתא wiedergegeben hat (s. S.38ff).

Keine der bisher vorgeschlagenen Lesarten kann Anspruch auf letztendliche Authentizität beanspruchen. Deshalb erscheint es mir am plausibelsten, für das Amoszitat bei der masoretischen Punktation zu bleiben, oder nur den Konsonantenbestand wiederzugeben, wie es z.B. A.S. van der Woude getan hat.[34] Für den Qumranschreiber war nämlich sowieso nur letzterer entscheidend, da er den Konsonantentext zum Ausgangspunkt eines 'Al tiqre'—Midraschs[35] genommen hat, was die Metathese des Buchstabens ו eindeutig beweist: Lies nicht סכות, sondern סוכת. Diese Lesung zog dann auch die Verknüpfung mit der סוכת דוד (Am 9,11) nach sich. Dieser Tatbestand ist insofern auffällig, als in der biblischen Literatur סכה sonst nie plene geschrieben wird. Offen ist weiterhin die Frage, ob CD die Phrasen סכות מלכיכם und כיון צלמיכם als Apposition oder als Genitivverbindung aufgefaßt hat (Z.14f).[36] Da die Deutung des Damaskusautors CD 7,15–17 auf dem Verständnis der Ausdrücke als Konstruktusverbindungen aufbaut, haben wir im Zitat Am 5,26f ebenfalls genitivisch übersetzt.

---

haltbar, s. R. Borger, Amos 5,26, Apostelgeschichte 7,43 und Šurpu II, 180, ZAW 100 (1988) 70–81,77.

[33] Vgl. die Tabelle bei J. de Waard, A Comparative Study of the Old Testament Text in the Dead Sea Scrolls and in the New Testament, a.a.O., 43. Der Text von Symmachus ist CD am ähnlichsten, deshalb könnte diese Rezension auf ein CD ähnliches hebräisches Original zurückgehen, S.44.—P. von der Osten-Sacken, Die Bücher der Tora als Hütte der Gemeinde, a.a.O., 428 meint, CD hätte schon im Amoszitat Sukkat gelesen, während Ph.R. Davies, The Ideology of the Temple in the Damascus Document, JJS 33 (1982) 287–301, Anm. 31 S.299 diese Lesart zwar ebenfalls voraussetzt, aber auf einen Fehler zurückführt.

[34] A.S. van der Woude, Die messianischen Vorstellungen der Gemeinde von Qumrân, a.a.O., 40.

[35] S.G.J. Brooke, The Amos—Numbers Midrash (CD 7,13b–8,1a) and Messianic Expectation, ZAW 92 (1980) 397–404, 400.

[36] E. Lohse, Die Texte aus Qumran, a.a.O., 81 übersetzt appositionell, wie auch Th.H. Gaster, The Scriptures of the Dead Sea Sect, London 1957, 79. Diese Übersetzung setzt das Verständnis von סכות und כיון als Eigennamen voraus (=MT).

Dies ist zur Vorbereitung der Deutung wichtig, da die Gestirnnamen
סכות und כיון zu Chiffren abgeblaßt und das Aussagegewicht auf das
Nomen rectum verlagert wird: "und ich führe ins Exil den Sikkut
eures Königs und den Kijjun *eurer Bilder*". Diese suggestive Hinführung
auf die Absichten des Qumranschreibers macht einen Teil der exegetischen Dynamik des Textes aus.

Diesem Zweck dient auch der zweite 'Al tiqre'—Midrasch in CD
7,15: Lies nicht מהלאה "über... hinaus", sondern מאהלי "von den
Zelten / von meinem Zelt".[37] Hier allerdings finden wir den 'Al
tiqre'—Midrasch bereits in der Wiedergabe des Amosverses, nicht
erst in der Deutung. Damit bestätigt sich wieder die oben gemachte
Beobachtung, daß die Präsentation des Schriftzitats bereits Auslegung
ist, die exegetische Akzente setzt,[38] aber die Kenntnis des vorliegenden masoretischen Textes voraussetzt.

Z.15b beginnt die "eigentliche" Auslegung, wobei der Satz: "Die
Bücher der Tora, sie sind die Hütte des Königs" bisher das größte
Rätsel aufgegeben hat. Da ein ideelles Bindeglied zwischen "Hütte
des Königs" und "Bücher der Tora" bisher nicht gefunden werden
konnte, erklärte man die Deutung in CD als Allegorese.[39]

Einen anderen Weg beschritt G.J. Brooke,[40] der aufgrund traditioneller jüdischer exegetischer Methoden annimmt, daß der letzte Buchstabe des Wortes den Hinweis auf die Deutung gegeben habe: סכות
תורה → כיון ← נביאים → .

Drittens versuchte man die Auslegung in CD von verschiedenen
hebräischen Wurzeln her zu erklären. L. Ginzberg[41] z.B., kommt von

---

[37] L. Ginzberg, Eine unbekannte jüdische Sekte, a.a.O., denkt an eine Verbal-
form und übersetzt: "die ihre Zelte in Damaskus aufschlagen". A. Rubinstein, Urban Halakha and Camprules in the "Cairo Fragments of a Damascus Covenant",
a.a.O., 296 übersetzt: "from my tents" (Anm. 22 S.293f) und fügt hinzu: "An additional purpose of this reading would be to avoid the suggestion that the sectaries
were destined to be banished far beyond Damascus", (ebd.).

[38] Deshalb ist es unnötig, mit Rabin, The Zadokite Documents, a.a.O., 28 in CD
7,15 "and the star of your God" einzufügen.

[39] Z.B. D.S. Johnson, The Dead Sea Manual of Discipline and the Jerusalem
Church of Acts, ZAW 66 NF 25 (1954) 106–120, 115. O. Betz, Offenbarung und
Schriftforschung in der Qumransekte, a.a.O., Anm. 3 S.74, J.A. Fitzmyer, The Use
of Explicit Old Testament Quotations in Qumran Literature and in the New Testament, in: Essays on the Semitic Background of the New Testament, London 1971,
3–58, 43, G. Vermes, The Dead Sea Scrolls in English, 2nd. ed., Harmondsworth
1982, 96.

[40] G.J. Brooke, The Amos-Numbers Midrash and Messianic Expectation, a.a.O.,
400.

[41] L. Ginzberg, Eine unbekannte jüdische Sekte, a.a.O., 47, Zitat ebd.

dem hebräischen Verb סכת "aufmerken"—הסכת "hinhorchen" zur Tora, die das ist, "worauf das Volk hinhören soll". Da es aber fraglich ist, ob die genannten Wurzeln nicht besser mit "schweigen" zu übersetzen sind,[42] muß diese Erklärung von vornherein ausscheiden.

Eine letzte Möglichkeit wird durch Th.H. Gaster repräsentiert,[43] der die Deutungen von CD mit Anspielungen auf Dtn 33,4–5 (תורה—קהל) bzw. Ps 73,20 (בזה—צלמים) erklärt. Leider fehlt aber in Dtn 33,4–5 eine Verbindung zwischen Hütte und Tora, ja der Begriff der ersteren kommt überhaupt nicht vor, während die zweite Stelle Ps 73,20 von Kontext und Aussage her nicht paßt, angefangen damit, daß nach M Gott Subjekt der Aussage ist und nicht Israel, wie in CD 7,18a.

Da sich die bisher vorgeschlagenen Lösungswege im wesentlichen als Sackgassen erwiesen haben, soll nun eine Erklärung des exegetischen Prozesses im Damaskusdokument auf der *inhaltlichen* Ebene versucht werden.[44]

Dabei ist zunächst von der Frage auszugehen, ob sich für den Begriff "Laubhütte" Inhalte finden lassen, die die Deutung auf die Tora durch den Qumranautor ermöglicht haben. Das Genitivobjekt "(Laubhütte) des Königs" wird zunächst nicht mit in die Besprechung einbezogen, da es auch in der Auslegung von CD separat behandelt wird (7,16). Im Zuge dieser Erklärung werden dann auch die restlichen Begriffe einer Auslegung zugeführt.

Die Tora als Laubhütte

Da der Autor des Damaskusdokumentes das סכות des ihm vorliegenden Amostextes explizit als "Laubhütte" deutet, muß dieser Begriff zum Ausgangspunkt der Erklärung genommen werden.

Mit der Tora in Verbindung bringen läßt sich eine Laubhütte nur aufgrund des *Laubhüttenfestes*, dessen letzter Tag—seit dem Mittelalter *Simchat Tora*[45] genannt—in besonderer Weise mit der Tora verbunden ist.

---

[42] S. die einschlägigen Wörterbücher.

[43] Th.H. Gaster, The Scriptures of the Dead Sea Sect, a.a.O., 110f.

[44] Das Schema des exegetischen Prozesses, das I. Rabinowitz, A Reconsideration of "Damascus" and "390 years" in the "Damascus" ("Zadokite") Fragments, JBL 73 (1954) 11–34, Anm.88 S.27 unter Zuhilfenahme des Kontextes von Am 9,11 vorgelegt hat, ist gezwungen und führt außerdem den Begriff "Torah" ohne Herleitung und Zusammenhang mit dem Vorhergehenden ein.

[45] Der Name wird erstmals bei R. Hai Gaon, gest. 1038, erwähnt.

Das erste Laubhüttenfest nach der Rückkehr aus dem babylonischen Exil war mit einer Lesung aus dem Buch der "Tora des Mose"
verknüpft (Neh 8,1.8.18), die an jedem Tag des Festes stattfand: "Das
ganze Volk versammelte sich geschlossen auf dem Platz vor dem
Wassertor und bat den Schriftgelehrten Esra, das Buch mit dem Gesetz
des Mose zu holen, das JHWH den Israeliten befohlen hat. Am ersten
Tag des siebten Monats brachte der Priester Esra das Gesetz vor die
Versammlung (לפני הקהל); zu ihr gehörten die Männer und die Frau-
en und alle, die das Gesetz verstehen konnten." (Neh 8,1f). Aus diesem
Grund kann dieses erste nachexilische Laubhüttenfest auch als Geburts-
stunde des opferlosen Synagogengottesdienstes betrachtet werden, der
der tempellosen Zeit des Exils seine Entstehung verdankt und nach
der Rückkehr ins Land Israel dort fortgesetzt wurde.[46] Dabei spielte
auch die Vorstellung vom Jerusalemer Tempel als einer Laubhütte
(s. S.192ff.) eine Rolle, denn das Laubhüttenfest war ursprünglich
ein Tempelweihfest. Auch von hier führt eine Linie zur Tora: Der
Tempel gilt als Ort der Gottesoffenbarung, genauso wie die Tora
deren schriftlichen Niederschlag darstellt.[47] So konnten die Bücher
der Tora (bzw. deren damals bekannte Teile) als Ort der Gottesoffenbarung den Tempel seit dem babylonischen Exil jederzeit ersetzen. Laubhüttenfest, Tempel und Tora gehören fest zusammen. *Aufgrund dieser Zusammenhänge ist sehr wahrscheinlich, daß der Qumranautor das
masoretische סכּות in Z.14 als verborgenen Hinweis auf סֻכּות "Laubhüttenfest"
verstanden hat.*
Dieses stand bei der Qumrangemeinschaft in nicht geringem Ansehen, wie die Hinweise in der Tempelrolle deutlich machen:[48] Kol.
11,13; 27–29; 42,10–17; 44,6.8.10.12. Interessanterweise sollen nach
der Vorschrift dieses Qumrandokumentes jedes Jahr neue Laubhütten
auf dem Dach des dritten Stockwerkes der Mauer des äußersten (3.)
Tempelvorhofs (!) aufgerichtet werden.[49] Für die Laubhütte ist eine
Höhe von 8 Ellen vorgesehen (Kol 42,12), das entspricht genau den

---

[46] G. Stemberger, Das klassische Judentum, München 1979, 93. J. Neusner, Early
Rabbinic Judaism, Leiden 1975 (Studies in Judaism in late Antiquity 13) 34–49.

[47] J. Carmignac/É. Cothenet/H. Lignée, Les textes des Qumrân. Traduits et annotés, Paris 1963, 172. N. Wieder, "Sanctuary" as a Metaphor of Scripture, a.a.O.,
166.

[48] Y. Yadin, ed., The Temple Scroll, vol. II: Text and Commentary, Jerusalem
1983.

[49] Rekonstruktion und Abbildung bei Y. Yadin, Die Tempelrolle. Die verborgene
Thora vom Toten Meer, München/Hamburg 1985, 141.

sieben Tagen des Laubhüttenfestes plus dem achten Versammlungs-
tag Simchat Tora (Kol 11,13; vgl. auch Jub 32,27f, eine Schrift, die
in den Umkreis von Qumran gehört. Hier sind die acht Tage des
Laubhüttenfestes ebenfalls eng mit dem Tempelbau verbunden). Die
Zuteilung der Hütten ist repräsentativ für ganz Israel (Kol 42,13–15;
vgl. 1QM 2,1 etc.). Jeder Stamm bekommt eine Laubhütte zugeteilt
(Kol 44,6–12).[50]

Ein Vorbild für das Errichten von Laubhütten im Vorhof des
(eschatologischen) Tempels wie in der Tempelrolle vorgesehen, findet sich im Alten Testament nur in Neh 8,16f: "Und das Volk zog
aus und sie brachten <Zweige> und sie machten sich Laubhütten,
jeder auf seinem Dach und in ihren Vorhöfen und *in den Vorhöfen des
Hauses Gottes* und auf dem Platz am Wassertor und auf dem Platz am
Ephraimtor. 17 . . . So hatten die Israeliten es nicht mehr gehalten
seit den Tagen Josuas, des Sohnes Nuns, bis zu diesem Tag . . ." Das
ist auch das Kapitel, in dem—wie oben dargelegt—das Laubhüttenfest
mit der Toraverlesung kombiniert ist, wie es auch unsere Stelle CD
7,15 nahelegt: "Die Bücher der Tora, sie sind die Laubhütte <des
Königs>."

Zur Erhärtung seiner Exegese führt der Damaskusautor noch als
zweites Schriftzitat Am 9,11 ein, das mittels gezera šawa an die vor-
hergehende Erklärung angeschlossen wird,[51] sodaß der Zusammenhang entsteht (Z.16): "Die Bücher der Tora, sie sind die Laubhütte
des Königs wie es heißt 'Und ich werde aufrichten (והקימותי)[52] die
gefallene Laubhütte Davids'" (Am 9,11). Das Aufrichten der Laubhütte Davids ist durch diese Verknüpfung als ein Offenbaren der
Tora gedeutet. Diese Offenbarung der Tora ist zugleich ein Offenbar-
werden ihrer Gültigkeit. Darauf weist das קום hi., das die Bedeutung
"erfüllen, gültig machen" haben kann.[53]

---

[50] Zur Verteilung der Laubhütten und der damit verbundenen Probleme s.
Y. Yadin, ed. The Temple Scroll, vol. I: Introduction, Jerusalem 1983, 264–266.
Für die Nachkommen Aarons, die Leviten, sind zwei Laubhütten vorgesehen (Kol
44,6). Dies soll vielleicht den Vorrang der priesterlichen Familien unterstreichen.

[51] Anders G.J. Brooke, The Amos-Numbers Midrash and Messianic Expectation,
a.a.O., 400f.

[52] MT liest: אקים. Wie CD hat aber auch 4QFlor 1,12 die Form hi. perf., also
gegen MT!

[53] S.S. Amsler, Art. קום, THAT II, Sp. 635–641, 639f. Für die Beschäftigung
Davids mit der Tora s. bMak 10a: "Es sagte zu ihm <i.e. David> der Heilige,
gepriesen sei Er: 'Ein Tag in deinen Vorhöfen ist mir lieber als tausend, lieber ist
mir ein Tag den du dasitzt und dich mit der Tora befaßt, als die tausend Ganz-
opfer, die dein Sohn Salomo mir dereinst auf dem Altar darbringen wird.'"

Vielleicht dient die Rede vom Aufrichten der gefallenen Laubhütte Davids in CD dem Rückgriff auf CD 5,2–5. Dort wird die Polygynie Davids damit entschuldigt, daß er nicht "im versiegelten Buch der Tora gelesen hatte, das in der Lade war; denn es war nicht geöffnet worden in Israel seit dem Tage, da Eleazar starb und Josua (und...) und die Ältesten... Und es war verborgen und wurde <nicht>[54] offenbart (נגלה) bis zum Auftreten Zadoks." Überhaupt hatte die Qumransekte ein starkes Interesse an allen Stellen, die ein In—Vergessenheit—Geraten der Tora[55] beschreiben, wie dies Jos 24,29–31 nahelegt, eine Stelle, die die Vorgänge bis zum Tod Josuas und der Ältesten beschreibt. (Vgl. dazu auch AssMos 1,17: Josua soll die Bücher <der Tora?> in irdenen Gefäßen bis zum Ende der Tage verbergen.) Auch Neh 8,17 (s.o.) ist übrigens eine solche Stelle, die das In—Vergessenheit—Geraten der Weisung, Laubhütten zu bauen und darin zu wohnen seit der Zeit Josuas betont.[56]

Die verborgene Tora (Davids) wird im Kreis der Qumranleute—dem "Haus der Tora"[57] (CD 20,10.13)—aufgerichtet, d.h. in ihrer endzeitlichen Geltung erfüllt.

Damit schließt sich der Bogen, der sich von CD 5,2–5 bis CD 7,15–16 spannte.

Der folgende Satz: "*Der König,*[58] *er ist die Gemeinde*" wertet den nächsten Begriff des Ausgangszitats Am 5,26 מלכיכם (סכות) exegetisch aus (Z.16–17). Auch hier empfiehlt sich wieder der Rückgriff auf Neh 8,1f, wo die versammelte Gemeinde (הקהל) Zeuge der Toraverlesung ist.

---

[54] S.E. Lohse, Die Texte aus Qumran, a.a.O., Anm. b S.74.

[55] Über das Vergessen der Tora in der messianischen Leidenszeit informiert J. Klausner, Die Messianischen Vorstellungen des jüdischen Volkes im Zeitalter der Tannaiten, Berlin 1904, 48. Klausner meint, diese Vorstellung stamme erst aus der Zeit Hadrians, obwohl schon in makkabäischer Zeit die Befolgung der Gesetze verboten gewesen sei, sodaß die Tora dadurch in Vergessenheit geriet.

[56] Man kann sich fragen, ob die Wohnweise der Qumranleute nicht vom Laubhüttenfest und dessen Bezug auf die Wüstenwanderung inspiriert ist. Darauf weist die Bezeichnung מחנה (z.B. CD 7,6 pl.), das Wohnen in der Wüste Juda und die Erwartung eines endzeitlichen Kampfes in 1QM. S. auch G. Vermes, Lion—Damascus—Meḥoḳeḳ—Man. Symbolic Tradition in the Dead Sea Scrolls, in: Scripture and Tradition in Judaism, 2nd ed., Leiden 1973, 40–66, 45.

[57] S.O. Betz, Felsenmann und Felsengemeinde (Eine Parallele zu Mt 16,17–19 in den Qumranpsalmen) ZNW 48 (1957) 49–77,69. Eine sehr schöne Deutung finden wir bei A. Finkel, The Pesher of Dreams and Scriptures, RdQ 4 (1963) 357–370, 366, der aufgrund einer tannaitischen Parallele zu der Gleichung: "Sukkah" = "Glory of God" = "Torah" kommt. Vgl. dazu S.40 ad Jes 4,5f.

[58] Ch. Rabin, The Zadokite Documents, a.a.O., Anm. 17.1 nimmt hier zu Unrecht eine Textlücke an.

Das Stichwort סֻכּוֹת—סָכּוּת führte den Damaskusautor auf die Szenerie des Laubhüttenfestes, das er in Neh 8 in allen Einzelheiten beschrieben fand: Die bußfertige nachexilische Gemeinde sammelt sich um die Tora, vom Priester Esra angeleitet. Es leuchtet sofort ein, daß die in Neh 8 beschriebene Neuordnung der idealen Lebensweise der Qumranleute genau entsprach (vgl. Neh 8,2 und CD 2,3f und die Bedeutung der Einsicht in die Tora). Da der im Zitat Am 5,26 erwähnte König[59] dort in einem götzendienerischen Zusammenhang steht, hatte der Qumranschreiber keine Hemmungen, ihn auf die Gemeinde umzudeuten.[60] Durch dieses Umbiegen der Aussage auf die gottesdienstliche Qumrangemeinde[61] mit der Tora als Mittelpunkt stellt sich die Gemeinschaft des neuen Bundes dem alten Israel gegenüber, das die Tora und ihre Weisungen verachtet. Doch von einer Geringschätzung sind darüber hinaus *die Bücher der Propheten* betroffen (Z.17), die der Qumranautor aus der Phrase וכיני הצלמים (הם ספרי הנביאים) וכיון הצלמים abgeleitet hat. Diese Herleitung ist schwer nachvollziehbar. "Inutile de chercher un lien entre כיון et 'livres des Prophètes'" schreibt I. Lévi.[62] Das wußte auch der Schreiber, der m.E. mit der eingefügten Wendung וכיני הצלמים einen Hinweis für die Deutung des ihm unverständlichen כיון geben wollte. Dies ist insofern interessant, als diese Lesart schon lange vor Entdeckung der Damaskusschrift von den Exegeten jahrhundertelang als Emendation von MT vorgeschlagen worden war: "כִּיּוֹן (quae fundamentum quodvis aliàs significat; hoc verò loco basin affabrè factam, cui impositae erant imagines idolorum, ut tantò melius de loco in locum possent transferri & in templo reponi)".[63]

---

[59] W.H. Brownlee meint "that מלך and קהל are identified through the use of ma'al, paronomasia, since מלך can be taken as the Aramaic verb or noun 'counsel' or 'council'" (s. bei G.J. Brooke, The Amos—Numbers Midrash and Messianic Expectation, a.a.O., 401 und Anm. 28 ebd.)

[60] Die Verkehrung ins Gegenteil und die dadurch bewirkte Uminterpretation von Bibelstellen ist auch im Targum nichts Ungewöhnliches, s.M. Aberbach, Patriotic Tendencies in Targum Jonathan to the Prophets, Hebrew Abstracts 15 (1974) 89–90 und bes. M.L. Klein, Converse Translation: A Targumic Technique, Bib 57 (1976) 515–537, 516: "In fact, its occurrence <i.e. the contradictive rendition> is frequent enough for it to be considered among the commonly acknowledged targumic techniques, and not merely as an anomalous phenomenon."

[61] Ph.R. Davies, The Ideology of the Temple in the Damascus Document, JJS 33 (1982) 287–301, 300.

[62] I. Lévi, Un Écrit Sadducéen Antérieur à la Destruction du Temple, a.a.O., Anm.8 S.187.

[63] M.W. mindestens seit J. Tarnov, In Prophetas Minores Commentarius, Lipsiae

Gegen diese Deutung hat P. von der Osten-Sacken sprachliche Bedenken geltend gemacht:[64] Die Konstruktusform von כן "Ge-
stell" laute כַּנֵּי, nicht כֵּינִי. Legt man dagegen die Konstruktusform כִּינֵי
(von כינים "Gestelle") zugrunde, läßt sich die Form in CD mühelos
erklären.[65]

Auch die Lesart von L. Ginzberg כיון im Sinne von "gerade machen"[66] ist erwägenswert. Danach wären die Prophetenbücher die
Ausrichtung der Tora, ihre Auslegung, d.h. ihre Offenbarung (vgl.
dazu 1QS 8,16).

Doch soll an dieser Stelle noch ein weiterer Erklärungsweg vorgeschlagen werden, der an die Bedeutung von צלם anknüpft. Die Frage
ist ja, wo für den Qumranautor der Schlüssel zu seiner Exegese: וכיני
הצלמים וכיון הצלמים הם ספרי הנביאים verborgen lag. Den Begriff כיי
haben wir oben bereits erklärt und festgestellt, daß er die Erläuterung zu dem für den Autor unverständlichen כיון darstellt.

*Unsere Erklärung soll von der neuen These ausgehen, daß der Qumranschreiber
den Begriff צלם im Sinne von "Traumbild", "Vision" verstanden hat.* Diese
Bedeutung kann dem Wort außer dem auch möglichen "Götter-
standbild" tatsächlich innewohnen.[67]

Traumdeutung und Prophetie hängen im Denken des Alten Testaments, der Qumrangemeinde und auch der rabbinischen Literatur eng zusammen,[68] denn Prophetie ereignete sich in Träumen und

---

1706, 650f. Übersetzung des Zitats: כִּיּוּן (welches sonst irgendein Fundament bezeichnet, an dieser Stelle aber ein kunstgerecht gefertigtes Postament, auf dem die
Bilder der Götzen aufgestellt waren, damit sie sie umso besser von einem Ort an
den anderen herübertragen und im Tempel niederstellen konnten.)" Tarnov bietet
eine sehr gute Besprechung der Problematik des Begriffs. Er zitiert Ibn Esra, um die
Lesart כִּיוָּן "Saturn" zu belegen.

[64] P. von der Osten-Sacken, Die Bücher der Tora als Hütte der Gemeinde, a.a.O.,
429f.

[65] Gegen die Zweifel von der Osten-Sackens an seinem eigenen Vorschlag!
S.Die Bücher der Tora als Hütte der Gemeinde, a.a.O., 429.

[66] L. Ginzberg, Eine unbekannte jüdische Sekte, a.a.O., 48. S. auch oben, Anm.
19.

[67] F.J. Stendebach, Art. צֶלֶם, ThWAT VI, Sp. 1046–1055, 1051: "Die grundle-
gende Bedeutung des Lexems ist als 'plastische Nachbildung' zu bestimmen, was nicht
ausschließt, daß gelegentlich auch ein Relief oder Flachbild durch ṣælæm bezeichnet
wird. Im übertragenen Sinn kann das Wort auch Traumbild meinen. Das Wort
kann nicht als terminus technicus für ein Kult- oder Götterbild betrachtet werden."
(Hervorhebung von mir).

[68] Vgl. Num 12,6; Klgl 2,9; bBer 57b. A. Finkel, The Pesher of Dreams and
Scriptures, RdQ 4 (1963) 357–370, und bes. L.H. Silberman, Unriddling the Riddle.
A Study in the Structure and Language of the Habakkuk Pesher (1QpHab), RdQ
3 (1961) 323–364, 330f.

Visionen und die Traumdeutung selbst wurde als ein Akt prophetischer Aktivität angesehen.[69] Die Pescherexegese von Qumran beschäfigt sich ausschließlich mit Prophetenschriften (1QpHab 7,4–5). Der Begriff "Pescher" konnte von den biblischen Traumdeutungsberichten, wo er seine Wurzel hat, auf die Auslegung der Prophetenbücher übertragen werden, weil zwischen Traum/Vision und Prophetie die oben aufgezeigte innere Verbindung bestand.[70]

Auf unsere Stelle CD 7,17 übertragen, bedeutet das, daß das Stichwort צלמיכם im Zitat Am 5,26—vom Qumranautor als "prophetische Bilder, Visionen" verstanden—den Anhaltspunkt für seine Deutung auf die "Bücher der Propheten" abgab. Prophetische Schriften enthalten prophetische Bilder; beides kann miteinander identifiziert werden. Aus diesem Grund änderte der Schreiber auch das צלמיכם (Z. 15) in (ה)צלמים[71] (Z.17). *Die Prophetenbücher[72] sind Gestelle/Podeste für die prophetischen Bilder, ebenso wie die Laubhütte des Königs—nämlich die toratreue Gemeinde—der Ort der Erfüllung der Bücher der Tora ist.* Im Gegensatz dazu hat das übrige Israel *die Worte der Propheten* (Z.18, vgl. 1QpHab 2,9; 7,5) *verachtet*. Die Qumrangemeinde sieht sich in unserem Text als das wahre Israel, in dessen Mitte die Bücher der Tora und der Propheten aufgerichtet werden. Doch dazu bedarf es eines Interpreten, der den tieferen endzeitlichen Sinn der Tora enthüllt. Diesen דורש התורה fand die Gemeinde in dem nicht mitzitierten Satz: כוכב אלהיכם אשר עשיתם לכם verheißen. Aus dem Kontext ist sofort ersichtlich, warum die Phrase im Amoszitat unterschlagen wurde: "euren Gott, den ihr euch gemacht habt" steht im Konflikt mit der Deutung, die der Qumranschreiber dem כוכב geben will, denn der Toraforscher[73] hatte wohl weder götzendienerische (כוכב אלהיכם) noch göttliche (אלהיכם) Qualitäten. Die Gleichsetzung des *Sterns* mit dem

---

[69] Vgl. Dan 5,11f. Gegen L.H. Silberman, Unriddling the Riddle, a.a.O., 326. Beachtenswert ist jedoch Silbermans Aussage: "three-fifths of the prophetic books are spoken of as visions and all contain considerable vision material." (ebd. 331).

[70] S. auch Ottilie Schwarz, Der erste Teil der Damaskusschrift und das Alte Testament, a.a.O., 108f und M. Hengel, Die Zeloten, 2. verb. und erw. Aufl., Leiden/Köln 1976 (Arbeiten zur Geschichte des antiken Judentums und des Urchristentums 1) Anm. 4 S.241: Das Vermögen des Josephus, Träume zu deuten, ist Ausfluß seiner prophetischen Gabe.

[71] Ch. Rabin, The Zadokite Documents, a.a.O., Anm.17.1 S.29 erklärt den Ausdruck als Wortspiel mit מליצים "Dolmetscher, Propheten". In 1QpHab 8,6 ist das Wort in einer Konstruktusverbindung auch tatsächlich belegt, allerdings in der Hauptbedeutung "Spottbild".

[72] An dieser Stelle und in Z.15 (ספרי התורה) ist die Pluralform auffällig.

[73] Der Toraforscher kommt außerdem CD 6,7 und 4QFlor 1,12 (s.u.) vor.

Toraforscher ist singulär. Die Frage, welche Persönlichkeit der Qumrangemeinde mit dieser Bezeichnung verbunden wurde, ist bis heute nicht eindeutig gelöst.[74]

Zwei Erklärungswege bieten sich an:

1) Die Gleichung התורה דורש הוא והכוכב verdankt sich dem Rückgriff auf CD 6,3–7: "... und sie gruben den Brunnen, einen Brunnen, der von Fürsten gegraben wurde, ausgehöhlt von den Edlen des Volkes mit einem Stab (במחוקק Num 21,18). Der Brunnen, er ist die Tora, und die ihn gegraben haben, sie sind Israels Umgekehrte, die auszogen aus dem Land Juda und sich im Lande Damaskus niederließen, welche Gott in ihrer Gesamtheit Fürsten genannt hat, denn sie haben ihn gesucht und ihr Glanz wurde durch keinen einzigen Mund geschmälert, und der Stab, er ist der Toraforscher (דורש הוא והמחוקק התורה)." Die identische Formulierung zu der oben genannten Gleichung muß sofort auffallen. In CD 6,7 läßt sich der Ausdruck "der Stab, er ist der Toraforscher" abgesehen von der Brunnensymbolik noch aus Gen 49,10 erklären, wo durch den Begriff מחוקק eine ganze Auslegungstradition im Sinne von "Toralehrer, Schreiber" inauguriert wurde.[75]

In CD 7,18 fließen zwei exegetische Ergebnisströme zusammen: Einmal wurden aus Am 5,26 und 9,11 die Tora (und die Prophetenbücher) gewonnen, deren Erwähnung dann zweitens die Ableitung des Toraforschers aus dem "Stab" von CD 6,7 in Erinnerung rief. Dort war die Auslegung Stab = Toraforscher unter dem Einfluß von Num 21,18 und Gen 49,10 entstanden.[76] Da an der letztgenannten

---

[74] Bis jetzt wurden vorgeschlagen: Elisa (aufgrund von 2Kön 8,7–Ch.Rabin); Elia (Annie Jaubert, van der Woude); zweiter Mose (N. Wieder); Toraforscher der Endzeit (als Hintergrund dient Dan 12,3—O. Betz); ein endzeitlicher Prophet (F.F. Bruce); zweiter Lehrer der Gerechtigkeit (Ottilie Schwarz). S. auch die Übersicht bei Ottilie Schwarz, Der erste Teil der Damaskusschrift und das Alte Testament, a.a.O., 125f.

[75] Targum: ספרא; bSanh 5a: שבט = die Exilarchen in Babylon, מחוקק = die Nachkommen Hillels, die die Tora lehren.—Auffällig ist an beiden Stellen die getrennte Erklärung der beiden Begriffe שבט und מחוקק, einer Erscheinung, die auch CD 7,18.20 zu beobachten ist.

Auch in Num 21,18, das in CD 6,4 zitiert wird, gibt das Targum מחקק durch "Schreiber" wieder. Diese Übersetzungs- und Auslegungstradition macht sich die Doppeldeutigkeit des Wortes חקק q. zunutze, das sowohl "anordnen" als auch "schreiben" bedeuten kann.

S. besonders die ausführliche Darstellung bei O. Betz, Jesus und das Danielbuch, Bd.II: Die Menschensohnworte Jesu und die Zukunftserwartung des Paulus (Daniel 7,13–14) Frankfurt/M., Bern, New York 1985 (ANTI 6/II) 77–90.

[76] Gen 49,10 wird auch 4Q PB 1–2 zitiert und der "Stab" als "Bund der Königsherrschaft" erklärt, vielleicht aufgrund von Ez 37,15–20 (dort steht allerdings עץ).

Stelle das Begriffspaar מחקק—שבט vorkommt, liegt es nahe, zu vermuten, daß der Qumranautor die Deutung von מחקק zu seiner Erklärung des כוכב in CD 7,18 übernahm (möglicherweise verstand der
Qumranist das שבט in Gen 49,10 als שביט "Komet" und konnte es so
mit dem "Stern" von Num 24,17 in Verbindung bringen), zumal er
gleich danach (Z.19) Num 24,17 zitieren will, wo der Begriff שבט
ebenfalls vorkommt und auch gedeutet wird. Eine solche Übertragung war umso mehr möglich, als

2) auch für den Begriff כוכב eine Affinität zu "Gesetzestreue, Einsicht, Weisheit" angebahnt war.[77] Dies wird z.B. deutlich aus syrBar
51,7.10: (7) "Miracles, however, will appear at their own time to
those who are saved because of their works and for whom the Law
is now a hope, an intelligence, expectation, and wisdom a trust. (10)
For they will live in the heights of that world and they will be like
the angels and *be equal to the stars*."[78] Diese Aussage paßt zu der bereits von O. Betz angeführten Stelle Dan 12,3: "Die Einsichtigen
werden strahlen wie der Glanz der Himmelsfeste und die, welche
viele zur Gerechtigkeit führen *wie die Sterne* für immer und ewig."[79]
Es dürfte also eine Traditionslinie gegeben haben, die einen Menschen mit Einsicht in die Tora den Sternen verglich.[80] An diese
Aussagen knüpft der Qumranautor an. Dabei fällt auf, daß er alle
anderen traditionellen Deutungen, die eine königliche Einzelgestalt
voraussetzen, konsequenterweise bewußt umgeht.[81] Auch in Z.17 war
schon der König von Am 5,26 auf die Gemeinde umgedeutet wor-

S. weiterhin D.R. Schwartz, The Messianic Departure from Judah (4Q Patriarchal
Blessings) ThZ 37 (1981) 256–266.

[77] Zum Ganzen s.J. Daniélou, L'Etoile de Jacob et la Mission Chretienne à Damas,
VigChr 11 (1957) 121–138.

[78] Zitiert nach J.H. Charlesworth, The Old Testament Pseudepigrapha, vol. 1,
Garden City, N.Y. 1983, 638.

[79] O. Betz, Offenbarung und Schriftforschung in der Qumransekte, a.a.O., 33f.

[80] Aufgrund der Verheißung Gen 15,5 wird in der jüdischen Tradition auch
Abraham mit einem Stern verbunden: Bei der Geburt Abrahams erhebt sich ein
Stern, der vier andere Sterne in allen vier Himmelsrichtungen verschlingt. Das
Verschlingen der vier Sterne wird als Weltherrschaft der Nachkommen Abrahams
gedeutet. Belege s. bei H.L. Strack/P. Billerbeck, Kommentar zum Neuen Testa-
ment aus Talmud und Midrasch, Bd.1,8., unveränd. Aufl., München 1982, 77f.

[81] Vgl. Targum Num 24,17: Stern = "König". TestLev 18,3 relativiert bereits,
indem es den "Stern" von Num 24,17 auf einen neuen Priester deutet, dessen Stern
am Himmel aufgeht *wie* ein König. Diese Linie scheint sich in TestJud 24,1 fortzu-
setzen, wo der Stern nicht gedeutet wird, aber der שבט im Einklang mit LXX als
ἄνθρωπος ἐξ Ἰσραήλ gedeutet wird. Vgl. auch Philo, De praemiis et poenis §16
ἐξελεύσεται γὰρ ἄνθρωπος.

den. Aus dem Dargelegten wird man daher schließen können, daß
der Toraforscher in Qumran als eine priesterlich-prophetische Gestalt gedacht wurde, die im Heilsexil der Gemeinde in *Damaskus* diese in der Tora, bzw. deren verborgenem Sinn, unterweisen würde.[82]

Den Hinweis auf Damaskus entnahm der Qumranautor dem Zitat
Am 5,26, das er jedoch umformte, um die Lesart מאהלי דמשק zu
erhalten. Dabei wurde er geleitet von seinem Verständnis von סכות
als סֻכּוֹת. Die Qumrangemeinde wohnt "in den Zelten von Damaskus" in eschatologischer Erwartung. Das Laubhüttenfest als Modell
der Wüstenwanderung (vgl. Lev 23,43) und des damit verbundenen
reinen, abgesonderten Lebens, bildete dafür das Vorbild. Die Gemeinde des neuen Bundes wohnt als ausgesonderter Rest in *Damaskus*,[83] um dort durch das Studium der Tora[84] (מדרש התורה) den Weg
des Herrn zu bereiten (1QS 8,13–15 u. 9,19f). Ihr Exodus dorthin
(CD 6,5!) ist eine prophetische Antizipation endzeitlicher Hoffnungen, die sich vielleicht gerade auf diese Stadt konzentrierten.[85] M.E.
ist die Vorstellung, daß der Toraforscher nach Damaskus kommt,
nicht nur durch die Exegese (und gezera šawa) von Am 5,26 evoziert,
sondern auch aus dem Zitat Num 24,17 gewonnen. Dafür bildet der
Begriff דרך (כוכב מיעקב) den Haftpunkt. In Sach 9,1 werden חדרך
und Damaskus parallelisiert: "Das Wort JHWHs ist im Lande
Chadrach und Damaskus ist seine Ruhestätte". Für die Assoziation
von (ה)דרך und חדרך könnte die lautliche Assonanz den Ausschlag
gegeben haben.[86] Das "Wort JHWHs" Sach 9,1 ist für die Qumranleute mit der Tora und den Propheten, die nach Damaskus exiliert

---

[82] Für die Erwartung des endzeitlichen Propheten s. Dtn 18,18; Mal 3,1; 1 Makk
4,46; 14,41. Bei Philo, Vita Mosis 1 ist Mose als ἑρμηνέως νόμων ἱερῶν beschrieben.
Für Qumran s. 1QS 9,11.

[83] Über die Frage, ob "Damaskus" in wörtlichen oder im figürlichen Sinne zu
verstehen sei, ist viel Tinte vergossen worden. Eine Zusammenfassung der Fragestel-
lungen und Ergebnisse findet sich bei Ph.R. Davies, The Damascus Covenant, a.a.O.,
16f und bei Ch. Milikowsky, Again: *Damascus* in the Damascus Document and in
Rabbinic Literature, RdQ 11 (1982) 97–106, 97–99, außerdem M.A. Knibb, Exile
in the Damascus Document, JSOT 25 (1983) 99–117.

[84] Vgl. J. Klausner, Die Messianischen Vorstellungen des jüdischen Volkes im
Zeitalter der Tannaiten, a.a.O., 34: Buße und Erfüllung der Tora sind die Haupt-
bedingungen der Erlösung; sie müssen der Ankunft des Messias vorausgehen. אהל
kann im nachbiblischen Sprachgebrauch die Bedeutung *"Lehrhaus"* annehmen, s.L.
Ginzberg, Eine unbekannte jüdische Sekte, a.a.O., Anm.2 S.47.

[85] S.J. Daniélou, L'Etoile de Jacob et la Mission Chrétienne à Damas, a.a.O.,
passim, G. Vermes, Lion—Damascus—Meḥokek—Man, a.a.O., 43–49, N. Wieder,
The "Land of Damascus" and Messianic Redemption, JJS 20 (1969) 86–88.

[86] Bei den Rabbinen wurde Chadrach mit Damaskus identifiziert und als Messias-

und dort offenbart werden, identisch (CD 7,15.19). Deshalb wird auch
der endzeitliche Toraforscher in dieser Stadt erwartet (vgl. CD 6,7),
weil der Qumrangemeinde nur unter seiner Anleitung der verborgene eschatologische Sinn der Tora offenbart wird. Er ist als ein Priester—Prophet zu verstehen, der die Züge von Elia und Mose, die im
rabbinischen Judentum als Vorläufer des Messias gelten, auf sich ver-
einigt.[87] Durch seine Gleichsetzung mit dem כוכב von Num 24,17
(gezera šawa) fällt messianischer Glanz auf ihn, denn anderswo erscheint die Stelle in einer Sammlung messianischer Testimonia (4QTest
12,13).

Eine messianische Gestalt ist auch der נשיא כל העדה, der aus dem
Zepter (שבט) von Num 24,17 abgeleitet wird (Z.20). Ein Königstitel
ist in Anlehnung an Ez 34,24; 37,25; 40–48,wo ein davidischer *Fürst*
verheißen wird, bewußt umgangen.[88] Auch im Alten Testament kann
נשיא für מלך substituiert werden, vgl. Ex 22,27; Jos 13,21 // Num
31,8. In Qumran geschieht dies aus zwei Gründen: Erstens waren
königliche Attribute für die Gemeinde reserviert, vgl. CD 7,16f: "Der
König, er ist die Gemeinde" (הקהל), da die Qumrangemeinschaft das
zeitgenössische Königtum ablehnte. Vgl. auch die Substituierung des
Königs durch "Fürst" in CD 5,1. Wichtiger noch ist jedoch zweitens
der Rückgriff auf die Exodustraditon, in der der Fürst auf die Gemeinde bezogen als Stammesanführer eine wichtige Rolle spielt: Ex
16,22; 34,31; Num 4,34; 16,2; 31,13; 33,2; Jos 9,15.18; 22,30. Dieser Begriff des Fürsten hat vielleicht auch als Vorbild für den נשיא in
Ez 40–48 gedient.[89] Es ist offensichtlich, daß der Qumranautor genau an diese Vorstellungen aus der Wüstenzeit Israels anknüpfen
wollte. Als Vorbereitung für die messianische Zeit wurden in Qumran
nur die vorstaatlichen Modelle als gültig betrachtet. Dies gilt umso

---

name angesehen. Wenn man das Wort als Notarikon auffaßt, kann man daraus
ableiten, der Messias werde חד (hart) gegen die Völker der Welt sein, jedoch רך
(mild) gegenüber Israel, SifDev §1, s. bei J. Klausner, Die Messianischen Vorstellungen des jüdischen Volkes im Zeitalter der Tannaiten, a.a.O., 68 und G. Vermes,
Lion—Damascus—Meḥokek—Man, a.a.O., 43–49,48 (dort auch eine Besprechung
der alten Versionen, besonders des Targums). Sach 9,1 wird wegen der Erwähnung
von Damaskus von einigen Auslegern als Hintergrund von CD 7,15.19 angesehen,
jedoch nicht im Zusammenhang mit Chadrach. S. auch J. de Waard, A Comparative
Study of the Old Testament Text in the Dead Sea Scrolls and in the New Testament, a.a.O., Anm.2 S.45f.

[87] N. Wieder, The "Law-Interpreter" of the Sect of the Dead Sea Scrolls: The
Second Moses, JJS 4 (1953) 158–175, A.S. van der Woude, Die messianischen
Vorstellungen der Gemeinde von Qumrân, a.a.O., 55: Elia.

[88] S. auch R.E. Brown, The Messianism of Qumrân, CBQ 19 (1957) 53–82, 63.

[89] H. Niehr, Art. נָשִׂיא, ThWAT V, Sp. 647–657, 651. Nach Niehr geht der Ausdruck נשיא כל העדה auf P zurück (Sp. 657).

mehr, als in den einschlägigen Texten meist Mose, Aaron/Pinhas und die Fürsten Israels/der Gemeinde nebeneinander genannt werden, so z.B. Num 4,34.46; 31,13 (Mose und Priester Eleasar); 32,2 (s. vorher); Jos 22,30 und die genannten Personen mit der kriegerischen Einnahme des Landes verbunden sind. In CD 6,6 wird durch Exegese von Num 21,18 festgestellt, daß alle Umgekehrten Israels, die Juda den Rücken gekehrt und nach Damaskus gezogen sind, Fürsten (שרים) genannt wurden. Für die Endzeit erwartete man in Damaskus allerdings *einen einzigen* נשיא, der im letzten eschatologischen Kampf die Söhne des Lichtes zum Sieg über die Söhne der Finsternis führen wird (1QM 5,1).[90] Der "Fürst der gesamten Gemeinde" ist unter Umgehung aller königlichen Attribute als messianischer Kriegsherr vorgestellt.[91] Das entspricht dem Geist von Num 24,17 und in diesen Kontext fallen auch die übrigen Zitate dieser Stelle in Qumran, vgl. 1QM 11,6; 4QTest 12,13.

Die "*Söhne Seths*" (Z.21), die vom "Fürsten der ganzen Gemeinde" geschlagen werden, sind eine eindeutig negative Größe—ganz im Gegensatz zu den Traditionen des rabbinischen Judentums[92] (und der Gnosis). Sie stehen hier für die *Vertreter der Menschheit* (Seth als Sohn Adams), die sich nicht der Tora und ihren Geboten unterwerfen und in der ersten Zeit der Heimsuchung zwar mit dem Leben davonkamen, aber im letzten eschatologischen Kampf gerichtet werden. Hier spielt das Selbstbild der Gemeinde von Qumran eine wesentliche Rolle.

Die Qumranleute betrachteten nämlich sich selbst als den auserwählten messianischen Rest, die königliche Gemeinde, die abgesondert ein heiliges Leben in Unterwerfung unter die Tora führte, um für den Endkampf bereit zu sein. Dabei orientierte man sich am Heerlager Israels in der Wüste, wie es auch aus dem Laubhüttenfest liturgisch bekannt war.[93] (Vgl. auch Lev 23,42f). Der Exodus aus Juda war für die Qumrangemeinde das Gegenstück zum Auszug des alten Israel aus Ägypten. In unserem Text CD 7,9b–21 rechtfertigt sie sich für den Exodus nach Damaskus. Die Schriftzitate Am 5,26f;

---

[90] Jos 22,30 sind die Fürsten der Gemeinde die Häupter der Tausendschaften Israels, vgl. 1QM 3,15f; 1QSa 1,14 u.ö.

[91] Dem widerspricht auch 1QSb 5,20 nicht, da der Segensspruch den Fürsten der Gemeinde gerade für den endzeitlichen Kampf zurüsten soll, vgl. die folgenden Zeilen und die Anspielung auf Num 24,17 in Z.17 von 1QSb 5: "denn Gott hat dich (d.i. den Fürsten der Gemeinde) erhoben zum Zepter (שבט) über die Herrscher."

[92] Art. Seth, EJ 14, Sp.1192 (Editorial Board).

[93] Vgl. den Ausspruch des Rabbi Eliezer: "Im Monat Tischri wurde die Welt erschaffen; im Monat Tischri wird die Erlösung sein." (bRHSh 8a.11a)

Am 9,11 und Num 24,17 werden zu diesem Zweck apologetisch umgeformt. Die Bücher der Tora und der Propheten werden von jetzt
an aus dem damaszenischen Heilsexil offenbart, d.h. von der erwählten Gemeinde in ihrer tiefen eschatologischen Bedeutung enthüllt,
da das alte Israel diesen eigentlichen Sinn der heiligen Schriften nicht
erkennt, sie also verwirft. Nur in den "Zelten von Damaskus", wo
die Gemeinschaft in endzeitlicher Erwartung analog zum Lager Israels in der Wüste lebt, gibt es Rettung (vgl. dagegen Jes 2,3: Die
Tora geht vom Zion aus). Aus ihrer Mitte (1QSa 2,11f) werden auch
die zwei messianischen Gestalten hervorgehen, der Toraforscher[94] und
der Fürst der ganzen Gemeinde.

Die Qumransekte ist der Erbe des alten, verworfenen Israel. Die
heiligen Schriften und die messianischen Verheißungen sind ihr al-
leiniger Besitz. Der "Bund der Königsherrschaft" (4QPB 2) ist ganz
auf die Gemeinschaft übergegangen, die im Land Damaskus einen
neuen Bund mit Gott geschlossen hat. Die Königsidee ist damit
demokratisiert.

Die Qumrangemeinde will an unserer Stelle keine Messiaslehre
entfalten, sondern mit diesem Credo in nuce für Außenstehende und
Angehörige die Prärogativen der Sekte darlegen. Mit der Erwartung
eines "Sterns" steht die Qumrangemeinde allerdings nicht allein,
sondern reiht sich ein in eine lange Kette, die von Josephus[95] über
das junge Christentum[96] bis zum "Sternensohn" des R. Aqiba reicht,
der sich außerdem als נשׂיא ישׂראל bezeichnet hatte und im "Bar
Kochba"—Aufstand sein Leben verlor.[97]

2) Die zweite Stelle in den Qumranschriften, die eine Auslegung

---

[94] = der Stern. In 4QFlor 1,11 tritt der Toraforscher zusammen mit dem Sproß
Davids auf. Nach rabbinischer Auffassung gilt die Tora auch in der messianischen
Zeit, sie kommt aufs neue zu ihrer früheren Geltung, s.J. Klausner, Die Messianischen Vorstellungen des jüdischen Volkes im Zeitalter der Tannaiten, a.a.O., 53f,
116. Der Messias der Samaritaner, der Ta'eb, wird als Prophet vorgestellt, der überall
die wahre Lehre herstellt, wie auch der Messias der Rabbinen die Israeliten der
Tora unterwirft (ebd. S.87).
[95] Die Stelle Num 24,17 wird von Josephus auf Vespasian bezogen, ebenso von
Tacitus und Sueton, s.M. Hengel, Die Zeloten, a.a.O., 243.
[96] Mt 2,2–12 und Offb 22,16.
[97] jTaan 4,68d. C. Roth, Messianic Symbols in Palestinian Archaeology, PEQ 87
(1955) 151–164 meint, daß der Name Bar Kochba von einem Stern auf den
Münzen der hadrianischen Zeit genommen sei (S. 162; vgl. auch Anm. 1 ebd.), obwohl
der Stern schon auf den Münzen Alexander Jannais erscheint. Außerdem P. Romanoff,
Jewish Symbols on Ancient Coins, JQR 33 (1942/43) 1–15; 435–444, Anm. 11 S. 2f.
Auch Dositheus, der Meister von Simon Magus, betrachtete sich als den Num
24,17 angekündigten Stern und nannte seinen Wohnort Kochba, s. bei J. Daniélou,
L'Étoile de Jacob et la Mission Chrétienne à Damas, a.a.O., 133f.

von Am 9,11 bietet, ist *4QFlor 1,10–13*:[98]

10 "<Und> JHWH hat dir <angez>eigt, daß er dir ein Haus bau-
en wird.[99] Und ich werde deinen Samen aufrichten nach dir
und fest hinstellen[100] den Thron seines Königreiches

11 <für imm>er. Ich <wer>de ihm zum Vater sein, und er wird
mir zum Sohn sein." (2Sam 7,11–14) Er ist der Sproß Davids
(צמח דויד), der erstehen (העומד) wird mit dem Toraforscher, der

12 <auftreten wird>[101] in Z<ion> am <En>de der Tage wie geschrieben steht: "Und ich werde aufrichten die gefallene Hütte
Davids" (Am 9,11). Sie/Er[102] ist die gefa<llene> Hütte

13 Davids, <di>e[103] stehen wird,[104] um Israel zu retten.

---

[98] Die vorliegende Übersetzung folgt dem Text von E. Lohse, Die Texte aus
Qumran, a.a.O., 256; dazu wurde der von G.J. Brooke, Exegesis at Qumran. 4Q
Florilegium in its Jewish Context, Sheffield 1985 (JSOTS 29) 87 verbesserte
Konsonantentext ständig verglichen; ferner J.M. Allegro, Further Messianic References
in Qumran Literature, JBL 75 (1956) 174–187, 176f und besonders Ders., Frag-
ments of a Qumran Scroll of Eschatological Midrašîm, JBL 77 (1958) 350–354 (mit
Photographien!).

[99] M liest statt יבנה: יעשׂה.

[100] In der Übersetzung von E. Lohse, Die Texte aus Qumran, a.a.O., 257 fehlen
diese Worte, obwohl der hebräische Text korrekt abgedruckt ist.

[101] Die Übersetzung beruht auf einer Konjektur, die aus 4QpJes^a (Kommentar zu
Jes 11,1–5) übernommen wurde, wo die gleiche Phrase vorkommt: צמח> דויד העומד
באח>רית הימים. A.S. van der Woude, Die messianischen Vorstellungen der Gemeinde
von Qumrân, a.a.O., Anm. 14 S.173 konjiziert ימלוך, G.J. Brooke, Exegesis at
Qumran, a.a.O., 87: ימשׁול. Th.H. Gaster, The Scriptures of the Dead Sea Sect,
London 1957, 352 liest "i.e. the man who <will expound (it)> arigh<t>." S. auch
Anm.4 S.356: <ydrsh> bṣd<q>, gemeint ist die Tora.
Ganz andere Wege geht wiederum Y. Yadin, A Midrash on 2Sam vii and Ps
i–ii (4Q Florilegium), IEJ 9 (1959) 95–98, 97, der die Lücke ausfüllt durch <יקום>.
Die Konjektur "aufsprossen", die sich wohl aus dem Namen "Sproß Davids"
ableitet, wird vertreten von K. Schubert, in: J. Maier/K. Schubert, Die Qumran-
Essener. Texte der Schriftrollen und Lebensbild der Gemeinde, München/Basel 1982
(UTB 224) 105.

[102] Der Text bietet היאה in Angleichung an סוכת דויד. Dem widerspricht jedoch
das zugehörige Verb (Z.13), das יעמד lautet. Entweder bleibt man im Bild, beläßt
היאה und emendiert תעמוד, oder ändert analog zu Z.11 in הואה, was wegen des in
den Qumranschriften promiscue verwendeten Waw und Jod leicht möglich ist. Dann
kann יעמד belassen werden.

[103] J.M. Allegro, Further Messianic References in Qumran Literature, a.a.O., 177
liest אחר "and afterwards". A.S. van der Woude, Die messianischen Vorstellungen
der Gemeinde von Qumrân, a.a.O., Anm.16 S.173 folgt ihm, übersetzt aber sub-
stantivisch: "aber einen anderen". Allegros Textlesung und Übersetzung wird auch
von L.H. Silberman, A Note on 4Q Florilegium, JBL 78 (1959) 158f übernommen.
Wegen einer Textlücke durch Beschädigung ist vom Handschriftentext her keine
Klärung möglich. Der Stil der Qumranschriften spricht m.E. aber eher für die Lesung
אשר, d.h. die Relativpartikel.

[104] Die Lesart יעמד von A.S. van der Woude, Die messianischen Vorstellungen

Unsere Stelle steht in 4QFlor am Ende eines Midraschs,[105] der Schriftstellen zum Thema בית auswertet. Dieses Wort bildet den roten Faden von 4QFlor 1,1–13, bis Z.14 einen Neueinsatz mit ... מ מדרש
bringt, worauf eine Auslegung von Ps 1,1 folgt; ab Z.14 betreten wir
daher anderes thematisches Terrain.

Der unserer Stelle vorausgehende Teil ist durch eine subtile Exegese
des Begriffs בית bestimmt, was in der Forschung zu einer schier ufer-
losen Diskussion geführt hat, ob unter diesem Wort der eschatologische
Tempel oder die Qumransekte (als Tempel) zu verstehen sei. Dabei
bildet der Z.6 erwähnte מקדש אדם den sprachlichen Aufhänger für
das genannte Problem. Die Gretchenfrage ist, ob die Phrase mit "*ein
von Menschenhand erbautes* Heiligtum",[106] "ein Heiligtum *unter Menschen*"[107]
oder mit "ein Heiligtum *aus Menschen*"[108] zu übersetzen ist.[109]

Bisher hat man hauptsächlich von den Begriffen her argumentiert
und die im zeitgenössischen Judentum vorhandenen Vorstellungen
zur Ergänzung für die eine oder andere These herangezogen. Wie

---

der Gemeinde von Qumrân, a.a.O., Anm.17 S.173 ist vom Konsonantentext her
wohl nicht möglich, s. die Photographien bei J.M. Allegro, Fragments of a Qumran
Scroll of Eschatological Midrašîm, JBL 77 (1958) 350–354, nach S.350.

[105] S.G.J. Brooke, Exegesis at Qumran, a.a.O., 141, 162–164. W.R. Lane, A New
Commentary Structure in 4Q Florilegium, JBL 78 (1959) 343–346. A. Dupont-Sommer, Die Essenischen Schriften vom Toten Meer, Tübingen 1960, 336 möchte 4QFlor
lieber einen Pescher nennen, ebenso J.A. Fitzmyer, The Use of Explicit Old Testament Quotations in Qumran Literature and in the New Testament, in: Essays on
the Semitic Background of the New Testament, London 1971, 3–58, 50.
Zum Ganzen s.G.J. Brooke, Qumran Pesher: Towards the Redefinition of a Genre,
RdQ 10 (1979–81) 483–503.

[106] J.M. Allegro, Fragments of a Qumran Scroll of Eschatological Midrašîm, a.a.O.,
352. A. Dupont-Sommer, Die Essenischen Schriften vom Toten Meer, a.a.O., 337.
D.R. Schwartz, The Three Temples of 4Q Florilegium, RdQ 10 (1979–81) 83–91.

[107] Y. Yadin, A Midrash on 2Sam vii and Ps i–ii (4Q Florilegium), a.a.O. D. Flusser,
Two Notes on the Midrash on 2Sam vii, IEJ 9 (1959) 99–109, 99–104. G. Klinzing,
Die Umdeutung des Kultus in der Qumrangemeinde und im NT, Göttingen 1971
(SUNT 7) 81ff. A.J. McNicol, The Eschatological Temple in the Qumran Pesher
4Q Florilegium 1: 1–7, Ohio Journal of Religious Studies 5 (1977) 133–141.

[108] O. Betz, Felsenmann und Felsengemeinde (Eine Parallele zu Mt 16,17–19 in
den Qumranpsalmen) ZNW 48 (1957) 49–77, 52f. O. Michel/O. Betz, Von Gott
gezeugt, in: Judentum, Urchristentum, Kirche, FS Joachim Jeremias, BZNW 26 (1964)
3–23, 9. B. Gärtner, The Temple and the Community in Qumran and in the New
Testament, Cambridge 1965 (Society for New Testament Studies, Monograph Series
I) 34–35. J.M. Baumgarten, The Exclusion of "Netinim" and Proselytes in 4Q Florilegium, in: Studies in Qumran Law, Leiden 1977 (Studies in Judaism in Late
Antiquity 24) 75–87, 82,84; vorher in: RdQ 8 (1972) 87–96. G. Vermes, The Dead
Sea Scrolls in English, 2nd ed. Harmondsworth 1982, 245f. G.J. Brooke, Exegesis
at Qumran, a.a.O., 129f,136.

[109] Eine ausführliche Darstellung der Forschungslage findet sich bei D.R. Schwartz,
The Three Temples of 4Q Florilegium, a.a.O., 83–86.

mir scheint, wurde der Struktur des Midraschs bisher noch nicht genügend Beachtung geschenkt.

Zuerst muß auffallen, daß sich in dem erhaltenen Text kein Anhaltspunkt für die Interpretation von Z.2: "Dies ist das Haus" findet, da der Anfang von 4QFlor fehlt. Wir können aber annehmen, daß die Auslegung auf 2Sam 7,10 zurückgreift und den Ausdruck ושמתי מקום לעמי לישראל, der im uns überlieferten Qumrantext nicht erhalten ist, mit הואה הבית אשר auslegen will. Danach ist der Argumentationsgang folgender: Dieser "Ort" (in M: das Land Israel), den der Qumranschreiber "Haus" nennt, wird durch Verknüpfung mit Ex 15,17f zum "Heiligtum", מקדש: ". . . Das Heiligtum, Herr, welches deine Hände <er>richtet haben." Hier folgt die interessante Gelenkstelle: Der Autor verknüpft nun das aus Ex 15 gewonnene Heiligtum, das Z.2 ausdrücklich als endzeitlich gekennzeichnet ist, wiederum durch die Einführung mit הואה הבית אשר mit einer Anspielung auf das sog. "Gemeindegesetz" Dtn 23,3–4, das er durch zusätzliche, nicht im alttestamentlichen Text enthaltene Restriktionen verschärft:[110] "Das ist das Haus, wohin <in> Ewigkeit kein Ammoniter und kein Moabiter und kein Bastard und kein Ausländer und kein Fremdling eintreten darf bis in Ewigkeit, sondern diejenigen, die den Namen Heilige tragen." Spätestens hier muß deutlich sein, daß die Qumrangemeinde sich selbst als das neue Israel (Z.2), das von Gott aufgestellte eschatologische Heiligtum betrachtete, in deren Gemeinschaft nur Heilige eintreten[111] dürfen (Z.4). Angehörige von Fremdvölkern haben wegen der Gemeinschaft mit den Engeln keinen Zutritt (vgl. auch die ähnliche Stelle 1QM 7,6). Hier ist auch das Wortspiel מקדש— קדושים von Bedeutung. Ein "Heiligtum aus Menschen" (Z.6), in dem Gott nicht Tieropfer, sondern als Rauchopfer Taten der Tora (מעשה תורה)[112] dargebracht werden, ist freilich—im Gegensatz zum sündigen "Heiligtum Israels" (Z.6)—unzerstörbar, denn für die Qumrangemeinde gilt die Verheißung an David: "Und ich will dir <Ruhe>

---

[110] S.G. Blidstein, 4Q Florilegium and Rabbinic Sources on Bastard and Proselyte, RdQ 8 (1974) 431–435. J.M. Baumgarten, The Exclusion of "Netinim" and Proselytes in 4Q Florilegium, a.a.O. Im rabbinischen Judentum wurden die Forderungen des "Gemeindegesetzes" Dtn 23 auf die Ehe bezogen, bei Philo—wie in Qumran—auf den Zugang zu Gemeindeversammlungen, s. bei Baumgarten, a.a.O. 77.

[111] Nach O. Betz, Felsenmann und Felsengemeinde, a.a.O., 63 ist בוא terminus technicus für den Eintritt in die Gemeinde.

[112] Die von Strugnell (s. bei A.J. McNicol, The Eschatological Temple in the Qumran Pesher 4Q Florilegium, a.a.O., 140) vorgeschlagene Emendation מעשה תורה ist angesichts der Belege 1QS 5,21; 6,18, wo der Novize hinsichtlich seiner Einsicht

geben vor all deinen Feinden" (2Sam 7,11; Z.7), eine Aussage, die nur innerhalb der Gemeinschaft zu verwirklichen ist. Darauf deutet auch der Plural: im Schriftzitat gilt die Verheißung allein David, in der Auslegung wird allen Angehörigen der Gemeinschaft, den Söhnen des Lichts, Ruhe (יניח להמה) vor den Söhnen Belials gewährt (Z.7–9). Die Qumrangemeinde ist also das neue Israel, das eschatologische Heiligtum, das von Gott selbst erstellt wurde.[113]

Das bestätigt auch 4QFlor 1,10 "Und JHWH hat dir angezeigt, daß er dir ein Haus bauen wird", ein Zitat aus 2Sam 7,11. Dieses Haus (בית), das Gott dem David bauen will, ist mit dem Heiligtum von Ex 15,17 (Z.3) zu parallelisieren und mit dem "Heiligtum aus Menschen" von Z.6. Die Terminologie von מקדש אדם (א)לבנות לו hat sogar auf das Samuelzitat eingewirkt, indem der Qumranschreiber MT: כי בית יעשה לך in כיא בית יבנה לכה umgeändert hat (= LXX; 2Sam 7,13; 1Chr 17,10). Die Qumrangemeinde betrachtete sich selbst als das von Gott gebaute endzeitliche Haus[114] und Heiligtum. Das Zitat 2Sam 7,11, wie es in 4QFlor 1,10 überliefert ist, dient also noch als *Brückentext zu Z.1–9*.[115]

Aus dem von Gott errichteten heiligen Haus, der endzeitlichen Qumrangemeinde,[116] wird der Messias hervorgehen (1QSa 2,11f). In

---

in die Tora und seiner Werke darin geprüft werden soll, unhaltbar. Vgl. auch 1QpHab 8,1 und Röm 2,15; 3,20.28; Gal 2,16; 3,2.5.10: ἔργα νόμου; zu diesem Begriff bilden die Qumranstellen ein Äquivalent, wie wir es bei den Rabbinen nicht finden.

[113] J.M. Baumgarten, The Exclusion of "Netinim" and Proselytes in 4Q Florilegium, a.a.O., 84–87, hat im Anhang Stellen aus PsSal 17,28b; Jub 16,25; 22,24 zusammengestellt, die die Umformung Tempel ⇒ Haus = Gemeinde (Israel) belegen. Die Kritik von G. Klinzing, Die Umdeutung des Kultus in der Qumrangemeinde und im NT, a.a.O., 86, die Gemeinde als Tempel könne nicht zugleich gegenwärtig und eschatologisch sein, verfängt nicht, da die gegenwärtige Gemeinschaft sich als Nukleus des eschatologischen Israel und des Tempels betrachtete. Das zeigt gerade die oben ausgeführte Tatsache, daß die Gemeinde futurische verheißende Schriftaussagen auf sich selbst anwendet.

[114] Beachte den Übersetzungvorschlag von O. Michel/O. Betz, Von Gott gezeugt, a.a.O., 10: "Aber Er hatte die Absicht, Sich ein Heiligtum aus Menschen zu bauen," statt z.B. E. Lohse, Die Texte aus Qumran, a.a.O., 257: "Und er sagte, daß man ihm ein Heiligtum unter Menschen bauen solle."

[115] Gegen D.R. Schwartz, The Three Temples of 4Q Florilegium, a.a.O., 87, der meint, בית sei in Z.10 im Sinne von "Dynastie" benutzt. Auch in Jub 22,24 wird das dem David verheißene "Haus" 2Sam 7 auf das "Haus Abrahams" bzw. die Gemeinde Israels umgedeutet, s. bei J.M. Baumgarten, The Exclusion of "Netinim" and Proselytes in 4Q Florilegium, a.a.O., 86.

[116] Die Qumrangemeinde als (heiliges) Haus, vgl. 1QS 5,6; 8,5.9; 9,6; CD 3,19; 2,10.13 (Haus der Tora). Die Gemeinde bezog die Anrede: "Und JHWH hat *dir* angezeigt, daß er *dir* ein Haus bauen wird" (Z.10; 2Sam 7,11), die in MT auf David geht, auf sich selbst.

4QFlor wird er im Anschluß an das Samuelzitat *"Sproß Davids"* genannt. Der Qumranschreiber hat unter Beibehaltung der biologischen Terminologie den "Samen" (זרע) von 2Sam 7,12 als einen *"Sproß Davids"* (צמח דויד) gedeutet. Der Zusatz Sproß *Davids* war sehr wichtig, da die Gemeinde sich auch selbst als Wurzelsproß betrachtete: CD 1,7: "Und er ließ aus Israel und Aaron einen Wurzelsproß (שורש) der Pflanzung sprießen (ויצמח)". Vgl. dazu Jes 60,21: "Und dein Volk sind insgesamt Gerechte, auf ewig besitzen sie das Land, ein Wurzelsproß (נצר) meiner Pflanzungen . . ."[117]

Den festgefügten Terminus: אצמיח לדוד צמח / והקמתי לדוד צמח fand der Qumranschreiber bereits Jer 23,5; 33,15 vor (vgl. auch Jes 4,2; 11,1.10; Ez 29,21; Sach 3,8; 6,12; Ps 132,17).

In 4QFlor 1,11 hat er die Phrase so umgeprägt, daß "Sproß Davids" als messianischer Titel erscheint. Auch diese Art der Verwendung des Wortes צמח ist bereits im Alten Testament vorhanden, z.B. Sach 3,8: "Siehe, ich lasse meinen Knecht 'Sproß' kommen." (Ferner Sach 6,12).

Das Samuelzitat "und ich werde deinen Samen aufrichten (והקימותי perf.propheticum) nach dir" (Z.10) führte durch gezera šawa zu Jer 23,5: ". . . ich richte auf (והקמתי) dem David einen gerechten Sproß."

זרע und צמח sind inhaltlich verwandte biologische Begriffe, die sich gut ergänzen. Allerdings liegt bei צמח der Akzent mehr auf einem Neuanfang; ein abgestorbener Baum etwa, der doch noch Leben in sich hat, treibt wieder neu aus. Beide Wörter erscheinen zusammen in 4QPB 3: "bis daß kommt der gerechte Gesalbte, der Sproß Davids, denn ihm und seinem Samen (ולזרעו) ist der Bund der Königsherrschaft über sein Volk gegeben."

Die vegetabilischen Ausdrücke "Sproß", "sprossen" kommen im Sprachgebrauch des Alten Testaments im Bezug auf Menschen vor: "Rein metaphorisch kann ṣamaḥ von Menschen ausgesagt werden: ein Mensch stirbt, und ein anderer sprießt aus dem Staub (Ijob 8,19; vgl. Sir 14,18: wie sprossende Blätter sind die Menschengeschlechter; das eine stirbt, das andere reift heran . . .)"[118]

Auch außerhalb Israels ist diese Verwendung des Begriffs bezeugt: In einer phönizischen Inschrift aus dem 3.Jh.v.Chr. ist für

---

[117] Die Stelle ist auch 1QJes^a überliefert, statt "meiner Pflanzungen" heißt es dort "Pflanzungen JHWHs". Der Gedanke, daß Israel oder Jerusalem ein Sproß sei, findet sich auch Ez 16,7: צמח<כ>.

[118] H. Ringgren, Art. צָמַח, ThWAT VI, Sp.1068–1072, 1070.

den rechtmäßigen Erben die Wendung ṣmḥ ṣdq "legitimer Sproß" belegt.[119]

Die Übertragung des Ausdrucks "Sproß" auf eine menschliche Gestalt ist also nicht singulär alttestamentlich oder qumranisch, war aber an unserer Stelle auch durch den Ausdruck בן 2Sam 7,14 Z.11 vorbereitet.

Der "Sproß Davids" kam—wie oben gezeigt—durch Assoziation mit dem "Samen" (Davids) von 2Sam 7,12 in die Auslegung des Qumranschreibers. Gleichzeitig wird dieser Ausdruck selbst auch wieder zum Ausgangspunkt eines Midraschs. *M.E. hat er nämlich den sprachlichen Anhaltspunkt für die Erwähnung des Toraforschers in Z.11 gebildet:*

Das Verb צמח wird im Griechischen übersetzt durch ἀνατέλλειν.[120] Diese Beobachtung führt uns auf die CD 7,19 ebenfalls im Kontext von Am 9,11 exegesierte Stelle Num 24,17 (s.o.): ἀνατελεῖ ἄστρον ἐξ Ἰακώβ. In CD 7,18f war das Hervortreten des Sterns auf das Auftreten des Toraforschers gedeutet worden: "Und der Stern, das ist der Toraforscher ... wie geschrieben steht: Es tritt ein Stern auf aus Jakob."

Im "Sproß" (Davids) war also der Toraforscher (sprachlich) mit angedeutet; seine Erwähnung wird deshalb vom Autor des Midraschs auch nicht extra durch einen Schriftbeleg—wie sonst üblich—gestützt. Die exegetische Herleitung des Toraforschers aus dem "Stern" von Num 24,17 war ja in CD 7,18f schon geleistet worden. Die Erwähnung des "Sprosses" in 4QFlor 1,11 machte den Rückgriff auf die exegetische Ableitung CD 7,18f, bzw. deren Ergebnis, möglich.[121] Dies wird noch unterstützt durch die Tatsache, daß unsere Stelle 4QFlor

---

[119] A.a.O., Sp.1071.

[120] Im NT wird das Verb nur Hebr 7,14 erwähnt, mit φυλή als Bezugswort. Vgl. auch Mt 2,2; die Verse 1–12 setzen den Gebrauch von Num 24,17 voraus, ebenso wie Lk 1,78. Die Wendung דרך כוכב in Num 24,17 wird von Mt auf doppelte Weise ausgelegt: Der Stern des Messias "strahlt auf", geht auf (Mt 2,9; 2Petr 1,19) und weist auf die Geburt des Königs der Juden (vgl. Num 24,17 "aus Jakob"). Aber dieser Stern wird auch zum Führer auf dem Weg (דרך als הדריך = "den Weg weisen"), s. O. Betz, Die Bileamtradition und die biblische Lehre von der Inspiration, in: M. Görg, Hrsg., Religion im Erbe Ägyptens. Beiträge zur spätantiken Religionsgeschichte zu Ehren von Alexander Böhlig, Wiesbaden 1988 (Ägypten und AT 14) 18–53, 48.
Nicht nur in unserem Text, sondern auch in CD 7,15f besteht eine Verwandtschaft zur LXX bzw. zur Übersetzung des Symmachus, s. J.de Waard, A Comparative Study of the Old Testament Text in the Dead Sea Scrolls and in the New Testament, a.a.O., 43; G.J. Brooke, Exegesis at Qumran, a.a.O., 111, meint, daß auch die Texttradition der Samuelzitate in 4QFlor näher bei LXX als bei MT sei.

[121] G.J. Brooke, Exegesis at Qumran, a.a.O., 208 glaubt aus anderen Gründen,

in der bisher bekannten Qumranliteratur die einzige Erwähnung des Toraforschers außerhalb des Damaskusdokumentes (CD 6,7; 7,18) enthält. Schon von daher liegt es nahe, einen Zusammenhang exegetischer Natur zwischen beiden Texten zu vermuten.

Wie in der Damaskusschrift, ist auch an unserer Stelle das Zitat aus 2Sam 7 aufs äußerste den exegetischen Absichten des Autors adaptiert.[122] Er hat dieses insbesondere stark kontrahiert und Wortwiederholungen ausgelassen, um so eine starke inhaltliche Konzentration des Textes auf seine Deutung hin zu schaffen. Dabei ist vorallem auffällig, daß der Anfang von 2Sam 7,13 ausgelassen ist: "Er <Salomo> wird meinem Namen ein Haus bauen." Der Qumranautor wollte damit offensichtlich jede Anspielung auf den salomonischen Tempel vermeiden. Da er diesen (bzw. den nachexilischen Tempel) als von Gott verworfen betrachtete (CD 1,3), beabsichtigte er, jeden Anschein, daß er etwa auf einer Verheißung Gottes beruhe, zu umgehen. (Indem er den Anfang von 2Sam 7,13 ausläßt, negiert er auch die rabbinische Tradition, die ausgehend von Sach 6,12 den "Sproß Davids" als Tempelbauherrn sieht). Gegenüber dem verworfenen Israel ist jetzt die Qumrangemeinde der Träger göttlicher Verheißungen, ihr gilt daher auch das Wort: "Und JHWH hat dir angezeigt, daß er dir ein Haus bauen wird" (2Sam 7,11). Die Qumransekte betrachtete sich selbst als dieses "Haus", das endzeitliche Heiligtum, das Rettung vor der Verfolgung durch die Söhne Belials bot (4QFlor 1,7–9), besonders in der Zeit, in der Belial gegen Israel losgelassen ist (CD 4,11–19; Z.18 ist die rituelle Verunreinigung des Heiligtums ausdrücklich genannt). Die Qumrangemeinde bezeichnet sich entsprechend als "festes Haus (בית נאמן, vgl. 2Sam 7,16), wie noch keines gestanden hat (עמד) wie dieses seit ehedem bis jetzt".

---

daß 4QFlor literarisch von CD abhänge.—Die zentrale Bedeutung des Begriffs צמח könnte eine Rekonstruktion der Lacuna vor Z.12 durch יצמח favorisieren. S. auch Anm. 101. D.R. Schwartz, The Messianic Departure from Judah <4Q Patriarchal Blessings>, ThZ 37 (1981) 256–266, 264, schlägt vor, die Erwähnung des Toraforschers in 4QFlor auf die in diesem Midrasch überhaupt nicht enthaltene Stelle 2Sam 7,14: "I will chasten him with the rod (šbṭ) of men" zurückzuführen. Doch wird der Toraforscher überhaupt nie mit einem שבט gleichgesetzt, dieses Attribut ist dem davidischen Messias vorbehalten (s. CD 7,18–20). Schwartz meint darum, man müsse שביט "Komet" lesen, um eine Verbindung zu 2Sam 7,14: שבט und CD 7,18 herzustellen, wo der Toraforscher als כוכב geschildert wird. Zu weiteren LXX-Parallelen s.o. zu Z.10 von 4QFlor.

[122] Gegen J. Carmignac, in: J. Carmignac/É. Cothenet/H. Lignée, Les Textes de Qumran. Traduits et annotés, Paris 1963, Anm.22–24 S.283 und G.J. Brooke, Exegesis at Qumran, a.a.O., 111, die von aberratio oculi bzw. Homoioteleuton ausgehen.

In 2Sam 7 werden einmal das "Haus" der Qumrangemeinde verheißen, zum anderen der "Sproß Davids" (abgeleitet aus dem "Samen" von 2Sam 7,12) und der Toraforscher.

Das Auftreten des Sprosses Davids (und des Toraforschers) "in Zion
am Ende der Tage" (Z.11f) wird belegt durch das Schriftzitat Am
9,11 "wie geschrieben steht: Und ich werde aufrichten die gefallene
Hütte Davids. Sie/Er ist die gefallene Hütte Davids, die/der stehen
wird, um Israel zu retten."

Hier liegt die eigentliche Crux des Textes. Es ist schlechterdings
undenkbar, welches von den Stichworten: Haus—Sproß Davids—Zion
durch den Schriftbeleg Am 9,11 gestützt werden soll. Möglich wäre
sogar, das Amoszitat als abschließenden Schriftbeweis des ganzen Midraschs zum Thema "das Haus der Gemeinde" zu sehen, da ja in der
nächsten Zeile ein neuer Midrasch zu Ps 1 beginnt.

Folgende Lösungen sind bisher vorgeschlagen worden:

1) Der Schriftbeleg Am 9,11 in 4QFlor *setzt die Exegese von Am 5,26
in CD 7,15f voraus*, wo die Hütte des Königs (parallelisiert mit der
Hütte Davids Z.16) als die Bücher der Tora gedeutet wird. Auf 4QFlor
übertragen bedeutet dies, daß durch das endzeitliche Auftreten des
Toraforschers (Z.11f) in Zion und seine vollmächtige Toraauslegung
die Bücher der Tora, d.h. die Hütte Davids, in ihrer eschatologisch
verschärften Form wieder aufgerichtet werden. Diese Deutung wird
z.B. vertreten von Th.H.Gaster[123] und J.M. Baumgarten: "our text
further alludes to the 'tabernacle of David which has fallen', a biblical
phrase which in the Damascus Document 7:15–16 is identified
midrashically with the books of the Torah. Through the arising of
David with the Interpreter of the Law the tabernacle will again be
erected, that is the Torah will be restored to its proper understanding."[124]

2) Die Hütte von Am 9,11 in 4QFlor wird als Aspekt des בית von
2Sam 7 gedeutet. Der Midrasch zerfiele damit in zwei Teile: Im
ersten Teil (bis Z.10) würde der Begriff בית den Tempel, bzw. die

---

[123] Th.H. Gaster, The Scriptures of the Dead Sea Sect, a.a.O., Anm. 4 und 6
S.356. Gaster nimmt außerdem an, daß die Textwiederholung "die gefallene Hütte
Davids" Z.12f auf ein Versehen zurückgeht und rekonstruiert den Text entspre-
chend, s. Anm. 101 der vorliegenden Arbeit.
Ähnlich ist die Deutung von B. Gärtner, The Temple and the Community in
Qumran and in the New Testament, Cambridge 1965, 39.
[124] J.M. Baumgarten, The Exclusion of "Netinim" and Proselytes in 4Q Florile-
gium, a.a.O., 83.

Qumrangemeinde meinen, im zweiten Teil das "Haus Davids", bzw. dessen Nachkommenschaft. Die "Hütte Davids" Am 9,11 wäre dem "Haus Davids" 2Sam 7,11 gleichzusetzen. Diese Auslegung wird z.B. von D.R. Schwartz[125] vertreten.

3) Das Wort סוכה "Hütte" wird umpunktiert, um einen passenderen Sinn zu erhalten. Als erster hat m.W. L.H. Silberman die Punktation סוֹכָה "Zweig" vorgeschlagen: "His <i.e. the midrashist's> procedure is quite simple, for he reads instead of סוּכָה (MT סֻכָּה) *tabernacle*, another word with the same consonants but a different pointing, סוֹכָה which means *branch*. Thus he understands the verse from Amos to mean: 'And I will raise up the fallen branch (or shoot) of David'."[126]

In einer Fußnote schlägt Silberman noch eine zweite interessante Lesart vor: "There is as well the possibility of a second interpretive reading: סוּכָה a fem. passive ptc. from the root סוּך, with the meaning of *anointed* . . ."[127]

Alle drei vorgeführten Lösungswege sind ansprechend. Nur bringt die Deutungsmöglichkeit, bei der die Hütte Davids als die Bücher der Tora interpretiert wird, die Schwierigkeit mit sich, daß von den wiederaufgerichteten Torabüchern wohl kaum ausgesagt werden kann: "Sie/Er ist die gefallene Hütte Davids, die/der stehen wird, um Israel zu retten." (Z.12f).

Deshalb ist dieser Erklärungsweg m.E. von vornherein mit einem Fragezeichen zu versehen.

Ergänzend sollen hier noch zwei andere Lösungsmöglichkeiten dargelegt werden:

a) M.E. ist es möglich, zur Interpretation der "Hütte Davids" in 4QFlor auf die im Kap. "Traditionsgeschichte" zu gewinnenden Ergebnisse vorzugreifen. Dort wird erarbeitet werden, daß im alttestamentlichen Sprachgebrauch der Tempel als "Hütte" und Jerusalem und der Zion als "Hütte Davids" interpretiert wurden.

---

[125] D.R. Schwartz, The Three Temples of 4Q Florilegium, RdQ 10 (1979–81) 83–91.

[126] L.H. Silberman, A Note on 4Q Florilegium, JBL 78 (1959), 158f. E. Lövestam, Son and Saviour. A Study of Acts 13,32–37 with an Appendix: "Son of God" in the Synoptic Gospels, Lund/Kopenhagen 1961 (Coniectanea neotestamentica 18) 64.

[127] A.a.O., Anm.3 S.158. G.J. Brooke, Exegesis at Qumran, a.a.O., 139 möchte sowohl die Bedeutung "Hütte" als auch die Bedeutung "Zweig" gelten lassen, die durch die Technik des ma'al miteinander identifiziert wurden, s. Ders., The Qumran Pesher: Towards the Redefinition of a Genre, a.a.O., 496.

Dieser Sprachgebrauch ist auch für das Targum vorauszusetzen.

Es ist deshalb sehr gut denkbar, daß auch die Qumrangemeinde, deren Denken und Argumentieren sich stark auf das Alte Testament stützte, wovon die zahlreichen in Qumran gefundenen Bibelkommentare beredtes Zeugnis ablegen, sich an die vom Alten Testament ausgehenden Deutungszusammenhänge anschloß.

Auf unsere Stelle übertragen bedeutet das, daß das Wort *"Zion"* in Z.12: "Das ist der Sproß Davids, der erstehen wird mit dem Toraforscher, der auftreten wird in Zion am Ende der Tage" den Anknüpfungspunkt für den Schriftbeleg Am 9,11 gebildet hat: "wie geschrieben steht: Und ich will die gefallene Hütte Davids wieder aufrichten" (Z.12). Der "Sproß Davids" wurde vom Qumranisten aus dem "Samen" und dem "Sohn" von 2Sam 7,12.14 gewonnen (abgesehen von Jer 23,5; 33,15), sodaß ein zusätzlicher Schriftbeleg nicht nötig erschien.[128]

Dagegen ist in Z.12 die ausdrückliche Erwähnung des "Zion" als Erscheinungsort des Sprosses Davids und des Toraforschers auffällig. Im parallelen Text CD 7,19 war nämlich *Damaskus* als Heilsort eingeführt worden, wo man das Auftreten des Fürsten und des Toraforschers erwartete.

Der gegenwärtige Tempel, Jerusalem und der Zion galten den Qumranleuten als verunreinigt und verworfen (1QFlor 1,5f; CD 4,17f; 5,6; 6,11f; 20,23; 1QpHab 12,7–9; etc.).

Gerade deshalb war es nötig, die Überzeugung des Qumranschreibers, daß der Zion doch schließlich wieder zu einem Heilsort werden würde, durch einen Schriftbeleg wie Am 9,11 zu bekräftigen.

Die "Hütte Davids", Jerusalem und der Zion ist gegenwärtig "gefallen", d.h. vom Heilsplan Gottes wegen des sündigen Priestertums ausgeklammert, wird aber "am Ende der Tage"[129] wieder "aufgerichtet", d.h. in den Heilswillen aufgenommen, vgl. z.B. 1QM 12,13: "Zion, freue dich sehr, strahle auf in Jubel, Jerusalem, und jauchzet, alle Städte Judas" (vgl. 1QM 19,5 und 1QM 1,3, wo der Auszug der Verbannten der Söhne des Lichts aus der "Wüste der Völker", d.h. aus dem Exil in die "Wüste von Jerusalem", d.h. Qumran, voraus-

---

[128] Gegen G.J. Brooke, Exegesis at Qumran, a.a.O., 139, der meint, "Hütte" meine den "royal family aspect of בית."

[129] Zu diesem Ausdruck s.G.J. Brooke, Exegesis at Qumran, a.a.O., 197 "the Qumran sect believed that their historical experiences were part of the events that constituted the latter days".

gesetzt ist. Von dort soll der Endkampf ausgehen, bis man wieder in Jerusalem wohnen wird. Vgl. auch Frag. "Jerusalem Nouvelle").

Wahrscheinlich hat auch die im Begriff סוכה angelegte Bedeutung "Tempel" eine Rolle gespielt, den man sich in der "Hütte Davids" inbegriffen dachte.

Auf einen eschatologischen Tempel wird 11Q Tempelrolle 29,8–10 angespielt:

"Und ich will heiligen mein <H>eiligtum mit meiner Herrlichkeit, die ich auf ihm ruhen lassen will,[130] meine Herrlichkeit bis zum Tag des Segens, an dem ich mein Heiligtum schaffen (אברא) werde, es für mich fest hinzustellen für alle Tage, gemäß dem Bund, den ich mit Jakob in Bethel geschlossen habe."

Da Gott der Baumeister dieses eschatologischen Heiligtums ist (beachte die vielen 1.Pers.Sg. Suffixe im hebräischen Text) kann m.E. auch hier wieder nur die eschatologische Gemeinde, allerdings in ihrer Vollendung, gemeint sein, nicht, wie Yadin will, ein terrestrisches Heiligtum.[131]

Die Qumrangemeinde stellt proleptisch das Heiligtum der Endzeit dar[132] (vgl. 1QS 8,5; 9,6). Deshalb werden die Heiligkeits- und Reinheitsgesetze verschärft, nichts Unreines wird in der Gemeinschaft geduldet. Die Anwesenheit der Engel und die Darbringung von Werken der Tora als Rauchopfer (4QFlor 1,6 und 1QS 9,5) sind eine Vorwegnahme und Vorausabbildung dessen, was einst in Vollendung sein wird.

---

[130] Y. Yadin, The Temple Scroll, vol. 2, Text and Commentary, Jerusalem 1983, 355 bezieht die Relativpartikel אשר auf "Heiligtum/Tempel" zurück und kommt zu der Übersetzung: "And I will consecrate my <t>emple by my glory, (the temple) on which I will settle." Diese Übersetzung erscheint mir fraglich, da sie 1) die Relativpartikel nicht adäquat berücksichtigt, 2) die hi.-Form des Verbs unbeachtet läßt 3) das Verb שכן den כבוד zum Subjekt haben muß.

[131] S. die Anmerkungen 12 und 13 S.186f in Y. Yadin, The Temple Scroll, vol. 1, Introduction, Jerusalem 1983. Konsequenterweise übersetzt Yadin מקדש אדם in 4QFlor 1, 6 dann auch mit "a sanctuary amongst men" (Anm. 13; Hervorhebung im Original) und hält die beiden in 4QFlor und 11Q Tempelrolle erwähnten Heiligtümer für den gleichen irdischen eschatologischen Tempel. Zu den Parallelen im Jubiläenbuch s. ebd., Anm. 5 S.184f.

Die von uns in 4QFlor 1,6 vertretene Übersetzung von מקדש אדם "ein Heiligtum aus Menschen" will Yadin mit dem Hinweis auf Am 7,13 מקדש מלך "the king's sanctuary" (Gen. objectivus; Anm. 13 S.187) entkräften. Dem kann aber leicht Ex 19,6 ממלכת כהנ ם "ein Königreich aus Priestern" entgegengehalten werden, das eine Parallele zum Gen. subjectivus in 4QFlor 1,6 darstellt.

[132] So auch G.J. Brooke, Exegesis at Qumran, a.a.O., 193: "not every ב ת is made of bricks and mortar".

Da die Begriffe "Zion—Jerusalem—Heiligtum" sich überlagern, weil nämlich in den Tagen Belials alle diese Größen durch die Qumrangemeinde repräsentiert werden, kann die Aufrichtung der "gefallenen Hütte Davids" auch wieder alle die genannten Dinge umfassen. Somit wäre nicht nur der Zion, sondern die ganze eschatologische Qumrangemeinde in dem Ausdruck "die gefallene Hütte Davids" mitgemeint.

Von der Qumrangemeinde wird wie von der Hütte Davids ausgesagt, daß sie *"stehen"* wird, z.B. CD 3,19 "Und er <Gott> baute für sie ein festes Haus (בית נאמן) in Israel, wie noch keines gestanden hat (עמד) wie dieses von ehedem bis jetzt." Hier ist die Gemeinde als Haus/Tempel beschrieben, eine Vorstellung, von der 4QFlor ebenfalls beherrscht ist. Das Wort עמד hat—wie auch überwiegend in CD—einen gewissen heilsgeschichtlichen Klang.[133] Aber die Vokabel führt noch weiter. Denn auch vom Sproß Davids wird ausgesagt, daß er *stehe* (העומד, vgl. Jes 11,10: שרש ישי אשר עמד) mit dem Toraforscher... in Zion am Ende der Tage (4QFlor 1,11f).[134]

Diese Tatsache führt uns dazu, ein *Ineinandergreifen* der Vorstellungen im Denken der Qumrangemeinde zu konstatieren. Die Gemeinde (als Tempel), Jerusalem und der Zion galten als heilsgeschichtlich relevante Größen, die deshalb mit dem gleichen Vokabular bezeichnet wurden wie die Personen der Heilszeit. Dafür ist sicherlich der Gedanke verantwortlich, daß nur in der Qumrangemeinde die *Rettung* liegt (4QFlor 1,13[135] und 1,7–9), da sie in nuce bereits alle Forderungen der Heilszeit verwirklicht hat[136] und aus ihrer Mitte der davidische Messias, der Sproß Davids, hervorgehen wird.[137]

---

[133] G.J. Brooke, Exegesis at Qumran, a.a.O., 139, 199 möchte das Wort deshalb mit "take office" übersetzen. S.199 findet sich eine kleine Forschungsübersicht zu diesem Begriff.

[134] U.ö. von heilsgeschichtlichen Personen, z.B. CD 7,20: Der Fürst der ganzen Gemeinde wird bei seinem *Auftreten* alle Söhne Seths niederwerfen.

[135] S. die Diskussion des Wortes ישע bei G.J. Brooke, Exegesis at Qumran, a.a.O., 199.

[136] G.J. Brooke, Exegesis at Qumran, a.a.O., 174 glaubt, daß 4QFlor Teil der Liturgie des Laubhüttenfestes war (zum Laubhüttenfest in Qumran s. den ersten Teil des vorliegenden Kapitels). Dieser Gedanke paßt gut in unseren Zusammenhang, da das Laubhüttenfest als Fest der eschatologischen Vollendung betrachtet wurde, s.J. Daniélou, Le symbolisme eschatologique de la Fête des Tabernacles, Irén. 31 (1958) 19–40. Vgl. die Verwendung des Wortes "Laubhütte" in 4QFlor 1,12.

[137] Hier ist auch an die Vorstellung von der sog. "corporate personality" zu denken: Im Corpus der Qumrangemeinde ist der Messias ideell bereits vorhanden, noch bevor er auftreten wird.

Die Gemeinde selbst ist also die messianische Größe schlechthin: Extra ecclesiam nulla salus. In ihr wird alles bereitgehalten, was
in der eschatologischen Zeit in großem Umfang aufgerichtet werden
wird: "*Sie* ist die gefallene Hütte Davids, die stehen wird, um Israel
zu retten."

Dieses Ineinandergreifen von Vorstellungen der messianischen Zeit
finden wir auch im rabbinischen Judentum, nämlich im *Achtzehngebet*,
in der 14. und 15. Bitte:[138]

14 "Nach deiner Stadt *Jerusalem* kehre in Erbarmen zurück (תָּשׁוּב),
   wohne in ihr, wie du gesagt hast,
   erbaue sie bald in unserem Tagen als ewigen Bau
   und den Thron Davids gründe schnell in ihr.
   Gelobt seist du, JHWH, der Jerusalem erbaut.

15 Den *Sproß Davids*, deines Knechtes, laß rasch hervorsprossen
   und sein Horn erhebe durch deine Hilfe (בִּישׁוּעָתֶךָ),
   denn auf deine Hilfe hoffen wir den ganzen Tag.
   Gelobt seist du, JHWH, der hervorsprossen läßt
   das Horn der Hilfe (קֶרֶן יְשׁוּעָה)."

2) Das obengenannte Ineinandergreifen von Traditionen und Vorstellungen gilt auch für die zweite Interpretationsmöglichkeit von
4QFlor 1,11–13.

Der צמח דויד bildet den Ausgangpunkt. Doch nicht nur der Messias wurde als Sproß angesehen,[139] sondern ebenso die Qumrangemeinde, z.B.:

Da die Gemeinde ein messianischer Sproß ist (CD 1,7), kann sie den Sproß Davids hervorbrin-
gen; da sie den Nukleus der eschatologischen Gemeinde bildet, ist in ihr die Rettung Israels pro-
leptisch verwirklicht.

Vgl. Jer 23,5f: "... und ich richte auf dem David einen gerechten Sproß ... und
in seinen Tagen wird Juda gerettet (תושע יהודה) und Israel in Sicherheit wohnen
(s. Jer 33,15f. In V.16 ist statt "Israel" Jerusalem genannt).

[138] Eigene Übersetzung aus: Sidur Safa Berura. Mit deutscher Übersetzung von
Rabbiner Dr. Bamberger, Basel o.J., 44 nach der sog. babylonischen Rezension.
Die palästinische Rezension hat die 15. Bitte zur 14. gezogen und erwähnt den
Messias aus dem Hause Davids statt den Sproß Davids.

Vgl. dazu auch Lk 1,69: Und er hat uns ein Horn des Heils aufgerichtet im
Hause Davids, seines Knechtes.

Zur Rückkehr nach Jerusalem vgl. auch Apg 15,16: μεταστρέψω (Am 9,11).

[139] Es geht nich an, mit B. Gärtner, Temple and Community at Qumran, a.a.O.,
37 den "Sproß Davids" auf die Gemeinde zu deuten. Er hat jedoch richtig gesehen,
daß die Qumransekte nebeneinander als Pflanzung wie auch als Heiligtum beschrieben werden konnte, S.28–31, vgl. 1QS 8,5.

CD 1,7: "Und er ließ aus Israel und Aaron eine Wurzel der Pflanzung (שורש מטעת) sprossen . . ."

1QS 8,5: "dann steht der Rat Gemeinschaft fest in der Wahrheit für eine ewige Pflanzung (למטעת עולם), ein heiliges Haus für Israel und eine Gründung des Allerheiligsten Aaron."

1QH 6,15: "Eine Blume wie . . ., um einen Sproß (נצר) zu treiben für das Gezweig einer ewigen Pflanzung und er wirft Schatten auf den ganzen <Erdkreis>."

7,18f: ". . . um aufblühen zu lassen eine <Pflan> zung und groß zu machen einen Sproß (נצר) . . ."

Die Zentralstelle ist jedoch 1QH 8,4–10, ein Midrasch zu Ez 17; 31 und Dan 4,7–14. Dort ist die Rede von einer Pflanzung vershiedener Bäume, die einen Sproß (נצר Z.6, vgl. Jes 60, 21) treiben. Dieser ist zwar klein und unbeachtet wie die Qumrangemeinde, aber in seinen Zweigen finden die Vögel Schatten (Z.9). Der heilige Sproß (נצר ק<ו>דש) treibt Blüten zur Pflanzung der Wahrheit,[140] aber in der Verborgenheit.

Diese Passage ist nicht leicht zu erklären, wie schon S. Holm-Nielsen bemerkt hat, der beobachtete: "the lack of clarity in the illustration, with the unmotivated flitting from the illustration of water to that of a plant, from singular to plural and from the trees of life to the shoot."[141]

Die Frage ist jedoch, ob unter dem "Sproß" Z.6.10 der Messias der Qumrangemeinde (vgl. Jes 11,1) oder diese selbst zu verstehen ist. M.E. ist beides möglich. Da die Sekte in nuce die eschatologische Gemeinde abbildet, ist in ihr auch die Rettung proleptisch verwirklicht.[142] Jedoch scheint mir die *Schlüsselstelle* 1QH 7,10 eher für die Deutung auf die Sekte zu sprechen: "Und du, mein Gott, hast mich gegeben ins Laub, in die heilige Gemeinde."

---

[140] Ab Z.11 geht das Bild in eine Beschreibung des Paradiesgartens über, wo die Frucht des heiligen Sprosses durch Engel mit dem Feuerschwert beschützt wird. Offenbar soll dadurch betont werden, daß es kein zweites Gen 3 mehr geben wird. S. auch H. Ringgren, The Branch and the Plantation in the *Hodayot*, BR 6 (1961) 3–9.

[141] S. Holm-Nielsen, Hodayot. Psalms from Qumran, Aarhus 1960 (Acta Theologica Danica 2) 149. Auf Einzelheiten kann an dieser Stelle nicht eingegangen werden. S. auch B. Gärtner, Die rätselhaften Termini Nazoräer und Iskariot, Uppsala—Lund 1957 (Horae Soederblomianae 4) 21–23.

[142] H. Ringgren, The Branch and the Plantation in the *Hodayot*, a.a.O., 6 ent-

Dieser Schlüsselvers erschließt uns die Deutung von 1QH 8,4–10.
Der Beter des Lobliedes sieht sich in die Pflanzung des Volkes Israel
versetzt. Inmitten dieser Plantage gibt es Büame, die ihre Wurzeln
zu einem geheinmnisvollen Quell hinstrecken. Hier liegt deutlich
Einfluß von Ps 1 (Jer 17,7–8) vor. Diese Bäume sind nämlich "Bäume des Lebens (עצי חיים), weil sie ihre Wurzeln zur "ewigen Quelle"
(Z. 8) der Tora (CD 3,16), hinstrecken, was die anderen Bäume, die
auch Zugang zum "Lebenswasser" (Z.7) hätten, nicht tun (Z.9). Diese Toratreuen bilden zusammen das neue Israel, den Sproß, die ewige
Pflanzung in der Kleinheit und Verborgenheit ihres abgesodnerten
Lebens.

Alle Bäume der Pflanzung könnten Zugang zum Lebenswasser
haben, doch nur die, die sich aus der Quelle der Tora nähren, gehören zur ewigen Pflanzung, zum Sproß. Trotz ihrer Kleinheit und
Verborgenheit sind sie ein heiliger Sproß (נצר ק<ו>דש Z.10, vgl. Jes
6,13 "heiliger Same <זרע> ist sein Wurzelstock"), eine Pflanzung, in
dessen Laub die Vögel Schatten finden (Z.9 vgl. 1QH 7,10). Mögen
die anderen Bäume auch größer sein und den Sproß hoch überra-
gen, auf ihnen ruht keine Verheißung (Z.9).

Das in Z.9 erwähnte Schattendach (דלית "Laub, Gezweig"), in dem
die Vögel Schatten finden, ist wichtig für unsere Stelle Am 9,11 in
4QFlor 1,12. Eine Laubhütte stellt nämlich ebenfalls ein Schattendach dar (s. Kap. "Targum". Im Aramäischen wird "Laubhütte" durch
"Schattendach" מטלתא wiedergegeben). In den 1QH 8,4–10 zu Grun-
de liegenden Stellen Ez 17; 31; Dan 4 wird ein Baum einem König
oder einem Königreich verglichen, in dessen Laub/Schatten viele
Völker wohnen.

Es ist daher nicht unmöglich, daß die Gemeinde, die sich selbst
als "heiligen Sproß" betrachtete (1QH 8,10) und den "Sproß Davids" hervorbringen würde (4QFlor 1,11; 4QpJesª), glaubte, daß sich
sein Laubdach, d.h. der Einflußbereich der Qumrangemeinde, so weit
ausdehnen würde, daß in dieser "Hütte Davids" ganz Israel Rettung
fände.

---

scheidet sich für die Gemeinde: "the plantation is the remnant of Israel, the new
Paradise, created by God . . . , in other words, the Qumran community. The branch,
theoretically, could be either the founder of the sect, or its modest beginning." Ebenso
A. Dupont-Sommer, Die Essenischen Schriften vom Toten Meer, a.a.O., Anm. 4
S.246. Anderswo, z.B. Anm. 3 S.242 ad 1QH 7,10 hält Dupont-Sommer den "Sproß"
für den Lehrer der Gerechtigkeit. S. auch TestJud 24,4–6.

In der Gegenwart ist das Laubdach Davids noch "gefallen", d.h.
der Wirkungskreis der Qumranleute noch verborgen und klein (1QH
8,10), einzelne wohnen erst im "Astwerk" der Gemeinde (1QH 7,10;
8,9). Doch wenn der endzeitliche "Sproß Davids" auftritt, wird der
Wirkungskreis der Gemeinde so wiet ausgedehnt, daß sie "Schatten
wirft auf den ganzen <Erdkreis>" (1QH 6,15).[143]

2. Rabbinische Literatur

Das Targum[144]

"Zu jener Zeit richte ich das Königreich des Hauses David auf, das
gefallen ist, und baue ihre <der Israeliten> befestigten Städte, und
ihre Synagogen stelle ich her, daß es <das Königreich> über jedes
Königreich herrscht und viele Fürstentümer vernichtet und vertilgt
und es wird gebaut und vollendet werden wie zu den Tagen der
Vorzeit."

Hier interessiert uns vor allem die Frage, wie der Targumist die Chiffre
סכת דויד in Am 9,11M aufgelöst hat.
Zunächst fällt eine Redundanz von Ausdrücken zur Umschreibung
der hebräischen Vorlage auf: מלכותא דבית דויד "das Königreich des
Hauses David" statt des einfacheren hebräischen "die Hütte Davids".
Einige Handschriften[145] lesen wohl deshalb auch מלכותא דדוד "Königreich Davids". Um der Übersetzung des Targumisten auf die Spur
zu kommen, sollen zunächst alle einschlägigen Stellen (Jes 1,8; 4,6;
16,5; Ps 27,5f; 31,21; 42,5; 76,3; Klgl 2,6), die den Begriff סכה enthalten, auf ihre Interpretation hin untersucht werden. Es wird sich
dabei der Befund ergeben, daß jede Stelle von T individuell exegesiert
und übersetzt wurde.

---

[143] Vgl. Mt 13,31 f; Lk 13,19 wo das Reich Gottes einem Senfkorn verglichen
wird, das zu einem großen Baum wird, in dessen Zweigen die Vögel des Himmels
wohnen. Mk 4,30–32 hingegen wohnen die Vögel im Schatten des Baumes. Auch
hier wird also das Laubdach eines Baumes als ein Schattendach betrachtet.

[144] Alexander Sperber, The Bible in Aramaic, vol. III, Leiden 1962, 431f. Der
folgenden Besprechung liegt der von mir rekonstruierte Text zugrunde, s. S.165–
168. Alle nachfolgenden Prophetenstellen wurden nach der genannten Ausgabe
Sperbers zitiert.

[145] Sperber, a.a.O., 431, Lower Critical Apparatus.

Jes 1,8 lautet z.B.[146] ואשתארת כנשתא דציון כמטלתא בכרמא (ונותרה בת-ציון)
M:‏(כסכה בכרם) "und die Synagoge des Zion ist übrig geblieben wie
ein Schattendach im Weinberg". T hat hier סכה durch das aramäische
Äquivalent מטלתא "Schattendach" wiedergegeben und verstand folglich unter סכה mit M ebenfalls ein Laubhütte, wie sie zum Schutz
vor der Sonne in den Weinbergen aufgerichtet wird. Diese Laubhütten bildeten ja das Vorbild für die Hütten des Laubhüttenfestes.

בת-ציון wurde durch כנשתא דציון ("Synagoge des Zion") wiedergegeben und damit aktualisierend homiletischen Zwecken dienstbar gemacht. Mit der "Versammlung/Synagoge des Zion" ist wohl die
Tempelgemeinde in Jerusalem gemeint, die nach der in V.7 beschriebenen Verwüstung übrig bleibt wie eine Laubhütte im abgelesenen
Weinberg, wie eine Hängematte für die Nacht im abgeernteten
Gurkenfeld. "Nachdem sie ihn <den Weinberg> abgelesen haben"
und "nachdem sie es <das Gurkenfeld> abgeerntet haben" sind
verdeutlichende Zusätze gegenüber M, die klarstellen, daß die Verwüstungen sich nur auf die Umgebung Jerusalems beziehen ("Weinberg, Gurkenfeld"), nicht auf dieses selbst.

Es ist daher gut möglich, daß auch der Targumist unter der in Jes
1,8 beschriebenen Hütte den Jerusalemer Tempel verstanden hat.
Nach seiner Zerstörung durch die Römer (70n.Chr.) ist nur noch die
Synagogengemeinschaft in Jerusalem übrig, die jetzt die göttliche
Gegenwart, das "Schattendach", auf dem Zion repräsentiert.

Eine kleine Schwierigkeit bei der Interpretation von Jes 1,8 bietet
die Tatsache, daß כקרתא דצירין עלה "wie eine belagerte Stadt" durch
das כ in den Vergleich einbezogen erscheint, obwohl es durch seine
konkrete Bedeutung eigentlich aus diesem herausfällt. Dadurch kon-
kurriert die Phrase mit dem Subjekt des Vergleichs, כנשתא דציון, um
diese Position. In MT entsteht dieses Problem nicht, da בת-ציון als
poetischer Ausdruck selbst der Auflösung durch כעיר נצורה bedarf.

Vielleicht ist die Lösung darin zu suchen, daß für die Targumisten
die Identität von Tempelgemeinde und Jerusalem schon so fest ze-
mentiert war, daß die Aussage: "Die Versammlung des Zion ist übrig
geblieben ... wie eine belagerte Stadt" nicht merkwürdig klang.

Jedenfalls bietet diese Konstruktion einen zusätzlichen Beweis für
die im Kapitel "Traditionsgeschichte" zu machende Beobachtung,
daß im hebräischen Denken Bild und Sache miteinander identifiziert

---

[146] A.a.O., 2.

werden und die für den Vergleich gewählten Bilder weniger wegen ihrer metaphorischen Aussagekraft als wegen ihres innerlich-qualitativen Zusammenhangs mit der gemeinten Sache beigezogen werden. Auch in Jes 1,8 ist der Übergang vom Bild zu seiner Konkretion fließend.

In diesem Kontext ist auch die Wahl des Ausdrucks מטלתא zu verstehen. Er bezeichnet nichts Inferiores, sondern besonders die festliche Laubhütte (auch des Laubhüttenfestes) und kommt noch Jes 4,6; Ps 18,12;[147] (vgl. aber 2Sam 22,12) Ps 31,21; Ijob 38,40 vor (Pss und Ijob in der Form מטללתא); von diesen Stellen enthalten mindestens Ps 18,12 und 31,21 eine Anspielung auf den Tempel.

Ijob 38,40T ist die Wahl des Ausdrucks (M: בסכה) dadurch zu erklären, daß das Dickicht, in dem der Löwe sich aufhält, einer Laubhütte ähnelt, bzw. quasi eine natürliche Hütte darstellt (vgl. auch Ps 10,9). Dieser Gedanke begegnet auch sonst im hebräischen Text, z.B. Jer 25,38: JHWH kommt hervor wie ein Löwe aus seiner Laubhütte (zur Textkonjektur s. BHS). Dieser Aufenthaltsort JHWHs kann nur der Tempel bzw. Jerusalem sein (vgl. V.30). Interessanterweise hat der Targumist Jer 25,38 (zusammen mit Jer 4,7, dessen masoretische Vorlage jedoch ganz anders lautet) übersetzt: נלא מלך מכרכיה "der König zieht aus seiner Feste" und in der Hütte des Löwen somit eine befestigte Stadt symbolisiert gesehen (vgl. Jes 1,8).

Hierher gehört auch Jes 4,6. T hat das hebräische וסכה תהיה לצל יומם wiedergegeben durch: ועל ירושלם תהי מטלת עני לאטלא עלה ביממ[148] "und über Jerusalem wird das Schattendach meiner Wolke sein, sie <die Stadt Jerusalem> zu überschatten in ihren Tagen . . ." In V.5 sprach der Targumist vom "Heiligtum des Berges Zion und dem Platz des Hauses der Schechina", einer Deutung, die an M anknüpft. Trotz hier bereits vorhandener Ortsbestimmung wird in V.6 Jerusalem als Empfängerin des Schattendachs neu eingeführt. Als Ort der Gegenwart wird diese Stadt vom "Schattendach meiner Wolke" beschirmt. Der Ausdruck מטלת עני ist hier genial gewählt. Er enthält einmal einen Rückbezug auf die "Hütte" (Jerusalem) und ist andererseits die Wiedergabe des hebräischen צל, das in seinem Stamm enthalten ist (vgl. dazu die Etymologie von σκηνή). Die Wolke der

---

[147] מקראות גדולות, כתובים, תל אביב 1958. Alle nachgenannten Psalmenstellen folgen dieser Ausgabe. S. auch P. de Lagarde, Hagiographa Chaldaice, Osnabrück 1967 (=1873).

[148] Sperber, The Bible in Aramaic III, a.a.O., 9.

Wüstenwanderung—in V.5 mit der Schechina assoziiert—und die schattenspendende Hütte werden zu Synonymen der Gottesgegenwart (vgl. auch Lk 1,35[149]). Der Schatten ist Indiz für die Gegenwart einer Person und eignet sich somit ausgezeichnet für eine verhüllende Beschreibung der Präsenz Gottes (s. auch Ps 17,8; 91,1; 121,5; Hos 14,8). Sowohl die Wolke als auch die Hütte sind Schattenspender. Dieser Zusammenhang wird im Talmud zu der Feststellung führen, daß die Hütten der Wüstenwanderung, deren man am Laubhüttenfest gedenkt, sich auf die beschirmenden "Wolken der Herrlichkeit" der vierzigjährigen Wanderung bezögen:

כי בסכות הושבתי את־בני ישראל ענני כבוד היו (bSuk 11b).

Vielleicht ist die Übersetzung von Jes 4,6 von Lev 23,43T beeinflußt, wo diese Assoziation bzgl. des Laubhüttenfestes bereits vorliegt.[150]

Eine "Wolke der Herrlichkeit" wird auch 1Kön 8,10f/2Chr 5,13f bei der Einweihung des Tempels zu Jerusalem erwähnt (MT). Vielleicht ist so die Herkunft der "Wolke" in Jes 4,6T weiterhin zu erklären (vgl. auch Ps 105,39, wo eine Wolke als Decke לְמָסָךְ(?) während der Wüstenwanderung Israels erwähnt wird).

Der Zusammenhang Laubhütte—Schattendach—Schatten—Gegenwart Gottes—zeigt sich außerdem darin, daß an zwei der restlichen Stellen, die ein hebräisches סך/סכה voraussetzen (Ps 27,5; 42,5) der Begriff טללא "Schatten, Bedachung" gebraucht wird, doch stets im Zusammenhang mit Jerusalem und dem Tempel. Dies gilt besonders für Ps 76,3, wo ויהי בשלם סכו direkt mit והוה בירושלם בית מקדשיה "in Jerusalem ist sein Heiligtum/Tempel" wiedergegeben ist (ebenso Klgl 2,6).

Die angeführten Belege zeigen deutlich, daß der Zusammenhang Laubhütte—Tempel-Jerusalem dem Targumist bekannt war und in der Übersetzung zum Ausdruck kam (vgl. auch z.B. Ps 80,11).

Dies gilt auch für Jes 16,5, wo באהל דוד mit בקרתא דדויד "in der Stadt Davids" übersetzt wurde.[151] Die in Kap. "Traditionsgeschichte"

---

[149] Gegen D. Daube, Evangelisten und Rabbinen, ZNW 48 (1957) 119–126, 119f, der das "Überschatten" in Lk 1,35 von der Ausbreitung des Mantels in Rut 3,8 her erklären will.

[150] Zu Lev 23,43 und bSuk 11b und den damit verbundenen Fragen s.B. Grossfeld, The Targum Onqelos to Leviticus and the Tarqum Onqelos to Numbers. Translated with Apparatus and Notes, Edinburgh 1988 (The Aramaic Bible 8), Anm. 10 S.53, Anm.12 ebd. und S.55.

[151] Sonst wird אהל gewöhnlich mit משכן übersetzt, s. Ps 15,1; 61,5; 78,60; Klgl 2,4.

herauszuarbeitende Deutung: Zelt Davids = Jerusalem war dem
Targumist also bekannt und wurde der ebenfalls möglichen Ausle-
gung auf die davidische Dynastie vorgezogen.[152] Das Aufrichten der
Königsherrschaft (des Messias) war für T schon im Aufstellen des
Thrones in Jerusalem ausgesagt.

Unsere Untersuchung der Stellen, die ein hebräisches סכה voraussetzen, ergibt den Befund, daß der Ausdruck auch im Targum stets
auf Jerusalem und den Tempel bezogen wurde. In einem Fall (Jes
4,6) war der Ausdruck (מטלתא "Schattendach") bereits zur Bedeutung
"Präsenz Gottes" spiritualisiert. Dieser Sprachgebrauch macht deutlich, daß die von uns für das Alte Testament aufgezeigte Linie: Laubhütte—Schatten—Schutz und Wohlergehen im Targum noch weiter
ausgezogen wird. Philologisch betrachtet liegt der Akzent jetzt ganz
auf der Bedeutung "Schatten", da für סכה und צל die gleiche
aramäische Wurzel טלל "bedachen, Schatten spenden" verwendet wird.
(Auch Aquila ist von dieser Entwicklung beeinflußt, vgl. ad Am 5,26:
συσκιασμοί "Schattendächer" statt σκηναί, wie zu erwarten wäre.)

*Gegenüber dem oben aufgezeigten Sprachgebrauch steht unsere Stelle Am 9,11
mit seiner Übersetzung der "gefallenen Hütte Davids" als "das gefallene Königreich des Hauses David" einzig da.*

Nun ist zu fragen, wie der Targumist zu seiner Übersetzung "Hütte"
= "das gefallene Königreich des Hauses David" gekommen ist.[153] Hätte
er wörtlich im Sinne der oben genannten Belege übersetzt, müßte
die uns interessierende Stelle lauten: אקים ית מטלתא דדויד "ich werde
das Schattendach Davids aufrichten..."[154] Die Frage ist also, wie
ein Schattendach mit einem Königreich identifiziert werden konnte.

Die beiden Vorstellungen—"Schattendach (Davids)" und "Königreich des Hauses David"—finden wir verbunden vor in Ez 17,22f;
31,6.12T, wo eine Zeder als ein Königtum beschrieben wird: רמא
באראא דמתיל ... (מ)מלכותא), in dessen Schatten (ובטלל מלכותיה) die Völker (17,23: die Demütigen; vgl. auch Mk 4,30–32) wohnen.[155] Hier

---

[152] Vgl. Sperber, The Bible in Aramaic III, a.a.O., 33. Übersetzung bei B.D.
Chilton, The Isaiah Targum. Introduction, Translation, Apparatus and Notes,
Edinburgh 1987 (The Aramaic Bible 11) 35.

[153] Eine—wohl wegen anderer Textvorlage—abweichende englische Übersetzung
findet sich bei: S.H. Levey, The Messiah: An Aramaic Interpretation, Cincinnati/
New York/Los Angeles/Jerusalem 1974, Anm. 116 S.157.

[154] Vgl. R. David Kimchi (Radaq), der diese Deutungsmöglichkeit berücksichtigt:
מלכות דוד תקום והיא הסוכה על דרך משל כי היא סוככת על העם.
Die Laubhütte Davids ist ein Gleichnis für die Bedeckung des Volkes (s. die
Rabbinerbibeln z.St.).

[155] Sperber, The Bible in Aramaic III, a.a.O., 301, 339f.

sind offenbar die Zweige der Zeder als schattenspendende Laubhütte verstanden worden, entsprechend dem oben herausgestellten hebräischen Sprachgebrauch, der das Dickicht, das dem Löwen zum Schutz vor der Sonne dient, als "Laubhütte" bezeichnet.

In Ez 31,3T ist vom assyrischen König(tum), das einer Zeder gleiche, die Rede, in Ez 17 vom Haus Israel (V.2), was in V.22 noch präzisiert wird durch:

(מ)מלכוותא דבית דויד דמתיל בארזא רמא (vom) Königtum/-reich *des Hauses David*, das einer hohen Zeder gleicht."[156]

Die Zeder gilt auch sonst im Targum als Symbol des Königs, vgl. z.B. 1Kön 5,13;[157] Jes 2,13; 37,24; Jer 22,15.23; Ez 31,1.8.23. *Der Schatten der Zeder, d.h. der Einflußbereich des Königs, ist daher sein Königreich.* So war es nur natürlich, im "Schattendach Davids" Am 9,11M "das Königreich des Hauses David" zu sehen.[158]

Diese Deutung wird durch den Rest des Verses Am 9,11T bestätigt, denn der Aufbau befestigter Städte und Synagogen hat nur in einem Königreich Sinn. Dabei hat der Targumist sehr genau exegesiert, denn nach der S.212 vorzunehmenden Wortuntersuchung bezieht sich פרץ fast ausschließlich auf die Risse in der Stadtmauer Jerusalems bzw. auf Breschen in der Mauer einer Festungsstadt. Die freie Wiedergabe vom Vermauern der Risse in M durch den (Wieder)aufbau der Städte in T ist daher einleuchtend.

Auch bei der Übersetzung von והרסתיו bestätigen sich die im Kap. "Traditionsgeschichte" zu machenden Beobachtungen, s. S.213. Mit großer Wahrscheinlichkeit hatte auch der Targumist den Jerusalemer Tempel noch vor Augen. Nach seiner Zerstörung durch die Römer 70 n.Chr. nahm die schon vorher entstandene Synagoge seinen Platz ein, gemäß dem Grundsatz des Rabbi Eliezer (bBer 32b):[159]

---

[156] Das Ez 17,22T erwähnte "Kind" dürfte durch Verbindung der Stelle mit Jes 9,6 und bes. 11,1 in die Übersetzung eingeflossen sein (vgl. das Vokabular!). Vielleicht spricht dieser Sachverhalt doch für eine, wenn auch verhaltene, messianische Auffassung von Ez 17,22. Vgl. aber S.H. Levey, The Targum of Ezekiel, Edinburgh 1987 (The Aramaic Bible 13), Anm.10 S.57, der meint: "*Tg* Ezek. is *exegetically* non-Messianic." (Hervorhebung im Original). Vgl. auch Ders., The Targum to Ezekiel, HUCA 46 (1975) 139–158.

[157] G. Vermes, Lebanon, in: Scripture and Tradition in Judaism, Leiden 1961 (Studia Post-Biblica 4) 26–39 hat die Stelle wohl irrtümlich in der Rubrik "Lebanon = The King" eingeordnet (S.27), denn hier scheint mir eher die Erwähnung der Zeder in M die Übersetzung "Könige (des Hauses David)" im Targum ausgelöst zu haben.

[158] Vielleicht ist auch in Ez 17,22f im Targum die Übersetzung mit "Königreich des Hauses David" am Platz, s. dazu K. Koch, Offenbaren wird sich das Reich Gottes. Die Malkuta Jahwäs im Profeten-Targum, NTS 25 (1979) 158–165.

[159] Vgl. dazu P. Churgin, Targum Jonathan to the Prophets, New Haven 1907

נדולה תפלה יותר מן הקרבנות

Der Targumist hat offenbar verschiedene Bibelstellen kombiniert, um zu seiner Übersetzung von Am 9,11 zu kommen.

Ein "Schattendach Davids" fand er in Ez 17,22.23T angedeutet, wo dieses aufgrund des Zederngleichnisses als "Königreich Davids" erklärt wird.[160] (Ez 17,22T selbst ist wohl durch Exegese von Jes 11,1M und 2Sam 7,12–16T entstanden. Vielleicht geht auch die im Targum zu beobachtende Tendenz, "David" mit "Haus David" wiederzugeben, auf den Einfluß der letztgenannten Samuelstelle zurück). Diese Deutung übernahm T in seine Übersetzung von סכת דויד in Am 9,11. Er hat also ebenfalls wie MT in der "Hütte Davids" eine lokale Größe gesehen und ist auch nicht von einer pejorativen Bedeutung des Wortes "Hütte" ausgegangen wie die modernen Ausleger, sondern von der wörtlichen: "Laubhütte, Schattendach". Unsere bzgl. des hebräischen Textes zu machenden Beobachtungen werden also auch durch das Targum erhärtet und fortgeführt.

Jerusalem und der Tempelberg bilden in Ez 17,22fT den Mittelpunkt des davidischen Königreiches: בטור קודשא דישראל אקימניה "auf dem heiligen Berg Israels will ich ihn einsetzen" V.23. Diese Tatsache begünstigte ebenfalls die Übernahme von Ez 17,22f als Interpretament von Am 9,11. Wie aber kam der Targumist zu dem durch den masoretischen Text nicht vorbereiteten Satz:[161]

ותשלוט בכל מלכותא ותגמר ותשיצי סני משריתא "daß es über jedes Königreich herrscht und viele Fürstentümer vernichtet und vertilgt"? Ganz ähnliches Vokabular finden wir im zweiten Zederngleichnis Ez 31,6T, wo nicht die davidische Dynastie, sondern der assyrische König Subjekt der Aussage ist (vgl. aber auch Ez 17,23T). Sein Königreich wird ebenfalls mit dem Schatten der Zeder verglichen (V.6), in dem viele Völker wohnen. Die in Ez 31,6T breiter ausgeführte militäri-

---

(YOS—Researches XIV), 28 und Anm. 42 ebd. כרם ist auch die Bezeichnung der Akademie von Jabne. Es könnte daher sein, daß hier das Torastudium den Platz des Tempeldienstes eingenommen hat. S. auch J. Klausner, Die Messianischen Vorstellungen des jüdischen Volkes im Zeitalter der Tannaiten, Berlin 1904, 54.

[160] Vgl. auch Hos 14, 8T, wo בצלו "in seinem Schatten" vom Targumisten wiedergegeben wird mit בטלל משיחהון "im Schatten ihres Messias" (Interpretament des Suffix 3. Pers. Sg. mask. in M) und sich eine offensichtlich vom Laubhüttenfest inspirierte Schilderung anschließt. In V.6 wird "der Baum vom Libanon", d.h. die Zeder, erwähnt: Sperber, The Bible in Aramaic III, a.a.O., 408.

S. ebenfalls: R.P. Gordon, The Targumists as Eschatologists, VTS 29 (1977) 113–130, 117.

[161] P. Churgin, Targum Jonathan to the Prophets, a.a.O., 144, betrachtet den Versteil als Einschub.

sche Schilderung kam den Absichten des Targumisten mehr entgegen als die verhaltene Ez 17,23T, da sie außerdem eine gute Hinführung zu Am 9,12T abgibt:

במשריתיה כביש כל כרכין תקיפין ותחות שלטונוהי שעביד כל מדינת ארעא ובטלל
מלכוותיה יתיבו כל עממין סניאין:

"Mit seinen Truppen tritt er alle starken (befestigten) Städte nieder und
unter seine Machthaber unterwarf er jedes Land der Erde und im
Schatten seines Königsreiches wohnen alle die vielen Völker."

Das endzeitliche Vernichten der Feinde Israels und die Herrschaft
über alle anderen Königreiche gehört auch sonst für den Targumisten
zum Repertoire der messianischen Heilszeit.[162] Das ewige Bestehen
des davidischen Königreiches setzt die Herrschaft über, bzw. Zerstörung, der Weltreiche voraus.

*Es kann daher vermutet werden, daß das wiederaufzurichtende Königreich des
Hauses David ein Kryptogramm für die erwartete Herrschaft des davidischen
Messias ist,*[163] der Israel vom Joch der Unterdrücker befreien wird,
wenn in Israel die befestigten Städte wieder aufgebaut und die Synagogen wiederhergestellt sind.

Damit ist gegenüber dem später zu behandelnden masoretischen
Text eine Erweiterung der Vorstellung zu verzeichnen: Ist dort Jerusalem als Gottessitz, als die Stadt Davids, als die in einzigartiger Weise
mit David verbundene Größe, der Ausgangspunkt des Heilshandelns
JHWHs, so ist hier die Vorstellung auf das ganze davidische Königreich erweitert worden.

bSan 96b

Die von uns zu besprechende Stelle[164] findet sich im babylonischen
Talmud im Anschluß einer fiktiven Diskussion zwischen den bösen

---

[162] R.P. Gordon, The Targumists as Eschatologists, a.a.O., 121; K. Koch, Offenbaren wird sich das Reich Gottes, a.a.O., 159.

[163] S. auch P. Humbert, Le Messie dans le Targum des Prophètes, RThPh 44
(1911) 5–46, 23. (Fortsetzung des Artikels aus RThPh 43).

[164] עדין שטיינזלץ, תלמוד בבלי, מסכת סנהדרין, כרך שני, ירושלים o.J.
(Bd.9). bSan 96b S.425f (punktiert).
תלמוד בבלי, מסכת סנהדרין, ירושלים 5723 (=1962/63)
Bd.15 (unpunktiert).
Die Stelle wird auch besprochen und ins Lateinische übersetzt bei L.Chr. Mieg(ius),
De Fatis Tabernaculi Davidici; Amos IX,v.11, in: Th. Hase/K. Iken, Thesaurus
novus theologico-philologicus, Bd.1, Lugduni Batavorum/Amstelodami 1732 (Diss.

Nachbarn Jerusalems, Ammon und Moab, mit dem König von Babylon, Nebukadnezar (6.Jh.v.Chr.).[165] Als jene nämlich gehört hatten, daß Israels Propheten die Zerstörung Jerusalems weissagten, luden sie Nebukadnezar ein, diese zu vollziehen.

Der babylonische König weigert sich allerdings mit allerlei Begründungen, die von den Nachbarländern, die hier personifiziert auftreten, allesamt durch Schriftbelege widerlegt werden.

Der gesamte Wortwechsel hat deutlich apologetische Funktion: Die Zerstörung Jerusalems, das hier pars pro toto für ganz Israel steht, soll durch die Schriftbelege als rechtmäßig und gottgewollt erwiesen werden.

Dabei ist das biblische Grundmotiv, daß die Nachbarn Israels sich hämisch über die Zerstörung Jerusalems gefreut und sogar dabei mitgeholfen hätten, aufgegriffen (vgl. etwa Jer 49,1–6; 48,1–47; Ez 21,33–37; 25,1–7.8–11; 35–36; Obd 9–14 u.v.a.). Doch ist hier ihr Auftrag modifiziert: Ammon und Moab ist die Rechtfertigung des göttlichen Beschlusses zur Zerstörung Jerusalems in den Mund gelegt(!) Besonders wichtig ist die Eingangsbegründung: Nebukadnezar hat Angst, Jerusalem anzugreifen, da es ihm gehen könnte wie z.B. Sanherib, der 701 v.Chr. unverrichteter Dinge mit erheblichem Verlust seiner Soldaten wieder abziehen mußte. Doch die Nachbarländer beruhigen den König von Babylon mit der Begründung: "Denn der Mann ist nicht in seinem Hause (בביתו) . . ." (Spr 7,19), d.h., da Gott seine Schechina von seinem Haus, dem Tempel, abgezogen hat, liegt Jerusalem ungeschützt und angreifbar da.[166] Ein Angriff Nebukadnezars könnte also erfolgreich sein. Gott hat Jerusalem für eine bestimmte Zeit verlassen und dadurch der Zerstörung durch die Feindvölker preisgegeben, da er Israel für seinen Götzendienst strafen will. Dies macht der letzte Schriftbeleg Jer 8,1f klar: Man wird die Gebeine der Könige von Juda und seiner Fürsten, der Priester, der Propheten und der Einwohner Jerusalems aus ihren Grabhöhlen holen und vor der Sonne, dem Mond und dem gesamten Himmelsheer ausgebreiten,

---

Theol. Heidelbergae 1707) 1044–1061, 1048 § XV, der auch die Lesart von Raymundus Martini anführt. S. auch Mercerus (Anm.170). Text, Übersetzung, Parallelen auch bei J. Brierre-Narbonne, Exégèse Talmudique des Prophéties Messianiques, Paris 1934, 74.

[165] Eingeleitet durch: "Ulla sagte." Ulla (bar Jischmael) war ein babylonischer Amoräer der dritten Generation, weiteres s. bei H.L. Strack/G. Stemberger, Einleitung in Talmud und Midrasch, 7., völlig neu bearbeitete Aufl., München 1982, 97.

[166] Vgl. dagegen Jes 1,8: Unter Sanherib war Jerusalem eine "behütete Stadt" (v.נצר).

weil Israel sie geliebt hat, ihnen gedient hat und hinterhergelaufen ist. Diese Grabhöhlen werden von Nebukadnezars Armee als Lagerplätze beim Angriff benutzt werden.

Gerade hier setzt die uns interessierende Stelle ein mit den Worten:

"R. Nachman[167] sagte zu R. Isaak: Wer hat dich hören lassen, wann der Bar Nflj kommt?

Dieser fragte ihn: Wer ist Bar Nflj?

Jener antwortete: Der Messias.

Den Messias nennst du Bar Nflj?

Jener erwiderte ihm: Ja, wie geschrieben steht (דכתיב): "An jenem Tage werde ich aufrichten (Fol. 97a) die gefallene Hütte Davids" <Am 9,11>.

Er sagte zu ihm: So hat R. Jochanan gesagt: In der Generation, in der der Sohn Davids (דוד בן <ש>) kommt, werden die Gelehrtenschüler abnehmen; und der Rest: Ihre Augen werden vergehen in Kummer und Seufzen; und viele Bedrängnisse und harte Urteile werden erneuert werden; bis die erste Heimsuchung <vorbei ist>, wird die zweite sich <schon> beeilen zu kommen."

Diese Erwähnung der Aufrichtung der gefallenen Hütte Davids wird nun in Sanhedrin zum Anlaß, auf den folgenden Seiten die Zeichen der Zeit zu diskutieren, wann der Messias kommt (עקבות משיח "Fußspuren des Messias", bSan 97a, mSot 9,15. Der Ausdruck stammt aus Psalm 89,52).

Philologische Voraussetzung dafür bietet das schon erwähnte Zitat Jer 8,1f, das eingeleitet wird durch: "*Zu jener Zeit*" (בעת ההיא), Spruch des Herrn, will ich hervorholen die Gebeine der Könige von Juda . . ." Die Phrase "zu jener Zeit" wurde ganz offensichtlich eschatologisch verstanden und stellt daher den sprachlichen Anhaltspunkt für den Entwurf eines Endzeitkalenders dar. Das "an jenem Tag" von Am 9,11 knüpft hier an und setzt so beide Ereignisse zueinander in Beziehung: Wenn "zu jener Zeit" die Gebeine der Könige von Juda, seiner Fürsten, der Priester, der Propheten und der Einwohner Jerusalems aus ihren Grabhöhlen geholt werden, weil sie Götzendienst

---

[167] Rab Nachman bar Jakob (gest. 320), ein Amoräer der dritten Generation, s. auch W. Bacher, Die Agada der babylonischen Amoräer, 2., durch Ergänzungen und Berichtigungen verm. Aufl., Frankfurt/M. 1913, 80. R. Isaak II ist ein palästinischer Amoräer der dritten Generation, ein Schüler Jochanans, der teils in Tiberias,

getrieben haben (Jer 8,1f), so wird diese Strafe mit dem Kommen des Messias in der Aufrichtung der gefallenen Hütte Davids aufgehoben werden, wie die Verbindung von "zu jener Zeit" Jer 8,1 und "an jenem Tag" Am 9,11 suggeriert.[168]

Jer 8,1f beschreibt das "gefallene" Jerusalem: Seine Könige, Fürsten, Priester, Propheten und Einwohner, also ganz Juda, sind dem Tod "verfallen" (in den Grabhöhlen), weil sie in Götzendienst "gefallen" waren. Deshalb kann Nebukadnezar das "gefallene" Jerusalem erobern und dem Staat Juda ein Ende machen.

Dieses Ende der Eigenstaatlichkeit Israels ist der Dreh- und Angelpunkt der Messiaserwartung.

Deshalb erfolgt nun die logische Fortsetzung in der Frage R. Nachmans an R. Isaak (Nappacha "der Schmied"): "Wer hat dich hören lassen, wann der Bar Nflj kommt?" Diese Frage wurde von uns wörtlich übersetzt, um ihre im aramäischen Urtext angelegte Doppeldeutigkeit zu erhalten. Sie bedeutet 1. Was weißt du über den Bar Nflj? und 2. Was habt ihr in Israel für Lehrtraditionen über den Bar Nflj (bzw. die Messiaserwartung)? Die zweite Frage ist wichtig, weil R. Isaak II ein palästinischer Amoräer war, der mit den babylonischen Rabbinen Austausch pflegte. R. Isaak hat die Frage ebenso verstanden, denn er gibt im zweiten Teil die Tradition seines Lehrers R. Jochanan[169] über die Messiaserwartung weiter: "So hat R. Jochanan gesagt: In der Generation, in der der Sohn Davids kommt . . ."

Betrachten wir den ersten Teil des Gesprächs zwischen R. Nachman und R. Isaak, nämlich den Dialog über den Bar Nflj, so fällt dessen induktiver Charakter auf. Von der petitio principii "es gibt einen Bar Nflj" führt die dialogische Argumentation zum Schriftbeweis: Der Bar Nflj ist der Messias, weil geschrieben steht: "An jenem Tag . . ."

Der Bar Nflj-Dialog hat also die Funktion, zu erklären, daß dieser

---

teils in Caesarea wirkte und in Babylon bei R. Nachman bar Jakob verkehrte, s. H.L. Strack / G. Stemberger, Einleitung in Talmud und Midrasch, a.a.O., 94.

[168] Jer 8,1f erinnert außerdem an Ez 37. V.11 heißt es dort: ". . . diese Gebeine sind das ganze Haus Israel . . ." und V.12 ". . . siehe, ich öffne eure Gräber und führe euch herauf aus euren Gräbern, mein Volk, und ich bringe euch ins Land Israel." Wenn Jer 8,1 Könige, Fürsten, Priester und die Einwohner Jerusalems genannt sind, ist dies nichts anderes als das ganze Haus Israel, Ez 37,12.

[169] R. Jochanan bar Nappacha ("Sohn des Schmiedes" oder "Schmied", vgl. bSan 96a) lehrte in Sepphoris und Tiberias, gest. 279. Maimonides schreibt ihm die Redaktion des palästinischen Talmud zu, s. H.L. Strack/G. Stemberger, Einleitung in Talmud und Midrasch, a.a.O., 91. Dort weitere Literatur.

der Messias ist, wobei der inhaltliche Zusammenhang des Namens mit der gefallenen Hütte Davids wichtig ist.

Die Eingangsfrage R. Nachmans: "Wer hat dich hören lassen, *wann* der Bar Nflj kommt?" wird im zweiten Teil, der eigentlichen Antwort auf die Eingangsfrage aufgenommen durch: "*In der Generation*, in der der Sohn Davids kommt . . ."

Das Hauptproblem unseres Textes bSan 96b ist sicherlich die Frage, wie der Ausdruck Bar Nflj des R. Nachman zu punktieren ist, bzw. welche Bedeutung dieser damit verbunden hat. Folgende Lösungen sind bisher vorgeschlagen worden:

1) G. Dalman zählt einige Möglichkeiten auf: "Ein anderer Messiasname, Sanh 96b mitgeteilt, ist bar naphlê, nach anderer Lesart (Diqd.IX, 142b) bar niphilê; nach Raym. Martini f. 572 zu übersetzen filius cadivus, nach Schöttgen, De Messias S.16 filius cadentis vel cadentium, nach CastelliIl Messia S.217 figlio dei cadenti (vgl. S.211 figlio d'Israele decaduto dalla sua gloria . . .) Als "Sohn der Gefallenen", d.h. einer traurigen Zeit für das davidische Haus, muß Rabbi Nachman Sanh. 96b f. "bar naphlê" verstanden haben, wenn er den Namen durch Berufung auf den Aufrichter der verfallenen (nophèleth) Hütte Davids von Amos 9,11 erklärt."[170]

Wir haben Dalmans Erklärung ausführlich wiedergegeben, weil sie zeigt, wie viele Erklärungsmöglichkeiten allein der Punktation בַּר נָפְלֵי innewohnen.

---

[170] G. Dalman, Der leidende und der sterbende Messias der Synagoge im ersten nachchristlichen Jahrtausend, Berlin 1888 (SIJB 4) 37f (Hervorhebungen im Original). Dieselbe Auslegung (Königtum/-reich) vertritt auch Raschi (R. Salomo ben Isaak) in seinem Kommentar zur in Rede stehenden Talmudstelle: מלכות דוד שנפלה, להכי קרי משיח בר נפלי und L.Chr.Miegius, De Fatis Tabernaculi Davidici, a.a.O., 1048 § XV und § VII: "Filius collabascentis Reipublicae"; ferner W. Bacher, Die Agada der babylonischen Amoräer, a.a.O., Anm.5 S.80. H.L. Strack / P. Billerbeck, Kommentar zum Neuen Testament aus Talmud und Midrasch, Bd.I, 8., unveränd. Aufl., München 1982, 66 und ebd. Bd.II, 8., unveränd. Aufl., München 1983, 728f übersetzt nach Jes 11,1 "Sohn / Sproß des heruntergekommenen Hauses David." S. auch Malke Blechmann, Das Buch Amos in Talmud und Midrasch, Diss. Würzburg o.J. (1933?) 92. Sie punktiert בַּר נָפְלֵי. S. weiterhin H.J. Routtenberg, Amos of Tekoa. A Study in Interpretation. With a Foreword by L. Finkelstein, New York/Washington/Hollywood 1971, 127. S. auch J. Mercerus, Commentarius locupletissimus in Prophetas quinque priores inter eos qui minores vocantur, o.O u.J. (1598 oder 2. Aufl. 1698?), 363 (Mikrofilm der British Library London), der bSan 96b nach Nicolaus von Lyra und Galatinus referiert: "Messiam appellant בן נפלי filium cadentem seu caducum" "fallender oder gefallener Sohn". Diese Lesart ist mit der bei Dalman referierten des Raymundus Martini zusammenzustellen und bezieht sich auf die Todesverfallenheit des Messias. Miegius und Mercerus werden in der "Christlichen Auslegung" in einem

2) M. Jastrow[171] punktiert בַּר נִפְלֵי und leitet von aramäisch נְפִיל "Riese" ab. bSan 96b würde also von einem "Riesensohn", d.h. einem Göttersohn, sprechen.

3) G. Dalman erwähnt noch eine andere Deutungsmöglichkeit, die er befürwortend referiert,[172] später sich jedoch davon zu distanzieren scheint.[173] Sie wird aber auch vertreten von J. Levy, J. Luzarraga[174] und von A. Steinsalz in seiner neueren Talmudausgabe.[175]

Diese Auslegung punktiert בַּר נִפְלֵי und leitet den Ausdruck auf Grund von Dan 7,13: "Und siehe, mit den Wolken des Himmels (עִם־עֲנָנֵי שְׁמַיָּא; LXX ἐπὶ τῶν νεφελῶν τοῦ οὐρανοῦ, Theod.: μετὰ τ.ν.) wie ein Menschensohn kam er"[176] von dem griechischen Wort νεφέλη ab.

בַּר נִפְלֵי/-לִי wäre also mit "Wolkensohn" zu übersetzen und stellt eine aramaisierende Transkription des griechischen Wortes dar. Hinzu kommt, daß das Targum zu 1Chr 3,24 den Namen eines Nachkommens Davids, Anani (von עָנָן "Wolke"), erklärt: "er ist der König Messias, der im Begriff ist, sich zu offenbaren."[177]

Überblicken wir die drei bisher vorgeschlagenen Lösungswege, so

---

eigenen Kapitel behandelt (s. S.137–142 und S.129–137).

Unsere Stelle ist auch überliefert in MHG Ber מא, מקץ, s.

מדרש הגדול, על המשה חומשי תורה. ספר בראשית. <Margaliot>, Bd 2, 2 Bde. ירושלים תש"י מ.מרגליות

(=1947) S.תרפנ und im Yalq Am §549.

[171] M. Jastrow, A Dictionary of the Targumim, the Talmud Babli and Yerushalmi, and the Midrashic Literature, vol. 2, New York 1950 (=1903) 925. So auch L. Goldschmidt, Der Babylonische Talmud. Neu übertragen, Bd.9, Berlin 1934, Anm.334 S.63.

[172] G. Dalman, Der leidende und der sterbende Messias der Synagoge im ersten nachchristlichen Jahrtausend, a.a.O., 38.

[173] G. Dalman, Die Worte Jesu. Mit Berücksichtigung des nachkanonischen jüdischen Schrifttums und der aramäischen Sprache, Bd.I, Darmstadt 1965 (= 2.Aufl., Leipzig 1930) 201. Und ebenso zweifelnd W. Bacher, Die Agada der babylonischen Amoräer, a.a.O., Anm.5 S.80.

[174] Jakob Levy, Wörterbuch über die Talmudim und Midraschim, Bd.1, Darmstadt 1963 (= 2.Aufl. Berlin/Wien 1924) 259 und Bd.3 S.422. J. Luzarraga, Las tradiciones de la nube en la Biblia y en el Judaismo primitivo, Roma 1973 (AnBib 54) 202.

[175] z.St.: עשטיינזלץ, תלמוד בבלי, a.a.O., "לשון": "יש מקשרים את נפלי כאן עם היונית ונֶפֶלֶ (ניפילי) שפירושה: ענן"

[176] A. Steinsalz punktiert in seiner Talmudausgabe z.St. בַּר נִפְלֵי. Zum Ganzen s. auch R. Patai, The Messiah Texts, New York 1979, 81–83: "Son of the Clouds". Vgl. auch die Parallele zu Dan 7,13 in 4Esra 13,1–4.

[177] S. bei J. Levy, Wörterbuch über die Talmudim und Midraschim, Bd.3, a.a.O., 422. Die Targumausgabe von A. Sperber, The Bible in Aramaic. Based on Old Manuscripts and Printed Texts, vol. IVA: The Hagiographa, Leiden 1968, 6 liest zusätzlich: "<sich zu offenbaren> allen (כלהון)." S. auch G. Dalman, Der leidende

scheint mir die zweite Erklärung, die die Bedeutung "Riesensohn" unterlegt, von vornherein ausscheiden zu müssen: Zum einen ist die Punktation nicht ganz einsichtig: Wie wird aus נְפִילִי "Riese" בַּר נְפִלֵי? Zum anderen ist kein Bezug zum Schriftbeleg Am 9,11 vorhanden. Der Messiasname "Riesensohn" kann schlechterdings nicht von der gefallenen Hütte Davids abgeleitet werden.[178]

Der erste Lösungsweg, der den Messiasnamen als "Sohn der Gefallenen" versteht, ist einleuchtend und akzeptabel, ganz abgesehen davon, daß er sich gut mit dem Schriftbeleg Am 9,11 verbinden läßt.

Doch wie steht es mit der dritten Deutungsmöglichkeit, dem "Wolkensohn" von Dan 7,13? Auch hier ist wieder die Frage, wie der Wolkensohn mit der gefallenen Hütte Davids zusammenhängen soll, ungeklärt. Deshalb muß J. Lévy zu der Annahme Zuflucht nehmen,[179] die Babylonier hätten das Wort נפלי, ניפלי "Wolke" von den des Griechischen kundigen palästinischen Rabbinen übernommen, aber doch nicht verstanden und deshalb (fälschlicherweise) mit dem נפלה von Am 9,11 in Verbindung gebracht. Levy erklärt dazu selbst: ". . . eine Auslegung, die nicht einmal agadisch zutrifft da man den Namen des Messias wohl nicht aus der 'hingefallenen', sondern vielmehr aus der *aufgerichteten* oder *aufzurichtenden* Hütte David's hätte entlehnen können."[180]

M.E. gibt es jedoch einen gangbaren Weg, den Bar Nflj als "Wolkensohn" zu erklären, und auch mit dem Schriftbeleg Am 9,11 zu verbinden.

Das "missing link" zwischen dem "Wolkensohn" und der "gefallenen Hütte Davids" Am 9,11 ist m.E. im Laubhüttenfest zu suchen.

Für die Rabbinen waren die in Lev 23,43 angeordneten Laubhütten des Laubhüttenfestes nämlich mit den Wolkenhütten des Exodus identisch, vgl. bSuk 11b:

כי בסכות הושבתי את בני ישראל (Lev 23,43) ענני כבוד היו

---

und der sterbende Messias der Synagoge im ersten nachchristlichen Jahrtausend, a.a.O., Anm.* S.38. Dort weitere rabbinische Belege. Zu den griechischen Lehnwörtern im rabbinischen Schrifttum s. S. Lieberman, Greek in Jewish Palestine, 2nd ed., New York 1965.

[178] Auch nicht auf Grund von BerR 26: "they are called n'filim <Riesensöhne>, because they caused the downfall of the earth," s. bei M. Jastrow, A Dictionary of the Targumim, the Talmud Babli and Yerushalmi, vol. 2, a.a.O., 923. Sollte ein Riesensohn, d.h. ein negatives Wesen, ein Dämon, den Fall der Hütte Davids verursacht haben, bzw. ihr entstammen?

[179] J. Levy, Wörterbuch über die Talmudim und Midraschim, Bd.3, a.a.O., 422.

[180] Ebd. Hervorhebung im Original.

Diese Identifikation ist auch im Targum vorhanden, wo es zu Lev 23,43 heißt:[181]

... אֲרֵי בְמַטְלַת עֲנָנֵי אוֹתֵיבֵית יַת בְנֵי יִשְׂרָאֵל ...[182]

Das hebräische סכה wird im Targum stets durch מטלתא "Schatten-dach" wiedergegeben.[183] Es ist also legitim, auch in Lev 23,43T von einem Wohnen der Israeliten in Wolkenhütten (—schattendächern) zu sprechen.

Dieselbe Vorstellung liegt im AT in Ps 105,39 vor, wo es heißt: "Er breitete eine Wolke aus als Decke (לְמָסָךְ) und Feuer, um die Nacht zu erleuchten." Bereits in diesem Psalm ist die Wolke nicht nur Wegweiserin während der Wüstenwanderung Israels, sondern eine "Wolkenhütte" (von סכך) zum Schutz.

Da das Laubhüttenfest einerseits das Fest des Auszugs aus Ägyp-ten, andererseits der Einweihung des Jerusalemer Tempels war, ist die Wolke der göttlichen Gegenwart, die beide Ereignisse bestimm-te,[184] mit dem Laubhüttenfest fest verbunden:

"La nube de Sinaí que cubre el Arca, cuyo paralelo es el templo, ha quedado grabada en la narración de su consagración y esa nube, asimilada a la nube de la gloria entregada en Sukkot, ha decidido la conexión de la consagración del templo con la fiesta de los taber-náculos."[185]

In unserer traditionsgeschichtlichen Untersuchung zu Am 9,11 werden wir feststellen, daß die "Laubhütte Davids" Jerusalem (und den Tempel) repräsentiert, da diese Größe in besonderer Weise mit der Person Davids verbunden ist. Er hatte es erobert und somit ei-nen Sitz für die göttliche Gegenwart, die Bundeslade, geschaffen.

Auch in bSan 96b geht es um Jerusalem und den Tempel, wie wir oben schon dargelegt haben: Weil Gott Jerusalem verlassen hat

---

[181] A. Sperber, The Bible in Aramaic, vol. I: The Pentateuch, Leiden 1959, 208.

[182] S. auch Jes 4,6T und zu diesem Thema: J. Luzarraga, Las tradiciones de la nube en la Biblia y en el Judaismo primitivo, a.a.O., 150–178: La nube como Cubierta del Arca y del Templo.

[183] S. dazu ausführlich S.38–45.

[184] Vgl. die Wolkensäule beim Exodus, Ex 13,21f; 40,36–38; Num 9,15–23; Dtn 1,33; Ps 78,14; 99,7; 105,39, die Wolke über der Stiftshütte (z.B. Ex 40,34) und bei der Einweihung des salomonischen Tempels (1Kön 8,10). S. weiterhin E. Jenni, Art. עָנָן, THAT II, 351–353, D.N. Freedman/B.E. Willoughby, Art. עָנָן, ThWAT VI, 270–275, A. Oepke, Art. νεφέλη, ThWNT 4, 904–912, ferner W.O.E. Oesterley/ G.H. Box, The Religion and Worship of the Synagogue, London 1907, 191, E. Manning, La nuée dans l'Écriture, BiViChr 54 (1963) 51–64, 53–59.

[185] J. Luzarraga, Las tradiciones de la nube en la Biblia y en el Judaismo primitivo, a.a.O., 169, E. Manning, La nuée dans l'Écriture, a.a.O., 57–59.

(כי אין האיש בביתו Spr 7,19), die Gerechten daraus entfernt hat und bis zum festgesetzten Zeitpunkt Jerusalem preisgab: ליום הכסא יבא לביתו (Spr 7,20) "Zum Vollmondtag[186] kommt er in sein Haus <d.h. den Tempel>, zurück", konnte Neubukadnezar Jerusalem erobern. Dieser Vollmondtag ist der "Tag unseres Festes" (בכסה ליום חגנו Ps 81,4[187]). Mit dem erwähnten "Fest" kann nur das Laubhüttenfest gemeint sein, denn es wurde am ersten Vollmond nach Jahresanfang gefeiert, galt als das Fest schlechthin und war mit der eschatologischen Erwartung verbunden: "La fête semble en effet avoir un lien très spécial avec les espérances messianiques... c'est-à-dire aurait été mise en relation avec l'attente du roi à venir."[188]

Deshalb ist es folgerichtig, daß sich an die Erwähnung dieses Festes die Frage nach dem Messias knüpft. Dieser heißt "Wolkensohn", weil mit seinem Auftreten die Aufrichtung der gefallenen Hütte Davids verbunden ist. Diese Restauration Jerusalems kann nach dem Kontext nur in der eschatologischen Rückkehr der göttlichen Gegenwart in Form der Wolke nach Jerusalem bestehen.

Seit der babylonischen Gefangenschaft hatte die Wolke der Gegenwart Gottes Jerusalem und den Tempel verlassen (Ez 10,4.18f; 11,22f); ihre Rückkehr wurde für die Endzeit erwartet:[189] "Und JHWH erschafft über dem ganzen Gebiet des Berges Zion und seinen Festplätzen *eine Wolke* bei Tag und Rauch und eine scheinende Feuerflamme des Nachts; denn über allem ist die Herrlichkeit <JHWHs> ein Baldachin. Und eine Hütte (וסכה) wird sein bei Tage zum Schatten vor der Hitze und zum Zufluchtsort und zum Versteck bei Wolkenbruch und Regen." (Jes 4,5f[190]; vgl. auch 2Makk 2,7f).

---

[186] S. J. Levy, Wörterbuch über die Talmudim und Midraschim Bd.2, a.a.O., 361.

[187] Die Handschriftenbezeugung schwankt zwischen בכסה und בכסא, s. BHS. Nach J. Levy, Wörterbuch über die Talmudim und Midraschim, a.a.O., 361 sind beide Schreibweisen möglich.

[188] J. Daniélou, Le symbolisme eschatologique de la Fête des Tabernacles, Irén. 31 (1958) 19–40, 21 und unter Einbeziehung des kunsthistorischen Aspekts vgl. Rahel Wischnitzer-Bernstein, Die Messianische Hütte in der jüdischen Kunst, MGWJ 80 NF 44 (1936) 377–390.

[189] E. Manning, La nuée dans l'Écriture, a.a.O., 59: "A partir d'Ézéchiel, la Nuée est devenue un signe d'eschatologie et de parousie." Vgl. auch: Der Tag JHWHs ist ein Tag der Wolken: Jes 13,10; Ez 30,3; Joel 2,2; Nah 1,3; Zef 1,15f.

Vgl. auch Jos., Bell. vi,298ff: Die Schechina verläßt in Form eines Engelheeres den Tempel und gibt ihn so der Zerstörung durch die Römer preis. S. dazu O. Michel/O. Bauernfeind, Hrsg., Flavius Josephus: De Bello Judaico. Der Jüdische Krieg. Griechisch und Deutsch, Bd.II, München 1969, Anm.142 S.185. Zum Öffnen der Tempeltore s. bYom 39b.

[190] S. die Auslegung dieser Stelle im Midrasch Tanchuma bei J. Luzarraga, Las

Der Wolkensohn-Messias[191] wird kommen, wenn die gefallene Hütte Davids aufgerichtet ist. Es ergibt sich somit ein Wortspiel zwischen "Wolkensohn" (בר נפלי)—gefallener Hütte Davids (סכת דוד הנפלת) und "Wolkenhütte" (סכת דוד הנפלי).

R. Isaak fügt hieran noch eine Tradition seines Lehrers Jochanan: Die Zeit des Kommens des Messias, des Ben David, wird davon gekennzeichnet sein, daß die Gelehrtenschüler abnehmen und der Rest von ihnen durch eine harte Verfolgungszeit gehen muß.[192] Auch diese Aussage läßt sich mit der gefallenen Laubhütte Davids in Verbindung bringen. Wie wir besonders S.10f zu CD 7 dargelegt haben, war das Laubhüttenfest auch ein Fest der Tora, denn bereits in den biblischen Berichten (Neh 8) sind Feier des Laubhüttenfestes und Toralesung eng verbunden.[193]

Deshalb ist es einleuchtend, daß wenn die Laubhütte Davids, d.h. Jerusalem und der Tempel, gefallen sind, auch die Tora, bzw. das Torastudium, darniederliegt, weil die Gelehrtenschüler abgenommen haben.[194] Die Vernachlässigung der Tora als Vorspiel zur messianischen Zeit gehört zu den gängigen Vorstellungen (vgl. mSot 9,15) der rabbinischen Literatur.

Der Messias ist nach unserer Stelle der Inaugurator einer umfassenden Restauration. Diese wird in der Umkehrung der bSan 96b mit dem Sieg Nebukadnezars in Jerusalem herbeigeführten Umstän-

---

tradiciones de la nube en la Biblia y en el Judaismo primitivo, a.a.O., 196.

[191] Für diese Deutung spricht auch der 1Chr 3,24T überlieferte Messiasname Anani (s.o. und Anm. 14). T hat vielleicht das Jod des Namens Anani als Gentilizium aufgefaßt. Somit hätten wir in 1Chr 3,24T eine aramäische Parallele des aramäisch-griechischen בַּר נִפְלִי vor uns. Eine andere Deutung der Chronikstelle findet sich im Midrasch Tanchuma, s. bei M. Zobel, Gottes Gesalbter. Der Messias und die Messianische Zeit in Talmud und Midrasch, Berlin 1938 (Schocken 90–91) 95f.

Die klassische Wolkensohnperikope Dan 7,13 wird in bSan 98a in Verbindung mit Sach 9,9 gedeutet. Es ist möglich, daß die Wolkensohntradition von Dan 7,13 auch auf unsere Stelle eingewirkt hat, obwohl sonst kein Hinweis darauf vorliegt: "R. Nahman ascribes to the Messiah the name *Bar Nifle*, which, in all probability, means 'Son of the Clouds', although he does not refer in this context to Daniel", schreibt R. Patai, The Messiah Texts, a.a.O., 81.

In Qumran sind zwei Belege mit Wolkenwesen überliefert: Bᵃ 3,4 מלאכי ע<נ>< מטר und Bᵇ 2,4 מלאכי אש ורוחי ענן, s. H.-P. Richter, A Preliminary Concordance to the Hebrew and Aramaic Fragments from Qumrân Caves II–X. Including Especially the Unpublished Material from Cave IV, 5 vols., vol. III, Göttingen 1988, 1260.

[192] Vgl. die ähnliche Stelle mSot 9,15 (die eine Parallele zur folgenden Baraita darstellt. Sie scheint eine Zufügung zu sein, da der Tod des Redaktors der Mischna, R. Jehuda-ha-Nasi, erwähnt wird), bzw. bSot 49b.

[193] Vgl. auch den letzten Feiertag des Festes "Simchat Tora".

[194] Bereits Raschi in seinem Kommentar z.St. stellt die Verbindung her zwischen

de bestehen: Jerusalem und der Tempel werden wieder hergestellt, Israel bekommt seine Eigenstaatlichkeit zurück,[195] die Gräber geben die Toten preis.[196]

Die messianische Zeit (vgl. das "zu jener Zeit" bSan 96b; "an jenem Tage" bSan 97a und "die Generation, in der der Sohn Davids kommt", ebd.) wird eine umfassende Umkehrung der bestehenden Verhältnisse bringen.[197] Das Werk des Messias wird in einem Wortspiel durch seinen Namen bezeichnet.[198] Der Sohn der gefallenen (Hütte Davids), d.h., der kommt, wenn Jerusalem, der Tempel und die Tora gefallen sind, wird auch der sein, der als "Wolkensohn" die göttliche Herrlichkeit über der erwählten Stadt wieder herstellt.

---

dem "Sohn der Gefallenen", dem Abnehmen der Gerechten (Schriftbeleg aus Spr 7,20: "den Geldbeutel hat er mitgenommen") und der Gelehrtenschüler (belegt durch das Zitat mSot 9,15). jSot 21d bezeugt den Ausdruck תורה נופלת (im Gegensatz zu יקום mit Dtn 27,26 als Schriftbeleg).

[195] Das Zitat Jes 16,1: "Sendet ein Lamm zum Beherrscher des Landes von den Felsen durch die Wüste zum Berg der Tochter Zion" kann sich im Kontext von bSan 96b nur auf Nebukadnezar als den Beherrscher Israels beziehen (so schon Raschi z.St., der das Lamm als einen "Gesandten" interpretiert), dem dieses tributpflichtig geworden ist. Unter dem Messias erwartete man auch die Beendigung der Fremdherrschaft; anders ist die Aufrichtung der gefallenen Hütte Davids gar nicht zu verwirklichen. Möglicherweise enthält die Schriftstelle also auch einen Hinweis auf die Unterwerfung der Fremdvölker unter den Beherrscher des Landes, dem sie Tribut bringen müssen. Die Übersetzung der Stelle Jes 16,1 in bSan 96b bei L. Goldschmidt, Der Babylonische Talmud, Bd.9, a.a.O., 63 ist falsch.

[196] Zur Idee der Totenauferstehung s. Anm.5. Zur Verbindung von Totenauferstehung und Kommen des Messias ben David s. bSot 48b.

[197] Vgl. das ἀναστρέψω unseres neutestamentlichen Textes Apg 15,16! Interessanterweise spiegelt sich die Themenanordnung von Apg 15,16–18 und 4QFlor 1,1–12—Proselytismus und Tempelbau—auch in bSan 96b: Der mit "Ulla sagte" eingeleiteten Stelle über die Einnahme Jerusalems, die durch die angeschlossene Diskussion zwischen R. Nachman und R. Isaak unter umgekehrtem Vorzeichen als Programm der Messiasherrschaft zu lesen ist, geht eine Baraita (תנו רבנן) über berühmte heidnische Feinde Israels voraus, die angeblich "unter die Flügel der Schechina" gekommen sind, d.h. Proselyten wurden. Die "Flügel der Schechina" erinnern an die über den Kerubim thronende göttliche Gegenwart im Tempel zu Jerusalem. Damit wäre auch hier wie im NT der Proselytismus als Tempelzutritt aufgefaßt. WaR 1,2 par BemR 8,1 wird "Proselyt werden" durch "unter dem Schatten des Heiligen, gepriesen sei er, Zuflucht suchen" beschrieben. Zum Ganzen s. auch B.J. Bamberger, Proselytism in the Talmudic Period, 2nd ed., New York 1968.

[198] Im Sinne eines 'Al tiqre'—Midraschs: Lies nicht נְפֹל "der Gefallenen", sondern "נְפֵלי—νεφέλη" "der Wolke". Für weitere Messiasnamen s. bSan 98b. Zum Zusammenhang zwischen Namen und Werk einer Person s. bei S. Lieberman, Greek in Jewish Palestine, a.a.O., Anm.25 S.189: "This was a regular practice (probably based upon the belief that the characters and future lots of individuals somehow depend on their respective names ...) among the ancient Rabbis."

BerR 88,7

BerR 88,7 bietet an der uns interessierenden Stelle[199] eine haggadische Schriftauslegung zu Gen 40,23. Dort heißt es in Bezug auf den in Ägypten im Gefängnis sitzenden Josef: "Aber der Oberste der Mundschenken erinnerte sich nicht an Josef und vergaß ihn." Josef hatte nämlich dem mit ihm einsitzenden Obersten der Mundschenken einen Traum gedeutet und damit baldige Begnadigung verheißen.

Im Gegenzug hatte er vom Obermundschenk gefordert, sich nach seiner Freilassung für ihn beim Pharao zu verwenden, doch dieser vergaß ihn.

Der Gegensatz der Verben "sich erinnern" (זכר) und "vergessen" (שכח) in Gen 40,23 wird zum Ausgangspunkt eines Midraschs,[200] der den vorausgehenden vom Engel, der den Obersten der Mundschenken sein Versprechen vergessen läßt, voraussetzt:

"Deshalb steht geschrieben: 'Und der Oberste der Mundschenken erinnerte sich nicht.'

Eine andere Auslegung: Der Oberste der Mundschenken hat dich vergessen, aber ich werde dich nicht vergessen.

---

[199] Der zugrunde gelegte Text ist der von Ch. Albeck, Bereschit Rabba. Mit kritischem Apparat und Kommentar, Bd.III, Berlin 1929 (Veröffentlichungen der Akademie für die Wissenschaft des Judentums) 1085. (Der Nachdruck dieser Ausgabe Jerusalem 1965 war mir leider nicht zugänglich).
Vgl. auch den Nachdruck Wilna 1923: Jerusalem o.J., מדרש רבה, חלק ראשון, der auf den Zweitdruck Venedig 1545 zurückgeht.
Einen vokalisierten Text bietet:
מ.א. מרקן, מדרש רבה. בראשית רבה, חלק ד, תל־אבב 1958, S.72f.
Vgl. auch H.J. Routtenberg, Amos of Tekoa. A Study in Interpretation. With a Foreword by L. Finkelstein, New York/Washington/Hollywood 1971, 127. Die Angabe BerR 68 bei Malke Blechmann, Das Buch Amos in Talmud und Midrasch, Diss. Würzburg o.J. (1933?), Anm.1 S.92 beruht wohl auf einem Druckfehler.

[200] Der Text steht bei Albeck im textkritischen Apparat, da dieser Ms London Add. 27 169 abdruckt und alle anderen Varianten in den Apparat verweist. Ms Vatikan 30, das textkritisch wertvoller ist als Add 27 169, ein Wiener Ms, Ms Stuttgart Orient 32 und Ms München 97 bieten unsere Stelle. Sie ist auch in der Ausgabe Wilna 1923 und bei Mirkin (s. Anm.1) in den Text aufgenommen.
Die Ausgabe von 1956/57 א.א. הלו , מדרש רבה ב: בראשית רבה, תל־אבב בietet unsere Stelle ohne Angabe von Gründen. Im Folgenden werden nur die interessantesten Varianten bei Albeck besprochen.
Bei BerR 88,7 handelt es sich nicht um eine kurze Vers für Vers Auslegung, sondern um eine auch sonst in BerR übliche längere thematische Abhandlung, die von E. Stein, Die homiletische Peroratio im Midrasch, HUCA 8/9 (1931/32) 353–371, 358 für eine rhetorische Peroratio gehalten wird. Zur Echtheit vgl. Anm. 11 ebd.

Wer hätte erwartet, für *Abraham und Sara*, als sie alt waren, daß ihnen ein Sohn geboren werden würde?

Wer hätte erwartet für *Jakob*, der mit dem Stock den Jordan überquerte, daß er sich ausbreiten und reich werden würde?

Wer hätte erwartet für *Josef*, als über ihn alle diese Leiden kamen, daß er <noch> König werden würde?

Wer hätte erwartet für *Mose*, als er in den Nil geworfen wurde, daß er so einer werden würde, wie er wurde?

Wer hätte erwartet für *Rut*, die eine Proselytin war, daß das Königtum Israels auf sie zurückgehen würde?

Wer hätte für *David* erwartet, daß er König werden würde bis ans Ende der Generationen?

Wer hätte für *Jojachin* erwartet, daß er aus dem Gefängnis herauskommen würde?

Wer hätte für *Chananja, Mischael und Asarja* erwartet, daß sie mitten[201] aus dem Feuer herauskommen würden?

Wer hätte für *Israel* in den Tagen Hamans erwartet, daß der Heilige, gepriesen sei er, sie retten würde?

Wer hätte für *die Exilierten* erwartet, daß sie <wieder> zu Namen und Ansehen kommen würden?

Wer hätte für die *gefallene Hütte Davids* erwartet, daß der Heilige, gepriesen sei er, sie wieder aufrichten würde? wie es heißt: 'An jenem Tage richte ich die Hütte Davids[202] auf'(Am 9,11), <Wer hätte erwartet>, daß[203] *die ganze Welt* ein Bund wird, wie es heißt: "Denn dann wende ich zu den Völkern eine reine Lippe/Sprache,[204] daß sie alle den Namen des Herrn anrufen und ihm dienen mit einer Schulter" (einmütig; Zef 3,9).[205]

In BerR 88,7 haben wir einen sehr schön geformten Midrasch vor uns, der den Leitsatz: "Der Oberste der Mundschenken hat dich *vergessen*, aber ich werde dich *nicht vergessen*" zum Ausgangspunkt eines historischen Streifzugs durch die Geschichte Israels macht.

---

[201] Ein jemenitisches Ms aus London liest hier: "daß sie aus dem Feuerofen..."

[202] Das jemenitische Ms liest hier korrekt nach M: "die gefallene Hütte Davids".

[203] Das jemenitische Ms ergänzt nach dem Zitat Am 9,11 in Angleichung an die gewohnte Formel: "Wer hätter erwartet, daß", m.E. zu Recht, denn dadurch wird eine Zwölfzahl der מי מחכה—Sätze hergestellt, die hier sicher intendiert ist. Wir haben daher die Lesart des jemenitischen Ms in eckigen Klammern in die Übersetzung aufgenommen.

[204] Der Erstdruck Konstantinopel 1512 liest שׂפה אחד "eine Lippe/Sprache" gegen MT.

[205] Ein jemenitisches Ms fügt noch hinzu: "so spricht der Herr der Barmherzigkeit."

Dabei sind genau die Gelenkstellen ausgewählt, an denen Gott wider
Erwarten rettend eingegriffen hat, um den Fortgang der Geschichte
Israels zu gewährleisten. Jeder der insgesamt zwölf (elf) historischen
Haftpunkte der gegen den Augenschein erfüllten Verheißung wird
eingeleitet durch die Frage: . . . ל מחכה (היה) מי. Wir möchten deshalb
BerR 88,7 einen Midrasch-מי מחכה nennen.

Doch geht es in diesem Midrasch um mehr als in der Vergangenheit wider Erwarten erfahrene Rettung. Durch die chronologische
Aneinanderreihung der erwiesenen Rettungstaten Gottes wie Perlen
auf einer Schnur entsteht eine Heils- und Verheißungsgeschichte.
Die in der Vergangenheit erfahrene Bewahrung wird so zum Ga-
rant zukünftiger Errettung. Die Fackel der Erlösung konnte durch
die Rettungstaten Gottes von Generation zu Generation weiterge-
reicht werden; sie ist wieder Erwarten nicht erloschen. Deshalb wird
auch die endzeitliche Erlösung—vielleicht ebenso wider Erwarten—
Wirklichkeit werden. Die Vergewisserung der vergangenen Heilstaten
Gottes macht den Text für den gegenwärtigen Leser zu einem
Trostmidrasch, der das typisch jüdische Thema "Erlösung durch
Erinnerung" aufgreift.

Durch die Stichworte "Sohn" (Abraham und Sara), "König" (Josef), "Königtum Israels" (Rut), "König bis zum Ende der Generationen" (David) wird in den historischen Streifzug ein *messianischer Faden*
gewebt, der durch die Hinführung auf die Aufrichtung der Hütte
Davids bzw. die Vereinigung der Menschheit zu einem Bund (Zef
3,9) als Krönung des Abschnitts zum *roten Faden* der Geschichte Israels wird.

Gott hat seine Verheißung *nicht vergessen*: Er schenkte Abraham und
Sara den versprochenen Sohn, ließ Jakob durch einen Stab[206] reich
werden (wiewohl sein Schwiegervater Laban ihn zu hintergehen ge-
dachte), machte Josef nach großen Leiden in Ägypten zum König;
Mose, der als Baby dem Tod im Nil geweiht war, ließ Gott zum
Anführer des Exodus aus Ägypten werden,[207] Rut, obwohl eine
Moabiterin, wurde zur Ahnherrin König Davids (und damit des

---

[206] Gen 32,11: כי במקלי עברתי את־הירדן הזה. Dieser Stab Jakobs wird auch Yalq. Ps
110,2 §869 (aus Jelamdenu) erwähnt und mit dem Ps 110,2 erwähnten Stab aus
Zion, dem Stab Judas (Gen 38,18), Moses (Ex 17,9), Aarons (Ex 7,10) und Davids
(1Sam 17,40) gleichgesetzt. Bis zur Zerstörung des Tempels besaß ihn jeder König
Israels, und dereinst wird er dem König Messias gegeben werden, der mit ihm die
Völker der Welt unterwerfen wird. Vgl. auch die Parallele BemR 18,23.

[207] Hier ist die verhüllte Formulierung dessen, was aus Mose wird, auffällig. Statt
der konkreten Nennung wie bei den vorhergehenden Personen, heißt es geheimnis-

Messias),[208] König David durch seine Dynastie ewiger König Israels (2Sam 7,13.16), König Jojachin kam aus dem babylonischen Exil frei (2Kön 25,27), genauso wie die Gefährten Daniels aus dem Feuerofen Nebukadnezars unversehrt entkamen (Dan 3,12–30).[209]

Bis jetzt wurden Einzelpersonen als Objekte des Rettungshandelns Gottes genannt. Doch nun weitet sich der Blick aus auf *ganz Israel*, das Gott in den Tagen Hamans rettete (vgl. Est), wie auch die nach Babylon Exilierten wieder zu Ansehen kamen.[210]

Hier schließt unsere Stelle über die Aufrichtung der gefallenen Hütte Davids an.[211] Dabei wird im Anschluß Am 9,11 *zitiert*, vorher fanden wir nur eine narratio des Heilshandelns Gottes. Diese Tatsache des Zitierens weist darauf hin, daß die in den Schriftstellen beschriebenen Ereignisse als zukünftig betrachtet wurden. Der Kontext macht deutlich, daß diese Aufrichtung der Hütte Davids nur die Rückgewinnung von Land und Staat sein kann—Dinge, die nach 586 v.Chr. bzw. 135 n.Chr. keine Wirklichkeit mehr waren. Jerusalem (und sein Tempel), von David in die Geschichte Israels eingeführt, stehen pars pro toto für die Eigenstaatlichkeit.

Es ist besonders auffällig, daß in der Form, wie das Zitat Am 9,11 eingeleitet wird, die Betonung auf Gott als dem Initiator des Ganzen liegt:

מי מחכה לסוכת דוד הנופלת שיקימנה הקב"ה

Eine Auffassung, die sicher aus der 1.Pers.sg. des folgenden Amoszitats entwickelt ist:

---

voll: שיהיה כמו שנהיה. Diese gehäufte Verwendung der Verbformen von היה scheint mir auf die Offenbarung des Gottesnamens an Mose Ex 3,14 hinzuweisen: אהיה אשר אהיה. E. Stein, Die homiletische Peroratio im Midrasch, a.a.O., Anm.12 S.358 weiß dagegen mit der Lesart nichts anzufangen und hält sie für eine spätere Ergänzung. Vgl. auch seine übrigen Rekonstruktionen.

[208] Vgl. bSan 93a: Rut hatte sechs Söhne: David, den Messias, Daniel, Chananja, Mischael und Asarja, vgl. die ähnliche Stelle RutR 7 (Rut 3,15) und Targum Rut 3,15.

[209] In Talmud, Midrasch und Targum gilt Rut als Ahnherrin der drei Männer im Feuerofen, s. Anm.10, und Daniels. Da nach Dan 1,3 Daniel davidischer Abkunft war, handelt es sich in den genannten Stellen wohl um den Versuch, eine dynastische Kontinuität herzustellen.

Nach BerR 63,2, WaR 36,4 wurde Abraham nur deshalb aus dem Feuerofen gerettet, um der Stammvater Jakobs zu werden. Vgl. auch TanB וישלח §8.

[210] Die Zusammenstellung von Rettung in den Tagen Hamans und Errettung aus dem babylonischen Exil erklärt sich wohl durch Est 1,1c (LXX): Mordechai gehörte zu denen, die der babylonische König Nebukadnezar mit Jojachin, dem König von Juda, ins Exil geschleppt hatte.

[211] S. auch J. Neusner, Messiah in Context. Israel's History and Destiny in Formative Judaism, Philadelphia 1984, 138.

שֶׁנֶא' ביום ההוא אקים את־סוכת דוד

Der Kontext, die Abschlußstellung des Zitats (Krönung), Gott als auctor omnium und die Einführung des Zitats mit ביום ההוא geben dem Ganzen eine messianische Färbung.[212] Gleichzeitig ist unsere Stelle (zusammen mit Zef 3,9) der Knotenpunkt des messianischen Fadens, der durch die gesamte Geschichte Israels lief.

Dies belegt auch die beigefügte Schriftstelle Zef 3,9,[213] die den eschatologischen Abschluß des מי מחכה—Midraschs bildet, eingeleitet durch eine Anspielung auf Am 9,6:[214] שיהיו כל העולם אגודה אחת. Wie ist diese Aussage zu verstehen? Vielleicht kann uns hier eine Stelle aus dem Homilienmidrasch WaR 30,12 weiterhelfen,[215] die Am 9,6 auslegt.

Es handelt sich in WaR 30,12 um die Anweisung zur Feier des Laubhüttenfestes Lev 23,40 (vgl. die Laubhütte Davids Am 9,11). Dort werden die einzelnen Teile des Feststraußes gesondert auf Israel ausgelegt. Zu den Bachweiden wird gesagt: " 'Und die Bachweiden' diese <sind> Israel. Wie in der Bachweide weder Geschmack noch Geruch ist, so sind die Israeliten. Es gibt bei ihnen Menschen, die weder Tora (Gelehrsamkeit) noch gute Taten haben, und der Heilige, gepriesen sei er, was tut er mit ihnen? Sie auszurotten, ist unmöglich. Aber, sagt der Heilige, gepriesen sei er, sie seien alle in ein Bündel (אגודה אחת) zusammengebunden und sie sühnen einer für den anderen und wenn ihr es so getan habt, bin ich zur selben Stunde erhoben (מתעלה). Das ist es, wie geschrieben steht: 'Er baut seine Stufen (מעלותיו) im Himmel' (Am 9,6). Und wann ist er erhoben (מתעלה)? Wenn sie in ein Bündel (אגודת אחת) gemacht sind, wie es heißt: 'und sein Bündel (ואגודתו) hat er auf der Erde gegründet' (Am 9,6)."[216]

---

[212] Wohl deshalb hat J. Neusner, Messiah in Context, a.a.O., 138 BerR 88,7 in seine Sammlung messianischer Texte aufgenommen: "Finally, there are a few routine references to the . . . certainty that God will remember his promise to redeem Israel, phrased as his 'raising up the fallen tabernacle of David' (GenR 88:7)."

[213] Daß das einleitende später eingefügte מי מחכה nur von einem jemenitischen Ms geboten wird, könnte seinen Grund darin haben, daß man beide Schriftstellen Am 9,11 und Zef 3,9 als zusammengehörig ansah.

[214] Soweit ich sehe, ist in den Midraschausgaben die Anspielung auf Am 9,6 bis jetzt nicht berücksichtigt. 2Sam 2,25, wo die Phrase ויהי לאגדה אחת vorkommt, paßt hier nicht. S. auch Malke Blechmann, Das Buch Amos in Talmud und Midrasch, a.a.O., 88–90 (auch Parallelstellen) und H.J. Routtenberg, Amos of Tekoa. A Study in Interpretation. With a Foreword by L. Finkelstein, New York/Washington/Hollywood 1971, 120–123.

[215] Zu den Beziehungen von WaR und BerR s. H.L. Strack/G. Stemberger, Einleitung in Talmud und Midrasch, a.a.O., 268.

[216] M. Margulies, Midrash Wayyikra Rabbah. A Critical Edition Based on Manu-

Israel ist Gottes Feststrauß. Es ist deutlich, daß das Laubhüttenfest hier ein Hinweis auf die endzeitliche Vollendung und Gottes Festfreude ist. So wie die ערבעה מינים Palmwedel, Bachweide, Myrte und Etrog im Feststrauß des Laubhüttenfestes zur Erinnerung an den Tempel *in ein Bündel* zusammengebunden sind (nur der Etrog wurde extra gehalten), so wird Israel einst *in einen einzigen Bund*[217] zusammengefaßt sein (Wortspiel mit אנודה), um füreinander Sühne zu erwirken. Dies ist der Tag, an dem Gott erhaben sein wird (Wortspiel מעלוחיו-מחעלה).

Diese Deutung in WaR 30,12 ist auch für unseren Midrasch vorauszusetzen, allerdings ist hier der Begriff אנודת אחת *von ganz Israel auf die ganze Welt ausgedehnt* und dient dabei der Interpretation von שכם אחד Zef 3,9.

In unserem Text BerR 88,7 eröffnet der Wiedergewinn der Eigenstaatlichkeit Israels den Ausblick auf die eschatologische Menschheit,[218] die von Sünde und Götzendienst gereinigt,[219] vereint den Namen des einzigen Gottes anrufen wird.[220]

---

scripts and Genizah Fragments with Variants and Notes, vol. 4, Jerusalem 1958, z.St. (S.חש).

[217] Vgl. auch Am 9,6T, das אנדחו mit וכנשחיה wiedergibt. S. auch S.Maybaum, Jüdische Homiletik. Nebst einer Auswahl von Texten und Themen, Berlin 1890, 76: "Ebenso kann der Feststrauß symbolisch auf den herbeizuführenden Friedensbund der Menschen gedeutet werden."—Eine Auslegung, die sicher auf unsere Stelle zurückgeht.

[218] Das Wort אנודה ist BerR 88,7 zum *terminus technicus der eschatologischen Menschheit* geworden.

Zef 3,9 wird auch Midrasch TanB נח §28 gedeutet; s. S. Buber, Midrasch Tanchuma. Ein Agadischer Kommentar zum Pentateuch von Rabbi Tanchuma ben Rabbi Abba, Wilna 1885, 56f. Auch dort wird die Stelle in Verbindung mit der babylonischen Sprachverwirrung eschatologisch ausgelegt: "aber in der zukünftigen Welt (לעולם הבא) gleichen sie alle einer Schulter, Ihm zu dienen, wie es heißt . . . Zef 3,9." In den gewöhnlichen Textausgaben von Tan (nach dem Erstdruck Konstantinopel 1520/22) wird das Zefanjazitat als Schriftbeleg dafür gewertet, daß in der zukünftigen Welt die Aufteilung der Menschheit in 70 Sprachen rückgängig gemacht wird und alle Völker wie am Anfang der Schöpfung Gott mit einer Sprache anrufen, s. z.B. F. Singermann, מדרש תנחומא. Mit verbessertem hebräischem Text übersetzt und erläutert, Berlin 1927, נח §19 S.78.

Vgl. auch die bei L. Rabinowitz, Does Midrash Tillim Reflect the Triennial Cycle of Psalms?, JQR NS 26 (1935/36) 349–368, 359 gegebene Liste der synagogalen Lesungen nach dem dreijährigen Lesezyklus. Die Haftara Zef 3,9–12 wird zusammen mit Jes 1,1–17 (1,8: Jerusalem eine Laubhütte) der Perikope Gen 15 zugeordnet, die von der Verheißung an Abraham handelt. Hier liegt die gleiche Themenanordnung wie an unserer Stelle vor, die ebenfalls mit der Verheißung an Abraham und Sara beginnt und mit Am 9,11 (Hütte Davids statt Jes 1,8) und Zef 3,9 endet.

[219] Zur Reinigung unreiner Lippen vgl. auch Jes 6,5–7.

[220] E. Stein, Die homiletische Peroratio im Midrasch, a.a.O., 357 hält unsere Stelle für eine rhetorische Peroratio (mit eschatologischem Schluß) der Parascha 88 "die

PesK 16,8

Der hier zu besprechende Text ist auch in PesR 29/30 tradiert.[221] Wegen der besseren Textüberlieferung wird PesK 16,8 der Vorzug gegeben,[222] aber dennoch bei wichtigen Abweichungen auf PesR 29/ 30 rekurriert.[223] Unsere Stelle ist Teil einer Derascha zu Jes 40,1 (–26), einem Text, der als Haftara für den ersten der sieben Trostsabbate nach dem 9.Av, dem Tag der Tempelzerstörung, vorgesehen ist. (Der passende Toratext ist die Perikope Dtn 3,23–7,11 ואתחנן).

Entgegen der um die Jahrhundertwende vertretenen Spätdatierung von PesK auf die Zeit um 700 n.Chr. (so z.B. Zunz) wird der Homilien-Midrasch heute eher ins 5.Jh. datiert,[224] wenn auch noch viele Probleme ungelöst sind.

---

mit dem erhabenen Gedanken der Völkerversöhnung schliesst." Die bloß angedeutete Antithese von "dieser Welt" und "zukünftiger Welt" zeuge für ein besonders hohes Alter der Peroratio.

[221] Die neueste Textedition und Übersetzung PesR 29/30 liegt bei Brigitte A.A. Kern, Tröstet, tröstet mein Volk! Zwei rabbinische Homilien zu Jes 40,1 (PesR 30 und PesR 29/30), Frankfurt/M. 1986 (Frankfurter Judaistische Studien 7) vor, S.500f und 437. Ihre Textgrundlage bildet Ms Parma 1240 (jetzt 3122), das nach der editio princeps Prag 1653/56 und Mss des Jewish Theological Seminary korrigiert bzw. ergänzt wurde.
Der Übersetzung von W.G. Braude, Pesikta Rabbati. Discourses of Feasts, Fasts, and special Sabbaths, vol. 2, New Haven/London 1968 (Yale Judaica Series XVIII): Piska 29/30B S.585 liegt die ältere Textausgabe von Pisqa כט-ל-ל, מ. איש שלום (Friedmann), מדרש פסיקתא רבתי, ווגא, 1879/80, zugrunde, die auf die Ausgabe Sklow 1806, korrigiert durch den Erstdruck und eigene Konjekturen zurückgeht.
[222] B.(Dov) Mandelbaum, Pesiqta de Rav Kahana, According to an Oxford Manuscript. With Variants from all known Manuscripts and Genizoth Fragments and Parallel Passages with Commentary and Introduction, 2 vols, vol. 1, New York 1962, 274. Vgl. auch S. Buber, Pesikta. Die älteste Hagada, redigirt in Palästina von Rab Kahana, Lyck 1868, 127b. Aus praktischen Erwägungen folge ich der Unterteilung Mandelbaums von Pisqa 16 in Unterabschnitte, so daß unsere Stelle in PesK 16,8 zu finden ist (S.274).
[223] Einen ausführlichen Vergleich von PesK und PesR findet sich bei Brigitte Kern, Die Pesiqta Rabbati 29/30 Naḥamu und die Pesiqta de Rav Kahana 16 Naḥamu— eine Gegenüberstellung zweier Textzeugen aus Parma, FJB 11 (1983) 91–112, bes. 107 und ausführlich in ihrer Dissertation: Tröstet, tröstet, mein Volk!, a.a.O., passim. Unsere Stelle ist auch ein drittes Mal überliefert in EkhaZ TextB, 14, s.:
ש. באבר, מדרש זוטא על שיר השירים, רות, איכה וקוהלת עם נוסחא שניה על מגילה איכה, ילקוט שמעוני על איכה, נדפס מחדש, תל־אביב o.J. (=Berlin 1894)
S. auch Yalq Jes §443, dessen Text praktisch mit Buber übereinstimmt.
Und (=Wien 1893/94 bzw. 5654) 1960/61 ש. בובר, מדרש אגדה על חמשה חומשי תורה, ירושלים
Pisqa ואתחנן.
[224] H.L. Strack/G. Stemberger, Einleitung in Talmud und Midrasch, 7., völlig neu bearbeitete Aufl., München 1982, 273.

In PesK 16,8 schickt Gott die Propheten Hosea, Joel, Amos, Micha, Nahum, Habakuk, Zefanja, Haggai, Sacharja und Maleachi aus,[225] um Jerusalem zu trösten. Der Plural Jes 40,1 נחמו wird also als eine an die zehn Propheten gerichtete Aufforderung verstanden. Die Propheten Obadja und Jona fehlen, weil ihre Prophetien keine Trostworte enthalten.

Jeder Prophet, der zu Jerusalem kommt, wird gefragt, welchen Trost er bringe:? מה בידך, worauf von diesem ein Trostwort aus "seinem" Prophetenbuch zitiert wird. Dieses wird von Jerusalem zurückgewiesen mit der Begründung: "Gestern hast du mir aber gesagt," worauf ein Gerichtswort, das dem Heilswort genau widerspricht, aus der gleichen Prophetenschrift beigebracht wird. Abschließend sagt Jerusalem stets: "Was soll ich glauben, das erste (die Verheißung), oder das zweite (das Gericht)?"[226]

In dieser Reihe ist Amos als dritter Prophet genannt:[227]

"Es ging Amos, sie <Jerusalem> zu trösten und er sagte zu ihr:
Der Heilige, er sei gepriesen, hat mich zu dir gesandt, um dich zu trösten.
Sie <Jerusalem> sagte zu ihm: Was hast du in deiner Hand?[228]

---

[225] In der bei Brigitte A.A. Kern, Tröstet, tröstet mein Volk!, a.a.O., 249 gegebenen Aufzählung fehlt der Prophet Micha. Die Prophetenliste für PesR 29/30 ist dagegen korrekt.
Als Tradenten sind PesK 16,8 R. Abba b. Kahana und die Rabbinen genannt, in PesR 29/30 R. Abba b. Kahana und die Rabbinen des Südens. Unter dem Namen R. Kahana sind sechs babylonische Amoräer bekannt, welchem von ihnen PesK zuzuordnen ist, ist ungeklärt. Buber denkt an einen Amoräer der zweiten Generation, der von Babylon nach Palästina kam, einen Schüler Rabs (=Abba Arikha, ein babylonischer Amoräer der ersten Generation), doch dies ist ungewiß, vgl. H.L. Strack/G. Stemberger, Einleitung in Talmud und Midrasch, a.a.O., 273 und 92. Die Benennung nach Rav Kahana ist erst ab dem 11.Jh.n.Chr. belegt, s. C. Thoma/ S. Lauer, Die Gleichnisse der Rabbinen. Erster Teil: Pesiqta deRav Kahana (PesK), Einleitung, Übersetzung, Parallelen, Kommentar, Texte, Bern/Frankfurt/M./New York 1986 (JeC 10) 63.
[226] Zur Struktur der Parallele PesR 29/30 s. Brigitte Kern, Tröstet, tröstet mein Volk!, a.a.O., 249.
[227] Aus dem textkritischen Apparat Mandelbaums werden nur die interessantesten Varianten besprochen.
[228] PesR 29/30 sagt Amos zu Jerusalem: "Steh auf und empfange den Becher der Tröstungen," worauf sie antwortet: "Was hast du in deiner Hand und in deinem Becher?" Mit dieser כוס ist einmal auf den Trostbecher für Trauernde angespielt (Jer 16,7), andererseits ist an den Gerichtsbecher, den Juda und die Völker bis zur Neige leeren müssen (z.B. Jer 25,15.17, s. auch Jes 51,17; Jer 51,7; Ez 23,31; Hab 2,16) und an den Heilsbecher der Psalmen (16,5; 23,5; 116,13) zu denken. Im übertragenen Sinn kann "Becher" daher auch die Bedeutung "Bestimmung, Los" annehmen (vgl. Ps 11,6).

Er sagte zu ihr:[229] An jenem Tag richte ich die gefallene Laubhütte Davids auf (Am 9,11).

Sie sagte zu ihm: Gestern hast du zu mir gesagt:[230]

Sie ist gefallen, nicht steht sie wieder auf,[231] die Jungfrau Israel
(Am 5,2) und jetzt sprichst du so zu mir. Was sollen wir glauben,
das erste?,[232] das zweite?"

Nachdem auch die Trostworte der restlichen sieben Propheten mit
dem Hinweis auf ihre Gerichtsworte abgewehrt wurden, begeben sich
alle zehn Propheten zu Gott, um ihm von ihrem Mißerfolg zu berichten. Darauf beschließt Gott: "Ich und ihr, wir wollen gehen, um
sie (Jerusalem) zu trösten. Das wollen die Worte sagen: Tröstet, tröstet mein Volk (עַמִּי; Jes 40,1): Tröstet, tröstet *mit mir* (עִמִּי)." Darauf
folgt ein hymnenartiger Abschluß,[233] der nochmals mit drastischen
Worten zur totalen Tröstung Jerusalems aufruft.

Im zweiten Tempel hat es vermutlich einen besonderen Becher gegeben (mTam
3,4; mMeil 5,1; vgl. Josephus, Bell. vi, 388), der einer Abbildung auf dem Titusbogen
wertgeachtet wurde. Vgl. Günter Mayer, Art. כּוֹס, ThWAT IV, Sp.107–111.

[229] In PesR 29/30 folgt auf: Er sagte zu ihr: "der Heilige, gepriesen sei er, hat zu
mir gesagt: Sage ihr (Jerusalem), daß ich ihr Geschick wenden will (שֶׁאֲנִי שָׁב שְׁבוּתֵיךְ)
und das Heiligtum baue (וּבוֹנֶה בֵּית הַמִּקְ'): An jenem Tage ... (Am 9,11)." In diesem
Fall geht die Interpretation des Amoswortes seiner Zitation voraus. Die Hütte Davids wird als Heiligtum gedeutet. Gleiches werden wir auch für Apg 15,16 feststellen: Das Amoszitat wird mit einer Anspielung auf die שׁוּב שְׁבוּת genau wie in PesR
eingeleitet und das ἀναστήσω τὴν σκηνὴν Δ. der LXX wird im NT in ἀνοικοδομήσω
geändert, weil dieses einem hebräischen בנה entspricht!
Ähnlich wird Am 9,11 auch in QohZ 3,12 (vgl. QohR 3,8) gebraucht, in dem
der Schriftvers allein auf das "bauen" fokussiert ist, mit Gott als Subjekt.
S. Buber, 122, a.a.O., מדרש זוטא על שיר השירים, רות, איכה וקהלת
und (=Wilna 1923) o.J. ירושלים 2 Bde, Bd.2 מדרש רבה על חמשה חומשי תורה וחמש מגילות,
מדרש חמש מגילות. דפוס פיזרו רע"ט (1519) נדפס שנית בדפוס אופסיט, ברלין תרפ"ו (1926)
[230] Ms Parma liest: "hast du zu uns gesagt", Ms Oxford1 (א_1), erstmals bei Mandelbaum kollationiert: "am Abend hast du zu mir gesagt."
[231] Ms Oxford1 hat hier als Fortsetzung: "Welches von ihnen sollen wir annehmen?" In PesR 29/30 fehlt das Zitat Am 5,2 überhaupt, weshalb der Abschluß mit
"Was sollen wir glauben? ..." sinnlos ist. Brigitte Kern, Tröstet, tröstet mein Volk!,
a.a.O., 499 ergänzt deshalb nach dem Zitat Am 9,11 aus dem Erstdruck Prag: "Sie
(Jerusalem) sagte zu ihm: Deine Tröstungen seien dir gegeben. Gestern hast du zu
mir gesagt: Gefallen ist ..."
EkhaZ TextB,14 entspricht PesK 16,8.
[232] Ms Parma und Ms Safed fügen hier "oder" ein.
[233] "Die Oberen sollen sie trösten, die Unteren sollen sie trösten; die Lebenden
sollen sie trösten, die Toten sollen sie trösten. Tröstet sie in dieser Welt, tröstet sie
in der kommenden Welt; tröstet sie wegen der zehn Stämme, tröstet sie wegen des
Stammes Juda und Benjamin. Das wollen die Worte sagen: Tröstet, tröstet mein
Volk." Die genannten Größen, die Jerusalem Trost spenden sollen, stellen eine
Ausdeutung des Begriffs עַמִּי "mein Volk" dar, das als Vokativ (und nicht als Akku-

Es ist deutlich, daß der Midrasch von der vergeblichen Tröstung Jerusalems durch die zehn Propheten *auf die 'Al tiqre'—Deutung des Injanverses Jes 40,1* נחמו נחמו עמי *hinausläuft:*[234] Lies nicht עַמִּי, sondern עִמִּי. Gott selbst muß mit den Propheten zusammen Jerusalem trösten. Sie allein konnten der Stadt keinen Trost spenden, weil sie vorher Unheil über sie prophezeit hatten. Das gleichzeitige Vorkommen von Gerichts- und Trostworten in den Prophetenschriften wird also hier problematisiert, obwohl es anderswo geradezu als Spezifikum prophetischer Schriften gilt.[235]

Am ersten Trostsabbat nach dem 9. Av hat der Gedanke, daß nur Gott Jerusalem effektiv trösten kann, eine pastorale Abzweckung.[236] Dieser dient auch die Stelle Am 9,11. Im liturgischen Kontext der Trauer um Jerusalem und den Tempel können daher mit der gefallenen Laubhütte Davids, deren Wiederaufrichtung in Am 9,11 verheißen wird, nur diese Größen gemeint sein. Dies wird auch bestätigt durch das entgegengestellte Gerichtswort Am 5,2: "Sie ist gefallen, nicht steht sie wieder auf (לא תוסיף קום), die Jungfrau Israel (בתולת ישראל)."

Da "Jungfrau Israel" auch Jer 18,13; 31,4.21 vorkommt, und sich dort ebenfalls auf Volk und Land Israel bezieht, kann diese Bedeutung auch für Am 5,2 vorausgesetzt werden. Unsere Stelle beinhaltet

---

sativobjekt) aufgefaßt wird. Damit ist ein Übergang gegeben zu den folgenden Gleichnissen vom trostbedürftigen König PesK 16,9, die "mein Volk" ebenfalls vokativisch bestimmen, aber als Objekt des Trostes Gott nennen: "Tröstet mich, tröstet mich, mein Volk!" Vgl. auch Yalq Jes §445.

[234] S. Z. Zinger, The Bible Quotations in the Pesiqta de Rav Kahana, Textus 5 (1966) 114–124.

[235] SifDev §342; PesK 13; MTeh 4,12 (s. auch bei A. Goldberg, Die Peroratio <Ḥatima> als Kompositionsform der rabbinischen Homilie, FJB 6 <1978> 1–22, 19 und Anm.39 ebd.) wird dies nicht als Widerspruch empfunden: "Von Mose haben alle Propheten gelernt: Zuerst sprachen sie harte Worte zu Israel, dann aber sprachen sie Worte des Trostes." (SifDev §342) Auch in diesem tannaitischen Midrasch folgt eine Art Testimoniensammlung von Gerichts- und Trostworten verschiedener Propheten: Hosea; Joel; Amos; Micha; Jeremia. H.J. Routtenberg, Amos of Tekoa. A Study in Interpretation. With a Foreword by L. Finkelstein, New York/Washington/Hollywood 1971, 63 meint, daß auch SifDev §342 das Zitat Am 9,11 bietet. Dies ist jedoch nur in der Ausgabe von Friedmann, Wien 1864 der Fall, die heute überholt ist. Vgl. die Bemerkungen von H. Bietenhard, Der tannaitische Midrasch Sifre Deuteronomium. Übersetzt und erklärt. Mit einem Beitrag von Henrik Ljungmann, Bern/Frankfurt/M./Nancy/New York 1984 (JeC 8) VII.

[236] Vgl. auch den Messiasnamen Menachem "Tröster" bSan 98b und die akrostichige Deutung des Wortes צמח als Messiasnamen, wobei מ für den Namen מנחם steht, s. S. Schwarz, מוֹחַ הַמָשִׁיחַ, Die Messias-Zeit. Erläuterung der Talmudstellen die Bezug auf Israels Zukunft haben, 3. verm. Aufl., Lemberg 1865, 29.

damit das schönste Gegensatzpaar der Testimoniensammlung PesK
16,8:

Am 9,1		Am 5,2
אקים את־סוכת דוד הנופלת	⇔	נפלה ... בתולת ישראל

Die Verben נפל—קום hi. sind Gegensätze; die Konstruktusverbindungen סוכת דוד—בתולת ישראל Synomyme. Gott schickt den Propheten
Amos mit dem Trostwort zu Jerusalem, daß er Land und Volk Israel mit seiner Hauptstadt wiederherstellen will. Nicht diesen Trost lehnt
Jerusalem ab, sondern die Qualifikation des Propheten als Tröster.
Es will von Gott selbst getröstet werden, *denn der Trost Gottes ist die
endzeitliche Erlösung.*[237] Der Prophet tröstet, Gott erlöst. Wenn Gott
selbst kommt, um zu trösten, geschieht Erlösung. Die zehn Propheten, die ausgezogen sind, Jerusalem zu trösten, werden dadurch zu
Hinweisen auf die kommende Wiederherstellung. Ihre Worte werden
durch die Ablehnung Jerusalems gerade nicht hinfällig, sondern zum
Kerygma der künftigen Erlösung durch Gott selbst.

MTeh 76,3

"Eine andere Auslegung:[238] Wann wird Gott in Juda bekannt? Wenn
du sie, die Laubhütte, aufrichtest,[239] von der es heißt: Und es wird
geschehen, an jenem Tage richte ich die gefallene Laubhütte Davids auf
(Am 9,11). Das ist gemeint mit: Und in Schalem ist seine Hütte."

Dieser Text findet sich als דבר אחר am Ende eines längeren Midraschs,
der Ps 76,3:

---

[237] Anders Brigitte A.A. Kern, Tröstet, tröstet mein Volk!, a.a.O., 367: Gott hat
das Unheil verursacht, also muß er auch trösten, d.h. heilen. S. auch L. Venetianer,
Ursprung und Bedeutung der Propheten-Lektionen, ZDMG 63 (1909) 103–170, 151:
"Es ist zweifellos, daß sich die Synagoge in den dem Gedenktage der Zerstörung
folgenden Versammlungen mit der Zukunft getröstet hat." Vgl. auch Lk 2,25. Zur
Tröstung Jerusalems durch Gott selbst s. BerR 100,9 (Jes 40,1). Eine moderne Er-
klärung von Jes 40,1 findet sich bei N.P. Levinson, Ein Rabbiner erklärt die Bibel,
München 1982 (Abhandlungen zum christlich-jüdischen Dialog 14) 151–153.

[238] Die Übersetzung erfolgte nach S. Buber, Midrasch Tehillim (Schocher Tob)
Wilna 1891 (Neudruck Jerusalem 1966) Ps 76,3 S.341f. S. auch H.J. Routtenberg,
Amos of Tekoa. A Study in Interpretation. With a Foreword by L. Finkelstein, New
York/Washington/Hollywood 1971, 127.

[239] A. Wünsche, Midrasch Tehillim. Oder Haggadische Erklärung der Psalmen.
Nach der Textausgabe von Salomon Buber zum ersten Male ins Deutsche übersetzt

ויהי בשלם סוכו (ומעונתו בציון) auslegt.

Die Interpretation geht zunächst von dem Begriff סוכה aus. Als Tradition von R. Berechja ha-Kohen[240] wird festgestellt, daß Gott sich bereits bei der Schöpfung der Welt[241] in Jerusalem eine Hütte zum privaten Gebet schuf. Schalem wird also zunächst stillschweigend mit Jerusalem gleichgesetzt,[242] die Laubhütte mit dem Tempel und in einem Gebet Gottes ausgelegt: Die Gebetsstätte soll schalem "unzerstört" sein: "Möge es der Wille sein, daß meine Kinder meinen Willen tun, damit ich nicht mein Haus und mein Heiligtum zerstören muß."

Dabei ist die wichtige rabbinische Anschauung ausgesprochen, daß der Jerusalemer Tempel vor Erschaffung der Welt existierte,[243] bzw.

---

und mit Noten und Quellenangaben versehen, Bd.2, Trier 1893, 10f übersetzt hier: "Wenn die Hütte *sich* wieder aufrichtet" (Hervorhebung von mir). Diese Wiedergabe ist aus drei Gründen nicht gut möglich:

a) Die reflexive Übersetzung paßt nicht zum folgenden Amoszitat, in dem es ja heißt: "richte *ich* auf."

b) אותה הסוכה ist hier Akkusativobjekt.

c) Eine reflexive Bedeutung wäre durch die Wahl des ni.-Stammes angezeigt worden.

Die Ausgabe:

מדרש שוחר טוב. על תהלים. שמועל, משלי. עם פירוש מהר"י כהן, ירושלים 1968 (=Warschau 1873/74) bietet das hitp. כשהתקיים.

Eine freie, interpretierende Übersetzung der Stelle findet sich bei W.G. Braude, The Midrash on Psalms, vol. 2, New Haven 1959 (Yale Judaica Series XIII) 14–16.

[240] So auch Yalq. Ps 76 §813. Er war ein palästinischer Amoräer der fünften Generation und Schüler Chelbos, s. H.L. Strack/G. Stemberger, Einleitung in Talmud und Midrasch, 7. völlig neu bearb. Aufl., Münschen 1982, 10 und W. Bacher, Die Agada der Palästinensischen Amoräer, Bd.III, Straßburg 1899, 344–352. R. Berechja ist der am häufigsten genannte haggadische Tradent. In der Parallele BerR 56,10 fungiert R. Berechja als Tradent von R. Chelbo, einem palästinischen Amoräer der vierten Generation, dessen ausschließlicher Tradent R. Berechja ist, s. W. Bacher, ebd., 348, 56 und zu R. Chelbo: W. Bacher, ebd., 54–56. R. Chelbo hat sich eine Zeitlang in Babylonien aufgehalten; W. Bacher hat deshalb diesen Teil des Midraschs R. Chelbo zugeordnet.

[241] In der Parallele BerR 56,10 heißt es nur: "Als es noch Schalem war..." Andere Stellen in Brigitte A.A. Kern, Tröstet, tröstet mein Volk! Zwei rabbinische Homilien zu Jes 40,1 (PesR 30 und PesR 29/30), Frankfurt/Main 1986 (Frankfurter Judaistische Studien 7) 234–238.

[242] Diese Gleichsetzung finden wir schon bei Josephus, Ant. i, 180; Bell.vi, 438 und im Targum zu Gen 14,18. Sie ist auch den Kirchenvätern bekannt, s. L. Ginzberg, The Legends of the Jews, vol. V, 7th ed. Philadelphia 5715/1955, Anm.102 S.226. Die Samaritaner identifizieren Schalem mit Schechem/Sichem.

[243] In Beate Ego, Im Himmel wie auf Erden. Studien zum Verhältnis von himmlischer und irdischer Welt im rabbinischen Judentum, Tübingen 1989 (WUNT 2. Reihe 34) werden die wichtigen Stellen BerR 56,10 und MTeh 76,3 leider nicht behandelt.

mit dieser geschaffen wurde (vgl. Jer 17,12; bPes 54a; bNed 39b; BerR 1,4. Im Talmud eine Baraita).

Als Beleg für die Gleichung "Laubhütte" = "Tempel" wird dann Klgl 2,6 zitiert, eine Stelle, die auf die Tempelzerstörung durch die Babylonier anspielt.[244]

In einem zweiten Abschnitt wird bewiesen, daß auch der Tempel "Schalem" genannt wird. Dies geschieht unter Heranziehung der rabbinischen Tradition, daß Melchisedek, der König von Schalem, mit Schem, dem Sohn Noahs, identisch ist.[245] Wenn Schem— Melchisedek Priester des höchsten Gottes in Schalem war (Gen 14,18), dann kann das natürlich nur bedeuten, daß er im Jerusalemer Tempel gedient hat.[246]

Mit dem Satz: "Und Abraham nannte das Heiligtum יראה" setzt eine neue Namenserklärung ein,[247] die jetzt auch den Berg Morija (nach Gen 22,14) mit dem Tempel und Jerusalem verbindet. Es folgt ein innerer Monolog Gottes, der nach einigem Abwägen beschließt, den Namen Schems für den Tempel: Schalem und den Namen Abrahams dafür: Jireh zusammenzufügen zu: Jerusalem.[248]

Der ganze Midrasch Ps 76,3 zielt auf diese etymologische Erklärung des Namens "Jerusalem" als Notarikon ab. Dies wird bekräftigt durch den

---

Hier ist das Suffix 3.pers.sg. wichtig: "seine Hütte", d.h. die Hütte Gottes, die er selbst voraussieht und erschafft, kann nur der Tempel sein, vgl. 11Q Tempelrolle 29,9f.

[244] Das vorausgehende und das angeschlossene Gebet Gottes (!) sind wie ein innerer Monolog gestaltet. Vgl. die ähnliche Argumentation in 4QFlor 1,5f: Der Jerusalemer Tempel wurde wegen der Sünde der Menschen zerstört.

[245] Auf die Traditionsgeschichte dieser Gleichung kann hier nicht näher eingegangen werden, s. dazu L. Ginzberg, The Legends of the Jews, vol. V, a.a.O., Anm.63 S.192 und Anm.102 S.225f. Sie ist jüdisch wie christlich belegt; in der jüdischen Tradition seit ca. 100 n.Chr.

[246] Die Interpretation von כהן durch das verbale משמש findet sich im Targum zu Gen 14,18 (u.ö.). Wenn behauptet wird, Jafet hätte im Zelt Schems gewohnt (Betonung des Singulars gegenüber dem Plural der Grundstelle Gen 9,27), so kann mit "Zelt" eigentlich nur der Tempel gemeint sein, vgl. auch BerR 36,8. Der Singular "in seinem Zelt" wird vielleicht deshalb hervorgehoben, weil die "Zelte Schems" Gen 9,27 in der rabbinischen Tradition gewöhnlich die "Lehrhäuser Schems" bedeuten, vgl. z.B. TPsJ zu Gen 9,27: E.G. Clarke, Targum Pseudo-Jonathan to the Pentateuch: Text and Concordance, Hoboken, New Jersey 1984, z.St.

[247] Dieser Teil des Midraschs geht wieder parallel mit BerR 56,10. R. Bibi (Bebai) Rabba, ein palästinischer Amoräer der dritten Generation, im Namen R. Jochanans, einem palästinischen Amoräer der zweiten Generation.

[248] In der parallelen Stelle BerR 56,10 findet sich die interessante Formulierung, daß Gott sagt, er wolle den Ort nennen: כמו שקראו אותו שניהם ירושלים יראה שלם. "Wie die beiden Jerusalem genannt haben" oder "wie sie ihre beiden Jerusalems genannt haben". Bei der zweiten Übersetzungsmöglichkeit enthielte die Stelle eine Anspielung auf das himmlische und das irdische Jerusalem.

anschließenden Merksatz: "Was heißt: Jerusalem (ירושלים)? Jireh (יראה) und Schalem (ושלם)."[249]

Direkt hier schließt sich die anonyme Auslegung von Am 9,11 an, deren Übersetzung wir an den Anfang unserer Ausführungen gestellt haben (s. auch Yalq Ps 76 §814). Mit ihrer Einleitung: "Wann wird Gott in Juda bekannt?" knüpft sie an V.2 von Ps 76 an, der in MTeh 76,1.2 bereits ausgelegt wurde. Dort ging es um das Heilshandeln Gottes an Juda,[250] durch das dieses zu Gottes Heiligung (לקדשו) wurde (in MTeh 76,2 Zitat Ps 114,2) und das Königtum erlangte.

Die Erwähnung Judas und die Verleihung der Königsherrschaft werden durch

נודע ביהודה אלהים (Ps 76,1) als Heilshandeln Gottes gekennzeichnet, das ihn "bekannt" macht, d.h. Anerkennung verschafft.

An diese Bedeutung ist auch für unsere Stelle anzuknüpfen. "Wann wird Gott in Juda bekannt?" muß also als "Wann wird Gott an Juda heilvoll handeln?" interpretiert werden. Darauf folgt gleichsam als Antwort: "Wenn du die Hütte wieder aufrichtest."

Aus dem ausführlich besprochenen Kontext unserer Stelle kann nicht zweifelhaft sein, daß mit dieser "Hütte" Jerusalem, der Tempel und die Eigenstaatlichkeit Israels gemeint sein müssen. Als Schriftbeleg für die behauptete Aufrichtung dieser Hütte wird Am 9,11 angeführt. Es liegt gezera šawa vor: "In Schalem ist seine Hütte" ויהי בשלם סוכו Ps 76,3 leitet durch Stichwortanknüpfung zur Hütte Davids Am 9,11 über:

(והיה) ביום ההוא אקים את-סכת דויד הנופלת.

Doch die wichtigere gezera šawa liegt m.E. in dem gegenüber Am 9,11 MT überschießenden Wort והיה, das eine Verbindung zu ויהי Ps 76,3 herstellen soll. Durch diese gezera šawa erhalten wir einen *impliziten Midrasch*, der auf die Eingangsfrage: *Wann* wird Gott in Juda bekannt? Antwort gibt: Wenn an jenem Tag die gefallene Hütte Davids wieder aufgerichtet wird.

Der kleine Midrasch am Ende von MTeh 76,3 dient also dazu,

---

[249] *Nach Raschi, Kommentar zu BerR 56,10, kann* יראה *durch* ירו (*von* ירושלים) *ersetzt werden, da beide den gleichen gematrischen Zahlenwert 216 haben.* Zur Etymologie des Namens Jerusalem bei den Kirchenvätern s. K.L. Schmidt, Jerusalem als Urbild und Abbild, Eranos Jb 18 (1950) 207–248, 215f. Philo, De somniis 2,38 bietet eine ähnliche Erklärung wie unser Midrasch, wenn er berichtet, daß Jerusalem bei den Hebräern ὅρασις τῆς εἰρήνης "Gesicht des Friedens" heiße: יראה "er wird sehen" שלם "Frieden".

[250] Vgl. auch SchemR 24,1 (R. Jehuda bar R. Ilai, ein Tannait der dritten Generation).

dem Terminus ad quem des Heilshandelns Gottes zu bestimmen. Deshalb ist m.E. auch die Abschlußformel הוי ויהי בשלם סוכו futurisch zu übersetzen: "Das ist gemeint mit: Und in Schalem wird seine Hütte sein."

Durch die futurische Übersetzung bekommt der Midrasch einen eschatologischen Akzent.[251] Dazu gehört auch, daß Gott der Baumeister "seiner" Hütte ist, die er von Anbeginn der Welt vorgesehen hat und zukünftig aufrichten wird.[252]

---

[251] Vgl. K.L. Schmidt, Jerusalem als Urbild und Abbild, a.a.O., 207–248. Nach L. Rabinowitz, Does Midrash Tillim Reflect the Triennial Cycle of Psalms?, JQR N.S.26 (1935/36) 349–368, 357 war Psalm 76 mit dem Laubhüttenfest verbunden. Vielleicht spielt hier die eschatologische Bedeutung dieses Festes eine Rolle.

[252] Die Ausdrücke "seine Hütte" Ps 76,3, d.h. Hütte Gottes und "Hütte Davids" Am 9,11 (= Jerusalem als die Stadt Davids) werden in unserem Midrasch gleichgesetzt. Wir haben hier ein schönes Beispiel für die oft beobachtete Tatsache, daß die letzte Interpretation des Lemmas die eigentlich intendierte ist, die die vorher aufgezeichneten gegensätzlichen Schriftauslegungen zu einem versöhnlichen Abschluß bringt. S. auch W.G. Braude, The Midrash on Psalms, vol. 1, New Haven 1959, XV.

B. Neues Testament (Apg 15,13–21)

Im Neuen Testament ist Am 9,11f im Rahmen der *Jakobusrede Apg 15,13–21* überliefert. Dadurch fällt die Stelle, zusammen mit dem ganzen Kapitel 15, ziemlich genau in "die architektonische Mitte des ganzen Gebäudes, das Lukas mit seiner Apg aufgerichtet hat."[1] Diese "architektonische Mitte" wird von der Apostelkonferenz in Jerusalem gebildet.[2]

Eine solche Apostelkonferenz war zustande gekommen, weil die theologischen Grundlagen der Heidenmission einer grundsätzlichen Klärung bedurften. Den äußeren Anlaß zu diesem Treffen bot das Auftreten von Lehrern aus Judäa,[3] die in Antiochia die Heidenchristen dahingehend unterwiesen (ἐδίδασκον), daß diese ohne Beschneidung "nach dem Brauch des Mose" (V.1) nicht gerettet werden könnten.

Die Wendung "nach dem Brauch des Mose" ist auffällig. Gemäß der jüdischen Tradition ist vor allem *Abraham* mit dem Gebot der Beschneidung verbunden (Gen 17,9–14; CD 12,11; BerR 42,8; PRE 29), während Mose wegen des am Sinai empfangenen Dekalogs als

---

[1] G. Stählin, Die Apostelgeschichte, 10.Aufl., Göttingen 1962 (NTD 5) 199. Ebenso E. Haenchen, Die Apostelgeschichte, 15.Aufl., Göttingen 1968 (KEK 3) 402, H. Conzelmann, Die Apostelgeschichte, 2.verb. Aufl., Tübingen 1972 (HNT 7) 90, J. Roloff, Die Apostelgeschichte, Göttingen 1981 (NTD 5) 222. U. Borse, Kompositionsgeschichtliche Beobachtungen zum Apostelkonzil, in: Begegnung mit dem Wort, FS H. Zimmermann, hrg. J. Zmijewski/E. Nellessen, Bonn 1980, 195–212, 196 läßt die Konzilsperikope schon mit Apg 14,27 (- 15,35) beginnen.

[2] Zur Kritik an dem Ausdruck "Apostelkonzil" vgl. J. Roloff, Die Apostelgeschichte, a.a.O., 222. Nach G. Schille, Die Apostelgeschichte des Lukas, Berlin 1983 (ThHK 5) 316 hat G. Bornkamm in seinem Paulusbuch als erster die alternative Bezeichnung "Apostelkonvent" eingeführt, der sich auch Schille anschließt.

[3] Nach einigen Handschriften gehörten sie zu einer Gruppe gläubig gewordener Pharisäer, s. dazu A. Steinmann, Die Apostelgeschichte, 4.neu bearb. Aufl., Bonn 1934 (HSNT IV), 151. Die Aussage ist in Zusammenhang mit V.5 zu sehen, wo von diesen ebenfalls die Rede ist. Steinmann meint, die Pharisäer seien von Codex Bezae aus V.5 in V.1 eingetragen. S. weiterhin E. Bammel, Der Text von Apostelgeschichte 15, in: J. Kremer, Hrg., Les Actes des Apôtres, Louvain 1979 (BETL 48) 439–446, der besonders den Kommentar von Ephraem Syrus heranzieht. J.H. Ropes, The Text of Acts, in: F.J.F. Jackson/K. Lake, eds., The Beginnings of Christianity, vol. 3, Grand Rapids 1979, 138 meint, "The narrative of vss. 1–5 was extensively and consistantly rewritten in the "Western" text at several points . . . One leading motive for rewriting was to obviate the strange lack of sequence by which in the B-text the controversy at Jerusalem is introduced in vs.5 quite as if no previous controversy at Antioch had just been described."

der Gesetzgeber kat exochen gilt, dem die ganze schriftliche und mündliche Tradition übergeben worden war.[4] Auch Codex Bezae Cantabrigiensis (D) hat diese Spannung empfunden und deshalb nach: "wenn ihr euch nicht beschneiden laßt" hinzugefügt: "und nach dem Brauch des Mose lebt". Es geht also um die ganze Tora und pars pro toto um die Beschneidung (vgl. auch Röm 2,25–29), die die Lehrer aus Judäa im Unterricht vertreten.[5]

"Nach dem Brauch des Mose" kann also nur bedeuten: "wie es in der Tora (des Mose)" angeordnet ist (vgl. auch die Bedeutung von ἔθος).

An der Beschneidungsfrage wird exemplarisch der Hintergrund des antiochenischen Streits deutlich: "Acts 15 deals with the great issues confronting the early church: What is the meaning and function of the Sacred Scriptures? Are circumcision and dietary laws binding as the Word of God on all men and for all times or not?"[6]

Nachdem es darüber zu heftigen Grundsatzdiskussionen mit Paulus und Barnabas gekommen war, sandte man (die antiochenische Gemeinde?, die Männer aus Judäa?) diese zur Klärung der Streitfrage nach Jerusalem.[7]

Auf dem Wege dorthin besuchten Paulus und Barnabas die Gemeinden von Phönizien und Samarien, wo der Bericht von der Bekehrung der Heiden mit großer Freude aufgenommen wurde (V.3).

---

[4] S. Art. Moses, EJ 12, Sp.371–398 (M. Greenberg/D. Winston/A. Rothkoff).

[5] Gegen W. Schmithals, Die Apostelgeschichte des Lukas, Zürich 1982 (ZBK NT 3,2) 135. S. auch die ausführliche Darstellung bei S.G. Wilson, Law and Judaism in Acts, SBL Seminar Papers 19 (1980) 251–265 zum Begriff ἔθος.

[6] R.H. Smith, Acts, St. Louis/London 1970 (Concordia Commentary) 223, I.H. Marshall, The Acts of the Apostles. An Introduction and Commentary, London 1980 (TNTC) 242. Damit entfällt die Behauptung einiger Exegeten, daß es in Apg 15,1–4 nur um die Beschneidungsfrage gegangen sei, s. z.B. R. Pesch, Die Apostelgeschichte. 2. Teilband Apg 13–28, Neukirchen-Vluyn 1986 (EKK V/2) 73.

[7] Codex Bezae trägt die Position des Paulus nach: Jeder solle so bleiben, wie er gläubig geworden war und fügt hinzu, daß die Lehrer aus Jerusalem Paulus und Barnabas zur Klärung der Streitfrage nach Jerusalem hinabgeschickt hätten.
Auf die Parallele zu Apg 15: Gal 2,1–10 bzw. 11–14 kann hier nicht eingegangen werden, da dies zu tief in die Probleme der Pauluschronologie führt. Einige Ausleger stellen Gal 2,1–10 mit Apg 11,27–30; 12,25 zusammen, s. die übersichtliche Problemdarstellung bei R.H. Smith, Acts, a.a.O., 225–227 und die großen Kommentare. I.H. Marshall, The Acts of the Apostles, a.a.O., 245: "The simplest view is to equate the visit in Galatians 2:1–10 with that in Acts 11:30 . . . This solves the decisive problem of the number of visits paid by Paul to Jerusalem . . ., the visit to Jerusalem in Acts 15 is not mentioned in Galatians, most probably because the letter was written before this event. It also accounts for the differences between Galatians 2 and Acts 15 . . . they are describing different events."

In Jerusalem angekommen, erstatteten sie der Gemeinde, den Aposteln und Ältesten ausführlich Bericht über ihre Missionstätigkeit (V.4). Dabei kommt es zu einem Votum von gläubig gewordenen Pharisäern,[8] die meinen, man sollte die bekehrten Heiden auffordern, sich beschneiden zu lassen und die Tora des Mose zu beobachten (V.5). Dieser Vorfall zeigt, wie virulent die Frage war. Deshalb sahen sich die Apostel und Ältesten veranlaßt, eine erneute Versammlung anzuberaumen, um über dieses Votum zu beraten (V.6).[9]

---

[8] Da der sogenannte "Apostelbeschluß" Apg 15,19f in Gal 2,1–10 nicht erwähnt ist, geben viele Exegeten der Darstellung des Paulus in der genannten Galaterstelle den Vorzug und bewerten Apg 15 als ein freie Komposition des Lukas, z.Tl. unter Zuhilfenahme von Quellen, s. z.B. O. Bauernfeind, Die Apostelgeschichte, Leipzig 1939 (ThHK 5) 199f (jetzt neu abgedruckt in: Ders., Kommentar und Studien zur Apostelgeschichte, hrg. V. Metelmann, Tübingen 1980 <WUNT 22>). S. bes. M. Dibelius, Das Apostelkonzil, in: Ders., Aufsätze zur Apostelgeschichte, hrg. H. Greeven, 5.durchges. Aufl. Göttingen 1968 (=1947) <FRLANT NF 2> 84–90, 89. R.P.C. Hanson, The Acts in the Revised Standard Version. With Introduction and Commentary, Oxford 1967 (NCB.NT 5) 153–155, 158. E. Haenchen, Die Apostelgeschichte, a.a.O., 405. S.410 Forschungsüberblick.
Der sogenannte Apostelbeschluß wird dann z.B. mit Gal 2,11–14 zusammengestellt von J. Roloff, Die Apostelgeschichte, a.a.O., 227, oder entstammt jedenfalls nicht der Apostelkonferenz, sondern einem anderen Treffen. S.G. Schneider, Die Apostelgeschichte, II. Teil, Freiburg/Basel/Wien 1982 (HThK 5,2) 175–177. G. Schille, Die Apostelgeschichte des Lukas, a.a.O., 316f. F. Mußner, Die Apostelgeschichte, Würzburg 1984 (Die Neue Echter Bibel Bd.5) 88. R. Pesch, Die Apostelgeschichte, a.a.O., 72.
Auf Einzelheiten, besonders auf die Quellenfrage, wird unten bei der Besprechung des Apostelbeschlusses noch näher eingegangen. Eine sehr ausführliche Darstellung der Problemlage findet sich bei K. Lake, The Apostolic Council of Jerusalem, in: K. Lake/H.J. Cadbury, eds., The Beginnings of Christianity, vol. 5: Additional Notes to the Commentary, Grand Rapids 1979, 195–212 (= Ders., The Council of Jerusalem Described in Acts XV, in: Jewish Studies in Memory of Israel Abrahams, New York 1927, 244–265).
[8] Codex Bezae präzisiert hier, es seien diejenigen Pharisäer gewesen, die Paulus und Barnabas nach Jerusalem gesandt hätten (vgl. V.2). "Retouche évidente" schreibt A. Loisy, Les Actes des Apôtres, Paris 1920 (unveränd. Nachdruck 1973) 570.
[9] O. Bauernfeind, Die Apostelgeschichte, a.a.O., 191 meint, die Apostel und Ältesten verhandelten in Gegenwart der Menge.
J. Munck, The Acts of the Apostles, Garden City 1967 (The Anchor Bible) 136–139 trennt die Versammlung V.4f von der eigentlichen Apostelkonferenz V.6–21. Ebenso E.M. Blaiklock, The Acts of the Apostles. A Historical Commentary, London 1969 (TNTC) 113; J. Roloff, Die Apostelgeschichte, a.a.O., 230; G. Schille, Die Apostelgeschichte des Lukas, a.a.O., 319; R. Pesch, Die Apostelgeschichte, 2.Teilband, a.a.O., 76. Pesch S.73f nimmt eine literarische Naht zwischen V.4 und 5 an und denkt bei Apg 15,1–4.12b an ein Jerusalemer Abkommen zur Beschneidungsfrage und bei 15,5–12a.13–33 an einen Bericht über die Lösung des antiochenischen Konflikts der Tischgemeinschaft zwischen Judenchristen und Heidenchristen. Damit widerlegt er sich selbst: In V.5 ist ja gerade von der Beschneidungsforderung

Nach einer hitzigen Debatte ergreift Petrus das Wort,[10] um aus seiner Missionserfahrung unter den Heiden, insbesondere der Corneliusgeschichte (Apg 10–11,18), darzulegen, wie durch die Geistausgießung in Cäsarea seine eigenen Vorurteile durch Gott überwunden wurden (Apg 10,34–36; 11,17; 15,8f). Aus diesem Ereignis leitet Petrus eine grundsätzliche theologische Bedeutung ab:[11] Bedenken ritueller Art dürfen kein Hinderungsgrund für die zukünftige Heidenmission sein (Apg 10,15.28; 11,9). Gott, der Herzenskenner (ὁ καρδιογνώστης θεός V.8) betrachtete den Glauben als ausreichende Reinigung für die Geistverleihung (11,17; 15,9). Daher zieht Petrus den Analogieschluß: Wenn sogar Gott, der die Herzen kennt, den Heiden den Geist gibt aufgrund des Glaubens, wie viel mehr muß dann die Heidenmission auf alle rituellen Vorbedingungen verzichten (qal wa-chomer). Juden(christen) und Heiden(christen) sind unterschiedslos rein durch den Glauben (V.9), nicht durch das Ritualgesetz.[12]

---

der Pharisäer die Rede. V.4 und 5 gehören zwingend zusammen, da sonst der Antrag der Pharisäer seltsam unmotiviert wäre.

Dagegen hält H. Conzelmann, Die Apostelgeschichte, a.a.O., 91 an einer einzigen Versammlung fest.

[10] Der Erstkorrektor von Codex Bezae, der wohl als der Schreiber selbst anzusehen ist, erklärt: Petrus erhob sich im Geist (εν πνευματι) und sagte zu ihnen", s. J.H. Ropes, The Text of Acts, a.a.O., 141. Diese Lesart ist durch den lateinischen Paralleltext "surrexit in spo <sic!> Petrus" abgedeckt, während der textkritische Apparat des Novum Testamentum Graece von Nestle-Aland für D* τω πνευματι angibt.

[11] Zu den sprachlichen Berührungspunkten zwischen der Corneliusgeschichte und der Petrusrede s. besonders K. Lake/H.J. Cadbury, English Translation and Commentary, in: F.J.F. Jackson/K. Lake, eds., The Beginnings of Christianity, vol. 4, Grand Rapids 1979, 173 und E.M. Blaiklock, The Acts of the Apostles, a.a.O., 113. Wegen dieser grundsätzlichen theologischen Bedeutung der Corneliusgeschichte heißt es in Codex D, daß Petrus im Heiligen Geist auftrete, s. Anm.10. Th. Zahn, Die Apostelgeschichte des Lucas. Zweite Hälfte Kap. 13–28, 3./4. Aufl., Leipzig 1927 (KNT V,2) 539 spricht deshalb von einer "prophetische<n> Aussage" des Petrus.

U. Borse, Kompositionsgeschichtliche Beobachtungen zum Apostelkonzil, a.a.O., 201 hält die ganze Petrus-Corneliuserzählung 9,32–11,18 für einen Sekundäreinschub, "dessen Motiv von der Petrusrede auf dem Konzil abzuleiten ist (15,7–11) . . ."

[12] R.P.C. Hanson, The Acts in the Revised Standard Version, a.a.O., 160 meint zu V.8.11: "This is Pauline language, though Paul never speaks of anyone actually cleansing his heart by faith." E. Haenchen, Die Apostelgeschichte, a.a.O., 400 meint, daß hier nicht die Denkweise des historischen Petrus referiert sein kann, sondern daß es sich bei der Petrusrede um eine Komposition des hellenistischen Heidenchristen Lukas handeln muß. Ebenso W. Schmithals, Die Apostelgeschichte des Lukas, a.a.O., 138: Lukas greife auf paulinische Gedanken des Galaterbriefes zurück, die ihm aus Disputen mit hyperpaulinischen Irrlehrern bekannt gewesen seien. Aber dazu ist die Frage zu stellen, wo Paulus sagt, daß Gott durch den Glauben die Herzen reinige?

Aus dieser Erfahrung heraus votiert Petrus dafür, die Heiden-
(christen) nicht mit dem "Joch" der Einhaltung ritueller Verpflich-
tungen zu belasten.[13] Denn Juden und Heiden werden durch die
Gnade des Herrn Jesus gerettet (V.11, vgl. Gal 2,15–21).

Das Wirken dieser rettenden Gnade unter den Heiden beschreiben jetzt Barnabas und Paulus, während die Menge schweigend zuhört
(V.12).[14] Damit bekräftigen sie das Zeugnis des Petrus.

Als auch sie ihren Bericht beendet hatten, ergreift *Jakobus* das Wort:

13 Nachdem sie aber schwiegen, antwortete Jakobus und sagte:[15]
    "Männer, Brüder, hört mir zu
14 Simeon hat berichtet, wie Gott zuerst Vorsorge getroffen hat,
    aus den Heiden (ἐξ ἐθνῶν) ein Volk (λαόν) für seinen Namen zu
    nehmen.

K. Lake/H.J. Cadbury, Additional Notes to the Commentary, in: F.J.F. Jackson/
K. Lake, eds., The Beginnings of Christianity, vol. 5, Grand Rapids 1979, 411 zeigt
sprachliche Bezüge der Petrusrede zum 1. Petrusbrief auf.

[13] Zum "Joch" s. I. Abrahams, Studies in Pharisaism and the Gospels, 2nd series,
Cambridge 1924, 4–14. Beispiele für die Schwere des Gesetzesjochs bei H.L. Strack/
P. Billerbeck, Kommentar zum Neuen Testament aus Talmud und Midrasch Bd.II,
8.unveränd. Aufl., München 1983, 728. S. auch die ausführliche Darstellung aller
Deutungsmöglichkeiten bei K. Lake/H.J. Cadbury, English Translation and
Commentary, in: F.J.F. Jackson/K. Lake, eds., The Beginnings of Christianity, vol. 4,
Grand Rapids 1979, 173f und bes. E. Richard, The Divine Purpose: The Jews and
the Gentile Mission (Acts 15), SBL Seminar Papers 19 (1980) 267–282, Anm.29
S.279, der auf Grund von Apg 7,53 in Apg 15,10 die Übersetzung vorschlägt: "which
neither our fathers nor we succeeded in bearing" und zum Ganzen: O. Betz, Der
fleischliche Mensch und das geistliche Gesetz, in: Ders., Jesus. Der Herr der Kirche.
Aufsätze zur biblischen Theologie II, Tübingen 1990 (WUNT 52) 129–196.

[14] Codex Bezae liest am Anfang von V.12: "Als die Ältesten dem, was Petrus
erzählt hatte, zustimmten, schwieg die ganze Menge."

J. Roloff, Die Apostelgeschichte, a.a.O., 231 betrachtet die namentliche Vorordnung
des Barnabas vor Paulus als Relikt einer vorlukanischen Tradition. G. Schneider,
Die Apostelgeschichte, a.a.O., 181 schließt aus, daß die Namensangaben sekundäre
Zutaten seien. R. Pesch, Die Apostelgeschichte, a.a.O., 74 meint dagegen, im
vorlukanischen Bericht über die Lösung des antiochenischen Konflikts Apg 15,5–
12a.13–33, seien Barnabas und Paulus nicht erwähnt gewesen, s. auch zu V.6.22.25f
(S.73). Außerdem hält er V.12b für einen redaktionellen Einschub des Lukas, der
den Bericht vom Jerusalemer Abkommen Apg 15,1–4.<12b> und den von der Lösung des antiochenischen Konflikts 15,5–12a.13–33 verbunden habe (S.73).

Die Vorordnung von Barnabas vor Paulus (auch 14,14; 15,25, s. auch 13,7) beruht wohl auf seinem besonderen Ansehen in Jerusalem, vgl. K. Lake/H.J. Cadbury,
English Translation and Commentary, a.a.O., 175.

[15] D liest: "erhob sich Jakobus und sagte"—eine Glättung des anscheinend un-
passenden ἀπεκρίθη.

15 Und damit[16] stimmen die Worte der Propheten überein wie geschrieben steht:

16 *Danach werde ich mich umkehren*[17]
und wieder aufbauen (ἀνοικοδομήσω) die Hütte Davids, die gefallen ist
und was von ihr niedergerissen ist,[18] *baue ich wieder auf (ἀνοικοδομήσω)*
und werde sie wieder aufrichten (ἀνορθώσω αὐτήν)

17 *damit auch der Rest der Menschen den Herrn suche*
und alle Heiden, über die mein Name ausgerufen ist über sie[19]
spricht der Herr, der das tut,[20]

18 *was von Ewigkeit her bekannt ist.*[21]

19 Deswegen halte ich es für richtig, die, die sich von den Heiden
(ἐθνῶν) zu Gott hinwenden, nicht zu beunruhigen,

20 aber ihnen brieflich mitzuteilen, daß sie sich enthalten sollen
von Verunreinigungen durch Götzen(bilder) und von Unzucht
und von Ersticktem[22] und von Blut.[23]

21 Denn Mose hat seit früherer Zeit in jeder Stadt die, die ihn in den
Synagogen verkündigen, da er an jedem Sabbat vorgelesen wird."

---

[16] D liest οὕτως. J.H. Ropes, The Text of Acts, a.a.O., 142 hält diese Lesart u.U.
für ursprünglicher.

[17] D liest ἐπιστρέψω und betont damit stärker, daß es sich um einen Gesinnungs-
wandel handelt.

[18] Die Entscheidung zwischen κατεσκαμμένα (txt) und κατεστραμμένα: א (B) Ψ 33.
326 pc ist schwierig, da jede Lesart gute Zeugen auf ihrer Seite hat, überdies dienen
beide zur Übersetzung von הרס. Frühere NT—Ausgaben bevorzugten κατεστραμμένα,
s. K. Lake/H.J. Cadbury, English Translation and Commentary, a.a.O., 176. Wir
haben uns der jetzt von E. Nestle—K. Aland, Novum Testamentum Graece, 26.,
neu bearb. Aufl., Stuttgart 1979, z.St. vertretenen Lesart κατεσκαμμένα angeschlossen, da diese Lesart deutlicher das hebr. הרס wiedergibt. κατεστραμμένα dagegen
dient in erster Linie zur Übersetzung von הפך. S. auch E. Richard, The Creative
Use of Amos by the Author of Acts, NT 24 (1982) 37–53, Anm.18 S.44.

[19] Die Konstruktion soll wegen des Anklangs ans Hebräische beibehalten werden,
s. K. Lake/H.J. Cadbury, English Translation and Commentary, a.a.O., 176.

[20] Statt ποιῶν liest D ποιήσει. א^c A C D² E M sy^h Cyr bieten den Artikel ὁ vor
ποιῶν. E. Richard, The Creative Use of Amos by the Author of Acts, a.a.O., Anm.18
S.44 meint, der Artikel sei bei B und א vielleicht zufällig ausgefallen. T. Holtz,
Untersuchungen über die alttestamentlichen Zitate bei Lukas, Berlin 1968 (TU 104)
23 hält es für die ursprüngliche Lesart von LXX.

[21] P⁷⁴ A D E M lat (sy) Ir lesen: ταῦτα. γνωστὸν ἀπ᾽ αἰῶνός ἐστιν τῷ κυρίῳ τὸ ἔργον
αὐτοῦ. Dies ist als sekundäre Ausweitung zu werten, s. G. Schneider, Die Apostelgeschichte, a.a.O., Anm.k S.172f, J.H. Ropes, The Text of Acts, a.a.O., 144 ist der
Ansicht, die längere Form sei zur Abgrenzung vom Amoszitat eingeführt worden;
für eine andere Begründung s. ebd. vol. 4, 176f.

[22] Fehlt in Codex Bezae, auch in V.29 und Apg 21,25.

[23] Codex Bezae führt den Satz mit der negativen Goldenen Regel weiter: "und
was man nicht will, daß es einem selbst geschehe, sollt ihr anderen nicht tun." Es
wäre auch möglich, die Genitive von V.20 noch von "Verunreinigungen" abhängig

Für die in Apg 15 geschilderte Gemeindeversammlung gibt es eine *Parallele in den Qumranschriften*, die geeignet ist, die Vorgänge in Jerusalem sehr gut zu illustrieren. Es handelt sich um eine Beschreibung der Sitzung der Vollmitglieder der Qumrangemeinde, die in 1QS 6,8-13 dargestellt ist:

8   Das ist die Ordnung für die Sitzung der Vollversammlung הזה הסרך למושב הרבים jeder in seiner Rangordnung: Die Priester sollen an erster Stelle sitzen, und die Ältesten (והזקנים) an zweiter und dann der Rest

9   allen Volks; sie sollen sitzen jeder in seiner Rangordnung und so sollen sie fragen[24] bezüglich des Rechts (למשפט) und jeden Ratschlusses (ולכול עצה) und einer Sache, die die Vielen angeht, so daß jeder sein Wissen zur Verfügung stellt

10   dem Rat der Gemeinschaft (לעצת היחד).
     Keiner soll mitten in die Worte seines Nächsten hineinreden, bevor sein Bruder fertig ist mit Sprechen. Und er soll auch nicht sprechen vor der Rangordnung dessen, der eingeschrieben ist

11   vor ihm. Derjenige, der befragt wird, soll sprechen, wenn er an der Reihe ist. Und in der Sitzung der Vollversammlung (ובמושב הרבים) soll niemand eine Sache vorbringen, die nicht dem Begehren der Vollversammlung entspricht, (selbst) wenn er

12   der Aufseher (המבקר) über die Vollversammlung ist. Und jedermann, der etwas zur Vollversammlung zu sagen hat, aber nicht in dem Amt des Mannes ist, der den Rat

13   der Gemeinschaft (עצת היחד) befragt, derjenige soll aufstehen auf seine Füße und sagen: "Ich habe der Vollversammlung etwas zu sagen." Wenn sie es ihm sagen, möge er reden.

Bereits J.A. Fitzmyer hat herausgestellt,[25] daß das τὸ πλῆθος in Apg 15,12.30 als Bezeichnung der Gemeindevollversammlung dem הרבים

---

zu machen, so daß die Übersetzung entsteht: "Verunreinigungen durch Götzen und durch Unzucht und durch Ersticktes und durch Blut."

[24] Die passivische Übersetzung bei E. Lohse, Die Texte von Qumran, 3., gegenüber der 2. unveränd. Aufl., Darmstadt 1981, 23, deren hebräischer Text meiner Übersetzung zugrunde liegt, ist falsch.

[25] J.A. Fitzmyer, Jewish Christianity in Acts in the Light of the Qumran Scrolls, in: L.E. Keck/J.L. Martyn (eds.), Studies in Luke—Acts, London 1968, 233–257, 244–246. S. auch: B. Pixner, An Essene Quarter on Mount Zion?, in: Studia Hierosolymitana I: Studi archaeologici, FS B. Bagatti, Jerusalem 1976 (SBF.C Ma 22) 245–285, 282.

מוֹשָׁב (1QS 6,1.7–9.11–18.21.25; 7,16; 8,19.26; CD 7,13; 14,7.12; 15,8) in den Qumranschriften korrespondiert:[26] "Both Aaron and Israel were accustomed to meet in a full assembly (מוֹשָׁב הרבים) where they had fixed places and where they in common settled issues of a juridical and executive nature."[27]

Doch die Parallelen erstrecken sich weiter als auf rein terminologische Aspekte. So scheint z.B. auch die *strenge Rangordnung der Redner* in Apg 15 ihr Vorbild im מוֹשָׁב הרבים von Qumran zu haben, wie außerdem der *disziplinierte Ablauf der Versammlung.*

Die in 1QS 6,8 geschilderte Reihenfolge: Priester, Älteste, Rest des Volkes (vgl. 2,19: Priester, Leviten, Volk) hat ihr Gegenstück in der neutestamentlichen Trias: Apostel, Älteste, Gemeinde in Apg 15,2.4.6.22f.

Da für Priester—obwohl sie in den Reihen der Urgemeinde vorhanden waren (Apg 6,7)—in der ersten Christenheit kein Bedarf mehr bestand, konnten die Apostel ihren Platz einnehmen.[28]

Die Institution der Ältesten geht sowohl in der Qumrangemeinschaft wie auch in der Urgemeinde auf die zeitgenössische jüdische Einrichtung zurück,[29] die sich wiederum auf biblische Vorbilder berufen kann.

---

[26] H. Huppenbauer, הרבים, רוב, רב in der Sektenregel (1QS), ThZ 13 (1957) 136f. meint, רב/רוב bezeichne die Gemeindeversammlung ohne die Priester, während der Begriff הרבים diese mit einschließe. τὸ πλῆθος aber muß nach J.A. Fitzmyer, Jewish Christianity in Acts in the Light of the Qumran Scrolls, a.a.O., 246 eher als Übersetzung von רב/רוב angesehen werden. Gleichzeitig schränkt Fitzmyer ein: "But this does not seem to invalidate the suggestion that the Essene use of רוב/רב and הרבים underlies in some way the early Christian use of τὸ πλῆθος for the full congregation of disciples." (ebd.). Josephus dagegen benutzt die Begriffe οἱ πλεῖστοι bzw. οἱ πλείονες, um die Qumrangemeinde in ihrer Gesamtheit zu bezeichnen (Anm.35 S.256). Huppenbauer, a.a.O., 136 andererseits möchte dem Begriff הרבים lieber die Bedeutung "Lehrer, Meister" unterlegen.

[27] J.A. Fitzmyer, Jewish Christianity in Acts in the Light of the Qumran Scrolls, a.a.O., 245.

Nach J.M. Baumgarten, 4Q 502, Marriage or Golden Age Ritual?, JJS 34 (1983) 125–135 soll es sich bei den unter der Bezeichnung 4Q 502 zusammengefaßten Fragmenten um die Beschreibung einer Gemeindeversammlung handeln. Obwohl diese Interpretation der Texte vielleicht richtiger ist als die bisher von Baillet angenommene Bezeichnung "Rituel de Mariage" tragen die Fragmente für unsere Problemstellung leider nichts aus.

[28] J.A. Fitzmyer, Jewish Christianity in Acts in the Light of the Qumran Scrolls, a.a.O., 249 glaubt, daß "there were undoubtedly some Essenes among the priests converted to Christianity . . ., and they were most likely the bridge of contact between the two communities." Aber: "they are never found continuing their function as priests even in some new way." (ebd.).

[29] J.A. Fitzmyer, Jewish Christianity in Acts in the Light of the Qumran Scrolls,

Die Aufzählung Apostel, Älteste und Gemeinde ist also bereits in der Qumransekte vorgebildet.

Doch nicht nur die *strukturale Organisation* des מושב הרבים in Apg 15 kann mit ähnlichen Strukturen der Gemeinde vom Toten Meer verglichen werden, auch der *Ablauf der Sitzung* spiegelt sich in 1QS 6,8-13 wieder.

Dabei ist die strenge Rangordnung (1QS 6,8: איש בתכונו, für die theologische Begründung s. 1QS 2,19-23: der Grad der Heiligkeit ist entscheidend für die Rangordnung) auffällig, die auch die Reihenfolge der Redner bei der Sitzung der Vollversammlung regelt (Z.10): "Und er soll auch nicht sprechen vor der Rangordnung dessen, der vor ihm eingeschrieben ist." Apg 15 spiegelt dieselbe deutliche und disziplinierte Redeordnung wieder: Auf die Petrusrede (V.7-11) folgt die Erzählung von Paulus und Barnabas (summarisch zusammengefaßt in V.12), und mit der Jakobusrede (V.13-21) wird die Untersuchung (שאלה, vgl. den Gebrauch des Wortes שאל in diesem Kontext 1QS 6,9.13)[30] in der Sitzung der Vollversammlung abgeschlossen. Die Gemeindeversammlung hat während dieser Ansprachen zu schweigen (Apg 15,12): "Keiner soll mitten in die Worte seines Nächsten hineinreden, bevor sein Bruder aufgehört hat zu sprechen." 1QS 6,10. Übersetzt man Apg 15,13: Μετὰ δὲ τὸ σιγῆσαι αὐτούς ins Hebräische erhält man die Phrase ויכלו לדבר, die fast genauso in 1QS 6,10 wiederkehrt: יכלה ... לדבר <טרם>.

Der מושב הרבים Apg 15 folgt also ziemlich genau der *Ordnung*, die die Gemeinderegel von Qumran für solche Anlässe aufgestellt hat (הזה הסרך Z.8; 1Kor 14,40 wird die Redeordnung im Gottesdienst analog mit τάξις bezeichnet), nämlich in der Ständeordnung (Apostel, Älteste, Gemeinde), in der Redeordnung der Redner gemäß ihrer Rangordnung und dem disziplinierten Ablauf.

Es ist daher legitim, die Gemeindeversammlung in Jerusalem, von uns bisher provisorisch als Apostelkonferenz bezeichnet, einen מושב הרבים, eine *Sitzung der (Gemeinde)vollversammlung* zu nennen.

Den bisher benutzten Begriff "Apostelbeschluß" (in der Literatur häufig "Aposteldekret") können wir nun vielleicht analog durch den

---

a.a.O., 248f, R. Riesner, Essener und Urkirche in Jerusalem, BiKi 40 (1985) 64-76, 74.

[30] Nach M. Jastrow, A Dictionary of the Targumim, the Talmud Babli and Yerushalmi, and the Midrashic Literature vol. 2, New York 1950 (=1903) 1508 wird das Wort auch zur Bezeichnung kontroverser religionsgesetzlicher Fragen verwendet (vgl. למשפט 1QS 6,9).

Begriff *"Gemeindeempfehlung"* (in 1QS 6,9: עצה; Apg 15,22.25.28: δοκεῖν)
ersetzen.

Dieser Wechsel der Terminologie wird noch zusätzlich gestützt
durch die jetzt auch archäologisch belegte *lokale Nähe der Essener und
der Urgemeinde in Jerusalem:*[31] Das von B. Pixner (wieder) ausgegrabene
sogenannte Essenertor, eine erstaunlich große Anzahl von Ritual-
bädern, besonders—wegen der rituellen Vorschriften der Qumrangemeinschaft—außerhalb der Stadtmauer und die Lage der ersten sieb-
zehn Verstecke der sog. Kupferrolle (3Q 15) lassen auf ein essenisches
Viertel auf dem Südwesthügel von Jerusalem schließen, wo auch die
Urgemeinde ihren Sitz hatte. "Da aber Essener und Urkirche auf
dem Südwesthügel sozusagen Tür an Tür wohnten, wird man fragen müssen, ob ihre Beziehungen nicht bis in die allerersten Tage
der christlichen Gemeinde zurückreichen."[32]

Abgesehen von der Annahme essenischer Konvertiten vermutet man
jetzt auch, daß die *technische Abwicklung der urchristlichen Gütergemeinschaft*
sich an Vorbildern von Qumran orientierte.[33]

Die Klimax der Geschichte von Hananias und Saphira (Apg 5,1–
11) z.B., ist nur dann richtig zu verstehen, wenn man die Besitzstands-
regeln für den Eintritt von Novizen bzw. Vollmitgliedern in der
Qumrangemeinde zugrundelegt (1QS 6,13–23). Vor dem endgültigen Eintritt wurde das Eigentum des Novizen zunächst nur vorläufig
der Gemeinde in Verwahrung gegeben und unterstand noch völlig
dem Verfügungsrecht des Eintrittswilligen. In dieser Situation hätten
sich folglich Hananias und Saphira befunden (Apg 5,4). Eine Lüge
über ihre Besitzverhältnisse wäre unnötig gewesen.[34] Denn in Qumran
ging erst nach dem Ablauf einer Probezeit und dem endgültigen
Eintritt des Novizen in die Gemeinschaft sein Besitz ins Gemeinde-
eigentum über.[35]

Die genannten Parallelen (Versammlungsordnung, Besitzstands-

---

[31] S. R. Riesner, Essener und Urkirche in Jerusalem, a.a.O., 64–76, der in vielem
parallel geht mit B. Pixner, An Essene Quarter on Mount Zion?, a.a.O., 245–285.

[32] R. Riesner, Essener und Urkirche in Jerusalem, a.a.O., 75.

[33] Vgl. 1QS 6,13–23 mit Apg 5,1–11. Die erstgenannte Stelle folgt übrigens auf
die "Ordnung für die Sitzung der Vollversammlung", die für Apg 15 das Vorbild
abgab. Zur urchristlichen Gütergemeinschaft s. B.J. Capper, The Interpretation of
Acts 5,4, JSNT 19 (1983) 117–131, zusammenfassend referiert bei R. Riesner, Essener und Urkirche in Jerusalem, a.a.O., 75.

[34] 1QS 6,24f setzt Strafe für falsche Angaben über die Besitzstandsverhältnisse
voraus.

[35] B.J. Capper, The Interpretation of Acts 5,4, a.a.O., 127.

ordnung) und die lokale Nähe von Qumrangemeinschaft und Urgemeinde in Jerusalem lassen auf *Beziehungen der beiden Gruppen unterein-
ander* schließen. Wir werden noch sehen, daß sich diese Verbindun-
gen auch auf die *Schrifthermeneutik und gewisse exegetische Traditionen*
erstrecken.

Deshalb soll nun als nächstes das Amoszitat innerhalb der Jakobusrede und seine Funktion in Apg 15 näher untersucht werden.

Betrachten wir zunächst das Zitat Am 9,11f in Apg 15,16–18, so
fällt dessen stark den Aussageabsichten adaptierte Form ins Auge.
Dasselbe Phänomen hatten wir schon bei der Untersuchung der
Schriftzitate in den Qumranschriften festgestellt.

So wird z.B. die im MT und LXX benützte Einleitungsformel ביום
ההוא / ἐν τῇ ἡμέρᾳ ἐκείνῃ umgeformt in μετὰ ταῦτα (Apg 7,7; 13,20;
18,1). Das entspräche einem hebräischen אחרי־כן (vgl. z.B. Joel 3,1
<LXX 2,28>; Jes 1,26; Jer 16,16; 21,7) bzw. אחר vgl. z.B. Hos 3,5;
Ez 20,39.

Da der LXX-Ausdruck in V.16 zugunsten des unverbindlicheren
μετὰ ταῦτα[36] beiseite gelassen worden ist, liegt es nahe, schon für
diese Einleitungsformel eine bewußte Änderung anzunehmen. Allerdings ist uns in Apg 2,17 auch der umgekehrte Vorgang—jedoch
aus den gleichen Gründen—überliefert. Das Zitat Joel 3,1 (LXX 2,28)
wird mit καὶ ἔσται ἐν ταῖς ἐσχάταις ἡμέραις eingeleitet, obwohl MT
und LXX lesen והיה אחרי־כן / καὶ ἔσται μετὰ ταῦτα. Die LXX-Version wird in Apg 2,17 aber immerhin durch B und 076 unterstützt.
Sie muß also bekannt gewesen sein.[37] Auf Apg 15,16 bezogen, ist zu

---

[36] G.D. Kilpatrick, Some Quotations in Acts, in: J. Kremer, Hrsg., Les Actes des
Apôtres, Louvain 1979 (BETL 48) 81–97, 84 zieht μετὰ ταῦτα Ende von V.15 und
läßt V.16 mit ἀναστρέψω beginnen. Abgesehen davon, daß eine solche Zitatein-
leitungsformel sonst nicht belegt ist, würde auch die schöne Entsprechung von καθὼς
γέγραπται und כאשר כתוב in den Qumranschriften (1QS 8,14; 5,17; CD 7,19; 4QFlor
1,12) zerstört, s. dazu J.A. Fitzmyer, The Use of Explicit Old Testament Quotations
in Qumran Literature and in the New Testament, NTS 7 (1960–61) 297–333, 300.
Überdies fordert das temporale πρῶτον in V.14 eine Fortsetzung durch μετὰ ταῦτα
V.16. Ob allerdings die beiden Verben ἀναστρέψω καὶ ἀνοικοδομήσω "Doppelüber-
setzung von אקים "sind (so G. Bertram, Art. ἀναστρέφω, ThWNT VII, 715–717,
716) erscheint mir fraglich, da ἀναστρέφω gewöhnlich auf ein hebräisches שוב zurückgeht. Außerdem müßte Bertram dann konsequenterweise eine transitive Bedeutung von ἀναστρέφω annehmen und "die gefallene Hütte Davids" als Objekt zuord-
nen. Genauso unzutreffend ist daher auch die Gegenüberstellung von Apg. und LXX
bei J. Dupont, "Je rebâtirai la cabane de David qui est tombée" (Ac 15,16 = Am
9,11) in: Glaube und Eschatologie, FS W.G. Kümmel, hrsg. E. Gräßer/O. Merk,
Tübingen 1985, 19–32, 24.26. Leider sind auch die Literaturangaben bei Dupont
nicht immer sehr verläßlich.

[37] E. Haenchen, Die Apostelgeschichte, a.a.O., 142 hält in Apg 2,17 den Text

fragen, ob das μετὰ ταῦτα nicht analog zu ἐν ταῖς ἐσχάταις ἡμέραις zu deuten ist.[38]

Die zu Apg 15,16 immer wieder angeführte Parallele Jer 12,15 καὶ ἔσται μετὰ τὸ ἐκβαλεῖν με αὐτοὺς ἐπιστρέψω—וְהָיָה אַחֲרֵי נָתְשִׁי (וְרִחַמְתִּים) אוֹתָם אָשׁוּב hat dagegen nicht die gleiche eschatologisch geladene Prägnanz.[39]

Schwierig ist der ebenfalls weder von MT noch LXX vorgegebene Begriff ἀναστρέψω. Im Kontext von μετὰ ταῦτα bekommt das Wort, das in der kaum bezeugten intransitiven Verwendung mit "umkehren, sich umwenden, zurückkommen (vgl. Apg 5,22)" übersetzt wird, den Klang einer heilvollen (Wieder—) *Zu*wendung Gottes.

In Apg 7,42, der einzigen anderen Stelle im Neuen Testament, wo der Prophet Amos zitiert wird (5,25–27)[40], ist im Gegensatz zu Apg 15,16 von der *Ab*wendung Gottes von Israel die Rede: ἔστρεψεν δὲ ὁ θεός, so daß sie ganz dem Götzendienst ausgeliefert sind, den sie nach Ansicht des Stephanus immer schon geübt haben.

Vielleicht spricht deshalb Apg 15,16 gerade von der endzeitlichen heilvollen *Wieder*zuwendung Gottes.[41]

---

von B für ursprünglich: "nach der lukanischen Theologie bricht mit der Geistausgießung noch nicht die Endzeit an." Vgl. aber dagegen R. Pesch, Die Apostelgeschichte, 1.Teilband Apg 1–12, Zürich/Einsiedeln/Köln/Neukirchen-Vluyn 1986 (EKK V,1) 119f, 126: "Mit der Pfingstpredigt des Petrus beginnt die Geschichte der Zeugenschaft der Apostel in Jerusalem (1,8): Sie bezeugen den in der Geistausgießung ereigneten Anbruch der Endzeit, der Frist für die Rettung vor dem großen Tag des Herrn. Die Rettung ist an die Anrufung des Namens des Herrn Jesus Christus und die Taufe, die an der Verheißungsgabe des heiligen Geistes Anteil gibt, gebunden."

[38] So auch E. Richard, The Creative Use of Amos by the Author of Acts, NT 24 (1982) 37–53, Anm.23 S.47. Richard bezeichnet μετὰ ταῦτα als "a favourite expression of Luke." (S.46). C. Zimmermann, "To This Agree the Words of the Prophets", GrJ 4 (1963) 28–40, 30 verbindet den Ausdruck mit den im ganzen Kapitel Am 9 angekündigten Drohungen. *Nach diesen* wird die Hütte Davids wieder aufgerichtet. S. auch M.A. Braun, James' Use of Amos at the Jerusalem Council: Steps Toward a Possible Solution of the Textual and Theological Problems, JETS 20 (1977) 113–121, 120f, W.M. Aldrich, The Interpretation of Acts 15:13–18, BS 111 (1954) 317–323, 321f.

[39] T. Holtz, Untersuchungen über die alttestamentlichen Zitate bei Lukas, Berlin 1968 (TU 104) 24 glaubt nicht, daß die ersten drei Worte von Apg 15,16 auf Jer 12,15 zurückgehen. Ebenso E. Richard, The Creative Use of Amos by the Author of Acts, a.a.O., Anm.27 S.48, J. de Waard, A Comparative Study of the OT Text in the Dead Sea Scrolls and in the New Testament, Leiden 1966 (STDJ 4) 24. Interessanterweise wird die Phrase durch die Zitationsformel so eingeführt, als ob sie zum authentischen Amostext gehöre.

[40] Auch in Qumran werden beide Amosstellen—5,25–27 und 9,11—in der gleichen Schrift assoziiert, vgl. CD 7,14–19. S. weiterhin E. Richard, The Creative Use of Amos by the Author of Acts, a.a.O., 49f.

[41] Man könnte daher vielleicht formulieren, daß nicht Jer 12,15 als wörtliche

Diese Wiederzuwendung Gottes nimmt im Wiederaufbau der ge-fallenen Hütte Davids konkrete Gestalt an.

Damit beginnt das eigentliche Zitat Am 9,11, das uns auch im masoretischen Text, in LXX und in Qumran vorliegt. Deshalb soll zunächst ein Textvergleich folgen, um die Komposition des Amos-zitats in Apg 15,16f zu erhellen:

MT	LXX	NT
בַּיּוֹם הַהוּא	ἐν τῇ ἡμέρᾳ ἐκείνῃ	μετὰ ταῦτα ἀναστρέψω
אָקִים	ἀναστήσω	
אֶת־סֻכַּת דָּוִיד הַנֹּפֶלֶת	τὴν σκηνὴν Δαυιδ τὴν πεπτωκυῖαν	καὶ ἀνοικοδομήσω τὴν σκηνὴν Δ. τὴν πεπτωκυῖαν
וְגָדַרְתִּי אֶת־פִּרְצֵיהֶן	καὶ ἀνοικοδομήσω τὰ πεπτωκότα αὐτῆς	
וַהֲרִסֹתָיו אָקִים	καὶ τὰ κατεσκαμμένα αὐτῆς ἀναστήσω	καὶ τὰ κατεσκαμμένα αὐτῆς ἀνοικοδομήσω
וּבְנִיתִיהָ	καὶ ἀνοικοδομήσω αὐτὴν	καὶ ἀνορθώσω αὐτήν
כִּימֵי עוֹלָם	καθὼς αἱ ἡμέραι τοῦ αἰῶνος	
לְמַעַן יִירְשׁוּ	ὅπως ἐκζητήσωσιν	ὅπως ἂν ἐκζητήσωσιν
אֶת־שְׁאֵרִית אֱדוֹם	οἱ κατάλοιποι τῶν ἀνθρώπων	οἱ κατάλοιποι τῶν ἀνθρώπων τὸν κύριον
וְכָל־הַגּוֹיִם	καὶ πάντα τὰ ἔθνη	καὶ πάντα τὰ ἔθνη
אֲשֶׁר־נִקְרָא שְׁמִי עֲלֵיהֶם	ἐφ᾽ οὓς ἐπικέκληται τὸ ὄνομα μου ἐπ᾽ αὐτούς	ἐφ᾽ οὓς ἐπικέκληται τὸ ὄνομα μου ἐπ᾽ αὐτούς
נְאֻם־יְהוָה	λέγει κύριος	λέγει κύριος
עֹשֶׂה זֹּאת	ὁ ποιῶν ταῦτα	ποιῶν ταῦτα γνωστὰ ἀπ᾽ αἰῶνος

4QFlor 1,12 : כאשר כתוב והקימותי את סוכת דויד הנופלת

CD 7,16 : אשר אמר והקימותי את סוכת דוד הנופלת

Betrachten wir zunächst nur *V.16*. Offensichtlich ist das Zitat gegen-über MT und LXX sehr komprimiert, der Aussagegehalt ist dadurch aufs äußerste konzentriert.

Im einzelnen fällt die Formulierung καὶ ἀνοικοδομήσω τ.σ.Δ auf, die sich weder aus M אקים, noch aus LXX ἀναστήσω ableiten läßt. LXX bietet die genaue Übersetzung von M, aber beide werden in

Apg 15,16 zugunsten von ἀνοικοδομήσω beiseite gelassen, dem gewöhnlich ein hebr. בנה zugrunde liegt.[42] Diese Tatsache wurde bisher nicht beachtet. Die in Qumran (4QFlor 1,12; CD 7,16) überlieferte Lesung והקימותי geht genauso wie LXX auf M zurück; die Perfektlesung (perf.proph.; M liest Imperfekt) ist wohl unter dem Einfluß so prägnanter Stellen wie 2Sam 7,12; Jer 23,5; Ez 34,23 entstanden, die ebenfalls den David erwähnen. Die von C. Rabin inaugurierte und von De Waard wiederholte Behauptung: "The text form of the Amos quotation in Acts differs from that of the MT and the LXX, but is exactly identical with that of 4QFlor"[43] vermag ich nicht zu teilen, da die neutestamentliche Lesart ein hebräisches בנה (und nicht קום hi.) voraussetzt und ein *bemerkenswertes hapax legomenon* im NT darstellt.

Apg 15,15 und 4QFlor 1,12 haben jedoch eine *gemeinsame Einleitungsformel*: καθὼς γέγραπται[44]—כאשר כתוב (ebenso Apg 7,42, Zitat Am 5,25–27; aber in CD 7,14.16 werden sowohl die Zitate aus Am 5 als auch aus Am 9 durch: כאשר אמר eingeleitet.); auch das Waw vor (ו)הקימותי hat seine Entsprechung in einem καί Apg 15,16.

Die nächste Zeile von LXX "Und das, was an ihr eingestürzt ist, baue ich wieder auf" fehlt in Apg 15 völlig, obwohl sie auch in MT überliefert ist "Und ich vermaure ihre (pl.) Risse."

Die folgende Zeile von LXX "und das, was von ihr niedergerissen

---

Einzelstelle den Hintergrund von V.16 bildet wie viele Ausleger meinen, sondern vielmehr die darin (und in anderen Stellen, z.B. Sach 1,16: "Voll Erbarmen wende ich mich Jerusalem wieder zu <ἐπιστρέψω> . . . " vgl. den Gebrauch desselben Wortes in Apg 15,16 D) enthaltene Idee der Apokatastasis, der שוב שבות, s. dazu den schönen Aufsatz von F. Mußner, Die Idee der Apokatastasis in der Apostelgeschichte, in: Lex Tua Veritas, FS H. Junker, hrsg. H. Groß/F. Mußner, Trier 1961, 293–306 und James Parker, The Concept of Apokatastasis in Acts. A Study in Primitive Christian Theology, Austin 1978 (Diss. Basel 1976).

[42] S. E. Hatch/H.A. Redpath, A Concordance to the Septuagint and the Other Greek Versions of the Old Testament, vol. I, Graz 1954 (= Oxford 1897) 106. Diese Tatsache hat bisher bei den Exegeten zu wenig Beachtung gefunden, vgl. z.B. J. Dupont, "Je rebâtirai la cabane de David qui est tombée", a.a.O., 26, der dadurch zu unzutreffenden Ergebnissen kommt.

[43] J. de Waard, A Comparative Study of the OT Text in the Dead Sea Scrolls and in the New Testament, a.a.O., 25. Vgl. auch die Rezension durch C.M. Martini, Bib 50 (1969) 272–275. Ferner M. Wilcox, The Semitisms of Acts, Oxford 1965, 49 (Kritik an Wilcox: E. Richard, The Old Testament in Acts: Wilcox's Semitisms in Retrospect, CBQ 42 <1980> 330–341), D.F. Payne, Semitisms in the Book of Acts, in: Apostolic History and the Gospel, FS F.F. Bruce, ed. W.W. Gasque/ R.P. Martin, Exeter 1970, 134–150, 144, James Parker, The Concept of Apokatastasis in Acts, a.a.O., 90 und neuerdings R. Pesch, Die Apostelgeschichte, a.a.O., 80.

[44] S. dazu B.F. Metzger, The Formulas Introducing Quotations of Scripture in the NT and the Mishnah, JBL 70 (1951) 297–307, 300.

ist, richte ich wieder auf" ist in Apg 15 vorhanden, jedoch wurde das Verb wie schon in der ersten Zeile zugunsten von "baue ich wieder auf" ausgetauscht.

Die LXX-Phrase "und ich baue sie wieder auf" in der vorletzten Zeile von Am 9,11 wurde Apg 15,16 in "und ich richte sie wieder gerade in die Höhe" abgeändert. LXX und MT liegt ein hebräisches בנה zugrunde, aber das NT hat übersetzt, als ob hier כון hi. stünde.

Die Abschlußformel von MT/LXX "wie die Tage der Ewigkeit" fehlt in der neutestamentlichen Version, hat aber den Schluß von V.17 beeinflußt.[45]

Überblicken wir das gesamte Zitat Am 9,11 in Apg 15,16 stellen wir eine starke Straffung fest. Zwei Mal wurde das Verb ἀναστήσω zugunsten von ἀνοικοδομήσω eliminiert. Die Zeile "und was von ihr eingestürzt ist, baue ich wieder auf" fehlt ganz, wohl weil sie eine inhaltliche Doppelung zum Folgenden darstellt.

Der letzte Satz "und ich richte sie wieder gerade in die Höhe" bildet dann einen zusammenfassenden Abschluß von V.16.

Insgesamt kann man feststellen, daß die Straffung des Zitats in der neutestamentlichen Version vor allem eine *Präzisierung* darstellt.

Gegenüber LXX hat sich dadurch auch der Rhythmus des Verses verändert:[46]

LXX			NT	
Rahmen		1	Rahmen	ἀναστρέψω
ἀναστήσω	. . .	2	κ.ἀνοικοδομήσω	. . .
----------		3		
. . .	ἀναστήσω	4	. . .	ἀνοικοδομήσω
----------		5	κ.ἀνορθώσω	Rahmen
Rahmen		6		

[45] Vgl. K. Lake/H.J. Cadbury, The Acts of the Apostles: English Translation and Commentary, in: F.J.F. Jackson/K. Lake, The Beginnings of Christianity 4, a.a.O., Anm.17 S.176 und J. Dupont, "Je rebâtirai la cabane de David qui est tombée", a.a.O., 25. Zum Textvergleich insgesamt s. auch E. Richard, The Divine Purpose: The Jews and the Gentile Mission (Acts 15), SBL Seminar Papers 19 (1980) 267–282, 271.

[46] Anders R. Morgenthaler, Die lukanische Geschichtsschreibung als Zeugnis. Gestalt und Gehalt der Kunst des Lukas. 1.Teil: Gestalt, Zürich 1949 (AThANT 14) 66f, 87. Morgenthaler zieht die Verben von Z.1 + 2 und 4 + 5 zu einem Parallelismus zusammen. S. auch bei J. Dupont, "Je rebâtirai la cabane de David qui est tombée", a.a.O., 24f.

Aus dem einfachen Parallelismus membrorum der LXX ist ein doppelter chiastischer geworden. Der Parallelismus mit den gleichen Verben (ἀνοικοδομήσω) ist durch einen mit zwei verschiedenen Verben umgeben, wodurch sich eine schöne Rahmung ergibt.

Die Präsentation des Zitats in Apg 15,16 zeigt, daß wir es mit einer "interpretive paraphrase of the Old Testament text" zu tun haben, die von E.E. Ellis *"implicit midrash"*[47] genannt wurde. Eine ähnliche Schriftbehandlung finden wir auch in Qumran, z.B. CD 7,12–21 (s. S.7ff). Interessanterweise wird dort Am 5,26f eingeführt, als ob es ein unbearbeitetes Schriftzitat wäre, obwohl es bereits den exegetischen Absichten des Qumranschreibers adaptiert ist ("implicit midrash"). Doch dient das bearbeitete Schriftzitat wiederum als Lemma für eine direkte Auslegung ("explicit midrash"[48]). Der Grund für die tendenziöse Präsentation des Schriftzitats in Qumran und im NT ist wohl darin zu suchen, daß es sich um schwierige, d.h. mehrdeutige, Schriftstellen handelte, die erst auf die beabsichtigte Auslegung hin zugespitzt werden mußten. Bei eindeutigen Schriftstellen, vgl. z.B. die Parallele zu CD in 4QFlor 1,1–12 war dies unnötig, genauso wie in Apg 15,17. Mit der Zitatpräsentation im NT als implizitem Midrasch ohne nachfolgende Auslegung läßt sich am ehesten die Übersetzungstechnik des Targums vergleichen.[49] In Am 9,11 z.B. hat das Targum "Laubhütte Davids" direkt durch "Königreich des (Hauses) David" wiedergegeben. Möglich bleibt natürlich auch, daß es sich in Apg 15,16 um eine ad hoc Bildung handelt.

---

[47] E.E. Ellis, Midrash, Targum and New Testament Quotations, in: Neotestamentica et Semitica. Studies in honour of Matthew Black, ed. E.E. Ellis and M. Wilcox, Edinburgh 1969, 61–69, 62. Zur midraschigen Schriftauslegung im Neuen Testament s. J.W. Doeve, Jewish Hermeneutics in the Synoptic Gospels and Acts, Diss. Leiden 1953, 115f, J.A. Fitzmyer, The Use of Explicit Old Testament Quotations in Qumran Literature and in the New Testament, a.a.O., 298.

[48] E.E. Ellis, ebd.

[49] E.E. Ellis, Midraschartige Züge in den Reden der Apostelgeschichte, ZNW 62 (1971) 94–104, 101 glaubt, daß die frühchristlichen Schriftsteller alttestamentliche Texte zuerst innerhalb eines Midraschs und nur danach als unabhängige Schriftbelege (z.B. als Testimonia) gebraucht haben, s. auch J.W. Doeve, Jewish Hermeneutics in the Synoptic Gospels and Acts, a.a.O., 114–118, 114 "The way the results were obtained does not have been considered of sufficient importance by the first Christian authors to communicate it. The results themselves were what mattered to them." In Qumran allerdings sind Testimoniensammlungen bereits belegt, vgl. nur 4QTest! Deshalb läßt sich die These Doeves, Testimonia seien erst nach-neutestamentlich, wohl nicht halten (S.116). S. auch R. Hodgson, The Testimony Hypothesis, JBL 98 (1979) 361–378, 368: Exzerpt-Sammlungen waren von 400 v.—400 n.Chr. weit verbreitet. Er führt auch die Tugend- und Lasterkataloge, Peristasenregister und Haustafeln auf eine "primitive Christian testimony tradition" zurück (Anm.24 S.365).

Betrachten wir nun *V.17.* Seine Formulierung entspricht ganz genau dem LXX-Text von Am 9,12.[50] Lediglich zu "daß der Rest der
Menschen ... suche" wurde als Objekt ergänzt "den Herrn".[51] Diese
generelle Übereinstimmung mit LXX hat in der Forschung dazu
geführt, *das gesamte Zitat Am 9,11f* auf die griechische Übersetzung
des AT zurückzuführen.[52] Am prägnantesten hat dies J. Dupont formuliert: "tout le monde reconnaît que la longue citation d'Amos
(vv.16–18) est empruntée à la version grecque des LXX".[53] Auf den
ersten Blick könnte diese Aussage, wenn sie nur auf V.17 angewandt
wird, stimmen (zu den Veränderungen von LXX gegenüber MT s.
S.162–164; 168–171), da Apg 15,17 alle Veränderungen von LXX
gegenüber MT zu übernehmen scheint:

יירשׁו wird zu ידרשׁו → ἐκζητήσωσιν

אדום wird zu אדם [54] → τῶν ἀνθρώπων

Diese Beobachtung hat bei T. Holtz u.a. zu der Behauptung geführt: "zwischen den beiden Hälften des Zitats Act 15,16 und 17
besteht ein grundsätzlicher Unterschied"[55]; er glaubt, daß V.16 auf

---

[50] Die LXX-Version von Am 9,11f wird ausführlich S.169–171 behandelt. S. auch
A. van der Kooij, "De tent van David". Amos 9:11–12 in de Griekse Bijbel, in:
B. Becking/J. van Dorp/A. van der Kooij (red.), Door het oog van de profeten.
Exegetische studies aangeboden aan prof.dr.C.van Leeuwen, Utrecht 1989 (Utrechtse
Theologische Reeks 8) 49–56.

[51] Eine Objektergänzung findet sich auch schon in Handschriften von LXX: με.
S. dazu E. Richard, The Creative Use of Amos by the Author of Acts, a.a.O., 45f.
M.A. Braun, James' Use of Amos at the Jerusalem Council, a.a.O., 117 denkt, daß
die nota accusativi את als אל verlesen wurde und somit die LXX-Version τὸν κύριον
verursacht habe.

[52] Z.B. P. Winter, Miszellen zur Apostelgeschichte, EvTh 17 (1957) 398–406, 404,
M. Wilcox, The Semitisms of Acts, a.a.O., 49.

[53] J. Dupont, "ΛΑΟΣ 'ΕΞ 'ΕΘΝΩΝ" (Act 15,14), NTS 3 (1956f) 47–50, 47 und in:
Ders., L'utilisation apologétique de l'AT dans les discours des Actes, EThL 29 (1953)
289–327, 301, E. Plümacher, Lukas als hellenistischer Schriftsteller, Göttingen 1972
(StUNT 9) 67, M.A. Braun, James' Use of Amos at the Jerusalem Council, a.a.O.,
117 glaubt, daß Apg 15,16f eine andere hebräische Vorlage als MT zugrunde lag.
Ähnliches meinte auch schon Th. Zahn, Die Apostelgeschichte des Lucas, 2. Hälfte
Kap. 13–28, 3./4.Aufl., Leipzig 1927 (KNT V,2) Anm.83 S.521, der eine aramäische
Quelle voraussetzt. Dies war zuerst von Torrey behauptet worden. Der beste und
ausführlichste Forschungsabriß zu den damit zusammenhängenden Problemen fin-
det sich bei M. Wilcox, The Semitisms of Acts, a.a.O., 1–19.

[54] In Jes 43,4 finden wir das gleiche Wechselspiel. Neuere Kommentare schlagen
vor, wegen der Erwähnung von Ägypten, Kusch und Seba in Jes 43,3f in V.4 statt
אָדָם zu punktieren: K. Elliger, Deuterojesaja. 1.Teilband Jes 40,1–45,7, 2.durchges.
Aufl., Neukirchen-Vluyn 1989 (BK XI,1) 274. Jes 43,4 wird auch in der bisher
nicht beigezogenen Stelle bBer 62b erwähnt: "Da las R. Eleazar über ihn: 'Und ich
gebe einen Menschen statt deiner', lies nicht Adam, sondern Edom
(אל תקרי אדם אלא אדום)."

[55] T. Holtz, Untersuchungen über die alttestamentlichen Zitate bei Lukas, a.a.O.,

MT zurückgehe, V.17 dagegen auf LXX. M.E. ist es jedoch gar nicht unbedingt nötig, so scharf zwischen den beiden Versen zu scheiden, da auch hinter den Veränderungen von LXX gegenüber MT letztlich alttestamentliches Gedankengut steht. Wir werden im Laufe der traditionsgeschichtlichen Untersuchung diese Frage immer wieder aufgreifen.

Jedenfalls sind die oben aufgeführten "Verschreibungen" von LXX sicher unter dem überwältigenden Eindruck von דרש mit Gott als Objekt entstanden, einer Ausdrucksweise, die im AT überaus häufig belegt ist.[56] Aus diesem Grund war das Objekt "Gott" dem Wort דרש quasi schon inhärent und mußte von LXX nicht extra nachgetragen werden. Da dies für das griechische ἐκζητέω nicht in dieser Eindeutigkeit gegeben war, hat Apg 15,17 τὸν κύριον als Objekt ergänzt.

Dasselbe gilt auch für die weder in MT noch in LXX in *V.18* überlieferte Phrase γνωστὰ ἀπ᾽ αἰῶνος. Daß das letzte Wort aus dem Ende von Am 9,11 an den Schluß von V.12 in Apg 15,17 gewandert ist, haben wir oben schon festgestellt. Es handelt sich somit um gezera šawa—Stichwortanknüpfung, wobei der Hinweis auf den ewigen Heilsratschluß Gottes als Abschluß und Abrundung des gesamten Zitats gedacht ist. Direkter, wörtlicher Einfluß von Jes 45,21, wie ihn Schlatter, Dupont, Stählin, Haenchen, Williams, Conzelmann, Roloff, Schneider, Schille, Mussner und Pesch vermuten,[57] scheint mir dagegen nicht vorzuliegen, da die Übereinstimmungen zu gering sind. Jes 45,21 lautet nämlich: . . . ἵνα γνῶσιν ἅμα τίς ἀκουστὰ ἐποίησε ταῦτα ἀπ᾽ ἀρχῆς . . .[58] Daher muß man auch hier wieder annehmen,

---

25. Holtz führt V.16 auf die judenchristliche Gemeinde, V.17 dagegen auf Lukas zurück. S. auch A. Loisy, Les Actes des Apôtres, Paris 1973 (=1920) 584.

[56] S. Wagner, Art. דרש, ThWAT II, Sp.313–329, G. Gerlemann/E. Ruprecht, Art. דרש, THAT I, Sp.460–467, C. Westermann, Die Begriffe für Fragen und Suchen im AT, KuD 6 (1960) 2–30. Anders H. Greeven, Art. ἐκζητέω, ThWNT II, 897.

[57] A. Schlatter, Erläuterungen zum Neuen Testament, Bd.I: Die Evangelien und die Apostelgeschichte, 5.durchges. Aufl., Stuttgart 1936, 185; J. Dupont, L'utilisation apologétique de l'AT dans les discours des Actes, EThL 29 (1953) 289–327, 308; G. Stählin, Die Apostelgeschichte, 10.Aufl., Göttingen 1962 (NTD 5) 204; E. Haenchen, Die Apostelgeschichte, a.a.O., Anm.3 S.389; C.S.C. Williams, A Commentary on the Acts of the Apostles, London 1971 (= reprint of the 2nd ed.; Black's NT Commentaries) 182; H. Conzelmann, Die Apostelgeschichte, a.a.O., 92; J. Roloff, Die Apostelgeschichte, Göttingen 1981 (NTD 5) 232; G. Schneider, Die Apostelgeschichte, a.a.O., 182; G. Schille, Die Apostelgeschichte des Lukas, a.a.O., 321; F. Mußner, Apostelgeschichte, Würzburg 1984 (Die Neue Echter Bibel Bd.5) 93; R. Pesch, Die Apostelgeschichte, a.a.O., 80.

[58] Um die geringen Übereinstimmungen plausibel zu machen, nimmt man z.B.

daß die Jesajastelle nicht literaliter als Vorbild gedient haben kann, sondern vielmehr die allgemeine *Idee des vorherbestimmten Heilsplanes Gottes* (Am 3,7; Jes 64,4<3>; Sir 16,26.27; 51,8;[59] Lk 1,70; Apg 3,21; Röm 1,2; 16,25f; Offb 10,7).

Zusammenfassend stellen wir zum Textvergleich fest, daß das Amos-zitat in Apg 15,16–18 *ganz aus sich heraus entwickelt ist;* wörtlicher Einfluß fremder Stellen liegt nicht vor. Mindestens die zwei Begriffe μετὰ ταῦτα und αἰῶνος sind durch gezera šawa entstanden, das Wort ἀναστρέψω wurde ganz neu in den Text eingeführt.

Bei diesem Sachverhalt stellt sich die Frage, welche Vorstellungen und Traditionen bei der Formung des Zitats leitend gewesen sind. Es wird sich zeigen, daß neben den bereits erwähnten Parallelen zu den Schriften aus Qumran auch noch solche in den *Traditionen* treten.

Wir setzen ein mit dem Begriff ἀνοικοδομέω, der das Objekt τὴν σκηνὴν Δ. regiert. Im Alten Testament hat das Verb gewöhnlich *Jerusalem oder den Tempel* als Objekt: Esra 4,13; Neh 2,5; Jes 58,12; Tempel: Esra 6,14 (aram.); Sach 1,16; Dan 9,27 o', aber auch Volk und Reich Israel: Jer 18,9; 24,6; Dan 11,14 o'.[60]

Diese Begrifflichkeit führt uns auf die auch für Am 9,11 M darzu-legende Tatsache, daß σκηνὴ Δαυίδ in Apg 15,16 ebenfalls Jerusalem bzw. den Tempel bezeichnen muß; was noch durch den Austausch von ἀναστήσω in der LXX durch ἀνοικοδομέω im NT wirkungsvoll unterstrichen wird. *M.E. sollte dadurch ein etwaiger Anklang an Auferste-hungsvorstellungen vermieden werden, denn der transitive Gebrauch von ἀνίστημι ist bei Lukas vor allem für die Beschreibung der Auferstehung Jesu reserviert.*[61] (Apg 2,24.32; 13,32.34; 17,31). Daher ist die Auffassung von Haenchen, Schneider, Schille und Dupont,[62] die die Wiederaufrich-

---

an, Lukas habe das ἀπ' ἀρχῆς von Jes 45,21 bewußt in ἀπ' αἰῶνος umgeändert, da ἀρχή bei ihm einen anderen, doppelten Sinn habe: "'début' de l'activité du Christ et 'début' de l'Église," so E. Samain, La notion de APXH dans l'oeuvre lucanienne, in: F. Neirynck, Hrsg., L'Évangile de Luc: problèmes littéraires et théologiques, Gembloux 1973 (TDTDC Nouvelle Série 4) 299–328, 324.

[59] Vgl. den Gebrauch von τὰ ἔργα für die festgesetzten Werke Gottes mit den Textvarianten zu V.18. Zum in den neutestamentlichen Schriftstellen angesproche-nen Verständnis von verborgenem und geoffenbarten Heilswillen Gottes, vgl. auch Mt 11,25–27 und 1QS 5,11f.

[60] S. J. Dupont, "Je rebâtirai la cabane de David qui est tombée", a.a.O., 28. Dan 11,14 lautet: καὶ ἀνοικοδομήσει τὰ πεπτωκότα τοῦ ἔθνους σου καὶ ἀναστήσεται εἰς τὸ ἀναστῆσαι τὴν προφητείαν . . .

[61] Bzw. für die Erweckung eines Propheten wie Mose (Dtn 18,15.18): Apg 3,22; 7,37. S.E. Richard, The Creative Use of Amos by the Author of Acts, a.a.O., 47; J. Dupont, "Je rebâtirai la cabane de David qui est tombée", a.a.O., 26.

[62] E. Haenchen, Die Apostelgeschichte, a.a.O., 389, G. Schneider, Die Apostel-

tung der gefallenen Hütte Davids auf die Auferstehung Jesu von den
Toten beziehen wollen, mit einem Fragezeichen zu versehen.[63]

Ist in Apg 15,16 die Wiederaufrichtung Jerusalems bzw. des Tempels gemeint, so stellt sich die Frage, in welcher Weise diese Restauration erwartet wurde. Für Jerusalem wird nach Lk 19,43f; 21,24
zukünftige Zerstörung vorausgesetzt, da es seinen καιρὸς τῆς ἐπισκοπῆς
(Lk 19,44; vgl. Apg 15,14) nicht erkannt hat. Das gleiche gilt für den
Tempel (Lk 21,5f par Mt 24,2 par Mk 13,2).

Es wäre also denkbar, daß man daraufhin in Apg 15,16 und anderswo eine Wiederherstellung Jerusalems und des Tempels angenommen hätte.[64]

Dieser Möglichkeit steht m.E. allerdings entgegen, daß an unserer
Stelle *Gott selbst der Bauherr des neuen Heiligtums ist*. Dazu passen die in
der Apostelgeschichte (7,48!; 17,24; vgl. Mk 14,58; Hebr 9,11) ge-
machten Aussagen: *Gott wohnt nicht in Häusern, die von Menschenhand
gemacht sind*.

Welche Art Heiligtum kann dann in Apg 15,16 gemeint sein? Zur
Klärung dieser Frage ist die Heranziehung einer bereits besprochenen Parallele in den Qumranschriften nötig. Es handelt sich um den
Midrasch *4QFlor 1,1–13*. Dort hatten wir festgestellt, daß die
Qumrangemeinde für die Endzeit einen אדם מקדש erwartete (4QFlor
1,6), ein *"Heiligtum aus Menschen"*, als dessen Nukleus sie sich selbst
proleptisch ansah, denn der Jerusalemer Tempel galt ihr als unrein

---

geschichte, a.a.O., 183, G. Schille, Die Apostelgeschichte des Lukas, a.a.O., 321,
J. Dupont, "Je rebâtirai la cabane de David qui est tombée", a.a.O., 31.

[63] Auch bei Augustinus, De civ. Dei 18,28, MPL 41, Sp.584f und in der gesamten Auslegung der Alten Kirche (s.u.) sind Auferstehung und Aufrichtung der Hütte
Davids verbunden. Die Deutung bei Haenchen u.a. läßt sich nur halten, wenn man
die bei Mt, Mk und Joh belegte Vorstellung vom *Leib Jesu als einem Tempel* ins Spiel
bringt: Mt 12,6; 26,61; 27,40; Mk 14,58; 15,29; Joh 2,19f; andeutend Apg 6,14. Die
Belege in Mt und Mk verwenden konsequent οἰκοδομέω (für "den Leib eines Menschen bauen" vgl. Gen 2,22: Eva wird aus der Rippe Adams gebaut; in Mk 14,58
lesen bloß D it ἀναστήσω); nur Joh verwendet daneben noch ἐγείρω: "Jesus antwortete und sprach zu ihnen: Reißt diesen Tempel nieder und ich werde ihn in drei
Tagen wieder aufrichten (ἐγερῶ)". Dieses Verb ist sicher deshalb gewählt, weil es
wie das hebr. קום hi., dem es entspricht, sehr schön die Doppelbedeutung von "aufstehen lassen / aufbauen" wiedergibt, s. auch C.K. Barrett, Das Evangelium nach
Johannes, Göttingen 1990 (KEK Sonderband) 222. Zum Ganzen s. besonders
H. Wenschkewitz, Die Spiritualisierung der Kultusbegriffe Tempel, Priester und Opfer
im Neuen Testament, Angelos 4 (1932) 71–230, 161–165.

[64] Vgl. auch die bei H.L. Strack/P. Billerbeck, Kommentar zum Neuen Testament aus Talmud und Midrasch Bd.I, 8. unveränd. Aufl., München 1982, 1003–
1005 angeführten rabbinischen Belege.

und daher verworfen. Die Qumrangemeinde betrachtete also sich selbst als das Heiligtum der Endzeit. Deshalb ist die von H. Wenschkewitz getroffene Feststellung: "Der Gedanke der Gemeinde als Tempel ist erst seit Paulus im Urchristentum sicher nachweisbar und scheint dort durch stoische Gedanken erklärbar zu sein"[65] seit den Qumranfunden nicht mehr zu halten.

Auch in 4QpPs 37 III, 11.16 ist von der Qumrangemeinde die Rede: "Sie werden den hohen Berg Isra<els> besitzen (ירשו) <und an> seinem Heiligtum sich erfreuen" (Z.11). Doch in der Interimszeit hat Gott den Lehrer der Gerechtigkeit bestellt (הכינו), um ihm eine Gemeinde zu bauen (לבנות לו עדת)." Auch hier ist Gott wieder Bauherr der Gemeinde.

Analog zu den Vorstellungen von Qumran: Die Gemeinde ist das eschatologische Heiligtum[66] bis das Eschaton vollgültig anbricht, können wir also *auch in Apg 15,16 die Gemeinde als das endzeitliche Jerusalem, bzw. den endzeitlichen Tempel voraussetzen.*[67]

Doch ersetzte die urchristliche Gemeinde das Jerusalemer Heiligtum nicht so vollkommen wie die Qumransekte, sondern es diente ihr vielmehr weiterhin als Ort des Gebets und der Anbetung. Beiden Bewegungen ist gemeinsam, daß der Tempel als Opferstätte nicht mehr in Frage kam: "Und er sagte, daß er sich ein Heiligtum aus Menschen bauen wolle, in dem man ihm als Rauchopfer vor ihm Taten der Tora darbringen solle." (4QFlor 1,6f).[68] In der Qumrangemeinde und später im pharisäischen Judentum trat das Torastudium

---

[65] H. Wenschkewitz, Die Spiritualisierung der Kultusbegriffe Tempel, Priester und Opfer im NT, a.a.O., 164.

[66] Vgl. "Und nicht werden es wieder Fremde zerstören wie sie anfangs zerstörten das Heiligtum Israels und er sagte, daß er sich ein Heiligtum aus Menschen bauen wolle." 4QFlor 1,5f und MTeh 90,19 (198a): "Gott sprach zu den Israeliten: Weil in der Vergangenheit das Heiligtum durch Fleisch und Blut erbaut worden ist, darum ist es zerstört und verwüstet worden, und ich habe meine Schekhina daraus hinweggenommen; aber in Zukunft werde ich es bauen und meine Schekhina darin wohnen lassen; dann wird es in Ewigkeit nicht zerstört werden," bei H.L. Strack/P. Billerbeck, Kommentar zum Neuen Testament aus Talmud und Midrasch Bd.I, a.a.O., 1005. Dieselbe Stelle auch bei H. Wenschkewitz, Die Spiritualisierung der Kultusbegriffe Tempel, Priester und Opfer im NT, a.a.O., 101. Auch in 4QFlor 1,5f ist ja Gott der Bauherr des eschatologischen Heiligtums.

[67] Zur Symbolik vgl. den ausgezeichneten Aufsatz von F. Jeremias, Das orientalische Heiligtum, Angelos 4 (1932) 56-69.

[68] Den Sinn einer Ablehnung des Tempels als Opferstätte kann man vielleicht auch der Perikope von der Tempelreinigung Lk 19,45f parr unterlegen. Johannes hat übrigens das Wort von Jesu Leib als einem Tempel in den Abschnitt von der Tempelreinigung verlegt.

an die Stelle des Tempeldienstes (vgl. dazu die Ausführungen zu CD 7,13–21), vgl. beipielsweise bMen 110a "Das sind die Schriftgelehrten, die sich an allen Orten mit der Gesetzeslehre befassen; ich rechne es ihnen an, als würden sie mir räuchern und Opfer darreichen." (vgl. auch den Kontext dieser Stelle). Das Torathema ist dem der Tempelfrage quasi inhärent. In unserer Besprechung von CD 7,13–21 haben wir dies aus der Tatsache abgeleitet, daß das Laubhüttenfest schon in den biblischen Berichten (Neh 8) mit der Tora(lesung) verbunden ist (s.dazu außerdem "Die Tora als Laubhütte" S.10–15).

Ist nun in unserem Text Apg 15,16 von einem "Heiligtum aus Menschen", das Gott baut, die Rede, so stellt sich automatisch die Frage nach der Tora. Aus welchen Menschen besteht aber dieses Heiligtum? Ist mit der wiederaufzurichtenden Hütte Davids nur das Volk Israel gemeint, an das sich dann gemäß V.17 die Heiden anschließen sollen?[69] Die Antwort auf diese Frage finden wir in dem Satz "und was von ihr niedergerissen ist, baue ich wieder auf". Im Alten Testament bezieht sich κατασκάπτω (הרס q.; פרץ; vgl. die ausführliche Besprechung dieser Terminologie mit Parallelstellen S.212f) besonders auf das Niederreißen der Stadtmauern Jerusalems, z.B.2Chr 32,5; 36,19; Tob 14,4. Doch das neue Jerusalem, der neue Tempel der Heilszeit wird keine Risse mehr aufweisen zwischen Juden(christen) und Heiden(christen),[70] da Gott selbst die Bresche schließen wird.

Es ist wohl nicht ganz unmöglich, aufgrund der Terminologie in V.16 anzunehmen, daß die Risse in der Gemeinde als dem endzeitlichen Heiligtum sich auf seine beiden Teile Juden(christen) und

---

[69] So die Mehrzahl der Exegeten, z.B. H.J. Holtzmann u.a., Die Apostelgeschichte, a.a.O., 97; A. Loisy, Les Actes des Apôtres, a.a.O., 583; O. Bauernfeind, Die Apostelgeschichte, a.a.O., 192, G. Stählin, Die Apostelgeschichte, a.a.O., 204, J. Munck, The Acts of the Apostles, Garden City 1967 (The Anchor Bible) 140, R.H. Smith, Acts, Saint Louis/London 1970 (Concordia Commentary) 233, H.L. Boles, A Commentary on the Acts of the Apostles, Nashville 1976, 239, J. Roloff, Die Apostelgeschichte, a.a.O., 232, R. Pesch, Die Apostelgeschichte, a.a.O., 79. Andere wiederum sehen in der Aufrichtung der Hütte Davids die Wiederaufrichtung der davidischen Dynastie angedeutet: Th. Zahn, Die Apostelgeschichte des Lucas, a.a.O., 526, A. Steinmann, Die Apostelgeschichte, 4. neu bearb. Aufl., Bonn 1934 (HSNT IV) 159, A. Schlatter, Erläuterungen zum Neuen Testament, Bd.I: Die Evangelien und die Apostelgeschichte, 5. durchges. Aufl., Stuttgart 1936, 185f.
[70] Ganz ähnlich argumentiert Eph 2,14.21f; die Gemeinde wird als ein heiliger Tempel vorgestellt (V.21f). Christus selbst hat durch sein Sterben die beiden Teile—Juden und Heiden—eins gemacht und "die Zwischenwand des Risses", d.h. den trennenden Riß, aufgelöst (V.14). φραγμός kann sowohl "Umfriedung" גדר, גדרה als auch "Riß" פרץ bedeuten, vgl. 1Kön 10,22 LXX; 11,27 Riß in der Davidsstadt; Jes 58,12.

Heiden(christen) beziehen könnten. Diese Breschen allerdings werden von Gott selbst vermauert werden, und der endzeitliche Tempel
wird "gerade in die Höhe gerichtet" sein. Dem ἀνορθώσω (αὐτήν)
liegt ein hebr. כון zugrunde, vgl. Jes 16,5: "Und ein Thron wird in
Gnaden aufgestellt werden (והוכן; διορθωθήσεται), und er wird sitzen
auf ihm mit Wahrheit im Zelt Davids (ἐν σκηνῇ Δαυίδ), richtend und
ein Urteil suchend (ἐκζητῶν κρίμα) und die Gerechtigkeit beschleuni-
gend." Auch diese Parallelstelle bestätigt unsere Deutung, denn mit
dem Thron Davids (vgl. 2Kön 7,13.16; 1Chr 17,12.14; 22,10) kann
eigentlich nur die messianische Königsherrschaft in Jerusalem,[71] dem
Zelt Davids, gemeint sein. Auf Apg 15,16 bezogen bedeutet dies, da
hier das Wort ἀνορθόω von der Hütte Davids gebraucht ist, daß Gott
das neue Jerusalem, die Gemeinde aus Juden und Heiden, gerade in
die Höhe richten wird.

Hatten wir für die Erwartung eines endzeitlichen Heiligtums aus
Menschen noch Parallelen zu den Schriften der Qumrangemeinschaft
feststellen können, so trennen sich hier die Wege. In dem eschatologischen Midrasch 4QFlor 1,1-13, in dessen sechster Zeile wir das
Heiligtum aus Menschen erwähnt fanden, wird ganz deutlich, daß
die Qumransekte *nur sich selbst als die wiederaufzurichtende Hütte Davids
betrachtete.*[72] Ein Hinzugewinn fremder, heidnischer Völker ist völlig
außerhalb des Gesichtskreises der Gemeinschaft. Im Gegenteil: In
4QFlor 1,3f finden wir für die Aufnahme von Gemeindegliedern
gegenüber den alttestamentlichen Regeln verschärfte Bestimmungen:

---

[71] S. auch C. Zimmermann, "To This Agree the Words of the Prophets", GrJ 4
(1963) 28–40, 36, H.L. Boles, A Commentary on the Acts of the Apostles, a.a.O.,
239, der Hütte Davids und Thron Davids in eins setzt. S. außerdem Jer 3,17 "In
jener Zeit wird man Jerusalem Thron JHWHs nennen und dort werden sich alle
Völker versammeln zum Namen JHWHs in Jerusalem . . ." Zur Auslegung dieser
Stelle in der rabbinischen Literatur s. H.L. Strack/P. Billerbeck, Kommentar zum
Neuen Testament aus Talmud und Midrasch Bd.III, 8.unveränd. Aufl., München
1985, 795f. Auch im Achtzehngebet ist der Thron Davids in die Wiedererrichtung
Jerusalems eingebettet. J. Dupont, "Je rebâtirai la cabane de David qui est tombée",
a.a.O., 29 denkt, daß die Befestigung des davidischen Throns (Jes 16,5) in Apg
15,16 auf 2Sam 7 hinweise, vgl. H.L. Boles, A Commentary on the Acts of the
Apostles, a.a.O., 239. Es ist mehr als verwunderlich, daß Jes 16,5, obwohl dort das
Zelt David erwähnt wird, so wenig Beachtung bei den Exegeten findet. ἀνορθόω
kommt übrigens nur Apg 15,16 vor. E. Richard, The Creative Use of Amos by the
Author of Acts, a.a.O., 48 will die Stelle mit Apg 14,10, der Heilung eines Gelähm-
ten, der wieder aufgerichtet wird, zusammenbringen.
[72] James Parker, The Concept of Apokatastasis in Acts, a.a.O., 84–87, I.H. Marshall,
The Acts of the Apostles, a.a.O., 252f, J. Roloff, Die Apostelgeschichte, a.a.O., 232,
F. Mußner, Apostelgeschichte, a.a.O., 93.

"Das ist das Haus, wohin <in> Ewigkeit kein Ammoniter und kein
Moabiter und kein Bastard und kein Ausländer und kein Proselyt
(וגר)[73] eintreten darf bis in Ewigkeit, sondern diejenigen, die den Namen
Heilige tragen." Im sog. Gemeindegesetz Dtn 23,3–9, wo es um die
Aufnahme in die קהל יהוה geht, kommen nur der Bastard, der
Ammoniter und der Moabiter vor.[74] Edomiter und Ägypter dürfen
in der dritten Generation in die Versammlung Israels aufgenommen
werden. An ihre Stelle treten in 4QFlor 1,3f der Ausländer (ובן נכר)
und der Proselyt, die aber in Ewigkeit nicht in die Qumrangemeinschaft aufgenommen werden durften, bzw. ins eschatologische Heiligtum, dessen Nukleus die Sekte darstellt. 11QTempelrolle 40,6 sieht
für den Proselyten—ab der dritten Generation—nur den dritten
Tempelvorhof vor, während die Gemeinde den Haupthof benutzt.[75]
    Den Satz in 4QFlor 1,5f: "Er (der eschatologische Tempel) <wird>
sein <in> Ewigkeit. Ständig wird er über ihm erscheinen. Und nicht

---

[73] Zur Übersetzung von גר als "Proselyt" s. G.J. Brooke, Exegesis at Qumran.
4QFlorilegium in its Jewish Context, Sheffield 1985 (JSOTS 29) Anm.275 S.261f.
Die LXX übersetzt das Wort bereits durch προσήλυτος und Philo benutzt es im
Sinn von "Konvertit". Für den "Ausländer" vgl. Ez 44,6–9: "Kein Ausländer, der
unbeschnitten ist am Herzen und unbeschnitten am Körper, darf mein Heiligtum
betreten, keiner von all den Ausländern, die bei den Israeliten leben." Zum Ganzen
s. G. Blidstein, 4QFlorilegium and Rabbinic Sources on Bastard and Proselyte, RdQ
8 (1974) 431–435: "We see, therefore, that though the exclusion of bastard and
proselyte from the temple of the future in 4QFlor does not have any exact parallel
in rabbinic sources, it may be said to be part of a spectrum of opinion that does
stretch into rabbinic sources; this is certainly true of the bastard, and is also—if less
dramatically—true for the proselyte." (435).
[74] S. dazu G.J. Brooke, Exegesis at Qumran, a.a.O., 179–184. Bastarde sind nach
gewissen rabbinischen Traditionen auch vom eschatologischen Jerusalem ausgeschlossen, s. Brooke, a.a.O., Anm.270 S.260. Die Rabbinen deuteten die Beschränkungen
von Dtn 23 übrigens auf die Ehe. Vgl. auch Neh 13, wo Dtn 23,3–4 von Neh auf
die Gemeinde Israels angewandt wird. In 13,1 wird genauso wie in Qumran behauptet: "Ammoniter und Moabiter dürfen *in Ewigkeit* nicht in die Gemeinde Gottes
eintreten," während Dtn 23,4 formuliert: "auch in der zehnten Generation nicht . . .
bis in Ewigkeit."
[75] G.J. Brooke, Exegesis at Qumran, a.a.O., 181. S. auch Y. Yadin, ed., The
Temple Scroll, vol. 1: Introduction, Jerusalem 1983, 247f und Ders., ebd., vol. 2:
Text and Commentary, Jerusalem 1983, 170 (Kol. 40,6). Aufgrund der Stelle in der
Tempelrolle widerruft jetzt Yadin seine frühere Entscheidung, den Ausdruck וגר in
4QFlor 1,4 in ועד zu emendieren (vol. 1, a.a.O., Anm.82 S.248). Er hatte dies gefordert, weil im Gegensatz zu 4QFlor 1,4 in CD 14,4–6 Proselyten ausdrücklich in
der Gemeinde erwähnt werden (vgl. 4QpNah 2,9). Zum Ausschluß der Proselyten
aus der Qumrangemeinde, obwohl sie nach CD 6,21; 14,4–6 vielleicht an öffentlichen
Gemeindeversammlungen teilnehmen durften, s. J.M. Baumgarten, The Exclusion
of "Netinim" and Proselytes in 4QFlorilegium, RdQ 8 (1973) 87–96, 93. Nach Baumgarten sind Proselyten auch gemäß PsSal 17,28 vom messianischen Königreich
ausgeschlossen (S.96).

werden es wieder Fremde (זרים) zerstören, wie sie am Anfang zerstörten das Heilig<tum Is>raels" könnte man vielleicht dahingehend verstehen, daß Heiden der Zutritt zur Qumrangemeinde verwehrt werden sollte, weil sie für die frühere Tempelzerstörung verantwortlich waren. C. Roth meint sogar, daß die Zeilen indirekt gegen eine laxe Handhabung des Tempelzutritts polemisieren: "The Temple had been desecrated by permitting the entry of Gentiles—even it seems reverent Gentiles such as the sojourner-proselyte (גר)—and therefore had deserved destruction... But the new Temple, to be built in Messianic times by God himself... would be assured of permanence, for no Gentile would be admitted within its holy precinct."[76]

Auf diesem Hintergrund ist der theologische Gedankengang von Apg 15,17 um so beachtlicher. In der Qumrangemeinde galten als Vorbereitung für die eschatologische Vollendung verschärfte Reinheitsgesetze, sodaß ins endzeitliche Heiligtum der Gemeinschaft nichts Unreines zugelassen wurde. Unsere Stelle Apg 15,16 argumentiert gerade umgekehrt: Das endzeitliche Heiligtum der urchristlichen Gemeinde, das Gott selbst baut, besteht aus Juden(christen) und Heiden(christen), da Bedenken hinsichtlich der rituellen Reinheit den Zutritt zur Gemeinde nicht verhindern dürfen. Die Heidenchristen sind nämlich bereits rein, wie Petrus in seiner Ansprache (V.7–11) auf der Gemeindeversammlung von Jerusalem bezeugt. Ihre Herzen sind von Gott durch den Glauben gereinigt (τῇ πίστει καθαρίσας) worden. Dahingehend war Petrus durch die Vision von den unreinen Tieren (Apg 10,10–16; 11,5–10) zur Vorbereitung der Begegnung mit dem Hauptmann Cornelius selbst belehrt worden: In Joppe hatte er in einer Vision ein vom Himmel herabkommendes Leinentuch, in dem es von unreinen Tieren wimmelte, geschaut. Dazu hatte ihn eine Stimme aufgefordert: "Steh auf, Petrus, schlachte und iß!" Aber Petrus hatte sich mit dem Hinweis auf die rituellen Speisegesetze geweigert: "noch niemals habe ich etwas Gemeines oder Unreines

---

[76] C. Roth, The Cleansing of the Temple and Zechariah XIV 21, NT 4 (1960) 174–181, 179. Vgl. auch die am herodianischen Tempel angebrachten Warntafeln, die Heiden bei Todesstrafe den Zutritt zum inneren Hof verboten, Josephus, Bell v, 194; vi, 124–126; Ant xv, 417.
Den eschatologischen Tempelbau durch Gott finden wir auch in der bereits S.33f. besprochenen Stelle 11QTempelrolle 29,9f erwähnt: "bis zum Tag des Segens, an dem ich mein Heiligtum schaffen werde (אברא), es für mich fest hinzustellen (להכינו) für alle Tage, gemäß dem Bund, den ich mit Jakob in Bethel geschlossen habe."

gegessen."[77] Worauf die Stimme zum zweiten Mal an ihn erging und sagte: "Was Gott gereinigt hat (ἐκαθάρισεν), (nenne) du nicht gemein." Hier ist die Brücke von der Corneliusgeschichte zur Gemeindeversammlung in Jerusalem deutlich. Petrus faßt seine Erkenntnis dort so zusammen: "Und Gott der Herzenskenner hat sich ihnen bezeugt, indem er ihnen den Heiligen Geist gab wie auch uns und keinen Unterschied machte zwischen uns und ihnen, denn er hat ihre Herzen durch den Glauben gereinigt (καθαρίσας)." (Apg 15,8f). Für den heiligen Geist in Qumran s. die wichtige Stelle 1QS 4,20–22: "Und dann wird Gott . . . sich einige von den Menschensöhnen läutern, indem er mit allem Geist des Frevels im Innern ihres Fleisches ein Ende macht und sie durch den heiligen Geist von allen frevelhaften Taten reinigt und sprengt auf sie den Geist der Wahrheit wie Reinigungswasser, (sie zu reinigen) von allen Greueln der Lüge und Sich-Wälzen im Geist der Unreinheit . . ." Wie in Qumran darf das endzeitliche Heiligtum der Gemeinde nur von Heiligen betreten werden (4QFlor 1,4), aber im Unterschied zu dieser Sekte ist die erforderliche Reinheit nicht ritueller Natur, sondern Gott schenkt sie durch den Glauben.[78]

Mit der Errichtung des endzeitlichen Heiligtums aus Juden(christen) und Heiden(christen) ist die Möglichkeit gegeben, "damit (ὅπως ἄν) der Rest der Menschen den Herrn suche" *V.17*. Man kann den Anschluß von V.17 an V.16 mit ὅπως ἄν auf zweierlei Weise verstehen:

1. Konsekutiv: Die Aufrichtung der Hütte Davids ist die Causa für das Suchen der Menschen, die jetzt, da das endzeitliche Heiligtum durch Gott aufgerichtet ist, den Herrn bei diesem Tempel aus Menschen suchen können und dadurch selbst ein Teil des Heiligtums werden. In dieser Sicht wäre V.16 die Voraussetzung für V.17.

---

[77] Vgl. 1Makk 1,62f. Über reine und unreine Tiere in der Anschauung der Qumranschriften s. CD 12,11–18. Auch hier scheint es sich wieder um eine Verschärfung der Reinheitsgebote zu handeln: CD 12,13f fordert auch für Fische die rituelle Schächtung. Nach rabbinischer Tradition dagegen ist der Genuß von Fischblut gerade erlaubt, s. H.L. Strack/P. Billerbeck, Kommentar zum Neuen Testament aus Talmud und Midrasch Bd.II, a.a.O., 737f. Vgl. auch die interessante rabbinische Parallele zur Corneliuserzählung bSan 59b: "Vom Himmel fällt nichts Unreines herab."

[78] Die Behauptung G.D. Kilpatricks, Some Quotations in Acts, a.a.O., 91, die alttestamentlichen Zitate in der Apg hätten keine "distinctly Christian features" kann ich daher nicht teilen. E.E. Ellis, Midraschartige Züge in den Reden der Apostelgeschichte, a.a.O., 100 meint zu Recht, daß die christliche Deutung einiger alttestamentlicher Zitate im NT exegetisch, d.h. in midraschartiger Weise, begründet wird.

2. Das ὅπως ἄν ist noch von "Danach werde ich mich umwenden (ἀναστρέψω)" abhängig. Die heilvolle Wiederzuwendung Gottes[79] hat also zwei Folgen: Einmal die Aufrichtung der Hütte Davids in V.16 und parallel dazu das Fragen der Menschen nach dem Kyrios in V.17.

Beide Erklärungsmöglichkeiten sind m.E. plausibel, die zweite betont allerdings stärker den göttlichen Heilsplan, der mit der eschatologischen Zuwendung Gottes in Kraft getreten ist:[80] *Nicht die Wiederaufrichtung der gefallenen Hütte Davids ist die Causa für das Interesse der Menschen an der Gottsuche, sondern die heilvolle Wiederzuwendung Gottes selbst.*

In der obigen Auslegung von V.16 ist *deutlich geworden, daß die Ausformung des Zitats Am 9,11 als impliziter Midrasch wesentlich unter dem Einfluß von ekklesiologischen Traditionen der Qumrangemeinde vonstatten ging.* Traditionen, die aufgrund der Beziehungen von Urkirche und Qumransekte als der ersteren bekannt vorauszusetzen sind. Deshalb stellt sich natürlich die Frage, ob solche qumranischen Traditionen auch für V.17 anzunehmen sind. Wir hatten oben schon darauf hingewiesen, daß wegen der Ähnlichkeit von V.17 mit der LXX-Version von Am 9,12 eigentlich alle Exegeten annehmen, daß V.17 nur vom Einfluß des griechischen ATs geprägt sei. Dadurch kommt es zu einem unbefriedigenden Auseinanderklaffen von V.16 und V.17, da V.16 sich keinesfalls aus der LXX ableiten läßt.[81]

Daher soll nun untersucht werden, ob sich auch für V.17 Einfluß qumranischen Traditionsmaterials verifizieren läßt, das dann gleichsam eine übergreifende Klammer zwischen den beiden Versen bilden würde.

M.E. kann eine exegetische Traditionslinie nach Qumran bereits für den Satz "Damit der Rest der Menschen den Herrn[82] suche und alle Völker" gezogen werden. In den Qumranschriften wird unsere Stelle Am 9,11 in 4QFlor 1,12f zitiert. Doch direkt voraus geht die Erwähnung der Sprosses Davids, der im Midrasch mit der gefallenen Hütte Davids assoziiert wird. Wir zitieren die betreffende Stelle:

---

[79] Zur Abwendung Gottes von Israel in Apg 7,42 s. H. van de Sandt, Why is Amos 5,25–27 quoted in Acts 7,42f?, ZNW 82 (1991) 67–87, Anm.53 S.83–85.

[80] Zur Betonung des göttlichen Planes bei Lukas s. E. Richard, The Divine Purpose, a.a.O., 269–271.

[81] T. Holtz, Untersuchungen über die alttestamentlichen Zitate bei Lukas, a.a.O., 25.

[82] E. Richard, The Creative Use of Amos by the Author of Acts, a.a.O., 44 führt die Einfügung von ἄν und τὸν κύριον auf Lukas zurück.

"Er ist der Sproß Davids (צמח דויד), der erstehen wird (העומד) mit
dem Toraforscher (דורש התורה), der <auftreten wird>[83] in Z<ion>
am <En>de der Tage wie geschrieben steht: 'Und ich werde aufrichten die gefallene Hütte Davids' (Am 9,11). Sie/Er ist die gefa-
<llene> Hütte Davids, <di>e stehen wird, um Israel zu retten."
(4QFlor1, 11–13).

Die Erwähnung des Sprosses Davids führt uns auf den *locus classicus
dieser Vorstellung*, nämlich *Jes 11*. Dort heißt es in *V.10:* "Und es wird
geschehen an jenem Tage, da wird es der Sproß Isais (שרש ישי) sein,
der dasteht (עמד) als Banner für die Völker (לנס עמים) ihn werden die
Völker suchen (אליו גוים ידרשו) und sein Ruheplatz (מנחתו) wird präch-
tig sein."

Die Zeile: "ihn werden die Völker suchen" bildet die genaue
Entsprechung zu Apg 15,17. Übersetzt man den Vers vom Griechischen[84] ins Hebräische so erhält man folgende Phrase:
למען ידרשו (שארית־אדם) את־יהוה וכל־הגוים. Aufgrund der offensichtlichen
Ähnlichkeit kann man vermuten, daß die Stelle Jes 11,10 den alttestamentlichen Hintergrund für die betreffende Zeile aus Apg 15,17
bildet. Der Kontext der Qumranexegese in 4QFlor 1,11–13, die den
צמח דויד[85] mit der סכת דויד verbindet, war wohl bekannt und hat
auch an unserer Stelle traditionsbildend gewirkt. Dies zeigt sich u.a.
in der Einfügung von τὸν κύριον in die neutestamentliche Lesart:
"damit der Rest der Menschen *den Herrn* suche", die m.E. durch das
hebräische אליו (גוים ידרשו) veranlaßt ist. Die LXX und MT bieten
nämlich kein solches Objekt, wie oben bereits ausgeführt wurde.

Daher kann man annehmen, daß die Phrase in Apg 15,17: "damit

---

[83] S. Anm.101 S.23 zu dieser Konjektur.

[84] LXX übersetzt die betreffende Zeile aus Jes 11,10: ἐπ' αὐτῷ ἔθνη ἐλπιοῦσι, in
dieser Form wird die Stelle auch Röm 15,12 zitiert. Daß "JHWH suchen" als "auf
JHWH hoffen" interpretiert werden konnte, beweist der Parallelismus membrorum
in Klgl 3,25: "Gut ist JHWH zu dem, der auf ihn hofft (לקו), zu der Seele, die ihn
sucht (תדרשנו)."

[85] Jes 11,1 selbst wird in 4QpJes^a exegesiert, s. J.M. Allegro, Qumrân Cave 4
(DJD V) Oxford 1968, 13–15. Dort wird der <ישי ונצר משרש ישי מגזע הטר> Z.10 un-
befangen mit dem צמח דויד Z.17, wie er auch in 4QFlor 1,11 genannt wird, gleichgesetzt. Die Z.17 einsetzende Deutung, eingeleitet durch פשרו על gibt m.E. gar keine
direkte Erklärung von Jes 11,1–5, wie durch das Lemma nahegelegt wird, sondern
exegesiert Jes 11,1 durch V.10 desselben Kapitels. Nur so kann die Exegese entstehen:
פשרו על צמח דויד העומד באח<רית הימים. Jes 11,10M lautet nämlich: והיה ביום ההוא שרש
ישי אשר עמד. "An jenem Tage" in M führte zu "am Ende der Tage" in 4QpJes^a und
auch das messianische "Auftreten" des Davidssprosses floß von Jes 11,10 M in die
Qumranexegese von Jes 11,1.

der Rest der Menschen den Herrn suche" sich nicht einzig und allein aus der LXX erklären läßt, sondern vor allem aus den exegetischen Traditionen der Qumrangemeinde, die für das gesamte Amoszitat als Katalysator gewirkt haben.[86]

Wie im Alten Testament hat auch im Verständnis der Qumranschriften das Suchen der Menschen Gott als Objekt. Programmatisch kommt dies in 1QS 1,1-6 zum Ausdruck:

"Buch der Ordnung der Gemeinschaft, Gott zu suchen (לדרוש אל) <mit ganzem Herzen und mit ganzer Seele, zu>tun, was gut und gerecht vor seinem Angesicht ist, wie er es durch die Hand des Mose und durch die Hand aller seiner Knechte, der Propheten, befohlen hat, und alles zu lieben, was er erwählt hat, und alles zu hassen, was er verworfen hat; sich fernzuhalten von allem Bösen, aber anzuhangen allen guten Werken; und Treue, Gerechtigkeit und Recht zu tun im Lande."

Die Gottessuche ist nach dieser Stelle immer auch eine Suche des Gotteswillens, d.h. ein Trachten nach Erfüllung der recht ausgelegten Tora. Diese war für die Qumranleute nur durch Eintritt in die Qumrangemeinde, d.h. durch Umkehr zur Tora des Mose (לשוב אל תורת משה 1QS 5,8) möglich. Die Umkehr zur Tora bedingt deren Erforschung: "Und nicht soll fehlen an dem Ort, dort, wo zehn Männer sind, ein Mann, der in der Tora forscht (דורש בתורה) Tag und Nacht..." (1QS 6,6). Wohl weil die Gottsuche für die Qumranleute eine Umkehr zur Tora und zu ihrer Erfüllung implizierte, erwartete man einen endzeitlichen Toraforscher (דורש התורה), vgl. CD 7,18; 4QFlor 1,11, der die geheime Bedeutung der Schrift offenbaren würde, so daß niemand wegen verborgener Dinge in der Tora (הנסתרות) in die Irre gehen muß (1QS 5,11).

Wir können daher zusammenfassend festhalten: Die Frage nach dem Gottesverhältnis (דרש אל 1QS 1,1) beinhaltet immer die Frage

---

[86] In 4QpJes[a] suchen allerdings nicht die Völker den Herrn, sondern der Sproß Davids wird im Gegenteil über sie herrschen Z.20: ... ובכול הג >ואים ימשול< (Auslegung zu Z.15 bzw. Jes 11,4b).

Der Ausdruck ζητεῖν τὸν θεόν kommt auch in der Areopagrede des Paulus Apg 17,27 vor. Van de Sandt, Why is Amos 5,25-27 quoted in Acts 7,42f?, a.a.O., 80 bemerkt dazu: "In his own time, according to Luke, not only Israel but all peoples are in a position to seek the Lord." Die Verpflichtung zur Gottsuche für alle Völker wird in der Areopagrede mit der Geschöpflichkeit des Menschen begründet. Gott hat über die Zeiten der Unwissenheit hinweggesehen und läßt jetzt verkünden, daß alle umkehren sollen (V.30) bis zum festgesetzten Tag (V.31) des Gerichts über den ganzen Erdkreis.

nach der Einhaltung der Tora. Damit liegt die Qumrangemeinde ganz auf der Linie des Alten Testaments.[87]

Diese Traditionslinie ist m.E. auch für Apg 15,16f vorauszusetzen. Sowohl der Frage des Tempelzutritts (s.o. und zu CD 7,15f) als auch der Frage der gottsuchenden Menschen ist die Frage nach der Geltung der Tora inhärent. Gerade deshalb war die Stelle Am 9,11f als Schriftbeleg auf der Gemeindeversammlung von Jerusalem so besonders geeignet, weil genau diese Fragen dort zur Debatte standen.

Das Problem des Tempelszutritts reflektiert auch der Satz: "über die mein Name ausgerufen ist über sie." Der Ausdruck עַל שֵׁם קָרָא bezieht sich im Alten Testament[88] vor allem auf den Tempel: 1Kön 8,43; Jer 7,10.11.14.30; 32,34; 34,15; 2Chr 6,33 und Jerusalem: Jer 25,29; Dan 9,18.19; daneben auch auf Israel: Dtn 28,10; Jes 63,19 (negativ); Jer 14,9; 2Chr 7,14 und bringt Gottes Erwählung und Herrschaft zum Ausdruck.[89]

"Der Rest der Menschen und alle Völker" können den Herrn suchen, weil die Gottesherrschaft über sie ausgerufen wurde,[90] genauso wie über den Tempel, Jerusalem und Israel. Sie werden an das Erwählungshandeln Gottes angeschlossen, da die Verheißung der Gottesherrschaft ihnen genauso gilt wie den vorgenannten Größen. Sie gehören mit zum endzeitlichen Heiligtum, dem Gottesvolk aus Juden(christen) und Heiden(christen) (vgl. die Petrusrede Apg 15,9: Gott machte keinen Unterschied zwischen Juden und Heiden als er

---

[87] S. Anm.56.

[88] C.J. Labuschagne, Art. קרא, THAT II, 666–674, 671. M. Weinfeld, Deuteronomy and the Deuteronomic School, Oxford 1983, 325. K. Galling, Die Ausrufung des Namens als Rechtsakt in Israel, ThLZ 81 (1956) 66–70; H.J. Boecker, Redeformen des Rechtslebens im AT, 2. erw.Aufl., Neukirchen-Vluyn 1970 (WMANT 14) 166–168. W.C. Kaiser, The Davidic Promise and the Inclusion of the Gentiles (Amos 9:9–15 and Acts 15:13–18): A Test Passage for Theological Systems, JETS 20 (1977) 97–111, 103f.

[89] C.J. Labuschagne, Art. קרא, a.a.O., 671. S. J. Roloff, Die Apostelgeschichte, a.a.O., 232. Somit ist G. Stählin, Die Apostelgeschichte, a.a.O., 204 zu widersprechen, der meint, die Ausrufung des Gottesnamens über die Völker geschehe durch die Verkündigung des Evangeliums. Die Ausrufung des Gottesnamens geschieht ja gerade durch Gott (vgl. das passivum divinum und die Formulierung "spricht der Herr, der das tut.") und nicht etwa durch die Apostel.

[90] Vgl. auch die ähnliche Formulierung Jak 2,7: "Sind nicht sie es, die den guten Namen lästern, der über euch ausgerufen worden ist (ἐπικληθὲν ἐφ᾿ ὑμᾶς)". I.H. Marshall, The Acts of the Apostles, a.a.O., 252 meint dazu: "the reference to God's *name* may have been understood of the use of it in connection with baptism (Jas 2:7; elsewhere the verb is used, as in Acts 2:21, of converts calling on the name of God." (Hervorhebung im Original). Die erwähnte Stelle Apg 2,21 ist ein Zitat aus Joel 3,5 (2,32 LXX).

den Heiligen Geist gab).[91] Das bestätigt auch Apg 15,14: Gott
hat Vorsorge getroffen, aus den Heiden ein Volk für seinen Namen
zu nehmen. Die Erwählung Israels wird auf die Heiden ausgedehnt.
Dahl schreibt: "whereas the phrase οἶκος τῷ ὀνόματι αὐτοῦ is
frequently used in the Septuagint, there is—if I am not mistaken—
no instance to be found in which λαὸς τῷ ὀνόματι αὐτοῦ occurs."[92]
Die Herkunft des letztgenannten Ausdrucks in Apg 15,14 ist wegen
dieses Sachverhalts noch immer nicht befriedigend erklärt. Im Rahmen unserer Untersuchung wäre es denkbar, daß die Phrase λαὸς τῷ
ὀνόματι αὐτοῦ ihre Wurzel in der Tempelterminologie hat. Der
neutestamentliche οἶκος (=Tempel), den Gott erwählt hat, um dort
seinen Namen wohnen zu lassen, ist das Gottesvolk, der λαός. In
diesem Sinn ist Apg 15,14 eine teilweise thetische Vorbereitung des
Amoszitats.

Aus diesem Grund werden m.E. in dem Satz: οἱ κατάλοιποι τῶν
ἀνθρώπων ... καὶ πάντα τὰ ἔθνη zwei verschiedene Gruppen von
Menschen angesprochen:[93] "Der Rest der Menschen" wären die bis
jetzt noch nicht vom Evangelium erfaßten Juden und zweitens alle
(bis jetzt als unrein betrachteten) heidnischen Völker. Es ist natürlich
auch möglich, daß es sich in V.17 um einen Parallelismus membrorum
handelt, dann wären einfach *alle Menschen* gemeint, die näherhin als
"alle Völker" definiert werden.

Die zuerst vorgeschlagene Lösung hat allerdings das Zeugnis der
Qumranschriften auf ihrer Seite. Die Glieder der Gemeinschaft betrachteten sich selbst als den auserwählten Rest, der übrigbleibt in
den Tagen Belials. Das übrige Israel galt ihnen als unrein und verworfen, Gott würde es vernichten ohne einen Rest: "Und die offenbaren Dinge haben sie getan mit erhobener Hand, Zorn zum Gericht herauf zu beschwören ... so daß große Gerichte an ihnen
vollstreckt werden zu ewiger Vernichtung ohne Rest." (1QS 5,12f).
Dem von der Tora abgewichenen Israel und den Völkern steht

---

[91] A. van der Kooij, "De Tent van David", a.a.O., 52–54 erklärt Am 9,12—Apg
15,17 von Sach 8,22 LXX und 14,16 LXX her: "LXX Amos 9:11–12 blijkt te zijn
voortgekomen uit een interpretatie van de desbetreffende heilsprofetie in het licht
van teksten zoals Zach 8:22 en 14:16. Het gevolg is dat de Griekse versie van Amos
9:11–12 inderdaad een 'universalistische' strekking heeft meegekregen." (S.56).
[92] S. N.A. Dahl, "A People For His Name" (Acts XV.14) NTS 4 (1957f) 319–
327, bes. 326. Das Zitat findet sich auf S.320.
[93] M.A. Braun, James' Use of Amos at the Jerusalem Council, a.a.O., 120. Zum
Thema s. auch J. Morgenstern, "The Rest of the Nations" JSSt 2 (1957) 225–231.

Vernichtung ohne Rest bevor, wie gerade in 1QM 14,5–9, der Schrift über den endzeitlichen Krieg, betont wird: ". . . das Aufgebot der Völker versammelte er zur Vernichtung ohne Rest . . . Und für alle ihre Krieger gibt es kein Standhalten. *Aber wir sind der Rest deines Volkes.* "Die Qumrangemeinschaft sah also sich selbst als den auserwählten Rest. Dem Übertrag dieser Aussage auf den "Rest der Menschen" in Apg 15,17 steht allerdings entgegen, daß "Menschen" eine allgemeine Kategorie darstellt, so daß nicht ganz sicher ist, ob mit dieser Aussage die übrige jüdische Bevölkerung gemeint ist.

Die heidnischen Völker erwartet nach den Qumranschriften nur völlige Vernichtung, ohne jeden Rest. Im Gegensatz dazu betont Apg 15,17 die neue Möglichkeit, daß auch sie in die Gottesherrschaft einbezogen werden können. Dies ist das durchgängige Novum unseres Textes.

Dieses Novum zu erkennen und als zum göttlichen Heilsplan gehörend zu betrachten, war möglich aufgrund der allgemein anerkannten Stellen:[94] Jes 55,5f: "Ein Volk (גוי), das du nicht kennst, wirst du rufen; und ein Volk (וגוי), das dich nicht kennt, sie eilen zu dir . . . sucht JHWH (יהוה דרשו), solange er sich finden läßt, ruft ihn an, solange er nahe ist."[95] Jes 56,7: "denn mein Haus wird ein Haus des Gebets genannt werden für alle Völker" (לכל־העמים), d.h. der Tempel soll allen Völkern ein Ort der Anbetung sein (vgl. Jes 2,2–4 par Mi 4,1–4).[96] Sach 2,15 (LXX 2,11): "Und es werden sich viele Völker (גוים רבים / ἔθνη πολλά) an JHWH anschließen an jenem Tag, und sie werden für mich zum Volk sein (לעם / εἰς λαόν), und ich werde in deiner Mitte wohnen (ושכנתי / κατασκηνώσουσιν, vgl. auch das Targum zur Stelle).[97]

Die fremden, heidnischen Völker sind in den göttlichen Heilsplan einbezogen. Sie können in das eschatologische Heiligtum aus Juden(christen) und Heiden(christen) eintreten, weil die Verheißung der Gottesherrschaft jetzt auch ihnen gilt. Gott selbst hat dies bewirkt

---

[94] F. Bovon, Israel, die Kirche und die Völker im lukanischen Doppelwerk, ThLZ 108 (1983) 403–414, 405: "Die Heidenmission ist zuerst für Lukas Erfüllung der alttestamentlichen Verheißungen . . ."

[95] S. W.C. Kaiser, The Davidic Promise and the Inclusion of the Gentiles, a.a.O., 109.

[96] Th. Zahn, Die Apostelgeschichte des Lucas, a.a.O., 517, A. Steinmann, Die Apostelgeschichte, 4. neubearb. Aufl., Bonn 1934 (HSNT IV) 159, H.L. Boles, A Commentary on Acts of the Apostles, a.a.O., 239.

[97] I.H. Marshall, The Acts of the Apostles, a.a.O., 252; R. Pesch, Die Apostelgeschichte, a.a.O., 80.

(ποιῶν ταῦτα), er ist der Urheber aller dieser Dinge, *die seit Ewigkeit bekannt sind, V.18.* Diese Vorstellung des ewigen Ratschlusses Gottes finden wir auch in Qumran, vgl. 1QS 3,15:

"Vom Gott der Erkenntnis (מאל הדעות) kommt alles Sein und Geschehen. Und bevor sie ins Sein kommen, hat er ihren ganzen Plan festgesetzt (הכין כול מחשבתם)." Hier geht es um den individuellen Ratschluß Gottes für jeden einzelnen Menschen, den Gott seit Ewigkeit festgesetzt hat (לפני היותם; Apg 15,18: ἀπ' αἰῶνος), denn er ist der Gott des Wissens und der Erkenntnis (<מ>אל הדעות, griech. γνῶσις; vgl. Apg 15,18: γνωστά).

Was in Qumran in fast griechisch-philosophischer Ausdrucksweise vom Individuum ausgesagt wird, ist in Apg 15,18 auf die Menschheit ausgedehnt. Ihre Gottsuche ist im Heilsplan Gottes vorgesehen.

Doch V.18 schließt nicht nur V.17 ab, sondern dient im Verband mit "spricht der Herr, der das tut (was von Ewigkeit her bekannt ist)" als Abschluß des gesamten Amoszitats. Darauf weist auch (ἀπ') αἰῶνος, das—wie oben schon dargelegt—aus dem Schluß von V.16 MT und LXX stammt.

Gott ist der auctor rerum omnium, die die eschatologische Heilszeit betreffen: Er baut das Heiligtum aus Juden(christen) und Heiden(christen); er veranlaßt, daß die Völker nach Gott fragen, weil er seine Herrschaft über sie ausgerufen hat. Die Betonung der göttlichen Initiative ist das Hauptmerkmal von Am 9,11f in Apg 15,16–18. Das Erlebnis des Petrus mit dem römischen Hauptmann Cornelius bekommt paradigmatische, heilsgeschichtliche Bedeutung. Denn auch hier stand die göttliche Initiative am Anfang, wie die überraschende Gabe des Heiligen Geistes für den römischen Hauptmann und sein Haus verdeutlicht.

Damit haben wir das Zitat Am 9,11f in seinem neutestamentlichen Kontext erklärt und können *zusammenfassend* feststellen, daß Form und Aussage der Prophetenstelle durch die Auseinandersetzung mit den exegetischen Traditionen der Qumrangemeinde geprägt wurden. Diese waren durch die räumliche Nähe der beiden Gemeinschaften in Jerusalem der christlichen Urgemeinde bekannt (vgl. auch Apg 5,1–11 und 1QS 6,13–23) und wurden teils zustimmend, teils ablehnend übernommen.

Positiv liegt Am 9,11 in Apg 15,16 die auch in Qumran ausgeprägte Anschauung vom eschatologischen Heiligtum als der Gemeinde zugrunde. Damit verbunden war die Frage nach der Geltung der Tora, denn auch in der Qumrangemeinde trat—wie später im

pharisäischen Judentum—das Torastudium an die Stelle des Tempeldienstes. Doch mit dem Heiligtum verbunden war vor allem die Frage
des Tempelzutritts: Wer darf in die eschatologische Gemeinde aufgenommen werden? Wurden diese Themen durch die exegetische
Methode des impliziten Midraschs zustimmend zur Theologie der
Qumransekte behandelt, so gilt dasselbe mit Einschränkungen auch
für V.17 (Am 9,12).

Allerdings war hier in Apg 15,17 kein impliziter Midrasch nötig,
um die Gottsuche der Menschen darzulegen, denn dieser war schon
durch die Septuaginta geleistet worden. Die Umwandlung von: "damit sie einnehmen" in "damit sie suchen" und von "Edom" in
"Menschen" *ist bereits in LXX als 'Al tiqre'—Midrasch anzusehen:* Lies
nicht יירשו, sondern ידרשו; lies nicht אדום, sondern אדם. Es handelt
sich somit um einen *impliziten Midrasch auf der hebräischen Sprachstufe.*
Hatte man diesen in V.16 unter Zuhilfenahme qumranischer Traditionen erst in griechische Form gegossen, so lag er für V.17 in Gestalt der LXX im griechischen Sprachkleid bereits fix und fertig vor.
Die exegetische Leistung war hier auf der hebräischen Sprachstufe
erbracht worden, unter Zuhilfenahme alttestamentlicher Traditionen,
die auch in der Qumrangemeinde verwertet wurden. V.18 geht ebenso
eindeutig auf qumranisches Traditionsmaterial zurück.

Daher ist es m.E. unangebracht, das ganze Amoszitat als aus der
LXX stammend zu qualifizieren, wie das z.B. bei E. Haenchen geschieht: "Der Text stimmt im Sinn ganz, im Wortlaut weitgehend
mit LXX überein."[98] Diese Sicht vernachlässigt die traditionsgeschichtliche Herkunft unseres Textes.

Allerdings ist Haenchen zuzustimmen, wenn er meint, daß es sich
in Apg 15 um eine "einheitliche Komposition"[99] handle. Das Amos-

---

[98] E. Haenchen, Die Apostelgeschichte, a.a.O., 388. So auch J. Roloff, Die Apostelgeschichte, a.a.O., 224, der meint, der Text des Schriftbeweises folge ganz der
griechischen Bibel, W. Schmithals, Die Apostelgeschichte des Lukas, a.a.O., 138:
"Das Zitat aus Amos 9,11f (V.16–18), mit dem Jakobus der Petrusrede einen Schriftbeweis für die (gesetzesfreie) Heidenmission beifügt, entstammt freilich der
(hellenisierenden) griechischen Übersetzung des Alten Testaments..." Überdies wurde
der vermeintliche Widerspruch zwischen LXX und MT im Amoszitat Apg 15,16f
gelegentlich zu sehr hochgespielt: Bowker bemerkt dagegen zu Recht: "It has
sometimes been argued that LXX is necessary for the argument in Acts XV, but
that is not so. Massoretic Text says that the rebuilt house of David will possess the
nations, LXX says that the rebuilt house of David will be the object of men's search.
In either case they will be included in it, and either, therefore, would support James'
argument." (bei J. Parker, The Concept of Apokatastasis in Acts, a.a.O., 89).
[99] E. Haenchen, Die Apostelgeschichte, a.a.O., 402.

zitat, von R. Pesch beispielsweise einem "vorlukanischen Bericht über die Lösung des antiochenischen Konflikts (15,5–12a.13–33),"[100] der Frage der Tischgemeinschaft von Juden(christen) und Heiden(christen) zugewiesen, enthält jedoch alle zentralen Fragen, die bei der Gemeindeversammlung zur Debatte standen und beschränkt sich nicht nur auf die Frage der Tischgemeinschaft: Dürfen die Heiden, obwohl sie vom jüdischen Standpunkt aus als unrein zu betrachten sind, in das eschatologische Heiligtum der Gemeinde aufgenommen werden? Wenn durch die Akzeptanz von Heiden das Ritualgesetz relativiert wird, welche Geltung hat dann die Tora überhaupt? Das sind auch die Fragen, die Apg 15,1–4.12b.25 zugrunde liegen, einer Stelle, die von R. Pesch "ein Fragment vorlukanischer Tradition vom Jerusalemer Abkommen," wo die Beschneidungsfrage zur Debatte stand, genannt wird.[101]

Alle diese Fragen beantwortet die Amosstelle, das zentrale Schriftzitat der Gemeindeversammlung, in seiner neutestamentlichen Form: Die Gottsuche der Heiden geht auf göttliche Initiative zurück, denn Gott hat von Anfang an ein endzeitliches Heiligtum aus Juden(christen) und Heiden(christen) vorgesehen. Die Vorbedingung für die Aufnahme der Heiden ist nicht rituelle Reinheit, sondern die Reinigung durch den Glauben. Dies widerspricht nicht den Anordnungen der Tora, sondern ist vielmehr von ihr vorausgesehen, wie Jakobus betont: "Und damit stimmen die Worte der Propheten überein wie geschrieben steht" (V.15). ("Worte der Propheten" meint das Zwölfprophetenbuch).

Da aber die Tora, und damit auch die rituellen Bestimmungen, an jedem Sabbat in den Synagogen vorgelesen werden, ist es nötig, die Heiden(christen) über deren Reichweite speziell zu belehren. Dabei beschränkt sich die *Gemeindeempfehlung* auf die *Minimalforderung, die für Juden selbst unter Lebensgefahr verbindlich ist:* Götzendienst, Unzucht und Mord ("Blut") sind in jedem Fall zu meiden.[102]

---

[100] R. Pesch, Die Apostelgeschichte, a.a.O., 74.

[101] Ebd. 73.

[102] Diese Bestimmungen erlangten in den Verfolgungen nach dem Scheitern des Bar Kochba Aufstandes 135 n.Chr. besondere Bedeutung, vgl. auch bShevu 7b: "Ich habe hierbei drei Arten von Unreinheit: Die Unreinheit des Götzendienstes, die Unreinheit der Unzucht und die Unreinheit des Blutvergiessens. Beim Götzendienst heißt es: Um mein Heiligtum zu verunreinigen . . ." Vgl. auch bSan 57b: "R. Joseph sagte: Wegen dreier Vergehen ist ein Noachide hinzurichten: Wegen der Unzucht, wegen des Blutvergiessens und wegen der Gotteslästerung." Soweit ich sehe, wurde diese Erklärungsmöglichkeit bisher nicht berücksichtigt.

"Ersticktes" (fehlt in Codex D), ist 1.) entweder ein Tier, das von selbst eingegangen oder 2.) in Folge von Gewaltanwendung, z.B. durch ein Raubtier, gestorben ist, so daß in beiden Fällen das Lebewesen in seinem Blut "erstickt" ist.[103] Nur ein Tier, das durch die rituelle Schächtung ganz ausgeblutet war, konnte zum Verzehr freigegeben sein, da der Blutgenuß auch nachnoachidisch nicht von Gott erlaubt war, denn das Blut ist der Träger des Lebens (vgl. Gen 9,4; in V.6 ist auch das Blutvergießen genannt).[104] Da der Schächtung kein biblisches Gebot zugrunde liegt, sondern sie nur eine Methode darstellt, das Verbot des Blutgenusses praktisch umzusetzen, also die geschlachteten Tiere völlig auszubluten, wird sie nach rabbinischer Anschauung in der zukünftigen Welt wegfallen,[105] wie es überhaupt außerdem in den Tagen des Messias keine reinen und unreinen Tiere mehr geben wird.[106] Denn in der nachnoachidischen Weltordnung sind alle Tiere zum Genuß erlaubt (Gen 9,3), aber ihr Blut, da es als Träger des Lebens Gott gehört, verboten.[107]

So ist die Gebotsreihe der Gemeindeempfehlung[108] durch das Bemühen zu erklären, in der Zeit der eschatologischen Spannung sowohl

---

Da die Gemeindeempfehlung nicht Thema dieser Arbeit ist, kann hier nicht die gesamte uferlose Literatur zu diesem Gesichtspunkt besprochen werden, s. dazu die Kommentare und S.G. Wilson, Law and Judaism in Acts, a.a.O., bes. 260. Die Angabe bei Wilson bSan 24a ist falsch.

[103] S. die ausführliche Behandlung dieser Frage bei H.L. Strack/P. Billerbeck, Kommentar zum Neuen Testament aus Talmud und Midrasch Bd.II, a.a.O., 729–739.

[104] Vgl. die Diskussion in bSan 59a.

[105] S. H.L. Strack/P. Billerbeck, Kommentar zum Neuen Testament aus Talmud und Midrasch Bd.IV,2, 8. unveränd. Aufl., München 1986, 1163.

[106] Belege bei H.L. Strack/P. Billerbeck, Kommentar zum Neuen Testament aus Talmud und Midrasch Bd.II, a.a.O., 702f.

[107] Deshalb wurde dieses Gebot in der ganzen frühen Christenheit beobachtet. Belege s. z.B. bei E. Haenchen, Die Apostelgeschichte, a.a.O., 414. Im Canon Apostolicus (s. bei H.L. Strack/P. Billerbeck, Kommentar zum Neuen Testament aus Talmud und Midrasch Bd.II, a.a.O., 733) heißt es deshalb: "Wenn ein Episkopus oder ein Presbyter oder ein Diakonus oder überhaupt einer aus der Hierarchie Fleisch mit dem Blut seiner Seele ... oder Zerrissenes ... oder Eingegangenes ... ißt, so soll er (aus seinem Amt) entfernt werden; *denn dieses hat das Gesetz verboten;* wenn er ein Laie ist, so soll er ausgeschlossen werden." (Hervorhebung im Original) Zur Nutznießung, d.h. zum Düngen zum Beispiel, war Blut erlaubt.

[108] Th. Zahn, Die Apostelgeschichte des Lucas, a.a.O., 531 bemerkt zu Recht, daß die vier Regeln der Gemeindeempfehlung für einen Judenchristen nicht ausreichen würden, die Tischgemeinschaft möglich zu machen. Es muß daher in der Gemeindeempfehlung um mehr gehen: Nämlich um die Frage, wenn die (unreinen) Heiden schon in die Gemeinde aufgenommen werden, wie dann die übrigen Reinheitsgebote zu behandeln sind. Die Beschneidung aber war überhaupt kein noachidisches Gebot und sollte nach bSan 59b z.B. für die physischen Nachkom-

Judenchristen wie Heidenchristen auf die ursprünglichen schöpfungsmäßigen Reinheitsvorstellungen hinzuweisen, die keine Vorbedingung für den Eintritt in die Gemeinde darstellen, sondern der
ganzen Menschheit als Grundordnung geschenkt sind.[109]

---

men Abrahams gelten, s. auch den Exkurs "Das Beschneidungsgebot" bei H.L. Strack/
P. Billerbeck, Kommentar zum Neuen Testament aus Talmud und Midrasch Bd.
IV,1, 8. unveränd. Aufl. , München 1986, 23–40.

[109] Vgl. "Die adamitischen Gebote" und "Die noachischen Gebote" bei H.L.
Strack/P. Billerbeck, Kommentar zum Neuen Testament aus Talmud und Midrasch
Bd. III, a.a.O., 37f. Auch A. Edersheim, The Life and Times of Jesus the Messiah,
vol. II, 36th printing, Grand Rapids 1953, 765 weiß um die eschatologische Begründung des Wegfalls der Unterscheidung von reinen und unreinen Tieren in der
jüdischen Überlieferung. Er meint allerdings, daß die Gemeindeempfehlung sich allein
auf die noachidischen Gesetze stütze.

Ähnliches kann man auch in modernen jüdischen Bibelerklärungen lesen. So
schreibt z.B. der Londoner Rabbiner William Stern zur Parasche בלק (Num 22,2–
25,9) über die Aufgabe eines Juden in der Welt: "Seine Aufgabe besteht nicht darin,
andere zum Judentum zu 'bekehren', sondern ein Beispiel zu setzen, so daß jeder
andere wissen will, wer dieser 'jüdische Gott' ist, und dann dazu kommt, nicht selber Jude werden zu wollen, sondern die sieben noachidischen Gebote, die für die
ganze Menschheit gelten, einzuhalten—und dies nicht, weil sie ihm 'logisch' erscheinen und einleuchten, sondern weil sie in der jüdischen Tora aller Welt gegeben
worden sind, vom 'jüdischen Gott'." (Allgemeine Jüdische Wochenzeitung Nr.26,
27.06.1991, S.6).

C. Christliche Auslegung

In diesem Kapitel sollen diachron die wichtigsten christlichen Auslegungen unserer Stelle Am 9,11 zu Wort kommen. Dabei wollen wir so vorgehen, daß in aller Kürze die sonst wenig konsultierten und schwer zugänglichen Kommentare vor 1900 ausführlicher untersucht werden. Im Laufe der Darstellung werden sich Auslegungslinien ergeben, in die sich die durch die Kommentare unseres Jahrhunderts vertretenen Interpretationen mühelos einfügen lassen.

1. Alte Kirche

Wenn in der Alten Kirche die "Hütte Davids" in Am 9,11 kommentiert wird, so drängt sich die biblische Vorstellung vom menschlichen Leib als Zelt oder Hütte (vgl. Jes 38,12 כאהל; 2Kor 5,1–4 σκηνή; 2Petr 1,13f σκήνωμα) in den Vordergrund, die sicher auf das Interesse an dem Verhältnis der zwei Naturen in der Person Christi zurückgeht.[1]

Die Textgestalt der Schriftzitate der Kirchenväter ist nicht Gegenstand der Untersuchung, da sie bei der Textkritik zu Am 9,11 mit berücksichtigt wird.

Ephraem Syrus (306–377)

"Das Geheimnisvolle <geschah> zur Zeit der Rückkehr <aus dem Exile>; aber die Wahrheit in den Tagen der Kreuzigung. Die davidische Hütte nennt er <Gott> den menschlichen Leib des ganzen Geschlechtes, welches er <Christus> wieder aufrichtet vom Falle des Übertreters des Gebotes; und er hat uns das verlorene Leben wiedergegeben und uns ein nicht aufhörendes Reich durch seine Leiden und seinen Tod, welchen er für uns erduldet, wieder verliehen."[2]

---

[1] J. Daniélou, La Fête des Tabernacles dans l'exégèse patristique, TU 63 (1957) 262–279, 265 meint, die Vorstellung sei auch im antiken Heidentum vorhanden.
[2] L. Reinke, Die messianischen Weissagungen bei den großen und kleinen Propheten des AT. III. Vorbemerkungen, Grundtext und Übersetzung, nebst einem philologisch-kritischen und historischen Commentar, Gießen 1861, 195.

Zuerst bietet Ephraem eine historische applicatio des Schriftwortes
auf die Rückkehr aus dem Exil; die Heimkehrer wohnen wieder in
ihrem Land, d.h. der Hütte Davids. Daran fügt er eine anthropolo-
gisch-soteriologische Auslegung, die den menschlichen Leib als Zelt
oder Hütte, syr. mškn' (dwdj'), auffaßt. Dabei wird vom Leib des
einzelnen, dessen Zelt/Hütte durch den Kreuzestod Christi vom
Sünden*fall* der Übertretung aufgerichtet wird, auf die gesamte Menschheit geschlossen, die durch Christus erlöst worden ist. Die einzelnen
Erlösten bilden für Ephraem dann die Kirche, die gläubige Gemeinde, so daß die "Hütte Davids" als die Kirche interpretiert werden
kann. Dieser Begriff kann dann auch auf das Gottesreich ausgedehnt
werden.[3]

Hieronymus (ca. 345–420)

"Hoc igitur tabernaculum David quod ceciderat . . . nunc juxta
consuetudinem Scripturarum, post tormenta, post poenas, prospera
et laeta promittens, suscitaturum esse se dicit, et in resurrectione
Domini omnia restiturum, ut quod in synagogis ceciderat, surgat in
Ecclesiis . . ."[4]

"Von dieser Hütte Davids also, die gefallen war . . ., sagt er <Gott>,
daß er sie jetzt, gemäß der Gewohnheit der Schriften nach Qualen,
nach Strafen, glückliche Umstände und angenehme Dinge verhei-
ßend, wieder aufrichten werde; und daß er in der Auferstehung des
Herrn alles wiederherstellen wird, damit, was in den Synagogen gefallen war, sich in den Kirchen erhebe . . ."

"Nos autem qui non occidentem litteram; sed spiritum sequimur
vivificantem, jam in Ecclesia convincimus expleta, et quotidie impleri
in singulis, qui ruentes per peccatum, reaedificantur per poenitentiam."
(ebd.)

"Wir aber, die nicht dem tötenden Buchstaben, sondern dem
lebendigmachenden Geist folgen, sind überzeugt, daß <es> schon in
der Kirche erfüllt ist, und täglich sich bei den einzelnen <Christen>
erfüllt, die, niederstürzen durch die Sünde, wiederaufgebaut werden
durch die Buße."

---

[3] Zur davidischen Abstammung Christi bei Ephraem s. L. Leloir, Ephraem et
l'ascendance davidique du Christ, TU 63 (1957) 389–394.
[4] Hieronymus, Commentariorum in Amos Prophetam. Libri Tres, MPL 25,
Sp.1094.

Hieronymus denkt zuerst an den Leib Christi als Hütte Davids (vgl. das eingeschaltete Zitat Apg 15,13ff, das diese christologische Deutung ermöglicht), dessen Auferstehung die Voraussetzung für die Wiederherstellung aller Dinge ist. Darin eingeschlossen ist auch die Kirche, die für ihn an die Stelle der gefallenen Synagoge (Hütte Davids = Tempel/Synagoge) zu treten scheint.

In der Kirche sind es einzelne Sünder, die als durch die Sünde stürzende Hütten von Gott durch die Buße wiederaufgebaut werden. Hier treffen wir auch die für Hieronymus typische Erwähnung der Unterscheidung von Geist und Buchstabe an.

Hieronymus hat also hier die Vorstellung vom Leib als Zelt/Hütte dreifach verwandt: 1) Für den Leib Christi, der in der Auferstehung von Gott aufgerichtet wird. 2) Für den einzelnen Gläubigen, den Gott in der Buße aufrichtet. 3) Von allen Gläubigen, die seit Christi Auferstehung als Kirche aufgerichtet sind.

(Bei seinen Auslegungen scheint sich Hieronymus vor allem auf die lateinische Übersetzung des LXX-Textes Am 9,11 zu stützen, die seinem Kommentar vorangestellt ist).

Hieronymus erwähnt noch eine jüdisch-eschatologische Auslegung, von der er sich jedoch abgrenzt:

"et in hoc propheta, et in caeteris quaecumque de aedificatione Jerusalem (Al. muri Jerusalem) et templi, et rerum omnium beatudine praedicantur, Judaei in ultimo tempore vana sibi exspectatione promittunt, et carnaliter implenda commemorant."[5]

"was immer in diesem Propheten, dazu auch in weiteren, vom Wiederaufbau Jerusalems (andere: der Mauer Jerusalems), des Tempels und der Glückseligkeit aller Dinge verkündet/vorhergesagt wird, das versprechen sich die Juden für die letzte Zeit in einer vergeblichen Erwartung und erinnern dabei <Gott im Gebet>, daß sie fleischlich zu erfüllen sei."

Hieronymus kennt also die jüdische Auslegung unserer Stelle, die mit anderen Verheißungen im AT in Zusammenhang stehend, die "Hütte Davids" als Jerusalem und den Tempel deutet, welche im Eschaton (in ultimo tempore) wieder aufgerichtet werden sollen. Eine solche äußerliche Erfüllung von Am 9,11 lehnt Hieronymus ab. Der Gebrauch des Wortes "commemorare" spielt auf das für die jüdische

---

[5] Ebd. S. auch M. Rahmer, Die hebräischen Traditionen in den Werken des Hieronymus, MGWJ 42 (1898) 1–16; 97–107. Am 9,11 wird nicht besprochen.

Gebetsliteratur typische Gedenken an Gottes künftige Heilstaten an.

Theodor von Mopsuestia (gest. 428)[6]

"Aber nachdem sie durch Verfolgungen geprüft wurden, wende ich
(μεταβαλῶ) alles zum Besseren, und ich werde das gefallene König-
reich/-tum Davids wiederaufrichten (καὶ ἀνεγερῶ τοῦ Δαυὶδ τὴν
πεπτωκυῖαν βασιλείαν), und aus ihr <der Basileia> werde ich wieder
dem ganzen Volk einen Anführer (ἡγούμενον) geben ... Hier also
sagt er die Dinge, die sich auf die Rückkehr von Babylon beziehen,
weil sie nämlich den von David abstammenden (βασιλέα ἐκ τοῦ Δ.
ὄντα) Serubbabel als König haben wollten, als er im Begriff war, sie
alle nach Hause zu entlassen.
Der selige Jakobus scheint in der Apostelgeschichte dieses Wort
vom Herrn Christus benützt zu haben <Apg 15,16>, insofern als er
die wahre Erfüllung dann annimmt, als tatsächlich das gefallene
Königreich/-tum Davids auferstand (ἡ βασιλεία πεπτωκυῖα τοῦ Δαυὶδ
ἀνέστη) und jeden alten[7] Fehler ablegend, erstand es (κατέστη) in
Vollkommenheit. Dann hat das Königtum der Nachfolge Davids
Festigkeit angenommen, fast wie in den Tagen der Vorzeit, sogar
wenn er weiß,[8] daß der Zustand ewig ist ..."
Theodor bringt gemäß der antiochenischen Schriftexegese zuerst
die historische Auslegung des Textes. Wie Ephraem Syrus sieht er
Am 9,11 für Israel mit der Rückkehr aus dem babylonischen Exil
erfüllt.
Die "Hütte Davids" ist das Reich Davids, d.h. das Land Israel.
Zur Zeit dieser Rückkehr ist auch das Königtum Davids wieder
aufgerichtet worden, da Serubbabel, unter dem die Heimkehr aus
Babylon geschah, davidischer Abstammung war (vgl. Hag 2,20-23).

---

[6] S. MPG 66, Sp.301-304. Wo H.N. Sprenger, Theodori Mopsuesteni Commen-
tarius in XII Prophetas. Einleitung und Ausgabe, Göttinger Orientforschungen V.
Reihe: Biblica et Patristica 1, Wiesbaden 1977, 155f von MPG abwich, wurde der
Lesart Sprengers der Vorzug gegeben. S. auch R. Devresse, La méthode exégétique
de Théodore de Mopsueste, in: Ders., Essai sur Théodore de Mopsueste, Città Del
Vaticano 1948 (Studi e Testi 141) 53-93, 88f; vorher in: RB 53 (1946) 207-241.
Ders., Le système doctrinal, in: Ders., Essai sur Théodore de Mopsueste, a.a.O.,
94-124, 113f. L. Pirot, L'œuvre exégétique de Théodore de Mopsueste 350-428
après J.C., Rome 1913, 263.
[7] Ergänzung nach Sprenger.
[8] Nach Sprenger.

Doch seine wahre Erfüllung (ἔκβασις ἀληθῆ) erhält Am 9,11 im Herrn Christus, wie Apg 15,16 beweist, wo es Jakobus in diesem Sinne anführt. In Christus ist das gefallene Königreich/-tum Davids, d.h. die gefallene Hütte Davids, wieder aufgerichtet.

Bei Theodor finden wir zum ersten Mal die Auslegung der "Hütte Davids" auf das Königtum und -reich Davids (vgl. 2Sam 7; Ps 89,37; Ps 132,11f; Jer 23,5; 33,15.17; Ez 34,23f), allerdings ohne daß eine Erklärung gegeben wird, weshalb das Königtum Davids in den Tagen Serubbabels und Christi als eine gefallene Hütte angesehen wird, bzw. mit dieser verglichen werden kann. Das tertium comparationis bleibt bei Theodor offen.

Aurelius Augustinus (354–430)

Augustinus behandelt unsere Stelle in De Civitate Dei 18,28:[9]

"Amos quoque de rebus talibus sic prophetat: *Praepara*, inquit, *te, ut invoces Deum tuum Israel; quia ecce ego firmans tonitruum, et creans spiritum, et annuntians in hominibus Christum suum* (Amos IV, 12 et 13, sec. LXX). Et alio loco: *In illa die*, inquit, *resuscitabo tabernaculum David quod cecidit, et reaedificabo quae ceciderunt ejus, et destructa ejus resuscitabo, et reaedificabo ea, sicut dies saeculi; ita ut exquirant me residui hominum, et omnes gentes in quibus invocatum est nomen meum super eos, dicit Dominus faciens haec* (Id. IX, 11 et 12, sec. LXX)."

"Auch Amos prophezeit so von solcherlei Dingen: *Bereite dich,* sagt er, *daß du anrufst deinen Gott, Israel; denn, siehe, ich befestige den Donner und schaffe den Wind und kündige an unter den Menschen seinen Christus* (Am 4,12f; nach LXX). Und an anderer Stelle: *An jenem Tag,* sagt er, *richte ich wieder auf die Hütte Davids, die gefallen ist und baue wieder auf, was von ihr gefallen ist, und was von ihr niedergerissen ist, richte ich wieder auf und ich baue sie* (ea, Akk.Pl.Ntr.) *wieder wie in den Tagen der Vorzeit; so daß der Rest der Menschen mich suche und alle Völker, unter welchen mein Name ausgerufen ist über sie, spricht der Herr, der dies tut.* (Am 9,11f; nach LXX)."

De Civ Dei 18,28 steht unter der Überschrift: "Über die <Schriftstellen>, die sich auf das Evangelium Christi beziehen, welches Hosea und Amos prophezeit haben."[10] Deshalb meint R. Martin-Achard zu

---

[9] MPL 41, Sp.585. Nach R. Martin-Achard, Amos. L'homme, le message, l'influence, Génève 1984 (Publications de la Faculté de Théologie de l'Université de Génève 7) 208 wurde De Civ Dei zwischen 413 und 424 geschrieben.

[10] MPL 41, Sp.584.

Recht, Augustinus präsentiere Amos "comme témoins <sic!> du Christ et de l'Église,"[11] obwohl diese Behauptung aus den aneinandergereihten Zitaten aus Hosea und Amos schwer zu erheben ist.

Der Gebrauch des Wortes resuscitare, das "wieder aufrichten/aufbauen," aber auch "wieder erwecken" bedeutet, legt die Vermutung nahe, daß Augustinus wie die Kirchenväter vor ihm den Leib Christi als die Hütte (=Tempel) Davids aufgefaßt hat (deshalb auch die Wahl von Am 4,12f LXX als Hinweis auf Christus), der in der Auferstehung wieder aufgerichtet, d.h. wieder erweckt worden ist. Dieser Auferstandene ist es, den der Rest der Menschen und alle Völker suchen. Mit der Auferstehung des Leibes Christi wird auch die Gemeinde als dieser Leib aufgerichtet (vgl. 1Kor 12,12–27).[12] Die Gemeinde wiederum ist Repräsentantin der himmlischen Gottesstadt, deren Verhältnis zur civitas terrena das Thema von De civitate Dei bildet.

Cyrill von Alexandrien (gest. 444)[13]

"Also wenn er sagt 'Hütte Davids' (σκηνὴ Δαυίδ), dann bedeutet dies das Volk der Juden, d.h. das aus Jakob <stammende> Haus (οἶκος). Man muß auch wissen, daß, weil Kyros sie aus der Gefangenschaft heimkehren ließ, sie zurück nach Judäa gingen und sowohl den Tempel wieder aufbauten als auch die verwüsteten Städte einzäunten; indem sie in ihnen Häuser reparierten, wohnten sie sicher.

Obwohl von einigen, wie Antiochus und Hadrian, Kriege begonnen wurden, sagt er, daß sie nicht mehr in Gefangenschaft geraten würden und auch nicht verwüstet werden würden, wie unter den Babyloniern. Der Sinn (λόγος) der Geschichte liegt nämlich in diesen Dingen so, daß der innere (ἐσωτέρω) und am meisten wahre (ἀληθέστερος) <Sinn> sich auf Christus bezieht:

Weil ich nämlich seine in den Tod gefallene Hütte (τὴν εἰς θάνατον

---

[11] R. Martin-Achard, Amos, a.a.O., 208. So auch A.M.La Bonnardière, Les douze Petits Prophètes dans l'œuvre de S. Augustin, REAug 3 (1957) 341–374, 343 (Biblia Augustiniana 24).

[12] Vgl. Sermo 349,2 (MPL 39, Sp.1530): "In domo Dei, in templo Dei, in civitate Christi, in corpore Christi." S. auch Y. Congar, "Civitas Dei" et "Ecclesia" chez Saint Augustin, REAug 3 (1957) 1–14.

[13] MPG 71, Sp.576f. Die kritische Ausgabe von Ph.E. Pusey, Sancti Patris Nostri Cyrilli Archiepiscopi Alexandrini in XII Prophetas, post Pontanum et Aubertum, 2 vols., Oxford 1868 war mir leider nicht zugänglich. S. auch A. Kerrigan, St. Cyril of Alexandria. Interpreter of the O.T., Rome 1952 (AnBib 2).

αὐτοῦ πεσοῦσαν σκηνήν) von den Toten wiederbelebte (ἀνεβίω), d.h. nachdem der Gott und Vater das Fleisch aus der Erde auferstehen ließ (ἐγείραντος), wird alles von uns, was niedergerissen ist (κατερριμένα), in ein neues Aussehen gebracht. "Denn wenn jemand in Christus ist, ist er eine neue Schöpfung" (2Kor 5,17) <heißt es> gemäß der Schrift. Denn wir sind mit ihm auferweckt (συνεγηγέρμεθα); der Tod hat zwar die Hütten (σκηνάς) aller niedergerissen (κατέσκαψε), aber der Gott und Vater hat sie in Christus wieder aufgebaut (ἀνῳκοδόμησε). Und dies ist uns nicht für eine abgemessene Zeit vergönnt, sondern bis in ewige Zeiten. Denn das Gut der Unsterblichkeit in uns ist unverlierbar, und der Tod wird nicht mehr über die in Christus Geretteten herrschen ... An jenem Tag also, an dem ich die niedergerissene und gefallene Hütte Davids aufrichten/auferwecken werde (ἀνεγερῶ τὴν κατεσκαμμένην, καὶ τὴν πεσοῦσαν σκηνὴν τοῦ Δαυίδ), werden alle Völker gerufen und über ihnen wird mein Name sein.

Und weil das Vorausverkündigte in jeder Beziehung bis zum Ende abläuft, ist er voller Gewißheit, wenn er fortfährt: "Sagt der Herr Gott, der dies tut." Wenn nämlich Gott wahrhaft der Herr ist, wird er auch dies ganz und gar tun, da er in nichts unvermögend ist. "Denn er tut große Dinge und unergründliche, herrliche und auch außergewöhnliche, deren keine Zahl ist." (Ijob 5,9 LXX)."

Zuerst bringt Cyrill die applicatio des Textes auf Israel: Mit der "Hütte Davids" ist das Haus Jakob, d.h. das jüdische Volk gemeint. Er erklärt hier σκηνή als οἶκος; die Hütte Davids entspricht dem Haus Jakob.

Danach folgt die übliche Bezugnahme auf die Rückkehr aus dem babylonischen Exil unter Kyros. Die Hütte Davids wird hier nun auch als der Jerusalemer Tempel, den die Heimgekehrten aufbauten (ἀνεδείμαντο, vgl. ἀνοικοδομήσω = בנה), als auch die judäischen Städte, die durch Einzäunung (πυργώσαντες = נדר) bewohnbar gemacht wurden, und als die einzelnen Häuser, die repariert wurden (ὑποσκευασάμενοι—הרסותיו אקים), verstanden. Auf Grund des Begriffes πυργόω könnte man annehmen, daß Cyrill zumindest in seiner Erklärung von Am 9,11 auf den hebräischen Text zurückgegriffen hat, wenn er auch eingangs den Schrifttext nach der LXX zitiert, wo ein solches "Einzäunen" nicht erwähnt wird.

Nach der Ansicht Cyrills kann Am 9,11 sich nur auf die Rückkehr aus dem babylonischen Exil beziehen, weil es danach—unter

Antiochus (175–164v.Chr.) und Hadrian (117–138 n.Chr.)—zwar zu
Kriegen kam, aber zu keiner vollständigen Verwüstung und Exilierung
Israels wie sie in Am 9,11–15 erwähnt wird.

Nun kommt Cyrill in typisch alexandrinischer Weise zum esoteri-
schen Sinn der Amosstelle, der sich auf Christus bezieht. Hier ist
ganz die Vorstellung vom menschlichen Leib als einer Hütte bzw.
einem Zelt leitend, so daß Am 9,11 für Cyrill zu einer *Perikope über
die Auferstehung von den Toten* wird: Durch den Tod fällt (πίπτω,
καταπίπτω, κατασκάπτομαι) die σκηνή des Menschen. Aber Gott erweckt das Fleisch (σάρξ—beinhaltet bei Cyrill Leib und Seele[14]) der
Menschen in Christus wieder aus der Erde und gibt ihm in einem
schöpferischen Akt ein neues Aussehen (darauf wird die Schriftstelle
2Kor 5,17 angewandt).

Was der Tod niedergerissen hat, lebte in Christus wieder auf, hat
Gott aufgerichtet (ἀναβιόω, ἐγείρω, ἀνοικοδομέω). Wir werden und
sind schon mit Christus auferweckt, und zwar für die Ewigkeit (vgl.
Am 9,11 Gott richtet die Hütte Davids auf καθὼς αἱ ἡμέραι τοῦ
αἰῶνος).

Es ist deutlich, daß Cyrill hier von der Doppeldeutigkeit des Wortes ἐγείρω, das wie das hebräische קום hi. sowohl "erwecken" als auch
"aufrichten" bedeuten kann, ausgeht. Eine besondere Bedeutung hat
bei Cyrill die Aufrichtung des Leibes Christi (der in den Tod gefallenen Hütte Davids) in der Auferstehung. Wegen ihr werden auch
die Heidenvölker zum Heil gerufen (Am 9,12). Da Gott der Initiator
des Ganzen ist, wird es auch gewiß eintreten. Cyrill schließt seine
Auslegung von Am 9,11f mit einem aus Ijob 5,9 LXX entnomme-
nen Hymnus auf die großen Taten Gottes.

Theodoret von Kyros (gest. 458)[15]

"Einige beziehen dies <Am 9,11f> auf Serubbabel, indem sie glauben, daß es mit ihm zusammenpasse, weil sein Geschlecht sich von
David herleitet. Sie wollen nicht erkennen, daß Serubbabel, der eine
kurze Zeit ein Anführer war, das Ende des Todes hinnahm.

---

[14] S. E.R. Hardy, Art. Cyrillus von Alexandrien, TRE 8, 254–260, 258.
[15] Übersetzt aus MPG 81, Sp.1705f. Siehe auch S.L. Reinke, Die messianischen Weissagungen bei den großen und kleinen Propheten des A.T., a.a.O., 195f.

Die Prophetie enthält die Verheißung ewiger Güter und der Erkenntnis des Gottes aller Völker, von denen wir nichts finden, was mit den Ereignissen unter Serubbabel zusammengeht.

Aber unser Herr Jesus Christus führt sein Geschlecht dem Fleisch nach auf David zurück und hat die dem David gegebene Verheißung erfüllt. "Denn das Wort ist Fleisch geworden und hat unter uns gezeltet (ἐσκήνωσεν)" (Joh 1,14), indem es die Hütte von David übernahm. Das prophetische Wort spricht also mit Recht davon, daß dem David die Hütte wiederaufgebaut werden wird (ἀνοικοδομηθήσεσθαι), nicht für eine kurze Zeit, sondern für alle Tage der Ewigkeit. Denn solche Versprechen sind auch dem seligen David vom Gott aller Dinge gegeben worden. "Und ich befestige (θήσομαι) bis in die Ewigkeit der Ewigkeit seinen Samen und seinen Thron wie die Tage des Himmels" (Ps 88,29 LXX). Und wiederum: "Bis in Ewigkeit bereite ich seinen Samen und baue (οἰκοδομήσω) für Generation und Generation seinen Thron." (ebd. V.4). Diese Verheißung erneuert der Herr von allem durch den seligen Amos. Es wird auch den Völkern das Geschenk der Gotteserkenntnis verheißen. Wenn, sagt er, die davidische Hütte wieder aufgebaut ist (ἀνοικοδομουμένης σκηνῆς), wird mich der Rest der Menschen suchen und alle Völker, über die mein Name ausgerufen worden ist."

Theodoret lehnt die ihm bereits bekannte historische Deutung auf Serubbabel, wie wir sie z.B. bei Theodor von Mopsuestia, einem anderen Vertreter der antiochenischen Theologie fanden, ab, bietet jedoch keine Alternativauslegung, sondern geht sofort zur christologischen Deutung über. Damit folgt er nicht der für Theodor typischen Tradition der Auslegung auf zwei Ebenen, die das Alte Testament auch für Israel erfüllt sieht (historisch-grammatische Auslegung) und mittels typologischer Exegese die Brücke zum Neuen Testament schlägt.

Doch in seiner christologischen Auslegung bringt Theodoret die typisch antiochenischen Theologumena:

Er versteht unter der Hütte Davids den Leib (=Tempel) des davidischen Messias (vgl. Röm 1,3; 9,5), in dem das göttliche Wort Wohnung genommen hat. Als Schriftbeleg bringt Theodoret Joh 1,14: "Das Wort ist Fleisch geworden und hat unter uns gezeltet." ἐσκήνωσεν dient ihm als Hinweis auf die σκηνὴ Δαυίδ, d.h. den Tempel (des Leibes des davidischen Messias). "Der Gott-Logos kann nicht Mensch werden, sondern geht darin ein wie in einen Tempel."[16]

Die Verheißung der Aufrichtung der gefallenen Hütte Davids Am 9,11 muß sich daher auf die Auferstehung des Leibes Christi beziehen. Nur so lassen sich die folgenden Schriftzitate Ps 88,29.4 LXX erklären, die beide die ewige Herrschaft des Davidsohnes verheißen. Die Aufrichtung der gefallenen Hütte Davids, d.h. die leibliche Auferstehung Christi, ist die Voraussetzung seiner ewigen Regentschaft, da nach Am 9,11 die Hütte Davids für ewige Zeiten aufgerichtet wird (so interpretiert Theodoret das καθώς αἱ ἡμέραι τοῦ αἰῶνος der LXX). Diesem auferstandenen ewigen Herrscher werden sich dann die Völker anschließen.

2. Das Mittelalter

Nicolaus von Lyra

Wir wählen den Franziskanermönch und Lehrer der Theologie an der Universität von Paris, Nicolaus von Lyra (1270–1349) als Repräsentanten der mittelalterlichen Exegese von Am 9,11[17] und lassen eine fast wörtliche Übersetzung folgen:

Nicolaus erwähnt zuerst die Auslegung der expositores catholici, die Am 9,11 auf die Rückführung aus dem babylonischen Exil unter Serubbabel beziehen. Aber dies scheint nicht wahr zu sein, denn Israel erlebte bisher nicht das bei Amos verheißene Gedeihen, sondern es war immer in Unterwerfung und Knechtschaft (immo semper fuit in subiectione et servitute), erstens der Perser, zweitens der Griechen, drittens der Römer. Die Zeit der Rückführung aus dem Exil kommt also als Auslegung von "in die illo", den Eingangsworten von Am 9,11, nicht in Frage.

---

[16] W. Eltester, Art. Antiochenische Theologie, RGG 1, 3.Aufl., Sp.452f, 453. Die Auslegung der Hütte Davids findet sich auch noch—zeitlich vielleicht etwas vor Theodoret—bei dem Pelagianer Julian von Aeclanum (gest. 454?) in seinem Commentarius in Amos Prophetam: s. MPL 21, Sp.1102f, der dort dem Rufinus zugeschrieben wird. Julian bringt zu Am 9,11, zitiert nach der Vulgata, erst eine historische Auslegung und dann mit Hinweis auf das Amoszitat in Apg 15,16 (die bei Migne angegebene Schriftstelle ist falsch) die obengenannte christologische Deutung. S. auch G. Bouwman, Des Julian von Aeclanum Kommentar zu den Propheten Osee, Joel und Amos. Ein Beitrag zur Geschichte der Exegese, Rom 1958 (AnBib 9).

[17] Nicolaus de Lyra, Glossae in universa biblia, Nurembergae 1481.

Der "selige Jakobus" führt die Schriftstelle Am 9,11 bezüglich des
Aufbaus der Kirche durch den Glauben an (de edificatione ecclesie
per fidem). Dieser Auslegung schließt sich Nicolaus an, da für ihn—
wie auch für die Alte Kirche—die neutestamentliche Deutung des
alttestamentlichen Textes kanonisch ist. Hier stellt er sie quasi als
These voran.

Nun referiert Nicolaus die ihm bekannte jüdische Exegese der Amosstelle:

Rabbi Salomon <ben Isaak, gen. "Raschi" 1040–1105> legt ebenfalls aus, was Am 9,11 gesagt wird: 'Ich werde die Hütte Davids
aufrichten' (Suscitabo tabernaculum David etc. = Vulgata), d.h. das
Königreich/-tum Davids (regnum David), von welchem er wie alle
Hebräer meint, daß es durch die Ankunft des Messias aufzurichten
sei (suscitandum per adventum messie).[18] Und so sagt gemäß Rabbi
Salomon die Schrift dies von der Zeit Christi. Wobei man sagen
muß, daß die Zeit zukünftig ist, welche aber schon vergangen ist
(quis erat dicendo hoc tempus futurum quod iam est praeteritum).
Ebenso <heißt es> im Buch Sanhedrin <bSan 96b>,[19] welches bei
den Hebräern maßgebend (autenticus) ist:

"Ich werde aufrichten die Hütte Davids, die gefallen ist" (Erigam

---

[18] Die im Text enthaltenen sehr zahlreichen und jedes Wort betreffenden Abkürzungen der Inkunable wurden von mir stets aufgelöst. Bei diesen Auflösungen folge
ich der rezipierten Orthographie, nicht der sonst vertretenen verkürzten, die z.B. ae
zu e zusammenzieht.

Zu den Beziehungen von Nicolaus von Lyra und Raschi s. H. Hailperin, Nicolas
de Lyra and Rashi: The Minor Prophets, in: Rashi Anniversary Volume, ed. American Academy for Jewish Research, New York 1941 (Texts and Studies 1) 115–
147.

Für die von Nicolaus wiedergegebene Auslegung Raschis vgl. die Rabbinerbibeln
z.St. Raschi referiert hier das Targum.

Nicolaus gilt zu Recht als der bedeutendste christliche Tradent Rabbi Salomons,
eine Tatsache, die ihm bei dem französischen Professor Jean (Le)Mercier (Mercerus,
gest.1570), dessen Auslegung wir noch besprechen werden, den Titel "simius
Solomonis" ("Affe R. Salomons") eingetragen hat. Langlois nennt Nicolaus von Lyra
etwas schmeichelhafter einen "Franziskanischen Tosaphisten", s. H. Hailperin, Nicolas
de Lyra and Rashi, a.a.O., 120.

Aus der Tatsache, daß Nicolaus Raschi gewöhnlich als "Rabbi Salomo(n)" zitiert,
kann man vielleicht schließen, daß die französichen Juden z.Zt. Nicolaus' Raschi
auf diese Weise bezeichneten, s. ebd., Anm.19 S.122.

[19] Vgl. S.52–62. Nicolaus hat das Zitat Am 9,11, das in bSan 96b den Dialog
über den Bar Nflj zwischen R. Nachman und R. Isaak beendet, an den Anfang der
Aussage R. Jochanans, die auf den Dialog folgt, gezogen. Im Zitat bSan 96b sind
die Worte "id est messyas" Lyras eigene Erklärung; im hebräischen Text steht: דוד
שכן דוד כא כו חלמידי חכמים מתמעטים. Die Gleichsetzung des Davidsohnes mit dem
Messias bei Lyra wird weiter unten durch die Targumzitate erarbeitet.

tabernaculum David quod cecidit). "Es sagte Rabbi Jochanan: 'In der Generation, in der der Sohn Davids (filius David), das ist der Messias, kommen wird. Die Weisen und Lehrer werden abnehmen.'" Und so ist es zur Zeit Christi gewesen.

Das Abnehmen der Weisen und Lehrer bezieht Nicolaus einmal auf die Sadduzäer, die zur Zeit Jesu die Existenz des Heiligen Geistes, der Engel und die Auferstehung leugneten, sodann auf die Pharisäer, die gemäß ihren Traditionen die Befehle Gottes ungültig machten (irritaverint).

Nicolaus faßt die von ihm angeführten rabbinischen Traditionen nun folgendermaßen zusammen: "Es ist also offensichtlich, daß diese Schriftstelle 'Ich werde aufrichten die Hütte Davids etc.' bei den Hebräern auf die Zeit Christi bezogen wird."

Nach der rabbinischen Exegese von Am 9,11, die besonders zum Beweis dafür herangezogen wird, daß auch bei den Juden Am 9,11 auf die messianische Zeit bezogen wurde und somit legitim auf die Ankunft Christi gedeutet werden kann, bespricht Nicolaus das Zitat der Stelle im Neuen Testament, in Apg 15,16.

Den Worten des seligen Jakobus folgend, sei die Stelle auf den Wiederaufbau der Kirche durch Christus (de reedificatione ecclesie per christum) in der Einheit von Heiden und Juden (in unione gentium et judeorum) auszulegen, denn die Kirche war damals in zwei Teile gespalten.

Zuerst wird der Wiederaufbau der Kirche beschrieben, zweitens die Beschleunigung (acceleratio) dieses Wiederaufbaus.

Zum Verständnis muß man auch wissen, daß im Alten Testament Christus David genannt wird <wegen der Hütte *Davids*>: Hos 3,5: "Danach werden die Söhne Israels umkehren und den Herrn, ihren Gott und David, ihren König, suchen" (=Vulgata). Als Beweis dafür, daß mit David im Alten Testament der Messias Christus gemeint ist, führt Nicolaus noch das Targum z.St. in lateinischer Übersetzung an: "Die Söhne Israels werden umkehren und das Angesicht (vultum)[20] ihres Gottes suchen und sie werden den Messias, dem Sohn Davids,

---

[20] In Hos 3,5T lesen die meisten Handschriften פלחנא "Gottesdienst, Tempeldienst, Anbetung", s. A. Sperber, The Bible in Aramaic, vol. III: The Latter Prophets. According to Targum Jonathan, Leiden 1962, 391. Vermutlich stellte für Nicolaus "das Angesicht suchen" eine bessere Übersetzung für "Gottesdienst" dar, als das direktere "den Gottesdienst suchen" des Targums. Sachlich wird jedenfalls dasselbe ausgesagt. Es hat aber den Anschein, als wollte Nicolaus hier und im folgenden Schriftzitat Jer 30,9 jeden Hinweis auf einen Tempel- bzw. Opferdienst vermeiden.

ihrem König, gehorchen," denn im Targum ist diese Gleichsetzung offen vor Augen liegend (expositum).

Nun läßt Nicolaus noch eine Schriftstelle folgen, die den gleichen Gedanken zum Ausdruck bringt: Jer 30,9: "Sie werden dem Herrn, ihrem Gott und David, ihrem König dienen" (=Vulgata). Auch im Targum zu Jer 30,9 wird David mit dem Messias gleichgesetzt: "Sie verehren (colent)[21] vor dem Herrn, ihrem Gott und gehorchen dem Messias, dem Sohn Davids."

Nachdem Nicolaus anhand der Targume bewiesen hat, daß selbst in der jüdischen Auslegung "David" auf den zukünftigen Messias bezogen werden kann, kehrt er zu seiner These: "Die Hütte Davids ist die Kirche Christi", zurück: Ebenso muß man auch wissen, daß die Kirche eine ist, welche mit Abel, dem Gerechten beginnt, bis zum Letzten, weil er <Christus> am Ende der Welt geboren wird, was auch der selige Gregor <von Nazianz?> in der siebten Homilie sagt.

Und diese Kirche wird Hütte Gottes oder Christi genannt (et ista ecclesia vocatur tabernaculum dei seu christi). Als Beispiele dafür dienen zwei Schriftstellen: a) Jes 4,6: "Und eine Hütte wird sein als Schattendach bei Tag" (et tabernaculum erit in umbraculum diei = Vulagta); b) Offb 21,3: "Siehe, die Hütte Gottes unter den Menschen, etc." (Ecce tabernaculum dei cum hominibus = Vulgata).

Nun geht Nicolaus dazu über, den Fall der Hütte Gottes, d.h. der Kirche, zu beschreiben. Dieser besteht für ihn in der Apostasie zur Idolatrie. Deshalb folgt jetzt ein kleiner Exkurs über die Geschichte des Götzendienstes von der Sintflut bis auf Christus: Diese Hütte da, in der die wahre Verehrung Gottes ist, fiel nach der Sintflut, als alle zur Zeit Nimrods zum Götzendienst abwichen, der die Menschen drängte, das Feuer anzubeten. Wenige waren davon ausgenommen, wie etwa Abraham und einige andere Treue (fidelibus):[22] Viele jedoch von denen, die von Abraham abstammten, wichen zum Götzendienst ab, so die Ismaeliter, die Söhne der Ketura und die Idumäer <Edomiter>, die von Isaak abstammen, wenngleich alle Söhne Jakobs Treue (fideles) waren. Jedoch sind nachher viele von ihnen zum Götzendienst abgewichen, so z.B. Ex 32 die Anbetung des (Goldenen) Kalbes und nach den Richter- und Königebüchern die Vereh-

---

[21] Colent ist Wiedergabe von יפלחון(ו).
[22] Die Tradition, daß Nimrod das Feuer anbetete und auch Abraham dazu zwingen wollte, ist in der rabbinischen Literatur weit verbreitet, vgl. z.B. BerR 38,13, und taucht selbst im Islam auf.

rung der Götzenbilder. "Aber den Fall dieser Hütte reparierte Christus und seine Jünger. Durch deren Predigt hörte der Götzendienst auf dem Erdkreis auf, und Juden und Heiden wurden zum Glauben gerufen." (Sed casum huius tabernaculi reparavit christus et eius discipuli, per quorum praedicationem cessavit ydolatria per orbem et vocati sunt iudei et gentiles ad fidem). Dies ist es, was hier <Am 9,11> gesagt wird, wenn es heißt: An jenem Tag (in illo die), d.h. die Zeit der Gnade, von welchem Tag im Römerbrief gesagt wird 13,12: 'Die Nacht ist vorgerückt, der Tag ist nahe.'

Nicolaus faßt seine Exegese folgendermaßen kurz zusammen. Das Lemma steht stets voran:

"Ich will aufrichten die Hütte Davids", das ist die Kirche Christi, der <Christus> gemäß der Gottheit von Ewigkeit her ist, Hebr 13,8: "Jesus Christus ist derselbe gestern und heute und in Ewigkeit."

"die gefallen ist": Durch den Götzendienst auf die vorhergesagte Weise (modo praedicto).

"und ich baue ihre Maueröffnungen wieder auf", das sind die Spaltungen der Heiden (scissuras gentium) durch verschiedene Religionsausübungen, weil manche den Jupiter verehren, andere die Diana, andere den Mars, usw. Diese wurden "durch die Predigt Christi und der Apostel zurückgebracht zur Verehrung des einen wahren Gottes" (per praedicationem christi et apostolorum reducte sunt ad unum verum dei cultum).

"und das, was niedergestürzt ist, richte ich wieder auf", weil viele, die vom Glauben an den einen Gott gefallen waren (corruerant), zu ihr <der Kirche> wieder emporgehoben wurden (sunt relevati).

"und ich baue ihn (eum) wieder auf, wie in den Tagen der Vorzeit", d.h. wie vor der Sintflut, als alle gemeinsam einen Gott verehrten, gemäß der Unterweisung Adams selbst, wenngleich nachher alle gemeinsam verderbt (corrupti) waren durch Fleischlichkeit und Zügellosigkeit. Gen 6.

Zu Am 9,12 "daß sie besitzen den Rest von Idumäa und alle Nationen", bemerkt Nicolaus, daß dieser Besitz nicht als eine zeitliche Herrschaft, sondern als eine geistliche zu verstehen sei (non intelligitur per dominium temporale sed spirituale). Die Apostel und Gläubigen haben die Nacken der Heiden dem Glauben unterworfen. Nicolaus erwähnt ferner, daß in Apg 15,17 die Schriftstelle Am 9,12 "secundum translationem LXX" angeführt würde, welche damals "multum erat autentica" d.h. sehr maßgebend gewesen sei.

Die besondere Erwähnung Idumäas (Edoms) veranlaßt Nicolaus zu der Bemerkung, daß die Juden selbst von den zwei Brüdern Jakob und Esau abstammen und auch Christus nach dem Fleisch aus den Juden stammt und gleichermaßen die Apostel und ersten Gläubigen (et christus ex iudeis descendit secundum carnem et similiter apostoli et primi credentes).

Überblicken wir die Exegese Nicolaus von Lyras, so fällt besonders seine positive Verwertung der rabbinischen Literatur auf (obwohl er mindestens zwei antijudaistische Traktate geschrieben hat), sofern sie seine christologische Auslegung stützt.

Der Gebrauch rabbinischer Texte und Traditionen ist an sich nichts Neues. Diese werden bei dem Kirchenvater Hieronymus (s.o.), in der Glossa Ordinaria (Kompilation von Kirchenväterzitaten zum Bibeltext aus dem 12.Jhdt.)[23] und im Pugio Fidei des Raymundus Martini (1278)[24] mitgeteilt.

Auch die zu dieser Zeit stattfindenden christlich-jüdischen Disputationen, besonders die Pariser Disputationen von 1240–1250, dürften das Interesse an rabbinischer Schriftexegese wachgehalten haben. Die Disputation von 1240 führte allerdings im Jahr 1242 zur Verbrennung von 24 Wagenladungen talmudischer Bücher.

R. Salomo ben Isaak (Raschi) insbesondere, wurde vor Nicolaus bereits von den Augustinern Hugo (gest. 1141) und Andreas (gest. 1175) der Schule Sankt Viktor in Paris benutzt.[25] Dies ist von besonderem Interesse, da Nicolaus Andereas von St. Viktor in seinem Werk sehr oft namentlich erwähnt.[26]

---

[23] MPL 113–114. S. auch H. Hailperin, Rashi and the Christian Scholars, Pittsburgh 1963, 142. Die Glossa Ordinaria ist vielen Ausgaben von Nicolaus von Lyras Postillae beigefügt.

[24] Hier aus antijudaistischen Motiven. Der Pugio Fidei gehört zur sog. Adversus-Judaeos-Literatur, s. Ina Willi-Plein/Th. Willi, Glaubensdolch und Messiasbeweis. Die Begegnung von Judentum, Christentum und Islam im 13.Jh. in Spanien, Neukirchen-Vluyn 1980 (Forschungen zum jüdisch-christlichen Dialog 2). H. Schreckenberg, Die christlichen Adversus-Judaeos-Texte (11.–13.Jh.). Mit einer Ikonographie des Judenthemas bis zum 4.Laterankonzil, Frankfurt/M./Bern/New York/Paris 1988 (Europäische Hochschulschriften Reihe 23 Bd.335). H. Hailperin, Rashi and the Christian Scholars, a.a.O., 252.

[25] S.H. Hailperin, Rashi and the Christian Scholars, a.a.O., 111. Hugo von Sankt Viktor hatte vielleicht nur Zugang zu Texten der Schule Raschis. S. besonders auch Teil III von Hailperins oben genanntem Buch: Christian Acquaintance with the Works of Rashi 1125–1300, S.103–134. Und R. Loewe, The Jewish Midrashim and Patristic and Scholastic Exegesis of the Bible, TU 63 (1957) 492–514, 504.

[26] Vgl. Hos 2,17 in der Postilla litteralis super totam Bibliam, Nurembergae 1485: "Andreas et alii sequentes eum". S. auch H. Hailperin, Nicolas de Lyra and Rashi,

Außer Raschi hat Nicolaus auch das Targum, den Talmud, die Midraschim, Moses Maimonides und R. Moses Hadarschan benutzt.[27] Gerade zur Zeit Lyras waren durch das Vienner Konzil von 1311 Lehrstühle für orientalische Sprachen an den Universitäten von Paris, Salamanca, Oxford, Bologna und Rom eingerichtet worden.[28]

Daß die Heranziehung rabbinischer Texte jedoch auch zu dieser Zeit nicht unumstritten war, zeigen die *Additiones* des Paul von Burgos (1351–1435), eines getauften Juden, Salomo Halevi, der nach seiner Konversion Bischof von Burgos in Spanien wurde, zu den *Postillae* des Nicolaus von Lyra.[29]

Die erstaunliche Leistung des "doctor planus et utilis" Nicolaus von Lyra besteht darin, rabbinische Texte, die seine Exegese stützen, positiv zu verwerten.

Er setzt ein mit der Auslegung Raschis zu Am 9,11, die die "Hütte Davids" als Königreich/-tum definiert. Dabei scheint er—falls er nicht einen anderen Raschitext vor sich hatte als die heute traditionellen Rabbinerbibeln—übersehen zu haben, daß Raschi hier referiert: ת"י. Die Abkürzung ist aufzulösen in: יונתן תרגם "Das Targum Jonathan übersetzt."

Nämlich: מלכוחא[30] (דבית) דוד "Königreich/-tum (des Hauses) Davids". Er gibt also das Targum als Raschis eigene Auslegung aus. Zu Recht, denn Raschis Zitat des Targums kann hier nur als Zustimmung zu dessen Deutung aufgefaßt werden.[31]

---

a.a.O., 125f und Anm.28 S.126 und H. Schreckenberg, Die christlichen Adversus-Judaeos-Texte, a.a.O., 222f.

[27] H. Hailperin, Rashi and the Christian Scholars, a.a.O., 252.

[28] H. Hailperin, Rashi and the Christian Scholars, a.a.O., 253. Anm.121 S.282.

[29] Die *Additiones* des Paul von Burgos wurden von dem Franziskaner Mathias Döring (gest. 1469) in den *Replicae Defensivae* zur Verteidigung Lyras widerlegt. Paul hatte besonders den extensiven Gebrauch Raschis durch Lyra bekämpft.

[30] פרשנדרא. והוא פירוש רש"י על נ"ך. על פי דפרשים וכתבי יד., hrsg. י. מאהרשׁען <Maarsen>, S.48, (=1934/35) חלק א: תרי עשׂר, אמסטרדם תרצה

Die Mss. Leiden, München und Berlin lesen nur דדוד. דבית wird auch im Targum nicht von allen Handschriften gelesen. S. dazu S.167. Nicolaus hatte vielleicht eine Raschiausgabe vor sich, die das Wort ebenfalls nicht enthielt. Welchen Raschitext Nicolaus jedoch benutzte, kann im Rahmen dieser Arbeit nicht untersucht werden. Hier jedenfalls ist die von Lyra gegebene Übersetzung in den Raschi- und Targummanuskripten bezeugt. S. auch W.J. de Wilde, De Messiaansche Opvattingen der Middeleeuwsche Exegeten Rasji, Aben Ezra en Kimchi. Vooral Volgens Hun Commentaren op Jesaja, Diss. Wageningen 1929, 244.

[31] Aus anderen Stellen geht jedoch hervor, daß Nicolaus Raschi und dessen Quellen durchaus auseinander halten konnte, z.B. in der Postilla zu Ps 7. S. auch Neumann, Influence de Raschi et d'autres commentateurs juifs sur les Postillae Perpetuae de Nicolaus de Lyre, REJ 26 (1893) 127–182, 177 (dort auch die ältere Literatur).

Vor allem geht es Nicolaus darum zu beweisen, daß Am 9,11 sich
auf die Messias*zeit* beziehen muß. Auch dies kann er mit der Auslegung Raschis zu Am 9,11 untermauern, der von einem Tag spricht,
der "bereitet ist zur Erlösung" (לגאולה).

Lyranus betont jedoch auch den Unterschied zwischen jüdischer
und christlicher Auslegung durch die Tatsache, daß sich die Texte
für christliche Exegeten auf den bereits erschienenen Messias bezögen,
dessen Kommen die Juden erst in der Zukunft erwarteten (erat dicendo
hoc tempus futurum quod iam est praeteritum).[32]

Entsprechend bezieht er auch die in bSan 96b der Ankunft des
Davidssohnes vorausgehenden Zustände konsequent auf die Verhältnisse zur Zeit Jesu: Das Abnehmen der Weisen und Lehrer zeigt
sich für Nicolaus in den lehrmäßigen Irrtümern der Pharisäer und
Sadduzäer z.Zt. Christi.

Die erste Schlußfolgerung Lyras lautet deshalb:

Da Raschi und der Talmud (bSan 96b) Am 9,11 auf die Zeit des
Messias auslegen, muß für Christen hier die Zeit Christi angedeutet
sein.

Von hier aus schreitet seine Logik folgendermaßen fort:

2) Jakobus legt Am 9,11 in Apg 15,16 auf den Wiederaufbau der
Kirche aus, in der Heiden und Juden vereint sind.

3) Die "Hütte Davids" bedeutet daher die Kirche *Christi*, weil
Christus im Alten Testament David genannt wird. Das beweist auch
die rabbinische Exegese, da im Targum zu Hos 3,5 und Jer 30,9 das
einfache "König David" des hebräischen Textes durch "den Messi-

---

Fortsetzung des Artikels in REJ 27 (1893) 250–262. Gelegentlich werden die Targumzitate als spätere Zusätze zu Raschi betrachtet, s. z.B. A. Freimanns Rezension zu
Maarsens Ausgabe von Raschis Parshandatha in: MGWJ 80 NF 44 (1936) 433.
Es ist erwiesen, daß Raschi auch christliche Interpretationen von Bibelstellen bekannt
waren, die er gelegentlich explizit in seinen Kommentaren bekämpft. Dies ist besonders bei den Schriftstellen der Fall, die in der christlichen Exegese traditionell als
messianisch gelten, z.B. Ps 2 oder Jes 9. Bei diesen Loci z.B. hatte sich auch bei den
Rabbinen eine Deutung auf den Messias eingebürgert, die Raschi daher auch wi-
derlegen muß. S.E. Shereshevsky, Rashi's and Christian Interpretations, JQR 61
(1970/71) 76–86, 77f.81.
[32] Lyra machte den Exegeten, welche die Schriftstellen, die bereits bei den Rabbinen
messianisch gedeutet worden waren, rein historisch erklärten, den Vorwurf des
"Judaisierens", s. H. Hailperin, Nicolas de Lyra and Rashi, a.a.O., Anm.30 S.126
und Anm.31 S.127. Luther dagegen kritisierte die Verwendung Raschis durch Lyra:
"Der feine Mann Lyra, urteilt er, der ein guter Ebraist und treuer Christ sei,
mache zwar gute Arbeit, wo er sich nach dem Neuen Testament wider den jüdischen Verstand lege, aber wo er seinem Rabbi Salomo sonst folge, sei er kalt und
faul," s. M. Fischer, Des Nicolaus von Lyra postillae perpetuae in Vetus et Novum
testamentum in ihrem eigenthümlichen Unterschied von der gleichzeitigen Schrift-

as, den Sohn Davids" ersetzt wird.[33]

4) Die Kirche wird eine *"Hütte"* genannt, wie Jes 4,6 und Offb 21,3 belegen. Dies ist vielleicht das schwächste Glied in Lyras Argumentation, weil er hierfür keine Erklärung und keine rabbinischen Parallelen beibringt. Wobei die neutestamentliche Stelle aber deutlich aussagt, daß Gott in einer Hütte, nämlich dem Tempel der Kirche wohnt.

5) Der Fall der Hütte Davids ist der Abfall der einen Kirche, die mit Abel begann, zum Götzendienst nach der Sintflut. (Die Kirche besteht also schon im Alten Testament und ist unter Israel zerfallen). Hier wird die rabbinische Tradition, daß Abraham der Verführung Nimrods zur Pyrolatrie widersteht, eingebracht (BerR 38,13), allerdings ohne Kennzeichnung, daß es sich um eine außerbiblische Traditionsquelle handelt.

6) Die Wiederaufrichtung der Hütte Davids begann mit Christus und den Aposteln, weil durch ihre Predigt der Götzendienst aufhörte und Juden und Heiden zum Glauben gerufen wurden.

Nicolaus von Lyras Auslegung zu Am 9,11 ist in ihrer Klarheit und Folgerichtigkeit bestechend. Seine Bevorzugung des Literalsinnes— auch bei den rabbinischen Quellen—und die konsequente Benennung der von ihm benutzten Autoren und Werke lassen ihn als einen Vorläufer der höheren Kritik erscheinen.

3. *Reformation und Neuzeit*

Luther

Luther gibt in seinen Praelectiones in prophetas minores (1524–26)[34] folgende Erklärung:

---

auslegung, JPTh 15 (1889) 430–471, 431. Später machte er selbst Gebrauch von Lyras Kommentaren.

[33] Der Gedanke, daß unter David Christus zu verstehen sei, ist schon bei Augustin, De civ Dei 18,28 ausgesprochen: "Nihil est ista prophetia manifestius cum David regis nomine significatus intelligatur Christus." "Nichts ist bei dieser Prophetie offensichtlicher als daß der unter dem Namen des Königs David Bezeichnete als Christus zu verstehen sei." *Neu ist bei Nicolaus die Beweisführung mit rabbinischen Texten, mit denen er das hermeneutische Problem der christologischen Auslegung des Alten Testaments lösen kann.* Die messianischen Deutungen Raschis und der Targume machen es möglich, das AT literaliter christologisch auszulegen.

[34] WA 13,154–206, 156. S. außerdem: G. Krause, Studien zu Luthers Auslegung

"*In die illa* etc. per Iacobum citatur in Actis (15,16). Regno sic destructo et sacerdotio wil ich das anrichten: *congregabo* etc. proprie dicitur de regno Christi i.e. cum instat perditio capitis et regni istius. *Tabernaculum David* i.e. ipsum populum, stam David, regnum in quo debuit regere Messias futurus. Istud regnum fuit concussum tempore Christi. De contemptissimis reliquiis fuerunt Ioseph et Maria, est truncus emortuus et truncus sal bluen etc. egregie faciam regnum novum. *Rupturas*, wo es zuryssen ist, wil ichs zuflicken, ut regnum novum sit und luftig, liblich. Pulchra similitudo von eyn zceld hinder der thur, a muribus corrosis etc. Mariam autem significat, ex qua prodiit flos etc. *Antiquis*, als yhe geweßen ist, ßo schon wil ichs widder machen."

"An jenem Tag etc. Es wird von Jakobus zitiert in Apg 15,16. Nachdem das Königtum/-reich und Priestertum so zerstört ist 'wil ich das anrichten': Ich werde versammeln etc. Das wird besonders gesagt vom Königtum/-reich Christi, als nämlich bevorsteht der Verlust dieses Hauptes und Reiches. Hütte Davids d.h. das Volk selbst, der Stamm Davids, das Königreich, in welchem der zukünftige Messias regieren muß. Dieses Königreich war zur Zeit Christi erschüttert. Josef und Maria stammten aus den sehr verächtlichen Überresten; das Königtum Davids ist ein abgestorbener Baumstamm, aber zu dieser Zeit wird er wieder lebendig gemacht/wieder aufgerichtet und diese abgestorbene Wurzel und dieser Stamm wird wieder blühen 'sal bluen' etc. Ich mache das neue Königtum vortrefflich. Risse, 'wo es zuryssen ist, wil ichs zuflicken,' daß das Königtum neu sei 'und luftig, liblich'. Ein schönes Bild 'von eyn zceld hinder der thur,' von zerfressenen Mauern, etc. Es bezeichnet auch Maria aus welcher eine Blüte hervorgegangen ist, etc. Alt, 'als yhe geweßen ist, ßo schon wil ichs widder machen.'"

Luther beginnt seine Exegese mit dem Hinweis auf das Zitat im Neuen Testament.[35] Damit ist auch die Auslegungslinie vorgegeben:

---

der Kleinen Propheten, Tübingen 1962 (BHTh 33) und Arthur Schneider, Luthers Glossen zu Amos, Luther 18 (1936) 38–46. Vgl. WA 13, 204f für den ausführlicheren Text Amos b. Wir folgen der Zwickauer Handschrift Nr.3 (Amos a), da der ab S.158 abgedruckte Codex Altenburgensis (Amos b) wohl bereits stark überarbeitet ist.
Zum Ganzen s. auch R. Martin-Achard, Amos. L'homme, le message, l'influence, Genève 1984 (Publications de la Faculté de Théologie de l'Université de Genève No. 7) 220–225.
[35] Anm.17 S.156 in WA 13 ist seine Auslegung zu Apg 15,16 aus der Hand-

Am 9,11 handelt von der Aufrichtung des Reiches und der Herrschaft Christi.

Luther gibt im Text Amos b zu Am 9,9[36] eine schöne Zusammenfassung des Inhalts von Am 9,11: "Iam sequitur locus elegans de regno Christi, qui sit restituturus regnum contemptum Davidis et reducturus Israhelem in aeternam securitatem nempe spiritualiter praedicando euangelium fidei etc."

"Jetzt folgt eine feine Schriftstelle vom Königtum/-reich Christi, der das verachtete Königtum/-reich Davids wiederherstellen werden wird und Israel in ewige Sicherheit zurückführen wird, geistlich allerdings, indem er das Evangelium des Glaubens predigt."[37]

Die Hütte Davids ist also das Königtum/-reich Davids, das z.Zt. Christi erschüttert war, da Judäa unter römischer Oberhoheit stand.

Gleichzeitig bezeichnet die Hütte Davids auch den Volksstamm Davids, den Stamm Juda (Jes 11), die Juden, der z.Zt. Christi abgestorben ("gefallen") war, denn auch Josef und Maria kamen aus ärmlichsten Verhältnissen, wiewohl Josef aus dem Königsstamm herkam. Christus nun ist das Jes 11,1 verheißene Reis aus dem Stamm Davids, eine "speciosissimus flos et fructus"[38] (die prächtigste Blüte und Frucht).

Luthers Argumentationsgang besteht in folgendem Syllogismus: Hütte Davids = Volk Juda. Das Volk Juda ist auch der Stamm Davids.[39] Der Stamm Davids führt ihn auf das Bild vom abgestorbenen Baumstumpf aus Jes 11,1 (V: "et egredietur virga de radice Iesse et flos de radice eius ascendet." "Und es wird hervorgehen ein Reis aus der Wurzel Jesse und eine Blüte aus seiner Wurzel steigt empor.")

In der Tat bestehen zwischen Am 9,11 und Jes 11,1 Parallelen: Die Hütte Davids ist gefallen, der Baumstumpf Jesse, des Vaters

---

schrift Halle abgedruckt. Sie lehnt sich stark an unsere Stelle an. Vgl. auch Amos b S.204.

[36] WA 13,204. S. auch zu Am 9,11 ebd.: "Hic locus proprie, ut dixi, de regno Christi est intelligendus."

[37] Diese Gedanken könnten von Nicolaus von Lyra beeinflußt sein, den Luther wenige Zeilen vorher erwähnt. Auch Nicolaus stellt zu Am 9,11 heraus, daß der Sturz der Hütte Davids, d.h. der Kirche Christi, durch die Predigt Christi und seiner Jünger, die Juden und Heiden zum Glauben rufen, aufgehoben wird, s.S.120; 125. Auch an anderen Stellen in Luthers Amosvorlesung kommen reformatorische Terminologie und Gedankengut zum Ausdruck.

[38] Text Amos b WA 13,205.

[39] Vgl. auch Luthers Auslegung zu Apg 15 in der Handschrift Halle (WA 13 Anm.17 S.156): "suscitabo tabernaculum i.e. regnum sive populum David, hoc est Iudaeos. Istut tabernaculum et iste truncus fere perierat tempore Christi." "Ich werde

Davids, abgestorben. Durch die Ankunft Christi wird die Davidische Hütte aufgerichtet und der Baumstamm lebendig gemacht
(resuscitabitur).

Aus "Pulchra similitudo von eyn zceld hinder der thur" geht hervor, daß Luther (als erster!) den Ausdruck "Hütte Davids" als ein
Bild verstanden hat. Was mit "von eyn zceld hinder der thur" gemeint ist, bleibt rätselhaft. Keine andere Textversion bietet den
Ausdruck.[40]

Aus Luthers Auslegung zu Am 9,12 nach dem Text Amos a geht
jedoch hervor, daß er an die Stiftshütte (V: tabernaculum) der Wüstenwanderung Israels gedacht haben könnte. Es heißt nämlich dort: "...
wil es ßo zcu richten meyn tabernaklichen ..."[41] Der Ausdruck "hinder der thur" könnte einen gewissen Verborgenheitsaspekt andeuten.
Die wieder aufgerichtete (Stifts-)hütte Davids, das neutestamentliche
Gottesvolk, ist (noch?) hinter einer Tür verborgen. Interessanterweise
vermeidet Luther hier deutlich den Begriff "ecclesia", den wir noch
bei Lyranus angetroffen hatten, vielleicht wegen des Bezugs auf die
altgläubige Kirche. Der Ausdruck "tabernaklichen" könnte darauf
hindeuten, daß er die Schar der reformatorisch Gesinnten klein ein-
schätzte. Im Text Amos b wird der Begriff "Kirche" aber jedenfalls
nicht umgangen. Hier finden wir eine schöne Zusammenfassung seiner Exegese:[42]

"Auf wunderbare Weise ist die Prophetie fein und schön, weil er
sagt, daß aus dem verachtesten Stamm Juda,[43] der fast gänzlich am
Ende war, er sich eine vortreffliche Kirche (egregiam ecclesiam) der

---

die Hütte, d.i. das Königreich oder Volk David aufrichten, das sind die Juden. Diese
Hütte da und dieser Stamm war z.Zt. Christi fast zugrunde gegangen."

[40] Luthers Auslegung zu Apg 15 (WA 13 Anm.17 S.156) hat nur "Pulchra haec
prophetia" "Diese schöne Prophetie", ebenso Amos b (WA 13 S.205): "Mirum in
modum elegans et pulchra prophetia" "Auf wunderbare Weise ist die Prophetie fein
und schön."

[41] WA 13,156. Folglich hat er sich auch Maria als Tabernakel vorgestellt, die den
Gottessohn bis zur Geburt beherbergt hat, denn im nächsten Satz heißt es (zu Am
9,11): "Es <das Zelt> bezeichnet auch die Maria, aus der eine Blüte hervorgegan-
gen ist."
Wie die Stiftshütte mit David zu verbinden ist, wird bei Luther nicht erklärt.
Vielleicht geschah dies aber auf Grund von 2Sam 6,17V, wo erzählt wird, daß
David die Bundeslade von Gat nach Jerusalem in ein Zelt (tabernaculum) gebracht
hatte. Dieses tabernaculum könnte mit der Stiftshütte identifiziert worden sein.

[42] WA 13,205.

[43] Für die Herkunft Jesu aus dem Stamm Juda vgl. auch Luthers Schrift von
1523 "Daß Jesus Christus ein geborner Jude sei," WA 11,326–328 (zu Gen 49,10).
Vgl. auch die sehr ähnliche und in elegantem Latein abgefaßte Auslegung

Erwählten voll Gnade und Heiligen Geistes bauen wird, die durch den Geist herrlich gebildet ist."

J. Mercerus (Jean <Le> Mercier, gest.1570)

11 ביום ההוא Post varias comminationes hîc tandem consolationes & promissiones magnificas subiungit: quas dubium non est ad tempus & regnum Messiae pertinere, idem fatentibus etiam sanioribus Hebraeis, & ipsis Talmudicis, vt citat Lyranus in tractatu Sanhedrin, cap. Helec, vbi ex hoc loco Messiam appellant בן נפלי filium cadentem seu caducum, vt Galatinus vertit, quòd collapsa esset restituturus & ruinosa instauraturus, vt hoc loco dicitur. Sic omnes ferè Prophetae in regnum Christi desinunt, si conferre placet. Finis Ioelis & huius Prophetae in multis conueniunt. Citatur & hic locus à Iacobo in Actis Apostolorum cap.15, ad probandum vocationem Gentium, orta inter fratres contentione, num Gentes Christum agnoscentes oporteret circumcisionem & sabbatum obseruare. Vnde non est quòd certiorem & fideliorem quaeramus huius loci expositionem ea quam ipse Iacobus affert. Verùm locum affert iuxta editionem Septuaginta interpretum, quae tum erat receptissima, propter Gentes quibuscum agendum erat: vt & passim ab Apostolis citantur veteris Testamenti loca ex editione magis Septuaginta interpretum quàm iuxta veritatem Hebraicam. Variant autem hîc nonnihil Septuaginta ab Hebraeo: imò & Iacobus nonnihil diuerse citat à Septuaginta, etsi eodem omnia recidant. Sed eam varietatem post exponemus: Hebraea primùm enarremus. *Eo die,* eo tempore, postquam scilicet ita illos afflixero & variè agitaro, impios & improbos de hoc populo sustulero, tempore scilicet redemptionis, tempore Christi: propterea Iacobus dicit, Post haec reuertar, &c. μετὰ ταῦτα ἀναστρέψω. Nam post variè afflictam & exagitatam hanc Gentem à quatuor regnis & velut vanno purgatam, in electorum gratiam, ne desperarent de Christo mittendo, & ob afflictionum grauitatem putarent actum esse, ac irritas esse promissiones de Christo, oportuit tandem mitti Christum. אקים *erigam,* suscitabo, excitabo *tabernaculum Dauidis collapsum.* Intelligit regnum domus Dauidis, vt doctè Chaldaeus Paraphrastes vertit. id est, regnum Messiae.

Calvins: in G. Baum/E. Cunitz/E. Reuss, Hrg., Ioannis Calvini opera quae supersunt omnia. Bd.43, in: Corpus Reformatorum 71, Brunsvigae 1890, 168–171. Calvin kennt ebenfalls die jüdische Auslegung, die Am 9,11 auf die Ankunft des Messias bezieht, s. S. 170.
S. auch R. Martin-Achard, Amos, a.a.O., 225–242.

Appellat autem tabernaculum Dauidis, quòd Dauid statuisset templum
construere, atque adeo omnia ad eius structuram necessaria praepa-
rasset. ita tamen volente Domino per eius filium Salomonem postea
constructum est, vbi fuit Ecclesia Domini, & Dauidi promissiones factae
sunt de eius semine: ac saepe in Scripturis Christus David appellatur,
quòd ex eo iuxta carnem nasciturus esset Christus Dominus. *Tabernaculum* seu vmbraculum appellat, quòd ampla illa quondam Dauidis
regia, iam calamitatum iniuria & desolationum, videretur in tuguriolum
redacta. quod spiritaliter intellige etiam de corrupta religione, & vero
Domini cultu etiam inter Iudaeos, dum per Pharisaeos & Sadducaeos
omnia adulterata sunt, suas traditiones obtrudentes Legis diuinae loco,
ac eas praeponentes diuinae tantumnon. Christus ergo collapsam
veram religionem & apud Gentes & apud Iudaeos ipsos instaurauit,
docens veram & coelestem sapientiam, verbum salutiferum, quo pacto
esset adorandus Pater, &c. *collapsum* dicit etsi nondum corruisset, quia
iam animo praeuidebat eius ruinam in vtroque populo, post aliquot
annos abducendo in exilium. Nam הנופלת magis *collapsum* quàm
collabascens significat. Sic enim Benoni pro praeterito praeposito He
haiedia sumitur, vt & Septuaginta verterunt πεπτωκυῖαν. Neque enim
haec externè sunt intelligenda, vt Iudaei somniant & frustra sibi
pollicentur. In qua opinione & errore initio etiam fuerunt Apostoli
(Act.1, Quando restitues regnum Israel?) donec accepto Spiritu sancto
illustrati postea cognouerunt hanc restitutionem non externam fore
& corporalem, sed internam & spiritalem. Sic ergo accipies & quae
sequuntur: וגדרתי & *sepiam rupturas eorum,* in פרציהן Nun pro Mem, vt
aliâs etiam fit Hebraicé. Vides mutatum numerum, & genus: quod &
mox fit, & passim in hac lingua. והריסתיו & *ruinas eius erigam, eius*
scilicet Israelis, idem cum eo quod dixerat *eorum,* mutato numero: at
mox redit ad genus foemineum ובניתיה & *instaurabo illud,* tabernaculum scilicet, cuius iam meminerat, id est, regnum & Ecclesiam Christi. כימי עולם *ut diebus seculi,* id est, priscis temporibus, Dauidis scilicet
& Patriarcharum, quum purus Dei cultus per Christum vigeret. Vna
enim & eadem est omnium temporum Ecclesia, vetus illa patrum, &
noua: ac idem in vtraque cultus, eadem fides, nisi quòd apertius sese
nobis quàm illis Christus aduentu suo exhibuit, quum illi in venturum
crederent. Alioqui eadem vtrosque fide saluos fieri oportet. Hoc non
est dubium impletum esse per Christum. Septuaginta vbique genus
foemineum retinuerunt, τὰ πεπτωκότα αὐτῆς καὶ τὰ κατεσκαμμένα
αὐτῆς, &c. *Rupturae & ruinae,* non sunt aliud quàm errores, falsi cultus,
& doctrinae ac cultus daemoniorum, & huiuscemodi per Christum

sublata, pristinóque splendori & integritati restituta."[44]

ביום ההוא "Er <Amos> fügt hier nach verschiedenen Drohungen letzt-endlich Tröstungen und herrliche Verheißungen an, bei denen kein Zweifel besteht, daß sie sich auf die Zeit und das Königreich/-tum des Messias beziehen. Dasselbe bekennen auch die Vernünftigeren der Hebräer und Talmudisten selbst im Traktat Sanhedrin, Kap. Cheleq, wie Nikolaus von Lyra zitiert, wo sie aus dieser Stelle den Messias בן נפלי nennen, 'fallender' oder 'gefallener Sohn', wie Galatinus übersetzt, weil er das Zusammengebrochene wieder aufrichten wird und das Niedergestürzte erneuern wird, wie es an dieser Stelle heißt. So endigen fast alle Propheten mit der Herrschaft/dem Reich Christi, wenn man sie zusammenzubringen will. Der Schluß bei Joel und dieses Propheten <Amos> gehen in vielem zusammen.

Diese Stelle wird auch von Jakobus in Apg 15 zitiert, um die Berufung der Heiden gut zu heißen, nachdem unter den Brüdern ein Streit ausgebrochen war, ob es nun für die Heiden, die Christus anerkennen, nötig sei, die Beschneidung und den Sabbat zu beachten. Wobei kein Grund besteht, daß wir eine sicherere und treuerere Auslegung dieser Stelle suchen, als die, die Jakobus selbst anführt.

Doch die Stelle führt er gemäß der Übersetzung der Septuaginta an, die damals die gebräuchlichste war, wegen der Heiden, <mit denen man es zu tun hatte> mußte auf solche Weise gehandelt werden. Wie auch sonst immer wieder die alttestamentlichen Stellen von den Aposteln eher aus der Übersetzung der Septuaginta zitiert werden als aus der hebräischen Wahrheit. Die Septuaginta aber variiert hier etwas vom Hebräischen. Ja, Jakobus zitiert sogar etwas anders als die Septuaginta, obwohl sie alle auf das gleiche Ziel hinauslaufen. Aber ihren Unterschied stellen wir später heraus. Zuerst erklären wir das Hebräische.

An jenem Tag, zu jener Zeit, nachdem nämlich ich jene heimgesucht und mannigfaltig angetrieben haben werde, die Ungläubigen und Frevler von diesem Volk vernichtet haben werde, zur Zeit nämlich der Erlösung, zur Zeit Christi. Deswegen sagt Jakobus: "Nach diesem wende ich mich" (=Apg 15,16 Vulgata) etc. μετὰ ταῦτα ἀναστρέψω. Denn nachdem dieses Volk von den vier Königreichen

---

[44] Io. Mercerus, Commentarius locupletissimus in Prophetas quinque priores inter eos qui minores vocantur, o.O. und o.J. (1598 oder 2.Aufl. 1698). Mikrofilm der British Library London. Wegen der schwierigen Beschaffung dieses Kommentars wurde der Text vollständig lateinisch abgedruckt.

mannigfach bedrängt und verfolgt wurde und wie durch ein Sieb gereinigt wurde, war es nötig, der Erwählten wegen, damit sie nicht am zu sendenden Christus verzweifeln, und wegen der Schwere der Bedrängnisse meinen, daß es geschehen sei und auch, daß die Verheißungen von Christus ungültig seien, daß endlich Christus gesandt werde.

אקים *richte ich auf,* werde ich aufrichten (Vulgata), lasse ich *die gefallene Hütte Davids* aufstellen. Er meint das Königreich/-tum des Hauses David, wie der gelehrte Chaldäische Ausleger <=Targum> übersetzt. Das meint das Königreich/-tum des Messias. Er nennt es aber Hütte Davids, weil David sich vorgenommen hatte, einen Tempel zu errichten und in der Tat bis dahin alles Nötige zu seinem Bau vorbereitet hatte <1Chr 22,5>. Aber nach dem Willen des Herrn wurde er durch seinen Sohn Salomo später da erbaut, wo die Kirche des Herrn gewesen ist. Und dem David wurden Verheißungen wegen seinem Nachkommen gemacht. In den Schriften wird Christus auch häufig David genannt, weil aus ihm nach dem Fleisch der Herr Christus geboren werden wird.

Hütte oder "Schattendach" heißt es, weil jene geräumige einstige Königsburg nunmehr durch die Härte der Schäden und Verwüstungen in ein Hüttchen reduziert zu sein scheint. Welches du auch geistlich verstehen sollst von der verderbten Religion und von dem <verderbten> Gottesdienst des Herrn auch unter den Juden, da damals durch die Pharisäer und Sadduzäer alles verfälscht war, die anstelle des göttlichen Gesetzes ihre Traditionen einführten, und diese auch fast den göttlichen vorzogen. Christus hat deshalb die zusammengebrochene wahre Religion sowohl bei den Heiden als auch sogar bei den Juden erneuert, indem er die wahre und himmlische Weisheit lehrte, das heilbringende Wort, auf welche Art und Weise der Vater anzubeten sei, etc.

Zusammengebrochen sagt er, obwohl es noch nicht zugrunde gegangen war, weil er <Amos> schon im Geist seinen Untergang in beiderlei Volk vorhersah, das nach einigen Jahren ins Exil abgeführt werden wird. Denn הנופלת bedeutet eher *"gefallen"* als "fallend". So wird auch bei Benoni für das Präteritum ein vorangestelltes He haiedia verwendet, wie auch die Septuaginta übersetzt: πεπτωκυῖαν. Diese <Worte> sind nämlich nicht äußerlich aufzufassen, wie die Juden träumen und sich vergeblich versprechen. In dieser Meinung und in diesem Irrtum waren am Anfang auch die Apostel (Apg 1: Wann stellst du das Reich Israel wieder her?), bis sie, durch den empfan-

genen Heiligen Geist erleuchtet, später erkannten, daß diese Wiederherstellung nicht äußerlich und fleischlich erfolgen werde, sondern
innerlich und geistlich. So solltest du auch das, was folgt, so verstehen: ונדרתי *und ich umzäune ihre Risse,* in פרציהן steht Nun für Mem,
wie auch anderswo im Hebräischen. Du siehst den veränderten
Numerus und Genus, welches gleich nachher steht und auch sonst
verschiedentlich in dieser Sprache begegnen kann.

והריסותיו *und seine Ruinen richte ich auf, seine,* nämlich Israels. Dasselbe
meinte er mit: *ihre <pl.>,* mit verändertem Numerus. Aber nachher
kehrt er zurück zum femininen Genus ובניתיה *und ich werde jene wiederherstellen,* die Hütte nämlich, die er schon erwähnt hatte, d.h., die
Herrschaft und Kirche Christi.

כימי עולם *wie in der <alten> Zeit,* d.h. in den alten Zeiten, Davids
nämlich und der Patriarchen, als die reine Verehrung des Herrn durch
Christus lebendig war. Eine nämlich und dieselbe ist die Kirche aller
Zeiten, jene alte der Väter und die neue. Und auch derselbe ist in
beiden der Kultus, derselbe Glaube. Nur, daß sich uns Christus durch
seine Ankunft klarer als jenen gezeigt hat, weil jene an einen Kommenden glauben. Überhaupt müssen durch denselben Glauben beide gerettet werden. Da besteht kein Zweifel, daß dies durch Christus
erfüllt ist.

Die Septuaginta haben überall das feminine Genus festgehalten,
τὰ πεπτωκότα αὐτῆς καὶ τὰ κατεσκαμμένα αὐτῆς etc. *Risse und Ruinen*
sind nichts anderes als Irrtümer, falsche Kulte und Lehren und Verehrung der Dämonen, und ähnliches, die durch Christus aufgehoben und
zum früheren Glanz und Unversehrtheit wiederhergestellt wurden."

Der Kommentar von Jean Mercier könnte mit dem berühmten Dik-
tum überschrieben werden: "Nisi Lyra non lyrasset nemo doctorum
in Bibliam saltasset."[45]

Der Einfluß des Franziskaners macht sich schon im ersten Satz
geltend, wo Mercerus seine These formuliert: Am 9,11 muß sich
auf die Zeit und das Königreich/-tum des Messias erstrecken. Auch
Nicolaus hatte, wie wir oben sahen, die gleiche These seinen Ausführungen vorangestellt. Zum Beweis zitiert Mercerus aus Nicolaus von Lyra die Talmudstelle bSan 96b vom Messiasnamen Bar

---

[45] Oder wie man in Deutschland sagte: "Hätte Lyra nicht über die Bibel geschrieben, wäre mancher Doctor ein Esel geblieben," F. Vernet, Art. Lyre,
Dictionnaire de Théologie Catholique IX, Paris 1926, Sp.1410–1422, 1420.

Nflj,[46] allerdings hebraisiert als Ben Nflj[47] "fallender oder gefallener
Sohn". Diese Übersetzung entnimmt Mercier dem Franziskaner und
christlichen Kabbalisten Pietro Columna Galatinus (1460–1540), dessen mystisches Werk "De arcanis catholicae veritatis" (Ortona 1518),
trotz antijudaistischer Untertöne zur Verteidigung von Johannes
Reuchlin geschrieben, viel zur Förderung der christlichen Hebraistik
beitrug.[48]

Nach bSan 96b deute der Name das restaurativ-instaurative Wirken des Messias an.[49]

Danach weist Mercerus auf das Zitat von Am 9,11 im Neuen Testament, in Apg 15,16 hin, dessen Auslegung auch für das Alte Testament gültig ist. Hier zeigt sich seine außerordentliche Sorgfalt in
der Textanalyse und der stilistischen Beobachtung, die im 16.Jh. kaum
ihresgleichen hat: Wegen der auf der Gemeindeversammlung zu Jerusalem anwesenden griechischsprachigen Heiden zitiert Jakobus Am
9,11 aus der Septuaginta (die hier vom hebräischen Text abweicht),
aber mit einigen Änderungen (s. S.83–86; Synopse S.83).

Doch zunächst will Mercier den hebräischen Text Wort für Wort
erklären:

ביום ההוא bezieht er auf die Zeit der Heilswende, die Zeit Christi.
Vorausgegangen war die Läuterung durch die vier Königreiche (Babylonier, Perser, Griechen, Römer, vgl. Dan 7), die der Heraussiebung
der Erwählten (Am 9,9f) diente. Nach diesem Gericht sandte Gott
endlich den lange verheißenen Messias. Deshalb sagt Jakobus in Apg
15,16—so Mercerus—"Danach wende ich <Gott> mich um" μετὰ
ταῦτα ἀναστρέψω, weil jetzt die Zeit der Versöhnung durch Christus
angebrochen ist.

Für die Auslegung der gefallenen Hütte Davids zieht Mercier wie
Nicolaus von Lyra das Targum heran. Allerdings mit dem Unterschied, daß Nicolaus das Targum als Raschis (R. Salomo ben Isaak,
1040–1105) eigene Auslegung angegeben hatte. Daher könnte man
an dieser Stelle eine eigenständige Kenntnis des Targums durch
Mercerus vermuten. Sie scheint nicht durch Nicolaus von Lyra ver-

---

[46] Vgl. S.45–55.

[47] In den "Glossae" des Nicolaus von Lyra war nur die Fortsetzung dieser Stelle
über das Abnehmen der Weisen und Lehrer zur Beweisführung auf die Zeit des
Messias herangezogen worden, s. S.119; 124.

[48] S. Art. Galatinus, EJ 7, Sp.262f (G.E. Silverman).

[49] Der "fallende" oder "gefallene" Sohn muß wohl als der "in den Tod gefallene
Messias" gedeutet werden. Möglicherweise sah Mercier hier den Tod und die Auf-

mittelt zu sein. Die gefallene Hütte Davids ist gemäß dem Targum das Königreich/-tum des Hauses David, d.h.—wie Mercier erklärend hinzufügt—des Messias.

In Am 9,11 heißt es "Hütte *Davids*", weil David 1) den Tempelbau für das alttestamentliche Gottesvolk geplant hatte (2Sam 7,1–17; 1Chr 22,5) und weil 2) auf dem Nachkommen Davids Gottes Verheißungen ruhen (2Sam 7,12). Christus stammte nämlich von David ab (Röm 1,3).

Dieser Deutung von Mercerus unterliegen die zwei biblischen Bedeutungen des Wortes "Hütte": 1) =Tempel (Ps 27,5f; 31,21; 42,5; 76,3; Klgl 2,6) und 2) =Leib (Jes 38,12; 2Kor 5,1–4; 2Petr 1,13f). Der Tempel ist die Hütte Davids, weil David den Tempelbau geplant hatte. Christus wird im Alten Testament David genannt. So ist jener die Hütte Davids, weil er ein leiblicher Nachkomme des judäischen Königs ist. Diese Deutung hatten wir auch schon bei den griechischen Vätern angetroffen (s.o.).

"*Hütte*" oder "Schattendach" heißt es in Am 9,11, weil die weiträumige Königsburg Davids z. Zt. Christi in ein Hüttchen (tuguriolum) verfallen war. Mercerus sieht also in der Hütte ebenfalls einen Pejorativ wie vor ihm schon Luther. Der Ausdruck "Schattendach" (vmbraculum) signalisiert, daß er sich unter der Hütte (Davids) eine Laubhütte vorgestellt haben muß. Hier ist ein gewisser Bruch in seiner Logik feststellbar, weil die Hütte (tabernaculum) ein Pejorativ für die Königsburg (regia) sein soll, die dann wieder in ein Hüttchen (tuguriolum) verfallen ist. Von einen solchen doppelten Verfall bzw. von einem solchen tuguriolum ist aber in Am 9,11 nicht die Rede.

Genau wie bei Nicolaus von Lyra wird die Reduzierung der Königsburg Davids geistlich auf den Verfall der Religion und Gottesverehrung bei den Pharisäern und Sadduzäern gedeutet, der von Christus beseitigt wird. Wir erhalten folgenden Syllogismus: David hat den Tempelbau geplant. David ist Christus, weil dieser als Davidide geboren ist. Christus richtet die Hütte Davids, den Tempel, die Kirche, wieder auf.

Die Hütte Davids ist "*gefallen*", weil der Prophet Amos die Reichsteilung Israels in Nord-und Südreich und die Exilierung nach Babylon voraussieht. Deshalb muß הנופלת als Part. perf. "gefallen" (statt

---

erstehung Christi angedeutet, die zur Gründung der Kirche führten, denn gleich danach folgt die Besprechung von Apg 15,16. GALATINUS könnte seine Deutung von Raymundus Martini übernommen haben, s. S.139.

"fallend") übersetzt werden, wie es auch die LXX durch πεπτωκυῖαν wiedergibt.[50] Das Am 9,11 erwähnte Vermauern der Risse und die Aufrichtung der Trümmer der Hütte Davids bezieht Mercier ebenfalls auf Israel, in dem er philologisch korrekt die Suffixe פרציהן "ihre (fem.pl.) Risse" und הריסותיו "seine (mask.sg.) Trümmer" auf die einzelnen Israeliten (das Femininkennzeichen Nun stehe dabei für Mem) bzw. Israel als kollektive Person (deshalb das Singularsuffix) deutet.

Nach dieser historischen Deutung auf Israel folgt wieder die applicatio auf die Zeit Christi: Die gefallene Hütte Davids ist im Reich und der Kirche Christi aufgerichtet worden und nicht etwa als Königreich Israel "wie die Juden träumen und sich vergeblich versprechen". Diesen Seitenhieb auf jüdische Erwartungen hat Mercier—falls er nicht schon eine feststehende Typisierung darstellt—vermutlich von Hieronymus übernommen, der ganz ähnlich sagt: "... das <den Wiederaufbau Jerusalems und des Tempels> versprechen sich die Juden für die letzte Zeit in einer vergeblichen Erwartung (vana sibi exspectatione promittunt) und erinnern dabei <Gott im Gebet>, daß sie fleischlich (carnaliter) zu erfüllen sei." Auch Mercerus lehnt diese äußerliche und fleischliche (corporalis) Deutung ab.

Für ihn nach dem Vorbild des Neuen Testaments in Apg 15,16 die Aufrichtung der gefallenen Hütte Davids in der Kirche Christi erfüllt, weil Christus die wahre Gottesverehrung, wie z.Zt. Davids und der Patriarchen in der in den Götzendienst gefallenen einen Kirche wieder herstellte. In diese Kirche möchte Mercerus auch die Juden integriert sehen, auch wenn sie an einen kommenden Messias glauben.

Der Amoskommentar des Johannes Mercerus ist gekennzeichnet von einer streng historischen Deutung, die unter Einbeziehung der rabbinischen Exegese und der zeitgenössischen Hebraistik den Text literaliter christologisch deutet, wie vor ihm schon Luther und Nicolaus von Lyra. Doch verwendet er die von ihm benutzte Literatur durchaus eigenständig.

Da sich von nun an keine besonders selbständigen Auslegungen mehr ergeben, wird von nun an eine kurze Zusammenfassung der Hauptgedanken der Auslegung des jeweiligen Exegeten vorgelegt. Die seit

---

[50] Der hier erwähnte Benoni und der Begriff "He haiedia", der wohl aus der

dem Mittelalter alleinherrschende Deutung: Hütte Davids = Kirche ist bis zur Aufklärung bestimmend.

J. Tarnov (1586–1629)

Der Rostocker Alttestamentler versteht in seinem Kommentar Am 9,11f als ob es von der "Wiederaufrichtung der alten Kirche der Juden und der Angliederung der Heiden"[51] (de restauratione Ecclesiae Veteris Judaeorum & adunatione gentium) handle. Da nach seiner Meinung "die evangelischen Verheißungen von der Erneuerung der Kirche durch Christus und die Berufung der Heiden durch den Typus der alten Kirche abgeschattet werden" (Promissiones Evangelicae de instauratione Ecclesiae per Christum, & vocatione gentium, adumbrantur typo Veteris Ecclesiae)[52], gelte für Am 9,11: "und so verstehen wir sehr richtig unter der Hütte Davids die Kirche Christi" (Atque ita rectissime per Davidis tugurium Christi Ecclesiam intelligimus . . .).[53]

D.J.G. Carpzov (1679–1767)

Der Professor des Hebräischen in Leipzig und spätere Superintendent in Lübeck meint in seiner Einleitung (1731), daß Amos an unserer Stelle "die niedergeworfenen und durch Drohungen niedergeschmetterten Seelen durch die erfreuliche Darstellung des Königreiches Christi tröstet" (prostratosque & perculsos minis animos, jucunda regni Christi delineatione soletur).[54]

L.Chr. Miegius

Mieg hat Am 9,11 eine Dissertation gewidmet: De Fatis Tabernaculi Davidici (1732).[55]

---

zeitgenössischen Hebraistik stammt, konnten leider von mir nicht nachgewiesen werden.

[51] J. Tarnov, In Prophetas Minores Commentarius, Lipsiae 1706, 549.
[52] Ebd. 715.
[53] Ebd.
[54] D.J.G. Carpzov, Introductio ad libros canonicos. Pars III: Introductio ad libros propheticos, Lipsiae 1731, 325.
[55] L.Chr. Miegius, De Fatis Tabernaculi Davidici Amos IX.v.11. In: Hase, Th./ Iken, K., Thesaurus novus theologico-philologicus Bd.1, Lugduni Batavorum/ Amstelodami 1732, 1044–1061 (Dissertatio Heidelbergae 1707).

Seine theologische Doktorarbeit setzt mit einem Vergleich der alten Versionen ein. Er bietet den masoretischen Text, das Targum, die Septuaginta und Apg 15 jeweils mit nachfolgender lateinischer Übersetzung.

In § III folgt seine These:[56]

"Hier beschränkt der Heilige Geist 1) die dem Volk Gottes darzubietende Gnade Gottes auf eine bestimmte Zeit: *An jenem Tag.*

2) Er offenbart, daß zu dieser Zeit die Gestalt des davidischen Hauses (Domus Davidicae) traurig sein wird.

3) Er verheißt ihm alsdann eine in die Augen fallende Wiederaufrichtung."

In § IV[57] und § V[58] lehnt er die bisher vorgetragenen Deutungen auf die Zeit Hiskias und Serubbabels ab. Dabei erwähnt er auch den Talmud, die Kommentare von Ibn Esra und Abrabanel; in § V (Serubbabel) die Kirchenväter Theodor von Mopsuestia, Cyrillus Alexandrinus und Rufinus; außerdem noch Hugo Grotius (1583–1645). Theodor von Mopsuestia wird dabei eine längere Abhandlung zuteil, weil er die Prophetien "von Christus entleert hat" (Prophetias de Christo evacuans), wie dies auch durch Hugo Grotius geschehen ist.

Sowohl Hiskia als auch Serubbabel sind Typen des Messias, doch zu ihrer Zeit wurde Am 9,11 nicht erfüllt.

In § VI[59] wird bewiesen, daß sich Am 9,11 nicht, wie Abrabanel meint, auf das Ende des gegenwärtigen jüdischen Exils und die nachfolgende Messiaszeit bezieht, sondern auf den Anfang desselben (70 n.Chr.). Die Aufrichtung des davidischen Hauses wird ungefähr zur Zeit der Vernichtung des Tempels und des israelitischen Staatswesens eingesetzt haben, § VII[60]. Man muß deshalb anfügen, daß selbst die Juden vom Messias, der kommt, wenn in Judäa alles zusammenstürzt, Am 9,11 so auslegen, daß sie ihn deshalb בר נפילי "Sohn des zusammenfallenden Staatswesens" (Filius collabascentis Reipublicae) nennen.[61] <bSan 96b>

---

[56] Ebd. 1044.
[57] Ebd. 1044f.
[58] Ebd. 1045.
[59] Ebd. 1045.
[60] Ebd. 1046.
[61] Ebd. 1046. Bei dieser Form handelt es sich vielleicht um ein part.pass.sg.mask pe'al mit Gentiliziumendung. Woher MIEG diese Punktation gewonnen hat, ist nicht mehr nachzuweisen. bSan 96b bietet jedenfalls בר נפלי, s. S.45ff. MIEGs Deutung ist grammatikalisch korrekter als die von ihm referierte des Raymundus Martini, s.u.

In § VIII[62] folgt eine ausgiebige Besprechung des Wortes סכה, welches von einem אהל abgegrenzt wird. Eine Sukka ist eine Hütte der wertlosesten Art (vilissimi generis), also ein "tugurium" (Schuppen). Sie wird aus Stroh, Schilfrohr (! über Rohrhütten im Alten Orient S. 201ff) oder dem Laub der Bäume hergestellt. Sie ist also eindeutig eine Laubhütte. Es folgen viele Belege aus dem Alten Testament, der rabbinischen Literatur und sogar von Plinius. Nach Miegs Ansicht hätten in solchen Hütten die Israeliten während der Wüstenwanderung gewohnt—eher als in Zelten und Pavillionen— wie das Laubhüttenfest beweise.[63]

Miegius erwähnt auch Am 5,26, wo von den "Succoth Regis sui" (den Hütten seines Königs) die Rede sei,[64] nämlich von der Mosaischen Hütte (Tabernaculum Mosaicum). Es folgt eine Beschreibung der Stiftshütte als eines tragbaren Tempels bei Josephus <Jos. Ant. iii,103> und von solchen Göttertempeln in der Antike. Auch das aramäische Wort טללא bedeute einen solchen Götterwagen (Rheda = raeda?), was aber durch die moderne Philologie nicht gesichert ist.

In § IX[65] geht Mieg noch kurz auf die vor allem von Raymundus Martini im Pugio Fidei (1278)[66] vertretene Deutung der Hütte Davids auf den Messias selbst ein: Der Leib Christi ist eine kleine gefallene Hütte (casula collapsa), die in den Tod gefallen ist und durch Christi Auferstehung wieder aufgerichtet wird. Mieg findet diese Deutung attraktiv, aber meint doch, daß eher das Königreich Davids mit dem Ausdruck "Hütte Davids" gemeint sei.

Nun wendet er die bisher gewonnenen Ergebnisse für Am 9,11 an. Seine Argumentation entwickelt sich dabei folgendermaßen (bis § XII):

1) "Weil nämlich *Amos* ein Hirte war... wird aus seiner Wohnung der Name für das Haus des Königs entlehnt." (Cum itaque Pastor esset *Amosus*... ex mansione sua nomen domui Regis mutuatus est).[67] Hier spiegelt sich die mindestens schon seit Hieronymus

---

[62] Ebd. 1046f.

[63] Ebd. 1047.

[64] Es ist interessant, daß Mieg das סֻכּוּת des masoretischen Textes als סְכוּת punktiert!

[65] Ebd. 1047

[66] Siehe dazu Ina Willi-Plein/Th. Willi, Glaubensdolch und Messiasbeweis. Die Begegnung von Judentum, Christentum und Islam im 13. Jh. in Spanien, Neukirchen-Vluyn 1980 (Forschungen zum jüdisch-christlichen Dialog 2). Der Pugio Fidei gehört zur sog. Adversus-Judaeos Literatur.

[67] Ebd. § X, 1047.

vertretene Anschauung, daß der Stil der prophetischen Redeweise durch die Lebenswelt der Propheten geprägt ist, s. S.173f.

2) "Aber er kann ... dieses Bild um so fröhlicher gebrauchen, weil die Anfänge des davidischen Reiches gar sehr ärmlich gewesen sind; David wurde aus der Schafhürde in den Palast gerufen, sein erster "Palast" war eine Hütte." (Sed poterat ... hoc emblemate tanto felicius uti, quod prima Regni Davidici initia per quam tenuia fuerint; Ex caula David ad aulam vocatus erat, primum ejus palatium Tugurium erat).[68]

3) "Mit welchen ... auch jenes zusammenpaßt, daß David seines Ursprungs eingedenk, nicht anders seine Untergebenen, als wie ein Hirte seine Herde, geleitet hat." (Cum quibus ... & illud convenit, quod David Originis suae memor non aliter subditos suos, quam Pastor gregem suum gubernavit).[69]

4) "Aber ... dieses Sinnbild bildet das Wesen des Reiches Gottes im Neuen Testament fein ab, und zeigt an, daß den Gläubigen in der neutestamentlichen Kirche zukünftig ein sicherer Zufluchtsort vorhanden ist." (Sed ... emblema istud naturam Regni Dei in N.T. eleganter depingit, indicatque certum fidelibus in Ecclesia N.T. refugium fore). Diese Deutung geht darauf zurück, "daß die Worte, die von סכך abgeleitet sind ... 'Decke, Schutz' bedeuten." (quod voces a סכך derivatae ... tegmen notent).[70] Das zukünftige Refugium der Gläubigen in der Kirche läßt sich also philologisch direkt aus סכה ableiten.

5) "סכה ist bei den Hebräern in Gebrauch für das was die Griechen σκηνή oder σκήνωμα nennen. Durch diese Worte wird jenes Symbol der göttlichen Gegenwart, welches die Juden שכינה Schechina nennen, bezeichnet." (סכה apud Hebraeos in usu est pro eo quod Graeci σκηνὴν & σκήνωμα dicunt. His vero vocibus prius illud praesentiae Divinae Symbolum, quod Judaei שכינה Schechinam dicunt, designatur).[71]

6) "Indessen kann es auch jenes ... andeuten, daß das Reich Christi zukünftig nicht, wiewohl es durch den einzigartigen Schutz & die Gegenwart Gottes ruhmvoll ist, an ein und demselben Ort fixiert sei, sondern eher die Form des früheren Pilgerns ... haben soll, bevor die völlige Ruhe folgt. Zuerst wird nach dem *Palast* eine *Hütte* sein,

---

[68] Ebd.
[69] Ebd.
[70] § XI, 1047.
[71] § XI, 1048.

eine bewegliche Hütte eher als ein fester Tempel." (Interim & illud . . .
innui poterat, non fore regnum Christi, utut singulari protectione &
praesentia Dei gloriosum sit, in uno & eodem loco fixum, sed formam
prius pristinae peregrinationis . . . habiturum, antequam plenam
consequatur quietem. *Tugurium* primo post *Palatium* erit, mobile
tabernaculum prius quam Fixum <sic> templum).[72]

7) "Aber das Wort der *Hütte* führt uns dorthin, daß zukünftig zur
Zeit des Auftretens des Messias die Erscheinung dieser Familie <Da-
vids> gering sein wird und die Sache zum früheren Schicksal Davids
zurückkehren wird . . ." (Sed & eo nos . . . *Tugurii* vox ducit, vilem
fore huius Familiae conspectum tempore exorituri Messiae, remque
ad pristina Davidis fata redituram).[73]

Nun geht Miegius auch noch kurz auf die Begriffe פרץ und הריסה
ein, die er mit vielen philologischen Beobachtungen versieht.[74]

In § XIII bezieht er den Riß der Hütte Davids auf das Schisma
der zehn Stämme nach dem Tode König Salomos. Er bespricht auch
den möglichen jetzigen Aufenthaltsort der "ten lost tribes".[75]

In § XV referiert Miegius die jüdische Tradition, daß der Ankunft
des Messias der Zusammenbruch des Reiches Davids vorausgeht.
Als Beleg zitiert er die ganze Passage zu Am 9,11 im Yalq. <§549>,
die mit dem Dialog über den בר נפלי einsetzt, in lateinischer
Übersetzung.[76]

Die im Yalqut erwähnten Kriterien der Ankunft des Messias wendet Mieg nun auf die Zeit Christi an. Besonders der Niedergang des
Tempels und der Verfall der Lehre unter den Pharisäern finden seine
Aufmerksamkeit. Er kommt dabei zu der Schlußfolgerung: "Kaum
ist nämlich das Ei dem Ei ähnlicher, als diese Kriterien den Zeiten
entsprechen als Christus kam." (Vix enim ovum ovo similius est, quam
haec Criteria ei tempori respondent, quo Christus venit.)

Der Verfall des davidischen Hauses und Königreiches setzte sich
also von der Zeit Davids bis zur Zeit Christi fort, dessen Wiederaufrichtung der Hütte Davids sich in der Kirche vollzog.

Als Schlußfolgerung von Miegs Arbeit könnte man folgende Zusammenfassung herausstellen:

---

[72] Ebd.
[73] § XII, 1048.
[74] Ebd. 1048.
[75] Ebd. 1048. Er vermutet sogar, daß die zehn "Hordis" (Horden?) der Tataren
den zehn israelitischen Stämmen entsprechen.
[76] Ebd. 1048f. Mieg liest בר נפילי.

"Amos beschreibt in Kap. 9,11, welches nach dem Zusammenbruch des Königreiches und der Familie Davids die zukünftige Gestalt der Kirche während der Tage des Messias sein wird." (Quae
post collapsum Regnum et Familiam Davidis Ecclesiae sub diebus
Messiae facies futura erat, Amosus cap.IX.v.11 indicat).[77]

Hier konnten nur einige Aspekte aus Miegs umfangreicher und gründlicher Dissertation wiedergegeben werden. Sie bietet einen reichen
Schatz an rabbinischen und antiken Quellen, wenn auch mit gewissen antijudaistischen Untertönen.

B.H. Gebhardi

Eine weitere Erklärung unserer Stelle finden wir bei B.H. Gebhardi
(1737): ". . . das Haufflein der Gläubigen, *Davids* gesinnete, will ich
aus ihrem Verfall wieder aufrichten, ihre Kirchen und Schulen wieder bestellen . . ."[78] Denn "*David* hatte vor dem Tempel—Bau die
Lade des Bundes auf die Burg Zion bringen lassen, woselbst sich die
Gemeinde Gottes versammelte, deren vornehmstes Glied David war.
Daher heisset das gläubige Volck durchgehends bey den Propheten
Zion. Sie werden aber verglichen mit einer verfallenen Hütten, um
anzudeuten, daß nach *Davids* und *Salomons* Zeiten die Heiligen in
Israel sehr abgenommen . . . Und in solchem Stande blieben sie auch
bis auf die Assyrische und Babylonische Gefängniß und von solcher
bis auf Christum."[79]

Unter das Bild der Hütte fallen für Gebhardi weiterhin Weinberge,
Ölgärten, Gärten (V.14) und der Tempel zu Jerusalem.[80]

Bei der Auslegung Gebhardis ist es auffällig, daß er den Verfall
der Hütte Davids, d.h. der alttestamentlichen Kirche, bereits nach
David ansetzt und sich bis zur Eroberung Israels durch die Assyrer,
das babylonische Exil und die Zustände der Zeit Christi fortsetzen
läßt. Gerade der Wiederaufbau der "Schulen" könnte auf den Verfall der Lehre hindeuten, der dann durch die Aufrichtung der Kirche Christi beseitigt wird.

---

[77] S.1044.
[78] B.H. Gebhardi, Gründliche Einleitung in die Zwölff Kleinen Propheten, Braunschweig 1737, 447f.
[79] Ebd. 448.
[80] Ebd. 449f.

Ph.D. Burkius

In seinem "Gnomon in Duodecim Prophetas Minores" (1753) schreibt Burkius folgendes:

"So leuchtet aus diesem feiner hervor die gemeinsame Ursache der Erneuerung *der Kirche* aus den Israeliten und *des Hauptes* der Kirche, nämlich Davids oder Christi."

(Sic causa communis *ecclesiae* ex Israelitis instaurandae & *capitis* ecclesiae, Davidis sive Christi, eo elegantius emicat).[81] Burkius warnt davor, daß Am 9,11 nicht nur nach dem sensus spiritualis interpretiert werden dürfe, der die Stelle ganz allgemein auf die Kirche des Neuen Testamentes bezieht, sondern daß sie sich auch auf "die *Israeliten*, im eigentlichen Sinne, auf die Familie *Davids*" bezöge. (ut pateat ad *Israelitas* proprie sic dictos, ad familiam *Davidis).*[82]

Er meint ferner, in Am 9,11 werde das Bild von Am 9,1 fortgeführt, so daß auch hier von einem Tempel die Rede sei: "Es werden *viele* wiederaufzurichtende Tempel Davids unterstellt" (supponuntur *plures* aedes Davidis restituendae . . .).[83]

J.Chr. Harenberg

Harenberg gibt in seinem Kommentar (1763) verschiedene Erklärungen, die hier nicht in allen Einzelheiten wiedergegeben werden können. Sein äußerst gründlicher Amoskommentar ist eine Fundgrube historischer Beobachtungen, rabbinischer Auslegungen und patristischer Belege; allerdings weniger zu Am 9,11 als zu sonstigen Stellen. Er setzt sich auch durchaus mit den Ansichten und Auslegungen anderer Theologen auseinander, die er gelegentlich bekämpft und dabei ab und zu auch scharf antijudaistische Töne anschlägt. An unserer Stelle sei hier besonders die historische Deutung von Am 9,11 auf Serubbabel im Kommentar von Hugo Grotius (s.u.) erwähnt.[84] Folgende Deutung ist bei Harenberg selbst anzutreffen:

1) "Das Nomen סֻכָּה, σκηνὴ, σηκὸς \<sic!\> ist ein Zelt, ein Wohnsitz, der dahin und dorthin beweglich ist . . . Jener Name wird bald auf den Königssitz/Thronsitz, bald auf das Zelt der Israeliten angewendet,

---

[81] Ph.D. Burkius, Gnomon in Duodecim Prophetas Minores, Heilbronnae 1753, 232.
[82] Ebd.
[83] Ebd.
[84] J.Chr. Harenberg, Amos Propheta. Expositus interpretatione nova latina, Lugduni Batavorum 1763, 458.

ganz besonders auf die Zelte der Israeliten, die durch die Wüste geschafft wurden." (Nomen סֻכָּה, σκηνή, σηκὸς est tentorium, domicilium huc illuc mobile... Nomen id modo de regia sede, modo de tentorio Israelidarum <sic!> adhibetur, in primis de tentoriorum Israeliticorum per deserta adparatu).[85]

2) "Jenes Zelt, welches David um die Bundeslade rings herum stellte, war zur Zeit des Amos schon fast verschwunden. Durch die Feuersbrunst, die Nebukadnezar den Jerusalemern zufügte, wurde jenes völlig verbrannt. Von jenem Zelt ist nicht einmal das kleinste Teilchen übrig. Amos muß folglich etwas anderes als Zelt bezeichnet haben." (Tentorium id, quod David arcae foederis circumdederat, paene dissipatum erat aevo Amosi. Incendio, quod Nebucadnezar Hierosolymis intulit, illud fuit concrematum. Superest huius tentorii ne minima quidem particula. Aliud igitur designaverit Amos tentorium oportet).[86]

3) "Deswegen war Gott im Begriff, eine neue Ökonomie der Kirche zu schaffen und das neue Jerusalem zu bauen, Jes 65,17.18; 66,22. Diese sollte der früheren folgen und in ein volleres Licht treten, nachdem die Vernichtung des letzten jüdischen Jerusalem vollendet war, Jes 66,24. Das Zelt Davids also ist jener geistliche Tempel, welchen der König David, der Messias nämlich, in den Seelen seiner Verehrer befestigt hat und anstelle jenes äußerlichen davidischen Zeltes baut bis zum äußersten Ende der Erde. Die Propheten nennen den Messias *David* oder auch *König David* Jer 30,9; Ez 34,13.24; 37,24; Hos 3,5; Echa Rabathi <sic> zu Klgl 1,16.

Das *Zelt Davids* ist demnach die Kirche und das Königreich der Gnade Christi..."

(Novam propterea oeconomiam ecclesiae Deus erat creaturus novamque Hierosolymam facturus, Jes LXV:17.18. LXVI:22. Haec erat priori successura ac in lucem ventura pleniorem, finito excidio Hierosolymitano postremo Judaico LXVI:24. Tentorium igitur Davidis est illud spirituale templum, quod David rex, Messias nempe, in animis cultorum suorum stabilivit ac loco illius externi Davidici tentorii struit usque ad telluris finem postremum. Messiam prophetae adpellarunt *Davidem* ac *regem Davidem* Jer XXX:9. Ez XXXIV:13.24. XXXVII:24. Hos III:5. Echa Rabathi ad Thren I:16. *Tentorium Davidis* proinde est ecclesia atque regnum gratiae Christi.)[87]

---

[85] Ebd. 470f.
[86] Ebd. 456.
[87] Ebd. 457.

4) "Das Zelt Davids oder des Messias ist jenes himmlische Jerusalem, wie es Johannes <Offb 21,2> gesehen hat, als es in der Vision erschien und vom Himmel herab kam..." (Tentorium Davidis seu Messiae est coelestis <Offb 21,2> illa Hierosolyma, quam vidit sibi in visione oblatam ac coelitus descendentem Joannes...)[88]

5) "Die Juden haben das zu erneuernde Jerusalem in den Gebeten und erwarten die Herrschaft des Messias, die in die Augen fallend ist, indem sie die Stellen Ps 76,2; 76,2.3 dahin auslegen. Zu dieser Stelle wird nämlich im *Midrasch Tehillim* <nach Raymundus Martini, Pugio fidei> die Stelle Am 9,11 erwähnt, um solche Hoffnung zu stärken." (Judaei reparandam Hierosolymam in votis habent atque regnum Messiae expectant, in oculos incurrens, trahentes huc loca Ps LXXVI:2. LXXVI:2.3. At hunc locum in *Midrasch Tillim* <Raymundi Martini, Pugio fidei...> memoratur etiam, ob spem tantam fulciendam locus Amosi IX:11).[89]

6) "Der Jerusalemer Tempel wird nie aufgerichtet werden, wenn auch die Juden die Wiederaufrichtung des dritten Tempels ängstlich und elend erseufzen, und Altingius und andere der protestantischen Theologen sie zu erwarten scheinen."

(Templum Hierosolymitanum instaurabitur numquam, licet Judaei instaurationem templi tertii anxie misereque anhelent, & eamdem videantur expectare Altingius aliique Theologorum Protestantium).[90]

Hier soll noch besonders hervorgehoben werden, daß Harenberg den Begriff סכה einmal von den Zelten der Wüstenwanderung, zum anderen von dem Zelt, in dem David die Bundeslade nach ihrer Einholung nach Jerusalem aufgestellt hatte (2Sam 6,17), ableitet. Da das letztere Zelt bei der Einnahme Jerusalems durch die Babylonier verbrannte, denkt Amos in Kap. 9,11 an eine geistige Größe als Gottessitz, nämlich die Kirche Christi. Da die Kirche ewig ist und am Ende der Zeiten ein neues Jerusalem ohne Tempel von Himmel herabkommen wird, sind jüdische Hoffnungen auf eine Wiedererrichtung Jerusalems bzw. des Tempels nichtig.[91] Harenberg fügt noch an, daß auch die Einsichtigeren der Juden selbst glauben, daß der zukünftige Jerusalemer Tempel geistlich sein wird, wie auch das Reich des Messias selbst.[92]

---

[88] Ebd. 467
[89] Ebd. 472. Zu der erwähnten Midraschstelle s. S.68–70 dieser Arbeit.
[90] Ebd. 473.
[91] Ebd. 474.
[92] Ebd.

Fassen wir kurz zusammen:

Bei den Exegeten der Alten Kirche wird vor allem folgende Deutung vertreten:

Die Hütte Davids ist der Leib Christi, den Gott in der Auferstehung vom Tode aufrichtet (Ephraem Syrus, Hieronymus, Augustinus, Cyrillus Alexandrinus, Theodoret von Kyros). Hier ist die biblische Vorstellung vom menschlichen Leib als Zelt/Hütte grundlegend (vgl. Jes 38,12; 2Kor 5,1-4; 2Petr 1,13f). Dazu tritt besonders im Hinblick auf die Person Christi die Tradition vom Jerusalemer Tempel als einer "Hütte", in der Gott Wohnung genommen hat (Ps 27,5f; 31,21; 42,5; 76,3; Klgl 2,6).

Die Auferstehung Christi inauguriert die Aufrichtung der Kirche als seines (neuen) Leibes.

Hier eröffnet sich bereits der Ausblick auf die *seit dem Mittelalter* gängige Auslegung, die Am 9,11 ausschließlich auf die christliche Kirche bezieht (z.B. Nicolaus von Lyra). Diese leitet sich vor allem aus dem Zitat von Am 9,11 in Apg 15,16 her, wo die Deutung dieser sehr schwierigen Stelle auf die Kirche evident zu sein scheint.

Diese Exegese von Am 9,11 blieb bis zur *Aufklärung* bestehen und wirkte noch bei E.B. Pusey (1800-1882; s.u.) nach.

4. *Die Aufklärung*

Wir beginnen diesen Zeitabschnitt mit dem Kommentar von Hugo Grotius (Huigh de Groot 1583-1645), der eigentlich zwar dem Späthumanismus zugerechnet werden muß, aber in seiner Exegese im Geist der Aufklärung kritisch vorangeht.

Hugo Grotius

Der Doktor der Rechte, Diplomat und Theologe de Groot legt in seinen "Annotationes" Am 9,11ff rein historisch aus.[93] Den Text: *Suscitabo tabernaculum Dauid quod cecidit)* versieht Grotius mit der Anmerkung "Domum Dauid, in Zorobabele"; den Textteil "et reaedificabo illud" bezieht er auf Jerusalem.

---

[93] H. Grotius, Annotationes in Vetus Testamentum. Emendatius ed. et brevibus complurium locorum dilucidationibus auxit Gregorius Ludovicus Vogel, Tomus II, Halae 1776, 461.

W. Newcome

Newcome gibt zu dem Stichwort "tabernacle" in seinem Kommentar[94] (1785) die Erklärung: "Elegantly, for the kingdom of David."[95]

G.L. Bauer

Nach der Auffassung Bauers in seinem Zwölfprophetenkommentar (1786) handelt Am 9,11 von der "Wiederaufrichtung des jüdischen Staats nach dem babylonischen Exilium".[96] "Die verfallene Hütte Davids, d.i. seine Familie, die Gott durch den Serubabel wieder empor brachte . . ."[97]

J.C.W. Dahl

Dahl gibt in seinem Amoskommentar (1795) eine ausführlichere historische Herleitung seiner Definition: "Dieser Ausdruck ist aus den ältern Zeiten der hebr. Nation zu erklären, da diese noch eine nomadische Lebensart führte und also in Hütten wohnte, wie noch jetzt der gröste Theil der Araber. Hier steht Hütte für Staat überhaupt."[98]

J.G. Eichhorn

Eichhorn setzt in seinen "hebräischen Propheten" einen anderen Akzent: "Nach dieser Reinigung der zehn Stämme, von schlechten Mitgliedern, hört ihre Trennung von dem gegenwärtig regierenden Hause Davids auf, und nach ihrem <sic!> Wiederkehr zu ihm fangen goldne Zeiten an (V.11–15). Noch läßt es der Prophet dunkel, auf welche Weise man sich die Rückkehr der gebesserten zehn Stämme unter die in Juda gegenwärtig regierende Familie zu denken habe? Ob sie etwa von den Königen von Juda aus dem Exilium befreyt werden? . . . Aber dem Propheten ist die Vereinigung beyder Reiche zu Einem

---

[94] W. Newcome, An Attempt towards an Improved Version, a Metrical Rearrangement and an Explanation of the Twelve Minor Prophets, London 1785, 37.

[95] Ebd.

[96] Georg Lorenz Bauer, Die Kleinen Propheten. Übersetzt und mit Commentarien erläutert, Leipzig 1786, 172.

[97] Ebd.

[98] J.C.W. Dahl, Amos. Neu übersetzt und erklärt, Göttingen 1795, 260.

Staat die nothwendige Bedingung glücklicher Zeiten, die er der Zukunft ahnet."[99]

J.F. Schröder

Schröder deutet in seinem Kommentar von 1829 Am 9,11 auf die Familie Davids. Er verneint jedoch, daß das Bild von der gefallenen Hütte Davids auch eine Erwähnung Jerusalems beinhalte, da diese Stadt zu Amos' Zeit noch nicht zerstört war. Nach Schröders Ansicht handelt unser Text von der Vereinigung der beiden Reiche Israel und Juda unter der davidischen Familie.[100]

E.F.C. Rosenmüller

Rosenmüller bringt in seinen "Scholia" (1836) eine längere, aber nicht sehr originelle Erklärung, die sich aus Zitaten von Mercerus und Miegius (s.o.) zusammensetzt:

"*die gefallene Hütte Davids*, d.h. wie das Targum richtig erklärt hat, *ich will aufrichten das Königreich/-tum des Hauses David, welches gefallen ist. Hütte* oder *Schattendach* heißt es, weil jene geräumige einstige Königsburg nunmehr durch die Härte der Schäden und Verwüstungen in ein Hüttchen reduziert zu sein scheint (Dieser Satz ist wörtlich aus Mercerus übernommen). סֻכָּה bezeichnet eine *Hütte*, aber der fast wertlosesten Art. Sie ist genauer gesagt ein Schuppen, welcher aus dem Laub der Bäume oder Schilf zusammengeflochten ist, wie sie bei den Armen, Bauern und Hirten in Gebrauch waren, s. Gen 33,17; Ijob 38,40 (wörtliche Passagen aus Miegius). Von jenem Schuppen Davids sagt er, daß er הַנֹּפֶלֶת *gefallen sei*, wenn er auch noch nicht zusammengestürzt war, weil er <Amos> ja schon im Geist seinen Sturz in beiderlei Volk vorhergesehen hat." (*tugurium Davidis collapsum*, i.e., ut recte Chaldeus explicavit, *erigam regnum domus David, quod collapsum est. Tabernaculum,* seu *umbraculum* vocat, quod ampla illa Davidis regia, jam calamitatum injuria et desolationum videretur in tuguriolum redac-

---

[99] J.G. Eichhorn, Die hebräischen Propheten, Bd.I, Göttingen 1816, 69. Diese Interpretation war durch J.S. Vater andeutungsweise vorbereitet, der in der Wegführung der zehn Stämme und dem Ruin des Reiches Juda die schwächenden Elemente für das Haus Davids sah, vgl. J.S. Vater, Amos übersetzt und erläutert, mit Beifügung des Hebräischen Textes und des Griechischen der Septuaginta, Halle 1810, 73–75.

[100] J.F. Schröder, Die Propheten Hoschea, Joel und Amos. Übersetzt und erläutert, Leipzig 1829, 401–403.

tum. סֻכָּה *tabernaculum* notat, sed fere vilissimi generis. Proprie tugurium est, quod ex frondibus arborum aut arundinibus contextum est, qualia pauperibus, rusticis et pastoribus in usu erant, vid. Gen 33,17. Job 38,40. Illud igitur Davidis tugurium הַנֹּפֶלֶת *collapsum* dicit, etsi nondum corruisset, quia jam animo praevidebat ejus ruinam in utroque populo.)[101]

Die Zitate aus Mercerus und Miegius sind ein schönes Beispiel für die Übernahme vorkritischer exegetischer Ergebnisse ohne die gleichzeitige Annahme der damals üblichen christologischen Deutung.

H. Ewald, H.A. Hävernick, Fr.W.C. Umbreit

H. Ewald (1840), H.A. Hävernick (1844) und vor allem Fr.W.C. Umbreit (1845)[102] liegen auf derselben Linie wie Rosenmüller: "Der königliche Palast *David's* ist zu einer dürftigen Hütte geworden, die immer mehr verfällt..., aber sie soll dereinst in ihrem alten Glanze wieder hergestellt werden, wie in den Tagen der Vorzeit; die neu aufgebaute Hütte symbolisirt <sic> das Davidische Königsthum in seiner ungetheilten Herrschaft über die wieder vereinigten Reiche von Juda und Israel."

G. Baur und E.W. Hengstenberg

G. Baur (1847)[103] und E.W. Hengstenberg (1854) deuten ebenfalls auf "die tief gesunkene Macht des davidischen Stammes".

---

[101] E.F.C. Rosenmüller, Scholia in Vetus Testamentum in Compendium Redacta, Tom. IV: Scholia in Prophetas Minores. Post auctoris obitum edidit J.Chr.S. Lechner, Lipsiae 1836, 335.
A. Knobel, Der Prophetismus der Hebräer. Vollständig dargestellt, Teil 1, Breslau 1837, 331 deutet Am 9,11 ebenfalls auf das "herabgekommene davidische Königshaus", vgl. ebenso F.J.V.D. Maurer, Commentarius Grammaticus Historicus Criticus in Prophetas Minores, Lipsiae 1840, 184.

[102] H. Ewald, Die Propheten des Alten Bundes erklärt, Bd.I, Stuttgart 1840, 116. Ebenso die 2.Aufl., Göttingen 1867, 171.
H.A.Chr. Hävernick, Handbuch der historisch-kritischen Einleitung in das Alte Testament, Bd.II, Erlangen 1844, 314.
Fr.W.C. Umbreit, Praktischer Commentar über die kleinen Propheten. Mit exegetischen und kritischen Anmerkungen. Erster Theil: Hosea, Joel, Amos, Obadja, Micha, Nahum, Habakuk, Zephanja, Hamburg 1845 (Praktischer Commentar über die Propheten des Alten Bundes IV,1) Anm.v S.185.

[103] G. Baur, Der Prophet Amos erklärt, Gießen 1847, 436. E.W. Hengstenberg, Christologie des Alten Testamentes und Commentar über die Messianischen Weissagungen, Bd.I, 2.Aufl., Berlin 1854, 447.

E.B. Pusey

E.B. Pusey gibt in seinem Zwölfprophetenkommentar von 1860 folgende nun schon vertraute Deutung:[104] "He <Amos> now foretells, how that salvation, of those indeed His own, should be effected through the house of David, in whose line Christ was to come. He speaks of the house of David not in any terms of royal greatness; he tells, not of his palaces, but of its ruins." Diese Aussage schränkt er jedoch sogleich wieder ein, wenn er schreibt: "But he also speaks of it in a way which excludes the idea of *the hut of David* being 'the royal Dynasty' or 'the kingdom of Judah'. For he speaks of it not as an abstract thing, such as a kingdom is, but as a whole, consisting of individuals . . . using apparently this variety of numbers and genders, in order to shew that he is speaking of one living whole, the Jewish Church, now rent in two by the great schism of Jeroboam . . ."

Nach Pusey kann also die davidische Dynastie in Am 9,11 nicht gemeint sein, weil sie im strengen Sinn nicht wieder erstand.

5. *Neuere Auslegung (ab 1860)*

Da eine Durchsicht des weiteren Materials nicht mehr viel Neues ergibt, das eine breitere Darstellung lohnend erscheinen ließe, fassen wir die bis jetzt gewonnenen Ergebnisse in *zwei großen Linien der Auslegung* zusammen:

1) Die "gefallene Hütte Davids" steht für die *Familie Davids*, die *davidische Dynastie* bzw. das *davidische Königtum* (diese Deutung fanden wir zuerst bei Theodor von Mopsuestia).

Nach dieser Anschauung bildet der Begriff "Hütte" (סכה) eine Diminutivform von "Haus" (בית) und könnte an unserer Stelle einen Reflex von 2Sam 7 darstellen, wo dem Davidshaus ewiger Bestand zugesichert wird. Das Haus Davids ist seine Familie, die in Judäa die regierende Dynastie bildete. Dieses Haus wird in Am 9,11 als (Laub-)hütte bezeichnet und als "gefallen" beschrieben.

In diesem Fall liegt weniger eine bildliche Redeweise als vielmehr ein Wortspiel mit den Begriffen "Haus (Davids)"—"Hütte (Davids)"

---

[104] E.B. Pusey, The Minor Prophets with a Commentary Explanatory and Practical and Introduction to the Several Books, Oxford/Cambridge/London 1860, 223 und 224.

vor. Für diese Deutung haben sich folgende Exegeten entschieden:[105]
Duhm (1875), Steiner/Hitzig (1881), von Orelli (1882), Riehm (1885), Knabenbauer (1886), Delitzsch (1890), Nowack (1892), Volz (1897), Valeton (1898), Oettli (1901), Boehmer (1903), Harper (1910), Causse (1913), Sellin (1922), König (1925), Dürr (1926), Reisenfeld (1947), Kahmann (1951), Mowinckel (1956), Watts (1958), Kaufmann (1960), Reventlow (1962), Bernhardt (1964), Herrmann (1965), Williams (1966), Alonso-Schökel (1966), Sasowski (1967), Preuß (1968), Rudolph (1971), Ina Willi-Plein (1971), McKeating (1971), Wagner (1971), van Leeuwen (1974 und 1985), Weiser (1974), Davies (1980/81), Deissler (1981), Blenkinsopp (1983), Soggin (1987).

a) Andere Ausleger nehmen dagegen an, daß das Wort "Hütte" in Am 9,11 eine *Metapher* sei, die die davidische Dynastie symbolisiere.

Die Versuche, die Größe, die durch Verfall zu einer Hütte geworden ist, zu rekonstruieren, sind mannigfaltig. (So werden wir überaus häufig die Deutung auf eine Königsburg oder einen Palast antreffen.

---

[105] B. Duhm, Die Theologie der Propheten als Grundlage für die innere Entwicklungsgeschichte der israelitischen Religion, Bonn 1875, 125 und Ders., Israels Propheten, Tübingen 1916, 97.

H. Steiner/F. Hitzig, Die Zwölf Kleinen Propheten, 4. Aufl., Leipzig 1881 (KEH) 149f.

C. von Orelli, Die alttestamentliche Weissagung von der Vollendung des Gottesreiches, Wien 1882, 251.

E. Riehm, Die messianische Weissagung, 2. Aufl., Gotha 1885, 132.

J. Knabenbauer, Commentarius in Prophetas Minores, Paris 1886, 333.

F. Delitzsch, Messianische Weissagungen, Leipzig 1890, 83.

D.W. Nowack, Die Kleinen Propheten. Übersetzt und erklärt, Göttingen 1897 (HK III,4) 159 = 2. Aufl., Göttingen 1903, 173 = 3., neu bearb. Aufl., Göttingen 1922, 169.

P. Volz, Die vorexilische Jahweprophetie und der Messias, Göttingen 1897, 23.

J.J.P. Valeton, Amos und Hosea. Ein Kapitel aus der Geschichte der israelitischen Religion, Gießen 1898, 129.

S. Oettli, Amos und Hosea, BFChTh 5 (1901) 1–63, 47.

J. Boehmer, Hinein in die alttestamentlichen Prophetenschriften, Stuttgart 1903, 17f.

Ders., Die Eigenart der prophetischen Heilspredigt des Amos, ThStKr 76 (1903) 35–47, 39.

W.R. Harper, Amos and Hosea, Edinburgh 1910 (ICC) 198.

A. Causse, Les Prophètes d'Israël et les Religions de l'Orient, Paris 1913, Anm.2 S.90f.

E. Sellin, Das Zwölfprophetenbuch. Übersetzt und erklärt, Leipzig 1922 (KAT XII) 224f.

E. König, Die messianischen Weissagungen des Alten Testaments, 2. und 3. allseitig ergänzte Aufl., Stuttgart 1925, 171.

L. Dürr, Wollen und Wirken der alttestamentlichen Propheten, Düsseldorf 1929, 46.

Diese Begriffe dokumentieren den Einfluß der Exegese von Mercerus).
H. Reinke (1861) schreibt z.B.: "Den davidischen herrlichen *Palast*
sieht der Prophet in eine niedere baufällige Hütte verwandelt, zum
Theil zusammengestürzt und durchlöchert, aber sie auch zugleich
aus ihren Trümmern glänzend wieder erstehen."[106] Ebenso F. Keil
(1888): "Wenn das Davidische Geschlecht in keinem Palaste mehr
wohnt, sondern in einer armseligen, verfallenen Hütte, dann hat seine
Königsherrschaft aufgehört."[107]

H. Riesenfeld, Jésus Transfiguré, København 1947 (ASNU XVI) 169f.

J. Kahmann, Die Heilszukunft in ihrer Beziehung zur Heilsgeschichte nach Isaias
40–55, Bib 32 (1951) 65–89, 75.

S. Mowinckel, He That Cometh, Oxford 1956, 19 und 165.

J.D.W. Watts, Vision and Prophecy in Amos, Leiden 1958, 80.

Y. Kaufmann, The Religion of Israel, Chicago 1960, 368.

H. Graf Reventlow, Das Amt des Propheten bei Amos, Göttingen 1962 (FRLANT
80) 113.

K.-H. Bernhardt, Art. Hütte, BHHW II (1964) 754.

S. Herrmann, Die prophetischen Heilserwartungen im Alten Testament, Stuttgart
1965 (BWANT 85) 126.

D.L. Williams, The Theology of Amos, RExp 63 (1966) 393–403, 403.

L. Alonso-Schökel, Doce Profetas Menores, Madrid 1966, 82.

R. Sasowski, Dann wende ich das Schicksal meines Volkes Israel, BiKi 22 (1967)
116–119, 118.

H.D. Preuß, Jahweglaube und Zukunfterwartung, Stuttgart/Berlin/Köln/Mainz
1968 (BWANT 87) 170–179, 141.

W. Rudolph, Joel, Amos, Obadja, Jona, Gütersloh 1971 (KAT XIII,2) 280f.

Ina Willi-Plein, Vorformen der Schriftexegese innerhalb des Alten Testaments,
BZAW 123 (1971) 57.

H. McKeating, Amos, Hosea, Micah, Cambridge 1971 (The Cambridge Bible
Commentary) 70.

S. Wagner, Überlegungen zur Frage nach den Beziehungen des Propheten Amos
zum Südreich, ThLZ 96 (1971) Sp.653–670, 661.

C. van Leeuwen, De Heilsverwachting bij Amos, in: Vruchten van de Uithof.
Studies opgedragen aan dr.H.A. Brongers ter gelegenheit van zijn afscheid, Utrecht
1974, 71–87, 81.

Ders., Amos, Nijkerk 1985 (De Prediking van het Oude Testament) 346.

A. Weiser, Das Buch der Zwölf Kleinen Propheten I, 6., durchges. Aufl., Göttingen 1974 (ATD 24) 203.

G.H. Davies, Amos—The Prophet of Re-Union, ET 92 (1980/81) 196–200, 200.

A. Deissler, Zwölf Propheten. Hosea. Joël. Amos, Würzburg 1981 (Die Neue Echter
Bibel) 135.

J. Blenkinsopp, A History of Prophecy in Israel, Philadelphia 1983, 92.

A. Soggin, The Prophet Amos, London 1987, 150.

[106] L. Reinke, Die messianischen Weissagungen bei den großen und kleinen Propheten des AT, Bd.III, Geißen 1861, 190. Wir folgen im weiteren nicht der chro-
nologischen Ordnung der Kommentare, sondern der inhaltlichen Entwicklung, da
die chronologische Reihenfolge hier nicht der Spiegel der inhaltlichen ist.

[107] F. Keil, Biblischer Commentar über die Zwölf Kleinen Propheten, 3. nachgebes.
Aufl., Leipzig 1888 (BK III,4) 238. Dieser Deutung folgen auch K. Hartung, Der
Prophet Amos. Nach dem Grundtexte erklärt, BSt 3 (1898) 307–475 und J. Theis,

G. Hoffmann (1883) will zunächst in סֻכּוֹת דָּוִיד הַנֹּפֶלֶת umpunktieren und dies dann auf *Städte* beziehen, die im einfachen Hüttenstil der davidischen Zeit wieder aufgebaut werden sollen.[108] G. Hölscher (1914) denkt dagegen an eine *Stadt* (Jerusalem?)[109] und Robinson/Horst (1938) an die in Trümmern liegenden *Stadtmauern* Jerusalems.[110] Auch Honeycutt (1966), Kellermann (1969), Wolff (1975) und Weimar (1981) denken an *Jerusalem* als "the dwelling of David",[111] während Hyatt (1947) ganz speziell den *Fall Jerusalems* und die Exilszeit in unserer Stelle vorausgesetzt sieht.[112]

Bei Caspari (1930) wird die Unterscheidung zwischen Bild und Sache besonders deutlich: "Die 'Hütte' Davids ist nicht eindeutig. Entweder: eine zur absichtlichen Herabsetzung verwendete Formel für die *Königsburg*... 'Oder': Die Hütte ist vielleicht die *Festlaube,* und 'die Laube wieder in Stand setzen' heißt das Fest vorbereiten und dazu einladen, auch Speise und Trank für alle Feiergenossen bereitstellen. Dergleichen fordert ein Auftreten in kgl. Glanze."[113] Die Brücke zur Deutung auf die Davidsdynastie bildet bei Caspari die Königsgestalt: "Ein anwesender König gibt, nicht nur als Spender der Speisen II.Sam.6, sondern auch als Mittelpunkt von Wünschen und Hoffnungen, dem Feste die besondere Anziehung."[114] Zusammenfassend läßt Caspari seine Deutung wieder in den Hauptstrom der Exegese einmünden: "Eine Davidshütte ist... eine Formel des Gedenkens an

---

in: J. Lippl, Die Zwölf Kleinen Propheten, 1. Hälfte, Bonn 1937 (Die Heiligen Schriften des AT VIII, 3/1) 136.

[108] G. Hoffmann, Versuche zu Amos, ZAW 3 (1883) 125f.

[109] G. Hölscher, Die Propheten. Untersuchungen zur Religionsgeschichte Israels, Leipzig 1914, Anm.3 S.436.

[110] Th.H. Robinson/F. Horst, Die Zwölf Kleinen Propheten, Tübingen 1938 (HAT 14) 107. Ebenso die 2., verb. und verm. Aufl., Tübingen 1954.

[111] R.L. Honeycutt, The Lion Has Roared!, An Expository Outline of the Book of Amos, SWJT 9 (1966) 27–35. Das folgende Zitat steht auf S.35.

U. Kellermann, Der Amosschluß als Stimme deuteronomistischer Heilshoffnung, EvTh 29 (1969) 169–183, 176.

H.W. Wolff, Dodekapropheton 2. Joel und Amos, 2. durchges. Aufl., Neukirchen-Vluyn 1975 (BK XIV,2) 407. Wolff erwähnt die Deutung auf Jerusalem, bleibt aber insgesamt unentschieden: "Jedenfalls beherrscht diesen Zeugen die Heilsgewißheit, daß eine längst zertrümmerte davidische Größe die Mitte der kommenden Weltherrschaft Jahwes werden würde." (Ebd.)

P. Weimar, Der Schluß des Amos-Buches, BN 16 (1981) 60–100, Anm.118 S.91.

[112] J.Ph. Hyatt, Prophetic Religion, New York/Nashville 1947, 99.

[113] W. Caspari, Erwarten Amos und Hosea den Messias?, NKZ 41 (1930) 812–817, 815f.

[114] Ebd. 816.

den *Gründer des Reichs,* der *Hauptstadt* und der *Dynastie.*"[115] Wir fanden folgende Logik vor: Hütte = Festlaube, König = David, Festlaube Davids = davidische Dynastie.

Ähnlich wie Caspari sehen auch Deden (1953), Cripps (1955) und Hammershaimb (1970) in der Hütte Davids eine *Laubhütte,* die den Verfall des davidischen Königshauses symbolisiere: ". . . een schamele woning; de 'hut van David' is nog wel 'gevallen' . . . Dergelijke uitdrukkingen wijzen op het verval van het koningshuis . . ."[116] (Deden).

Einen ganz anderen Weg schlägt Neher (1950) ein, der meint, der Ausdruck "Hütte" sei "synonyme non de faiblesse, mais d'humilité."[117] Er sei in Kontrast gesetzt zu "Haus Israel" und "Haus Jerobeam". Außerdem könne die gefallene Hütte Davids "désigner métaphoriquement le *Temple de Jérusalem,* symbole de l'unité religieuse de la nation."[118]

B. Michaelis (1954) spricht im Anschluß an A.Alt von einem *prunkvollen Mattenbau,* in dem der König im Felde Audienz hielt. Wenn diese Prachtlaube in Am 9,11 als gefallen bezeichnet wird, bedeute dies, daß sich die Pfosten des Mattenbaus gelockert hätten und die Mattenbehänge heruntergerutscht seien.[119] Diese Vorstellung läßt sich mit der an unserer Stelle vorausgesetzten Terminologie (Risse, Trümmer etc.) allerdings schwer in Einklang bringen.

Eine eigenwillige Auslegung findet sich bei Richardson (1973). Wie Hoffmann (1883 s.o.) punktiert er um in סֻכֹּה, ein nomen loci einer Stadt in Transjordanien, die er auch in 2Sam 11,11 und 1Kön 20,12.16 wiederfinden will. Diese Stadt *Sukkot* ist für Richardson ein Symbol: ". . . <Amos> looked forward to the reunification of the two kingdoms under the Davidic dynasty. And a symbol of that reunification was the rebuilding of David's Succoth as a prelude to the re-establishment of the glorious rule of Yahweh's anointed from Elath to the Euphrates."[120]

---

[115] Ebd. 817.

[116] D. Deden, De Kleine Profeten, Roermond 1953 (BOT 12). Zitat S.163f. R.S. Cripps, A Critical and Exegetical Commentary on the Book of Amos, 2nd. ed., London 1955, 270f. E. Hammershaimb, The Book of Amos. A Commentary, Oxford 1970, 140.

[117] A. Neher, Amos. Contribution à l'étude du prophétisme, Paris 1950, 167.

[118] Ebd. 143.

[119] W. Michaelis, Zelt und Hütte im biblischen Denken, EvTh 14 (1954) 29–49, 38.

[120] H.N. Richardson, SKT (Amos 9:11): "Booth" or "Succoth"?, JBL 92 (1973) 375–381, 381.

Schon diese Übersicht zur ersten Hauptlinie der Deutung hat gezeigt, wie komplex die mit unserer Stelle verbundenen Vorstellungen sind. Die für den Fall des davidischen Königshauses vorausgesetzte *historische Situation* läßt sich im wesentlichen auf vier Zeitabschnitte verteilen:

* Die meisten Ausleger denken an die *Reichsteilung* nach dem Tode Salomos: "Der Abfall vom Hause Davids ist die Erbsünde des Zehnstämmereiches."[121] So z.B.:

Keil (1888), Hartung (1898), Oettli (1901), Boehmer (1903), Sellin (1922), König (1925), Reventlow (1962), Sasowski (1967), Preuß (1968), Rudolph (1971), Wagner (1971), van Leeuwen (1974), Davies (1980/81).[122]

* Einige sehen in Joas' Sieg über Amasja von Juda (2Kön 14,13) die entscheidende Schwächung des davidischen Königtums, z.B. C. von Orelli (1882), Delitzsch (1890), König (1925).[123]

* Sehr häufig wird Am 9,11 in der *Exilszeit* lokalisiert, als die davidische Dynastie erloschen war oder zumindest nur in reduziertem Zustand fortbestand. Hierfür sind z.B. Nowack (1897), Harper (1910), Duhm (1916), Robinson/Horst (1938), Hyatt (1947), Herrmann (1965), Ina Willi-Plein (1971), McKeating (1971), Deissler (1981), Blenkinsopp (1983) und Soggin (1987) heranzuziehen.[124]

* P. Weimar denkt an einen Zusammenhang mit der restaurativ-eschatologischen Erwartung nach dem Tod des Kambyses 522 v.Chr.[125]

2) Die *zweite Hauptgruppe der Ausleger* sieht in der gefallenen Hütte Davids ein Bild für das geteilte (nach Salomos Tod) oder ganz untergegangene (im babylonischen Exil) *davidische Großreich*. Hier sind eine Vielzahl von Exegeten zu nennen:

Wellhausen (1892), Seesemann (1898), Boehmer (1903), Marti (1904), Proksch (1910), Desnoyers (1917), Sellin (1922), Budde (1925), Weiser (1929), Gressmann (1929), Cramer (1930), Riesenfeld (1947), Buber (1950), Nötscher (1954), Benson (1957), Hentschke (1957), Heaton (1958), Dheilly (1960), Mirjam Prager (1962/63), Smith (1966), Gottlieb (1967), Kuntz (1968), Werner (1969), Eleonore Beck (1969),

---

[121] S. Oettli, Amos und Hosea, a.a.O., 47.

[122] S. Anm. 105.

[123] S. Anm. 105. Darüber hinaus: C. von Orelli, Das Buch Ezechiel und die zwölf kleinen Propheten, Nördlingen 1888 (KK V) 278.

[124] S. Anm. 105.

[125] P. Weimar, Der Schluß des Amos-Buches, a.a.O., 91.

Clements (1975), Barth (1977), Koch (1978), Boogart (1981), Amsler (1982) und Martin-Achard (1984).[126]

Für Budde z.B., symbolisiert der Ausdruck "Hütte" das schlichte "Heim, das David seinem Volke baute und gab".[127] Sie ist das aus den zwölf Stämmen bestehende Gesamtreich Israel, "weil eben mit David alle Stämme Israels unter demselben Dache wohnten".[128]

---

[126] J. Wellhausen, Die kleinen Propheten übersetzt. Mit Noten, Skizzen und Vorarbeiten, Heft 5, Berlin 1892, 94.

O. Seesemann, Israel und Juda bei Amos und Hosea, Leipzig 1898, 15.

J. Boehmer, Die Eigenart der prophetischen Heilspredigt des Amos, ThStKr 76 (1903) 35–47, 45.

K. Marti, Das Dodekapropheton erklärt, Tübingen 1904 (KHC XIII) 226.

O. Proksch, Die kleinen prophetischen Schriften vor dem Exil, Calw/Stuttgart 1910 (Theologische Abhandlungen zum AT 3) 96.

L. Desnoyers, Le Prophète Amos, RB N.S.14 (1917) 218–246, 245.

E. Sellin, Das Zwölfprophetenbuch. Übersetzt und erklärt, Leipzig 1922 (KAT XII) 224f. Sellin deutet aber auch auf die davidische Dynastie!

K. Budde, Zu Text und Auslegung des Buches Amos, JBL 44 (1925) 63–122, 115.

A. Weiser, Die Prophetie des Amos, BZAW 53 (1929) 287.

H. Gressmann, Der Messias, Göttingen 1929, 233.

K. Cramer, Amos, Stuttgart 1930, 48 und 181.

H. Riesenfeld, Jésus Transfiguré, København 1947 (ASNU XVI) 169f.

M. Buber, Der Glaube der Propheten, Zürich 1950, 157.

F. Nötscher, Zwölfprophetenbuch oder Kleine Propheten, Würzburg 1954 (Echter Bibel) 76.

A. Benson, From the Mouth of the Lion. The Messianism of Amos, CBQ 19 (1957) 199–212, 210.

R. Hentschke, Die Stellung der vorexilischen Schriftpropheten zum Kultus, BZAW 75 (1957) 25.

E.W. Heaton, The Old Testament Prophets, Harmondsworth 1958, 158.

J. Dheilly, Les Prophètes, Paris 1960, 71.

Mirjam Prager, Amos, der Hirte aus Teqoa IV, BiLi 36 (1962/63) 205–308, 305.

R.L. Smith, The Theological Implications of the Prophecy of Amos, SWJT 9 (1966) 49–56, 56.

H. Gottlieb, Amos und Jerusalem, VT 17 (1967) 430–463, 460.

M. Kuntz, Ein Element der alten Theophanieüberlieferung und seine Rolle in der Prophetie des Amos, Diss. Tübingen 1968, 172 und 233.

H. Werner, Amos, Göttingen 1969 (ExBib IV) 162f.

Eleonore Beck, Gottes Traum: Eine menschliche Welt. Hosea, Amos, Micha, Stuttgart 1972 (Stuttgarter Kleiner Kommentar 14) 72.

R.E. Clements, Prophecy and Tradition, Oxford 1975, 44.

H. Barth, Die Jesaja-Worte in der Josiazeit, Neukirchen-Vluyn 1977, 265.

K. Koch, Die Propheten I, Stuttgart 1978, 81.

Th.A. Boogart, Reflections on Restoration, Groningen 1981, 141.

S. Amsler, Amos, Genève 1982 (CAT XIa) 245.

R. Martin-Achard, A Commentary on the Book of Amos, in: God's People in Crisis, Edinburgh/Grand Rapids 1984, 68.

[127] K. Budde, Zu Text und Auslegung des Buches Amos, JBL 44 (1925) 63–122, 115.

[128] Ebd.

M. Buber denkt dagegen an eine Laubhütte: "Der Schafhirt redet hier vom Schafhirten: solche 'Hütten' ... aus Strauch- und Zweigwerk hat einst der Sage nach (Gen 33,17) Jakob für seine Herden hergestellt <vgl. Miegius, s.o.>. David hat sein Reich als Hütte für seine Herde gebaut, nur eine solche Volkshütte verdient wieder zu erstehen 'wie in den Tagen der Vorzeit'."[129]

Ganz ähnlich stellt sich Seybold ein Schutzdach aus belaubten Zweigen und Ästen vor, das Bauern, Feldhütern und Kriegern als Unterkunft dient. Diese Feldhütte ist für ihn ein Gleichnis für das davidische Königreich und Königtum.[130]

K. Koch setzt einen etwas anderen Akzent: Es ist in Am 9,11 kein nomadisches Wohnzelt gemeint, sondern eine zum besonderen Anlaß aufgestellte Festhütte: "Ist an einen Raum gedacht, in dem ein Festmahl zur 'Verbrüderung' zwischen König und Volk als wirksames Symbol der Reichseinigung stattfindet?"[131]

Diese Beispiele zeigen bereits exemplarisch, daß hier die Meinungen, was man sich unter dem Begriff "Hütte" konkret vorzustellen habe, einliniger verlaufen als bei der Deutung auf die Davidsdynastie. Das mag daran liegen, daß der Metapher "Hütte" schon die Bedeutung "Bleibe", "Heimat" und daher "Königreich" innewohnt, während der bildliche Bezug von Hütte und Dynastie inhaltlich weniger vorgeprägt ist.

a) Eine kleinere Anzahl von Exegeten sieht in der Davidshütte ein Symbol für das *Südreich Juda,* so z.B.:

Von Orelli (1888), Reuß (1892), G.A. Smith (o.J., 1901?), Kleinert (1905), van Hoonacker (1908), Lods (1935), Florival (1954), Fey (1963) und Bernard (1969).[132]

Diese Auslegung beruht auf der Ansicht, daß "das Königr<eich> Juda ... nicht mehr Davids Haus zu nennen <sei>, <sondern> bloß

---

[129] M. Buber, Der Glaube der Propheten, a.a.O., 157.

[130] K. Seybold, Das davidische Königtum im Zeugnis der Propheten, Göttingen 1972 (FRLANT 107) 61.

[131] K. Koch und Mitarbeiter, Amos. Untersucht mit den Methoden einer strukturalen Formgeschichte, Teil 2, Neukirchen-Vluyn 1976 (AOAT 30) 63.

[132] C. von Orelli, Das Buch Ezechiel und die zwölf kleinen Propheten, a.a.O., 278.
E. Reuß, Die Propheten, Braunschweig 1892, Anm.1 S.84.
G.A. Smith, The Book of the Twelve Prophets I. Amos, Hosea and Micah, London/New York/Toronto o.J. (1901?) 192.
P. Kleinert, Die Propheten Israels in sozialer Beziehung, Leipzig 1905, Anm.2 S.139.
A. van Hoonacker, Les Douze Petits Prophètes, Paris 1908, 283.

noch ein 'kleines Haus' (6,11), eine Hütte, und erst noch eine rissige, halbzertrümmerte. Der Vorgänger Jerob<eam>s II. Joasch hatte Amazja von Juda aufs tiefste gedemütigt . . ."[133]

Neben der eben genannten *historischen Ansetzung* z.Z. Amasjas von Juda ist auch die Einordnung in die Zeit der Reichsteilung unter Jerobeam I. und weiterhin auf das babylonische Exil möglich, als das Südreich Juda völlig gefallen war.

Für die Deutung auf das *davidische Großreich* gelten die gleichen eben genannten *Datierungsmöglichkeiten.* Darüber hinaus gehen einige Exegeten andere Wege:

Benson (1957) denkt an das Jahr 733 v.Chr. als "the Assyrian armies swept over Israel, devastating Galilee, and annexing all of Israel except Ephraim and western Manasses. Many villages were destroyed and an important part of the population had taken the road to exile."[134]

H. Barth (1977) meint, daß Am 9,11 am ehesten in die Josiazeit passen könnte (Perspektive der Wiederaufrichtung des Davidsreiches unter Josia als zweitem David),[135] während K. Koch (1978) die Zeit nach dem Ende des nordisraelitischen Königtums (722 v.Chr.) ins Auge zu fassen scheint.[136]

Boogart (1981) wiederum meint, daß unsere Stelle sich am besten aus den Verhältnissen der Zeit Hiskias erklären lasse: "The fact that the hope of the restoration of the Davidic kingdom can be explained from the events during Hezekiah's lifetime indicates that this hope is characteristic of this period, not of the exilic or post-exilic period."[137]

A. Lods, Les Prophètes d'Israël et les débuts du Judaïsme, Paris 1935, 97.

E. Florival, Le Jour du Jugement Am 9,7–15, BiViChr 8 (1954) 61–75, 68f.

R. Fey, Amos und Jesaja, Neukirchen-Vluyn 1963 (WMANT 12) Anm.1 S.55.

M. Bernard, Exegetical Study: Amos 9,8–15, Ministry 9 (1969) 22–26, 23.

[133] C. von Orelli, Das Buch Ezechiel und die zwölf kleinen Propheten, a.a.O., 278 = 2. verb. Aufl., München 1896, 84.

[134] A. Benson, From the Mouth of the Lion. The Messianism of Amos, CBQ 19 (1957) 199–212, 209.

[135] H. Barth, Die Jesaja-Worte in der Josiazeit, a.a.O., 265.

[136] K. Koch, Die Propheten I., a.a.O., 81.

[137] Th.A. Boogart, Reflections on Restoration, a.a.O., 151f.

EIGENE EXEGESE VON AMOS 9,11f

1 Ich sah den Herrn auf dem Altar stehen und er sprach: Schlage auf den Knauf und die Schwellen werden erbeben. Ich zerschmettere ihnen allen den Kopf und ihren Rest töte ich mit dem Schwert. Keiner von ihnen kann flüchten und keiner von ihnen kann sich retten.

2 Wenn sie in die Unterwelt einbrechen, meine Hand nimmt sie von dort weg. Wenn sie zum Himmel hinaufsteigen, hole ich sie von dort herunter.

3 Wenn sie sich auf dem Gipfel des Karmel verstecken, ich spüre sie von dort auf und ergreife sie. Wenn sie sich verbergen vor meinen Augen auf dem Grund des Meeres, gebiete ich der Schlange, sie zu beißen.

4 Und wenn sie vor ihren Feinden her in die Gefangenschaft ziehen, gebiete ich dort dem Schwert, daß es sie tötet. Ich habe mein Auge auf sie gerichtet zum Bösen und nicht zum Guten.

5 Und der Herr JHWH der Heere, der die Erde berührt, daß sie schwankt und alle trauern, die auf ihr wohnen. So daß sie sich ganz hebt wie der Nil und sich ganz senkt wie der Nil von Ägypten.

6 Der im Himmel seine Hochgemächer baut, sein Gewölbe auf der Erde gründet, der den Wassern des Meeres ruft und sie ausgießt auf das Antlitz der Erde, JHWH ist sein Name.

7 Seid ihr nicht wie die Söhne der Kuschiten für mich, Söhne Israels? Spruch JHWHs. Habe ich nicht Israel heraufgeführt aus dem Land Ägypten wie die Philister aus Kaphtor und Aram aus Kir?

8 Siehe, die Augen des Herrn JHWH sind auf das sündige König-
   reich/-tum gerichtet. Ich will es vertilgen vom Antlitz des Erd-
   bodens. Doch will ich das Haus Jakobs nicht völlig vertilgen,
   Spruch JHWHs.

9 Denn siehe, ich befehle und schüttle unter (in) allen Völkern
   das Haus Israel wie man mit dem Sieb schüttelt und kein
   Steinchen fällt zur Erde.

10 Durchs Schwert sterben alle Sünder meines Volkes die sagen:
   "Nicht führst du herbei, nicht bringst du an uns heran das
   Unheil."

11 *An jenem Tag richte ich auf die gefallene Hütte Davids und vermaure ihre
   (pl.) Risse und seine (!) Trümmer richte ich auf und ich baue sie wie
   in den Tagen der Vorzeit,*

12 damit sie einnehmen den Rest von Edom und alle Völker über
   die mein Name ausgerufen ist, Spruch JHWHs, der dies tut.

13 Siehe es kommen Tage, Spruch JHWHs, da naht sich der Pflüger
   der Schnitter und der Traubenkelterer dem Sämann, da triefen die Berge von Most und alle Hügel werden erweicht.

14 Dann wende ich das Geschick meines Volkes Israel und sie bauen
   die verwüsteten Städte wieder auf und wohnen darin. Sie
   pflanzen Weinberge und trinken ihren Wein; sie legen Gärten an und essen ihre Früchte.

15 Ich pflanze sie in ihren Boden ein und sie sollen nicht mehr
   herausgerissen werden aus ihrem Boden, den ich ihnen gegeben habe, spricht JHWH, dein Gott.

SYNOPSE VON AMOS 9,11F IN DEN ANTIKEN VERSIONEN

MT	LXX	Vulgata	Targum	Versio Syriaca
בַּיּוֹם הַהוּא	ἐν τῇ ἡμέρᾳ ἐκείῃ	in die illo		bh bjwm᾽ hw
אָקִים	ἀναστήσω	suscitabo		᾽qjm
אֶת־סֻכַּת דָּוִיד הַנֹּפֶלֶת	τὴν σκηνὴν Δαυιδ τὴν πεπτωκυῖαν	tabernaculum David quod cecidit		mšknh ddwd dnpl
וְגָדַרְתִּי אֶת־פִּרְצֵיהֶן	καὶ ἀνοικοδομήσω τὰ πεπτωκότα αὐτῆς	et reaedificabo aperturas murorum eius		w᾽swg twrᶜthwn
וַהֲרִסֹתָיו אָקִים	καὶ τὰ κατεσκαμμένα αὐτῆς ἀναστήσω	et ea quae corruerant instaurabo		wmshpjhwn ᾽qjm
וּבְנִיתִיהָ כִּימֵי עוֹלָם	καὶ ἀνοικοδομήσω αὐτὴν καθὼς αἱ ἡμέραι τοῦ αἰῶνος	et reaedificabo eum sicut diebus antiquis		w᾽bnjh ᾽jk jẅmt᾽ d᾽lm w᾽jk šnj᾽ ddrdrjn
לְמַעַן יִירְשׁוּ	ὅπως ἐκζητήσωσιν οἱ κατάλοιποι τῶν ἀνθρώπων	ut possideant		mtl dn᾽rtwn
אֶת־שְׁאֵרִית אֱדוֹם	καὶ πάντα τὰ ἔθνη	reliquias Idumeae		šrk᾽ d᾽dwm
וְכָל־הַגּוֹיִם אֲשֶׁר־נִקְרָא שְׁמִי עֲלֵיהֶם	ἐφ᾽ οὓς ἐπικέκληται τὸ ὄνομά μου ἐπ᾽ αὐτούς	et omnes nationes eo quod invocatum sit nomen meum super eos		wklhwm ᶜmm᾽ d᾽tqrj šmj ᶜljhwn
נְאֻם־יְהוָה	λέγει κύριος	dicit Dominus		᾽mr mrj᾽
עֹשֶׂה זֹּאת	ὁ ποιῶν ταῦτα	faciens haec		dᶜbd hljn

A. Textkritik

1. *Die alten Versionen*

Im folgenden soll so vorgegangen werden, daß zunächst der Text der alten Versionen (Septuaginta, Vulgata, Targum und die syrische Übersetzung) kritisch untersucht wird. Besonders beim Targum wird es darum gehen, durch Vergleich der Zeugen einen Text herzustellen.

Die alten Versionen können dann in einem zweiten Schritt zur Textkritik des masoretischen Textes verwandt werden (s.B.).

Die Septuaginta[1]

a) Statt ἐν τῇ ἡμέρᾳ ἐκείνῃ liest II: εν ταις ημεραις εκειναις. Eine Untersuchung aller Vorkommen von ἐν τῇ ἡμέρᾳ ἐκείνῃ / εν ταις ημεραις εκειναις im Dodekapropheton zeigt allerdings, daß L'' (=L-II-lII) auch Mi 4,6 εν ταις ημεραις εκειναις liest (statt ἐν τῇ ἡμέρᾳ ἐκείνῃ). Es handelt sich damit um eine wirkliche Variante.

b) Für τὰ πεπτωκότα αὐτῆς liest O: τα πεπτωκοτα αυτων = M. Diese Variante entspricht dem Charakter von O. Die Lesart untermauert die Vermutung, daß LXX kein anderer hebräischer Text vorlag, sondern daß sie bei ihrer Übersetzung der Suffixe in M geglättet hat (s.u.).

c) κατεστραμμενα statt κατεσκαμμένα lesen eine spätere Korrektur in A und die ursprüngliche Lesart von Q. In Apg 15,16 überliefern Codex Vaticanus und Codex Sinaiticus diese Lesart. Vielleicht ist für A^c—Q* Einfluß des neutestamentlichen Textes anzunehmen.

d) ανοικοδομησω και ανορθωσω statt ἀναστήσω καὶ ἀνοικοδομήσω liest Minuskel 764 = Apg 15,16. Wie c) wird auch diese Variante auf Einfluß des NT auf die Textgestaltung des AT zurückzuführen sein.

e) V.12:
ἐκζητήσωσιν + με: L''(86^mg)—613 C–68 Bo Syh^mg Aeth^p Arm Eus.dem. Cyr.^F Th.Tht.Bas.N.Ni.Aug.civ.18,28.
Bei dieser Variante handelt es sich um eine innergriechische

---

[1] Vgl. Göttinger Septuaginta, Bd.XIII: Duodecim prophetae, Hrsg. J. Ziegler, 2., durchgesehene Aufl., Göttingen 1967, z.St.
Die Siglen folgen der Ausgabe von Ziegler. Es wurden nur die interessantesten Varianten ausgewählt.

Änderung zur Ergänzung des fehlenden Objekts zu ἐκζητήσωσιν.
Da die Übersetzung von ἐκζητήσωσιν selbst auf einen 'Al tiqre'—
Midrasch im hebräischen Text zurückgeht—ירשׁוּ in ידרשׁוּ—(s.
S.104), war damit die Voraussetzung für die Einfügung des με in
den sonst unverständlichen griechischen Satz gegeben.

f) ἀνθρώπων W] + τον κυριον: A′ -49′–198–407–456–534 86ᵐᵍ
   Syh Arab = Apg 15,17.
   Ähnlich wie bei e) ist auch hier die Ergänzung von τον κυριον
   auf innergriechischem Weg entstanden, aus dem Bedürfnis heraus, das fehlende Objekt zu ἐκζητήσωσιν nachzutragen und so
   dem Vers einen Sinn zu geben. Für den alexandrinischen Text,
   zu dem ja die meisten der genannten Zeugen gehören, ist außerdem häufig Einfluß des NT anzunehmen (vgl. Apg.).
   Die Lesart τῶν ἀνθρώπων selbst geht auf den 'Al tiqre'—Midrasch
   von א(ו)דם als אדם zurück (s. S.104).[2]

g) ἅ statt οὕς: L′–86ᶜ–613 Eus.dem.Th.Tht.
   Die Variante ist zunächst grammatikalischer Art. Statt der
   Akk.pl.mask.-Form des Relativpronomens wird die Akk.pl.ntr.-
   Form gewählt. Hinter dieser Lesart verbirgt sich die entsprechende
   Aussageabsicht: Das Ausgerufensein des Namens soll sich allein
   auf πάντα τὰ ἔθνη beziehen, nicht auch auf οἱ κατάλοιποι τῶν
   ἀνθρώπων, wie es das ἐφ' οὕς implizieren würde.

h) επ αυτα statt ἐπ' αὐτούς: L′ Eus.dem.Th.Tht.
   Diese Lesart ist lediglich eine Folge der Variante von g)

i) ο θεος nach κύριος lesen: W A′′-49 III Bo Cyr.ᶜᵒᵐᵐ Bas.N.
   Von 49 Vorkommen von κύριος im Amosbuch wird 16x ο θεος
   eingefügt: 2x von W, 1x von A, 1x von A′′, 1x von III, 2x von
   W A′′49 III, bzw. W′′ A′-49′′ III, 1x von W A (Die restlichen
   8 Einfügungen von anderen Handschriften als in Am 9,12).
   Interessanterweise wird sogar umgekehrt 2x (in Am 8,14) in einem

---

[2] Außerdem wurde statt את־שׁארית wohl nur שׁארית gelesen: οἱ κατάλοιποι, d.h., das
Objekt wurde zum Subjekt gemacht. Möglich ist allerdings auch, daß LXX den
gleichen hebräischen Text vor sich hatte, aber im Sinne der grammatischen Möglichkeit interpretiert hat, bei der "את einwandfrei nicht den Objekts-Akk. regiert,
sondern den Nom. nach sich hat und damit das Subjekt hervorhebt . . ." (R. Meyer,
Hebräische Grammatik Bd.III: Satzlehre, 3.neubearb. Aufl., Berlin/New York 1972
<Sammlung Göschen Bd.5765> §105, S.71–73).
   Nach J.B. de Rossi, Variae Lectiones Veteris Testamenti Librorum, Vol. III–IV
et Supplementum, Amsterdam 1970 (=Parma 1786–98), z.St., bezeugen auch
Kenn.428 und die arabische Übersetzung die Lesart der Septuaginta.

Text mit der Lesart ὁ θεός von A″-49′III, bzw. von III allein, κύριος vorausgeschickt, um die Formel κύριος ὁ θεός herzustellen. Daraus wird ersichtlich, daß es sich um eine für die genannten Zeugen typische Angleichung handelt.

j) παντα vor ταῦτα lesen: L 87ᶜ–68 Th.Bas.N.
ταῦτα + παντα lesen: Eus.dem.Tht.Hi.
Hier bringt die statistische Untersuchung weniger Klarheit, da im gesamten Dodekapropheton eine ähnliche Formulierung nicht mehr belegt ist. Es läßt sich aber nachweisen, daß von 28 Formen von πᾶς 7 gegen M eingefügt worden sind—aus stilistischen Gründen. In Am 6,2 wurde כָלְנֵה zu כָלְנָה (Rudolph, KAT XIII,2 z.St.) oder כָלְכֶם (BHK) verlesen, was zur Entstehung der Lesart [διάβετε] πάντες führte, während in Am 5,8 παντα durch eine sinngemäße Wiedergabe des Verses in den LXX-Text kam. Von diesen zwei Belegen abgesehen, scheinen auch die anderen Stellen kein כל in ihrer Vorlage gehabt zu haben, da sonst die LXX-Handschriften in ihrer Bezeugung von πᾶς auseinandergehen müßten. So läßt sich m.E. für Am 9,12 folgern, daß es sich bei der Einfügung von παντα um eine stilistische Variante handeln muß. (Vgl. auch B 4).

Die Vulgata[3]

a) Statt *in die illo* lesen A Λ c *in die illa*.
In die illo ist im Dodekapropheton 8x statt *in die illa* bezeugt (Hos 2,16; Am 9,11; Hag 2,24; Sach 12,6.8; 14,13.20.21). An 7 von diesen Stellen wird von anderen Textzeugen *in die illa* gelesen: 1x von A, 2x von Λ, 7x von c (3x von Σ, 1x von C, 1x von φ). In Sach 14,21 ist *in die illo* ohne Variante. Die genannten Codices gleichen an das sonst immer verwendete *in die illa* an, und *in die illo* ist somit als *lectio difficilior* beizubehalten.

b) Codex Amiatinus liest *pertusuras* statt *aperturas* (so auch Sir 27,5). Am 4,3 erscheint ebenfalls *aperturas* als Übersetzung von פרצים (ohne Varianten). Dies ist auffällig, da die Vulgata sonst in ihrer Wiedergabe von פרץ relativ stark variiert. *Aperturas* ist beizubehalten, weil *pertusuras* ein von A bevorzugter Begriff zu sein scheint.

---

[3] Biblia Sacra iuxta Vulgatam Versionem. Adiuvantibus B. Fischer, J. Gribomont, H.F.D. Sparks, W. Thiele. Recensuit et brevi apparatu instruxit R. Weber, Tomus II: Proverbia-Apocalypsis. Appendix, 2., verb. Aufl., Stuttgart 1975.
Die Siglen folgen dieser Ausgabe.

c) Statt *reaedificabo eum* lesen Σ c *reaedeficabo illud*. *Eum* ist als eine Art lectio difficilior zu werten, da die Lesart *illud* als eine sekundäre Angleichung an das gedachte Subjekt *tabernaculum* zu verstehen ist.

d) Am 9,11 überliefert *sicut diebus antiquis*. ΣO c lesen aber *sicut in diebus antiquis*. Die letztere Lesart ist auch Jes 51,9 belegt, wo aber *in* von AS r weggelassen wird. Zum Vergleich wäre noch Jer 46,26 heranzuziehen: *sicut diebus pristinis*. Alle anderen Vorkommen im AT (Hos 9,9; 12,9; Jes 54,9) lesen *sicut in diebus* (jedoch plus nomen loci, nomen proprium, oder Gen.sg. eines Nomens). Angesichts der Ausgeglichenheit der Bezeugung ist eine Entscheidung schwierig. Es ist vielleicht möglich, daß die Einfügung von *in* in Am 9,11 eine Angleichung an die genannten Stellen darstellt, denn immerhin entfallen zwei der Belege auf das Dodekapropheton!

Neben den genannten Varianten in den Handschriften bietet V noch zwei *Übersetzungsprobleme*:

1) *ea quae corruerant* erscheint als Übersetzung von הרסתיו zunächst schwierig. Deutet *ea quae* darauf hin, daß V Pluralsuffixe gelesen hat? Da das Wort הֲרִיסָה* nur Am 9,11 vorkommt, wäre es durchaus möglich, daß V הרסתיו in das Ez 36,35.36 belegte Part.perf. fem.pl.ni (וְ)הַנֶּהֱרָסוֹת verlesen hat.

Eine andere Erklärungsmöglichkeit wäre die einer umschreibenden Übersetzung, durch die das Suffixproblem umgangen werden sollte; *ea quae corruerant* stünde dann kollektiv für das Zusammengestürzte. So kommt der Ausdruck dem hebräischen Begriff doch wieder sehr nahe.

2) *et reaedificabo eum* könnte ein Suffix Sg.mask. voraussetzen. V scheint jedoch kein anderer hebräischer Text vorgelegen zu haben, sondern *reaedificabo eum* stellt die intendierte Übersetzung von בניתיה dar.

Das Targum[4]

a) בעדנא ההוא : b g o f c lesen ההיא statt ההוא.
Die Wendung kommt im Dodekapropheton 51x vor, 1x בעידנא

---

[4] A. Sperber, The Bible in Aramaic vol.III: The Latter Prophets according to Targum Jonathan, Leiden 1962.
Erklärung der Siglen ebd., S.III–XI.
Vgl. auch Codex Reuchlinianus. No. 3 of The Badische Landesbibliothek in Karlsruhe (Formerly Durlach No. 55). With a General Introduction: Masoretic Hebrew

הַהִיא.[5] Davon 6x als Übersetzung von בְּעֵת הַהִיא, 1x für בְּעֵת, 2x
fehlt eine Entsprechung in M.
43x ist folglich בְּעִדָּנָא הַהוּא die Übersetzung von בַּיּוֹם הַהוּא. Davon
ändert b 41x in בְּעִדָּנָא הַהִיא, g 40x, o 43x, c 13x, f 2x.
Bei so konsequenter Bezeugung einer strenggenommen grammatisch unrichtigen Lesart (עִדָּן ist mask.[6]), stellt sich die Frage,
welcher Variante der Vorzug gegeben ist. Da in späterer Zeit
das Targum wieder mehr dem hebräischen Text angeglichen
worden ist[7], müßte diejenige Version die ursprünglichere sein,
die am weitesten von der hebräischen Vorlage entfernt ist. Dagegen scheint zu sprechen, daß הַהִיא dem Genus nach nicht zu
עִדָּנָא paßt. Sollte dem Targum ein anderer hebräischer Text mit
femininem Subjekt vorgelegen haben, etwa בְּעֵת הַהִיא, was T ja
ebenfalls mit בְּעִדָּנָא הַהִיא übersetzt? (Vgl. Am 5,13[8]). Nach Sperber[9] hat das Genus des hebräischen Wortes, das gerade übersetzt wurde—und nicht das Genus des Subjekts—das der aramäischen Entsprechung bestimmt: בְּעֵת = בְּעִדָּנָא; הַהִיא = הַהִיא. Diese
Lösung führt allerdings nicht weiter, da an allen Stellen für das
gewählte Beispiel auch die Lesart הַהוּא belegt ist.[10] Es wird nichts
anderes als die Annahme übrig bleiben, daß עִדָּנָא von beiderlei
Genus sein kann.[11] Ist das der Fall, so ist es nicht nötig, die
"grammatisch richtige" Lesart stets für die urspüngliche zu halten.[12] Die Variante kann Ursprünglichkeit beanspruchen, die am

---

by Alexander Sperber, Copenhagen 1956 (Corpus Codicum Hebraicorum Medii
Aevi Pars II,1).
[5] Am 5,13 liest an dieser Stelle הַהוּא, vgl. Sperber, The Bible in Aramaic, vol.
III, a.a.O., z.St.
[6] Vgl. J. Levy, Chaldäisches Wörterbuch über die Targumim und einen grossen
Theil des rabbinischen Schrifttums, Bd.II: ת-מ, 3., unveränd. Ausgabe, Leipzig 1881,
Art. עִדָּן, M. Jastrow, A Dictionary of the Targumim, the Talmud Babli and
Yerushalmi, and the Midrashic Literature, vol. II: ל-ת, New York 1950, Art. עִדָּן.
(Eine Angabe zum Genus fehlt).
G.H. Dalman, Aramäisch-Neuhebräisches Wörterbuch zu Targum, Talmud und
Midrasch. Mit Lexikon der Abreviaturen von G.H. Händler und einem Verzeichnis
der Mischna-Abschnitte, Hildesheim 1967 (= Reprographischer Nachdruck der Ausg.
Göttingen 1938), Art. עִדָּנָא.
[7] Vgl. A. Sperber, The Bible in Aramaic. Based on Old Manuscripts and Printed
Texts, vol.IV B: The Targum and the Hebrew Bible, Leiden 1973, S.25ff §§ 16–19.
Man vergleiche dazu denselben Vorgang bei LXX!
[8] Im Dodekapropheton außerdem noch: Joel 4,1; Mi 3,4; Zef 1,12; 3,19.20.
[9] A. Sperber, Zur Sprache des Prophetentargums, ZAW NF 4 (1927), 267–288.
[10] Vgl. die oben genannten Stellen.
[11] So A. Sperber, Zur Sprache des Prophetentargums, a.a.O., 281.
[12] Anders Sperber, a.a.O., 281. Am 2,16; 8,13; Sach 6,10 (txt); 9,16 ist בְּיוֹמָא הַהוּא

weitesten von der hebräischen Vorlage entfernt ist.

b) Statt דביח דויד lesen f (Codex Reuchlinianus) und c nur: דדוד.
Den Varianten scheint eine unterschiedliche Exegese des hebräischen Ausdrucks סכח דויד zugrunde zu liegen. In jedem Fall wurde die Wendung als Bild für die מלכוחא verstanden.

Bei der Variante von f und c fällt die defektive Schreibung von ד(י)ון auf. Codex Reuchlinianus schreibt allerdings immer defektiv (auch im hebräischen Text); für c kann die defektive Schreibweise im Dodekapropheton nur für unsere Stelle nachgewiesen werden. In Jes 55,3 ist für c Pleneschreibung belegt. Ob dieser Befund ein Schwanken in der Orthographie reflektiert (wie in v), oder ob einer der Fälle die Ausnahme von der Regel spiegelt, kann aufgrund der Unzugänglichkeit des Handschriftenmaterials hier nicht entschieden werden. Auf jeden Fall scheint es sich bei der Defektivschreibung auch um eine Art "historische Orthographie" zu handeln, da ד(י)ון in den Samuel- und Königebüchern im masoretischen Text (Ausnahmen: 1Kön 11,4.36; 13,14) durchgängig defektiv geschrieben wird. Bei den נביאים אחרונים gilt dies für Jes, Jer, Ez (außer 34,23) und Hos.

c) Statt וכנישחהון liest die Antwerpener Polyglotte: ומפנריהון.
Diese vereinzelte Lesart ist textkritisch bedeutungslos, aber doch insofern interessant, als sie eine direkte Übersetzung des hebräischen Textes bietet. Das aramäische פנר pe'al entspricht dem hebräischen הרס ganz genau. Im übrigen umgeht diese Version das Suffixproblem von M.

d) z b g o f c lesen סני vor משריחא.[13]
Diese Lesart sollte in den Text aufgenommen werden, da sie von allen Zeugen vertreten wird (außer von v).

e) V.12:
Statt דיחסנון lesen b und g דירחון und haben daher das aramäische Äquivalent zu יירשו M gewählt. Ein Bedeutungsunterschied ist damit nicht gegeben. Interessanterweise kommt das Substantiv ירוחא auch in Num 24,18[14] in Bezug auf Edom vor. Die Variante ist nicht ursprünglich.

---

als Variante zu ההוא/ההיא בעדנא belegt. In diesen Fällen liegt vielleicht eine echte Angleichung an den hebräischen Text vor.

[13] A. Sperber, The Bible in Aramaic, vol. III, a.a.O., z.St.: f: סֹני. Codex Reuchlinianus z.B., liest aber סֵני! Jacob ben Hayim ibn Adoniya, Biblia Rabbinica, A Reprint of the 1525 Venice Edition, Jerusalem 1972, Bd.III, z.St., wiederum, belegt (für g) die Lesart סַני! Die Angabe bei Sperber stimmt nicht!

[14] Nach Sperber, The Bible in Aramaic, vol.I, a.a.O., z.St.

f) Für הַאֻנֵא lesen z b g o f c אֻנֵא. Die erstgenannte Form bietet also nur v. אֻנֵא ist aufgrund dieser starken Bezeugung in den Text zu nehmen. Die inneren Kriterien müssen in diesem Fall unberücksichtigt bleiben, da die Wendung בכין (ה)אֻנֵא im Amosbuch nicht mehr belegt ist.

Die Versio Syriaca[15]

V11:

bh bjwm' hw 'qjm mšknh ddwd dnpl w'swg twï'thwn wmsłïpjhwn 'qjm w'bnjh 'jk jẅmt' d'lm w'jk šnj' ddrdrjn.

V12:

mṭl dñ'rtwn šrk' d'dwm wklhwn 'm̈m' d'tqrj šmj 'ljhwn 'mr mrj' d'bd hljn.

Das im Vergleich mit M überschießende (w'jk) šnj' ddrdrjn ist nach Analogie von Dtn 32,7 und Joel 2,2 eingefügt, als ob M כשנות דור ודור lesen würde. In M wird כימי עולם nach Ausweis von Mi 7,14; Mal 3,4 sonst nie auf diese Weise erweitert.

2. *Der Masoretische Text*

In diesem Abschnitt sollen zu jedem textkritischen Problem nacheinander die alten Versionen befragt werden. Grammatikalische Probleme werden im Anschluß an jeden Vers behandelt.

1) Zunächst fällt auf, daß die Suffixe im hebräischen Text V.11 nicht stimmig sind: אֶת־פְּרָצֵיהֶן; הֲרִסֹתָיו.

LXX hat sie nach dem Vorbild von בְּנֹתֶיהָ angepaßt: τὰ πεπτωκότα αὐτῆς καὶ τὰ κατεσκαμμένα αὐτῆς. Sie setzt damit keinen anderen Text mit Suffixen im Singular voraus, sondern hat diese auf סֻכַּת bezogen und angeglichen.

V versucht ebenfalls eine glatte Übersetzung zu bieten. Das Suffixproblem ist auch in ihrer Version umgangen.

Die *Versio Syriaca* bietet mit twï'thwn und wmsłïpnjhwn (beides Pl.!) ebenfalls keine Lösung. בְּנֹתֶיהָ wurde formal singularisch übersetzt: w'bnjh.

---

[15] Vgl. B. Walton, Biblia Sacra Polyglotta, Tomus III, Graz 1964. S. auch M. Sebök (Schönberger), Die syrische Übersetzung der zwölf kleinen Propheten, Diss. Leipzig 1887, 41.

Das *Targum* läßt mit seiner midraschartigen Paraphrase eigentlich gar keinen Vergleich zu. כרכיהון und כנישתהון tragen zwar
pluralische Suffixe, erlauben aber durch ihre inhaltliche Entfer-
nung von M keinen Schluß auf eine andere hebräische Vorlage
von T.

Der Vergleich zeigt, daß die alten Versionen das grammatische
Problem in V.11 erkannt und beseitigt haben. Eine Variante in
LXX legt davon noch noch Zeugnis ab: τα πεπτωκοτα αυτων O
(statt αὐτῆς) = M. Hätten die alten Versionen einen unproble-
matischen hebräischen Text vor sich gehabt, dann ließe sich die
jetzige Unordnung in den Suffixen nur aus der Verschreibung
eines urspünglich glatten Textes erklären:

* Die Form פרציהן kam wegen der Ähnlichkeit des nachfolgenden
ו (והרסתיו) mit dem ן (Nun finale) in den Text (eine Art Dit-
tographie)[16]. Ursprünglich hätte M also פרציה gelesen.

* Bei הרסתיו wurde ursprüngliches -תיה zu -תיו verschrieben. Vgl.
Gen 19,26: ותבט מאחריו, aber[17] מאחריה

So lange allerdings die hinter Am 9,11 stehende Vorstellung nicht
traditionsgeschichtlich geklärt ist, wird sich die Frage nach der
Ursprünglichkeit der Suffixe nicht mit letzter Sicherheit vernei-
nen lassen.

2) Die Zeitstufe von נפלת ist zu klären, da das attributive Partizip
im Hebräischen zeitlos ist.[18] Der Kontext entscheidet m.E.
zugunsten einer perfektischen Deutung, da eine Ruine (und darauf deuten wohl הרסתיו und בניתיה) nicht bloß als "fallend" charakterisiert werden kann.[19] Der genaue Grad der Baufälligkeit ist
dabei weniger entscheidend. Die alten Versionen bieten sämtlich
die perfektische Interpretation.

---

[16] Für ähnliche Fälle s. F. Delitzsch, Die Lese- und Schreibfehler im Alten Testament. Nebst den dem Schrifttexte einverleibten Randnoten klassifiziert, Leipzig 1920,
§98d; 11a.

[17] Nach Delitzsch, a.a.O., §45, S.48.

[18] "Le participe attributif, au contre du participe prédicatif n'exprime par lui-
même ni le temps ni même l'aspect: le temps et l'aspect ne ressortent que du
contexte...", P. Joüon, Grammaire de l'Hébreu Biblique, Edition photomécanique
corrigée (de l'édition Rome 1923), Graz 1965, §121i. Joüon übersetzt Am 9,11: "la
hutte de David qui sera tombée..." (ebd., Hervorhebung im Text).
Gesenius-Kautzsch-Bergsträsser, Hebräische Grammatik, Hildesheim/Zürich/New
York 1983, §116d: "den Einsturz drohend". G. Bergsträsser, ebd., II.Teil, §13c. "die
(ein)gefallene (sc. Hütte Davids)."

[19] Diese Übersetzung bietet E. Sellin, Das Zwölfprophetenbuch. Übersetzt und
erklärt, Leipzig 1922 (KAT 12). Gleichzeitig spricht er dann doch von einem "Trüm-

3) In *V.12* stellt sich das Problem, ob וכל־הגוים als zweiter Genitiv zu את־שארית aufzufassen ist.[20] Das oft bemängelte Fehlen einer zweiten *nota accusativi* führt hier nicht weiter; denn selbst wenn sie vorhanden wäre, bliebe die Frage der Abhängigkeit der Konstruktion von וכל־הגוים immer noch offen.[21] Sollte von einem "Rest aller Völker" gesprochen werden, müßte eigentlich korrekterweise ein zweites שארית als *nomen regens* stehen.[22] Nach Joüon hängt die Wiederholung des *nomen regens* vom Sinn, vom Stil und vom Gebrauch jeder Epoche ab.[23] Unter rein grammatikalischen Gesichtspunkten ist die Frage nicht eindeutig zu beantworten! Zieht man den Kontext zu Rate, so sprechen das Fehlen des zweiten שארית und der nachfolgende, mit אשר beginnende Relativsatz eher dafür, in וכל־הגוים ein *zweites selbständiges Objekt* zu sehen. V.12 wurde dann sozusagen von zwei "Teilmengen" sprechen:
1) dem Rest Edoms und
2) von allen Völkern אשר־נקרא שמי עליהם[24]
Die Annahme eines zweiten Genitivs ist damit unnötig. Die alten Versionen haben sämtlich im Sinne eines neuen selbständigen Objekts übersetzt.

4) M: עשה זאת   [T דא עביד]
   LXX: ὁ ποιῶν ταῦτα   Syr: d'bd hljn
   V: *faciens haec*
   LXX, V und Syr. scheinen אלה statt זאת gelesen zu haben. Die-

---

merhaufen, einer riesigen Ruine" (S.225). Vgl. auch die in Anm.18 genannten Übersetzungen.

[20] Positiv: A.B. Ehrlich, Randglossen zur hebräischen Bibel. Textkritisches, Sprachliches und Sachliches, Hildesheim 1968 (=Leipzig 1912), Bd.5, 256; U. Kellermann, Der Amosschluß als Stimme deuteronomistischer Heilshoffnung, EvTh 29 (1969), 169–183, 174; H.W. Wolff, Dodekapropheton 2. Joel und Amos, 2., durchges. Aufl., Neukirchen-Vluyn 1975 (BK XIV/2) 404; A. Neher, Amos, Contribution à l'étude du prophétisme, Paris 1950, 144.

[21] H.W. Wolff, Dodekapropheton 2, a.a.O., scheint seine Entscheidung für einen zweiten Genitiv vom Fehlen der nota accusativi abhängig zu machen. Demgegenüber weist W. Rudolph, Joel, Amos, Obadja, Jona. Mit einer Zeittafel von Alfred Jepsen, Gütersloh 1971 (KAT XIII/2), 279, zu Recht auf die parallele Konstruktion in Am 9,11—die zweite nota accusativi fehlt ebenfalls—hin. Allerdings folgt dort ein neues Verb, sodaß die grammatische Beziehung von daher deutlich ist. Vgl. außerdem Joüon, Grammaire de l'Hébreu Biblique, a.a.o., §125f: "Placé avant le verbe, le nom déterminé ne demande pas spécialement את . . ."

[22] Vgl. Gesenius-Kautzsch-Bergsträsser, Hebräische Grammatik, a.a.O., §128a und R. Meyer, Hebräische Grammatik, 3., neubearb. Aufl., Berlin/New York 1972, Bd.III, §97e.

[23] P. Joüon, Grammaire de l'Hébreu Biblique, a.a.O., §129b.

[24] Vgl. Gesenius-Kautzsch-Bergsträsser, Hebräische Grammatik, a.a.O., §138a.

selbe Wendung ist im AT nicht mehr belegt. Wie die ähnliche Stelle 2Sam 12,5: העשה זאת—ὁ ποιήσας τοῦτο—*qui fecit hoc*—d'bd hd' zeigt, ist die singularische Übersetzung möglich. Interessant ist jedoch Jes 45,7: אני יהוה עשה כל־אלה. LXX übersetzt: ἐγὼ κύριος ὁ θεὸς ὁ ποιῶν ταῦτα πάντα. Wie die Textkritik der Septuaginta gezeigt hat (s.o.), fügen manche Zeugen auch in Am 9,12 πάντα ein und erhalten dadurch den gleichen Text wie in Jes 45,7. Vielleicht hat gerade diese Stelle auf die Übersetzung des Amostextes eingewirkt und die pluralische Wiedergabe veranlaßt. Andererseits ist die Verbindung העשה אלה / עשה אלה im AT am häufigsten belegt und könnte dadurch die singularische Übersetzung in den alten Versionen unterdrückt haben. M ist als lectio difficilior beizubehalten.

B. Literarkritik und Redaktionsgeschichte

1. *Einführung in das Echtheitsproblem*

Der Amosschluß gehört zu den umstrittensten Versen des ganzen Buches dieses Propheten. Besonders bei den uns interessierenden Versen 11 und 12 stehen sich die Positionen unversöhnlich gegenüber. H.W. Wolff z.B. erklärt in seinem Kommentar[25]: "Schon diese Beobachtungen zur mehrschichtigen Form der beiden Sprüche, die bei Amos selbst analogielos ist, sollte die noch immer vertretene Meinung unsicher machen, der Prophet des 8.Jh. sei der Verfasser." Dagegen W. Rudolph[26]: "Wir stellen hinsichtlich der Echtheit fest, daß unsere Exegese nichts ergeben hat, was gegen Amos spräche..."

Diese auch in den neueren Kommentaren[27] sichtbare Konstellation zeigt die Aporie in der Erklärung des Amosschlusses, der Fragen birgt, deren noch ausstehende Beantwortung eine Lösung des

---

[25] H.W. Wolff, Dodekapropheton 2: Joel und Amos, 2. durchges. Aufl., Neukirchen-Vluyn 1975 (BK XIV/2), 405.

[26] W. Rudolph, Joel-Amos-Obadja-Jona, Gütersloh 1971 (KAT XIII/2), 285. Eine Zusammenfassung der Vertreter der Echtheit findet sich bei U. Kellermann, Der Amosschluß als Stimme deuteronomistischer Heilshoffnung, EvTh 29 (1969) 169–183, Anm.26 S.175 und bei R. Cripps, A Critical and Exegetical Commentary on the Book of Amos, 2nd. ed., London 1955, 77. Seite 76 enthält eine Liste der Vertreter der Unechtheit, ebenso wie: K. Cramer, Amos. Versuch einer theologischen Interpretation, Stuttgart 1930, 177.

[27] C. van Leeuwen: "De argumenten tegen de echtheid zijn niet overtuigend.": Amos, Nijkerk 1985, 343 (De Prediking van het Oude Testament).

Echtheitsproblems erschwert. *Historisch* gesehen paßt Am 9,11f sowohl in die Zeit des Amos, als auch in exilisch-nachexilische Zeit.
Versteht man z.B. die "gefallene Hütte Davids" als "davidisches
Königtum" (eine Erklärung, der viele Ausleger folgen), so würde Amos
in seiner Zeit die Reichstrennung anprangern, die das davidische
Königtum baufällig erscheinen läßt. Diese Deutung stimmt genauso
auch in exilisch-nachexilischer Zeit, in der das davidische Königtum
ja mehr oder weniger "gefallen" war.

An diesem Beispiel[28] wird deutlich, wie sehr die Echtheitsfrage von
der historischen und inhaltlichen Deutung der beiden Verse abhängig ist. Ein entscheidendes Argument war außerdem die *Auffassung
von der Prophetie des Amos als ganzer:* "A promise of restoration such
as is outlined in vv.11–15 is quite incongruous after the threat of
absolute destruction which is characteristic of the main body of
the prophecy of Amos."[29] Es geht also um die Frage, ob aus dem
Munde des Amos Heilsworte überhaupt denkbar sind. Hier ist die
Aussage Wellhausens zu erwähnen, der den Widerspruch in die
schon fast klassisch zu nennenden Worte gekleidet hat: "Rosen und
Lavendel statt Blut und Eisen ... Nachdem er <Amos> grade vorher all seine früheren Drohungen weit überboten hat, kann er
ihnen nicht plötzlich die Spitze abbrechen, nicht aus dem Becher
des Zornes Jahves zum Schlusse Milch und Honig fließen lassen."[30]
An dieser Stelle erhebt sich die Frage nach der Entwicklung zu einem solchen Für und Wider hinsichtlich des Amosschlusses. Daher
sollen im folgenden die sonst weniger konsultierten älteren Kommentare zu Wort kommen.

---

[28] Ähnliches gilt für die Auslegung von V.12, s. W. Rudolph, Joel-Amos-Obadja-
Jona, a.a.O., 282f.
[29] Cripps, A Critical and Exegetical Commentary on the Book of Amos, a.a.O.,
67. Dort werden sieben Gründe gegen die Echtheit angeführt. Eine Diskussion des
Problems findet sich bei C.H. Cornill, Zur Einleitung in das Alte Testament, Tübingen 1912, 79–84 und bei E. Sellin, Zur Einleitung in das Alte Testament, Leipzig 1912, 65–68.
[30] J. Wellhausen, Die Kleinen Propheten. Übersetzt und erklärt, 4. unver. Aufl.,
Berlin 1963, 96. Cornill allerdings hat das Problem auf die Spitze getrieben, wenn
er—einem überspannten Schematismus folgend—schreibt: "... wir müssen den Propheten das Rückgrat brechen, sie für Schwächlinge halten, die nicht den Mut haben, ihre Gedanken zu Ende zu denken und aus ihnen die Konsequenzen zu ziehen, sondern es mit der Angst kriegen, wenn das eigene Volk in Frage kommt...",
Zur Einleitung in das Alte Testament, a.a.O., 79.
Der Ausspruch Wellhausens hat in der Folge die meisten Exegeten stark beeinflußt. Die inhaltliche Auseinandersetzung mit den Ergebnissen der neueren Kom-

Der Zweifel an der Verfasserschaft des Amos tritt uns zunächst im Gewand der Skepsis an der Verschriftung durch den Propheten selbst entgegen. Die amosische Herkunft der Prophetensprüche im mündlichen Stadium der Überlieferung wird dagegen noch nicht bestritten.

Den ersten Zweifel an der Verschriftung durch Amos übt m.E. Thomas Hobbes (1588–1679): *"Liber Amos, prophetia ipsius est. An tamen ab eo scriptus sit, non apparet."* (Das Buch Amos ist dessen Prophetie. Ob es jedoch von ihm geschrieben ist, ist nicht klar.)[31]

Mit diesem Zweifel Hobbes'ist ein Stachel gesetzt, mit dem sich die Ausleger in der Folgezeit auseinandersetzen müssen. Dabei spielt die Argumentation des Hieronymus: "Es ist natürlich, daß alle Künstler mit Beispielen ihrer Kunst sprechen, mit welcher Beschäftigung jeder einzelne seine Zeit verbringt, deren Gleichnis führt er an." (Naturale est, ut omnes artifices suae artis loquantur exemplis, unusquisque in quo studio trivit aetatem, illius similitudinem proferat)[32] eine wesentliche Rolle. So schreibt z.B. Carpzov: "Es gibt auch welche, die aus dem Stil und der Gestalt der Rede sich bemühen, zu behaupten, daß Amos selbst der Schreiber des Buches sei, weil er unter den Hirten von Tekoa ein bäuerliches Leben führte und nichts hatte, wo er sich die Fähigkeit einer geschmackvolleren Rede hätte erwerben können, er bedient sich einer bäuerlichen Redeweise & und spielt mit einer dürftigen Hirtenflöte." (Sunt etiam, qui ex stylo et sermonis habitu Amosum ipsum arguere nituntur libri scriptorem, eo quod inter Thecuanos pastores rusticam agens vitam, nec habens, unde politioris sermonis facultatem sibi compararet, dictione utatur agresti, & tenui moduletur avena.)[33] Dieses Argument behält über hundert Jahre seine Gültigkeit, denn Rosenmüller benützt es 1836: "Ferner beweisen der Stil und die Gestalt der Rede, daß Amos selbst der Schreiber des Buches, welches seinen Namen trägt, ist..." (Praeterea et stylus ac sermonis habitus Amosum ipsum arguunt libri, qui ejus nomen gerit, scriptorem...), um zu beweisen, daß: "Es gibt keinen geeigneten Grund, warum in Zweifel gezogen wird, daß Amos die Prophezeiungen, die seinen Namen vor sich tragen, selbst zu Papier

---

mentare soll in meiner eigenen Bearbeitung des Problems erfolgen. Deshalb wird an dieser Stelle nicht weiter darauf eingegangen.

[31] Th. Hobbes, Leviathan, Kap. 33. (Engl.: 1651, latein.: Amsterdam 1670). Zitiert bei: D.J.G. Carpzov, Introductio ad libros propheticos, Lipsiae 1731, 320.

[32] Hieronymus ad Am 1,2: MPL 25, Sp.993.

[33] Carpzov, Introductio ad libros propheticos, a.a.O., 320.

gebracht habe." (Amosum oracula, quae suum nomen prae se ferunt, ipsum literis mandasse, cur in dubium vocetur, ratio idonea est nulla.)[34]

Vorsichtige kritische Bedenken äußert J.C. Harenberg in seinem Amoskommentar von 1763: "Die Prophezeiungen der Propheten hängen nicht ständig zusammen und laufen nicht in einem fortgesetzten Lauf ab. Sie sind zu verschiedenen Zeiten und wegen der verschiedenen Abwechselungen der Dinge und an verschiedene Menschen hervorgebracht worden. Welche sie in einem Buch gesammelt haben und danach in zusammenfassende Kapitel und Artikel aufgeteilt haben, sie hatten diese Behutsamkeit am seltensten vor Augen gestellt, daß sie die verschiedenen Prophezeiungen trennten und die einzelnen *ihren* Zeiten zuteilten." <Hervorhebung von mir> (Vaticinia prophetarum non perpetuo cohaerent unose tramite continuo decurrunt. Diversis ea temporibus ac ob varias rerum vicissitudines atque ad homines diversos ea fuerunt exprompta. Qui ea in volumen unum collegerunt ac posthaec in capita summa & articulos distribuerunt hanc cautionem ob oculos rarissime habuerunt collocatam, ut vaticinia diversa separarent, & singula suis temporibus tribuerent.)[35]

Den Widerspruch des Amosschlusses zum restlichen Buch des Propheten scheint J.G. Eichhorn zu empfinden, wenn er schreibt:[36] "Dem letzten <Gesicht> ist eine Verheißung glücklicher Zeiten mit den hellsten Farben der saturnalischen Welt gezeichnet, angehängt— der gewöhnliche Nachhall aller prophetischen Drohungen (Amos IX,11–15). Diese schöne Ordnung scheint zu verrathen, daß der Prophet selbst seine Orakel herausgegeben habe, wie wir auch deshalb vermuthen müssen, weil sie, ob sie gleich im Staat Israel bekannt gemacht wurden, doch im Reich Juda müssen im Umlauf gewesen seyn."

Diese Argumentation wirkte fort bis in den Wellhausenschen Prophetenkommentar von 1892, der sie dann so zuspitzte, daß der Amosschluß wegen seines verheißenden Charakters nicht vom Pro-

---

[34] E.F.C. Rosenmüller, Scholia in Vetus Testamentum in Compendium Redacta. Tom.VI: Scholia in Prophetas Minores. Post auctoris obitum edidit J.Chr.Sigis. Lechner, Lipsiae 1836, 223 und 222. Diesen Gedanken finden wir auch bei v. Orelli: "Der Ton ist trotz aller naturwüchsigen Schlichtheit und Kraft, die zuweilen Derbheit wird . . .": Das Buch Ezechiel und die zwölf kleinen Propheten, Nördlingen 1888, 254.

[35] J.Chr. Harenberg, Amos propheta. Expositus interpretatione nova latina, Lugduni Batavorum 1763, XIV.

[36] J.G. Eichhorn, Einleitung ins Alte Testament, Bd.III, 2.verb. und verm. Aufl., Leipzig 1787, 229.

pheten selbst stammen kann. Damit ist eine Art Wendemarke erreicht: Die Diskussion über die Verschriftung ist zum Zweifel an der Herkunft von Amos überhaupt geworden. Für andere Bücher des Alten Testaments war diese Entwicklung z.T. schon durch Eichhorn vollzogen worden. Die Integrität des Amosschlusses blieb also längere Zeit unangefochten.

Wellhausen folgen, jeweils mit unterschiedlicher Verseinteilung und Begründung z.B. Nowack, Marti, Hölscher, Duhm, Weiser, Robinson/Horst, Cripps, S. Herrmann und G. Fohrer[37], um nur einige zu nennen.

Gegen Wellhausen hat besonders v. Orelli die Echtheit des Amosschlusses verteidigt: "Spricht man dem Amos 9,8–15 ab und urgiert 9,1–4.7 dahin, daß das gesamte Israel (Juda inbegriffen) rettungslos vernichtet werden soll (Wellh.), so legt man ihm einen absoluten Pessimismus bei, der unter den Propheten ohne alle Analogie und geradezu ungereimt wäre."[38]

In der Zeit zwischen Eichhorn (1787) und Wellhausen (1892) ergibt sich nichts wesentlich Neues: Die Fragestellung bleibt die gleiche wie vor Eichhorn (die Frage nach der Echtheit ist eine Frage nach der Verschriftung). Stellvertretend sei J.C.W. Dahl genannt: "... ob Amos seine Orakelsprüche selbst aufgeschrieben habe? ... Vermuthlich wurden sie von Andern, welche die Wahrheit und Wichtigkeit derselben fühlten und schätzten, aufgezeichnet. Ob gerade alle von Einem und demselben, ist nicht wahrscheinlich, indem sie zu verschiedenen Zeiten ausgesprochen wurden ... Gesammlet

---

[37] D.W. Nowack, Die kleinen Propheten. Übersetzt und erklärt, Göttingen 1897 (HK III,4), 160, ebenso in der 2.Aufl., Göttingen 1903 und in der 3., neu bearbeiteten Aufl., Göttingen 1922, 170.
K. Marti, Das Dodekapropheton erklärt, Tübingen 1904.
G. Hölscher, Die Propheten. Untersuchungen zur Religionsgeschichte Israels, Leipzig 1914, 436f.
B. Duhm, Israels Propheten, Tübingen 1916, 97f. Anders noch in: Ders., Die Theologie der Propheten als Grundlage für die Entwicklungsgeschichte der israelitischen Religion, Bonn 1875, 117–125.
A. Weiser, Die Prophetie des Amos, BZAW 53 (1929) 283–288.
Th. Robinson/F. Horst, Die zwölf kleinen Propheten, Tübingen 1938 (HAT 14). Ebenso in der 2., verb. und verm. Aufl., Tübingen 1954.
R. Cripps, A Critical and Exegetical Commentary on the Book of Amos, a.a.O.
S. Herrmann, Die prophetischen Heilserwartungen im Alten Testament, Stuttgart 1965 (BWANT 85), 125f.
G. Fohrer, Die Propheten des Alten Testaments, Bd.1, Gütersloh 1974.
[38] C.v. Orelli, Die zwölf kleinen Propheten, 2.verb. Aufl., München 1896, 60 und 3., neubearb. Aufl., München 1908.

und so gestellt, wie wir sie jetzt haben, müssen sie erst später seyn."[39]
In gleicher oder ähnlicher Weise urteilen Knobel, Maurer, Ewald,
de Wette, Umbreit, Hävernick und Pusey.[40]

In der neueren Literatur wird gelegentlich nun auch beim Amosschluß eine deuteronomistische Bearbeitung vorausgesetzt (so z.B. U.
Kellermann[41]). Dieser Gedanke ist an sich nicht neu, denn er wurde vorher mindestens schon von H.H. Krause (1932) vertreten.[42]

2. *Literarkritik und Redaktionsgeschichte*

Die sich schon in der Echtheitsfrage abzeichnenden Schwierigkeiten setzen sich in Literarkritik und Redaktionsgeschichte fort. Denn
beim Schlußkapitel des Amosbuches verlassen wir nach V.7 siche-
ren Boden:

Die Abgrenzung der Vision Am 9,1–4 und der Doxologie V.5f
sind ziemlich unbestritten.[43] Diese Stücke sind durch ihre Form klar

---

[39] J.C.W. Dahl, Amos. Neu übersetzt und erläutert, Göttingen 1795.

[40] A. Knobel, Der Prophetismus der Hebräer. Vollständig dargestellt, Teil 2, Breslau
1837, 152.

F.J.V.D. Maurer, Commentarius Grammaticus Historicus Criticus in Prophetas
Minores, Lipsiae 1840.

H. Ewald, Die Propheten des Alten Bundes erklärt, Bd.I, Stuttgart 1840, 87.

W.M.L. de Wette, Lehrbuch der historisch-kritischen Einleitung in die kanonischen und apokryphischen Bücher des Alten Testaments, 1.Teil, 6., verb. und verm.
Aufl., Berlin 1845 (=Berlin 1817), 354–356.

Fr.W.C. Umbreit, Praktischer Commentar über die kleinen Propheten. Mit
exegetischen und kritischen Anmerkungen. Erster Theil, Hamburg 1845 (Praktischer
Commentar über die Propheten des Alten Bundes IV,1) 137.

H.A.Chr. Hävernick, Handbuch der historisch-kritischen Einleitung in das Alte
Testament, Bd.II, Erlangen 1844, 310.

E.B. Pusey, The Minor Prophets with a Commentary Explanatory and Practical
and Introduction to the Several Books, Oxford/Cambridge/London 1860, 149.

[41] U. Kellermann, Der Amosschluß als Stimme deuteronomistischer Heilshoffnung,
EvTh 29 (1969), 169–183.

[42] H.H. Krause, Der Gerichtsprophet Amos, ein Vorläufer des Deuteronomisten,
ZAW 50 NF 9 (1932) 221–239.

[43] Größere Umstellungen nehmen allerdings z.B. Weiser, Die Prophetie des Amos,
BZAW 53 (1929) 41–69 und Budde, Zu Text und Auslegung des Buches Amos,
JBL 44 (1925) 63–122, 99–100 vor. Sie (u.v.a.) wollen die fünfte Vision an die vierte
anschließen, wie wohl auch H.W. Wolff, Dodekapopheton 2: Joel und Amos, a.a.O.,
130 und W. Rudolph, Joel-Amos-Obadja-Jona, a.a.O., 101. Dieser Frage weiter
nachzugehen, würde zu weit führen, da der Visionenzyklus nicht Gegenstand dieser
Arbeit ist.

Andere Abgrenzungen als die eben dargestellte bieten H.J. Elhorst, De profetie
van Amos, Leiden 1900 (bei Volz, ThLZ 1900, Sp.289–292), Ina Willi-Plein, Vorformen der Schriftexegese innerhalb des Alten Testaments, BZAW 123 (1971) 52ff

vom übrigen unterschieden.[44] Die Abgrenzung der folgenden Verse ist dagegen schwierig. Wir setzen also ein mit Am 9,7. Dieser Vers nimmt eine Art Zwischenstellung ein:[45] Entweder wird er schon dem Schluß Am 9,7–15 zugerechnet, oder man läßt diesen erst mit V.8— oder Teilen von ihm—beginnen.[46] J.Ph. Hyatt z.B. schreibt: "The last words of the prophet in the book of Amos are 9,8a."[47] Innerhalb des Schlusses wird überwiegend die Einteilung V.11.12 und 13–15 vorgenommen.[48] Diese Grobgliederung zeigt, daß die Verse 7–10 irgendwie "in der Luft zu hängen" scheinen gegenüber den Versen 11f und 13–15.

Unsere Literarkritik geht also von Am 9,7 aus und will unter Zuhilfenahme der Einleitungsformeln versuchen, verschiedene literarische Schichten abzuheben.

V.7 Das zweimalige הלוא markiert einen Neueinsatz, bzw. führt als

---

und P. Weimar, Der Schluß des Amos-Buches, BN 16 (1981) 60–100. Auf Einzelheiten kann hier nicht eingegangen werden.

[44] K. Cramer, Amos. Versuch einer theologischen Interpretation, Stuttgart 1930, 98, will 9,2–4 als "Hymnus" zur Doxologie V.5f rechnen und auch V.7 dazuziehen. Das Problem der Hymnen im Amosbuch kann hier nicht näher untersucht werden. Es liegen die verschiedensten Erklärungen und Rekonstruktionsversuche vor, die eine Ausleger sogar veranlaßten, von der "paralysis of analysis" (C.I.K. Story, Amos— Prophet of Praise, VT 30 <1980>79) zu sprechen. Eine gründliche Untersuchung findet sich bei W. Berg, Die sogenannten Hymnenfragmente im Amosbuch, Bern/ Frankfurt 1974 (Europäische Hochschulschriften 45), ein Forschungsbericht bei S. Bergler, Die Hymnischen Passagen und die Mitte des Amosbuches, Tübingen 1979 (Magisterarbeit).

[45] Z.B. von Orelli, Anm.14 S.278f. Wellhausen, Anm.6 S.12 nimmt nach V.7 eine Lücke an und läßt seine Übersetzung mit diesem Vers enden. J. Morgenstern, The Universalism of Amos, in: Essays presented to Leo Baeck, London 1954, 104– 126 ("Tribute to Leo Baeck") betrachtet 9,7 als Fragment, welches "must have stood between iii 1a and iii 2", 114.

[46] V.7 wird dann häufig noch zu dem Komplex 9,1–4 gezogen, so z.B.
Miloš Bič, Das Buch Amos, Berlin 1969, 5f.
V.7 wird nicht dem Schluß zugerechnet von:
D.W. Nowack, Die Kleinen Propheten, 2.Aufl., Göttingen 1903, 171f.
K. Marti, Das Dodekapropheton erklärt, a.a.O., s.Anm.13, 224.
G. Hölscher, Die Propheten. Untersuchungen zur Religionsgeschichte Israels, Leipzig 1914, 436f.
B. Duhm, Israels Propheten, Tübingen 1916, 97f.
H. McKeating, Amos, Hosea, Micah, Cambridge 1971, 69f.

[47] J.Ph. Hyatt, Prophetic Religion, New York/Nashville 1947, 100. Vgl. auch R.S. Cripps, A Critical and Exegetical Commentary on the Book of Amos, a.a.O., (s.Anm.2), 67 und McKeating, Amos, Hosea, Micah, a.a.O., 68ff.

[48] Z.B. H.W. Wolff, Dodekapropheton 2: Joel und Amos, a.a.O., 404.
Obwohl auch W. Rudolph, Joel-Amos-Obadja-Jona, a.a.O., 283, V13–15 einen "neuen Abschnitt" nennt, scheint er doch 9,11–15 als Einheit zu betrachten. Rudolph nimmt allerdings eine völlige Neuordnung der Kap. 7–9 vor, s.S.101.

rhetorische Frage ein neues Argument ein.[49] V.7 knüpft inhaltlich an
V.4 an: Die Erwählung Israels ist kein Schutz vor dem kommenden
Gericht. W. Rudolph will das בני in כבני כשים vor allem metri causa
streichen.[50] Diese Eliminierung scheint mir jedoch dem Argument
die Schärfe zu nehmen, denn בני כשים ist neben בני ישראל eine ge-
wollte Provokation und somit nicht metri causa zu entfernen.

Auch das נאם־יהוה zu eliminieren oder ans Versende zu transponie-
ren, wie BHS vorschlägt[51], scheint mir nicht ratsam zu sein, da diese
Formel häufig außerhalb des Metrums und zwischen zwei parallelen
Satzgliedern steht. Ihre Verbindung mit rhetorischen Fragen wurde
bereits von R. Rendtorff[52] (für Jeremia) dargelegt. An unserer Stelle
hat die Formel außerdem die Funktion, den Übergang von der Anrede
in V.7a als provokativer These[53] zur Ausssage *über* Israel in 7b durch
eine Pause oder einen kleinen Einschnitt vorzubereiten.[54] Es gibt also
keinen Grund, die Einheit von V.7 zu bestreiten.[55]

Doch an V.7b hat sich noch ein anderes Problem entzündet: Da
die Heraufführungsformel הלוא את־ישראל העליתי מארץ מצרים auch Am
2,10a und 3,1b erwähnt wird und dort von einigen Auslegern als
deuteronomistisch eingestuft worden ist,[56] besteht der Verdacht, daß

---

[49] Eine gute Analyse des Verses findet sich bei W. Vogels, Invitation à revenir à
l'alliance et universalisme en Amos IX.7, VT 22 (1972) 223–239, 226. Er scheint
V.7a als echte Frage zu betrachten: "Il s'agit donc d'une vraie question adressée
directement à des personnes."

[50] W. Rudolph, Joel-Amos-Obadja-Jona, a.a.O., 272. Auch Ina Willi-Plein, Vorformen der Schriftexegese innerhalb des Alten Testaments, a.a.O, 55, meint, בני
כושים <sic!> sei "hypertroph".

[51] So auch Ina Willi-Plein, Vorformen der Schriftexegese innerhalb des Alten
Testaments, a.a.O., 55 und L. Köhler, Amos, Zürich 1917 (Separatausdruck aus
der Schweizerischen Theologischen Zeitschrift 34), 30. B. Duhm, Anmerkungen zu
den Zwölf Propheten I, ZAW 31 (1911) 1–18, S.17 meint, die Gottesspruchformel
gehöre dem Abschreiber. So auch L. Markert, Struktur und Bezeichnung des Scheltwortes, BZAW 140 (1977), 192–202, 199.

[52] R. Rendtorff, Zum Gebrauch der Formel nᵉʾum jahwe im Jeremiabuch, ZAW
66 NF 25 (1954) 27–37, 35, 37.

[53] Da V.7a als provokative These voransteht, mag ich der Umstellung Weisers,
Die Prophetie des Amos, BZAW 53 (1929) 59: 7bca nicht zu folgen.

[54] Andere Begründung bei S. Amsler, Amos, Genève 1982 (Commentaire de
l'Ancien Testament XIa) 241: "*La formule oracle de YHWH* est donc bien à sa place
entre 7a et 7b même si c'est encore YHWH qui parle en 7b."

[55] So auch L. Markert, Struktur und Bezeichnung des Scheltwortes, a.a.O., 199,
wohl in Anlehnung an H.W. Wolff, Dodekapropheton 2: Joel und Amos, a.a.O.,
396.

[56] W.H. Schmidt, Die deuteronomistische Redaktion des Amosbuches, ZAW 77
(1965) 168–193. Schmidt behandelt allerdings Am 9,7 in seiner Analyse nicht als
dtr.: Ein "sicher echtes Einzelwort" (180). Auch U. Kellermann, Der Amosschluß

sie auch an unserer Stelle auf die gleiche Redaktion zurückgehen könnte.[57] Doch scheint der Gebrauch des Wortes עלה hi. dem entgegenzustehen. Die deuteronomistische Literatur vermeidet diesen Begriff und verwendet statt dessen lieber יצא hi.[58] Überdies fehlt in Am 9,7 der sonst bei Dtn/Dtr übliche militärische Kontext (im Gegensatz zu Am 2,10)[59] völlig. Die dtr. Herkunft von Am 9,7 kann also nicht als erwiesen gelten. Im Gegenteil. Die Argumentationsweise ist eher typisch amosisch: Eine gängige Vorstellung—die Heraufführung aus Ägypten—wird aufgerufen und sofort in ihr Gegenteil verkehrt: Auch andere Völker haben die Heilstaten JHWHs erfahren. Israel ist keine Sonderbehandlung zuteil geworden, die ein Sicherheitsdenken begründen könnte.[60]

V.8 knüpft an V.4b an: הנה עיני אדני יהוה (8)—עליהם עיני ושמתי (4b). L. Markert will statt des עֵינִי in V.8 in Angleichung an V.4 עֵינַי lesen, Budde und Köhler עֵינָי.[61] Da mit dieser Änderung jedoch meist auch die Streichung von אדני יהוה verbunden ist, was von Ina Willi-Plein den echten Amosworten zugewiesen worden ist,[62] möchte ich עֵינַי beibehalten.

Das einleitende הנה steht auch in V.9 (und 13). V8b kehrt in 1Kön 13,34 fast wörtlich wieder, wo es sich auf בית ירבעם bezieht.[63]

V.8b ist literarisch problematisch: Er erscheint gegenüber V.8aαβ

als Stimme deuteronomistischer Heilshoffnung, a.a.O., bezieht V.7 nicht in seine Überlegungen ein, sondern beginnt seine Analyse erst mit V.8.

[57] So P. Weimar, Der Schluß des Amos-Buches, a.a.O., 88f. Auch H. Gese, Das Problem von Amos 9,7. In: Textgemäß. FS E. Würthwein, Göttingen 1979, 33–39, stuft den Vers als dtr. ein, allerdings wegen inhaltlicher Parallelen zu Dtn.

[58] Diese Beobachtung wurde bisher nicht zur Erklärung der Stelle fruchtbar gemacht. Mit statistischen Angaben: P. Humbert, Dieu fait sortir, ThZ 18 (1962) 357–361. Ders., Note complémentaire, ebd., 433–436. Vgl. ebenso J. Wijngaards, הוציא and העלה. A twofold approach to the Exodus, VT 15 (1965) 91–102.

[59] Vgl. P. Humbert, Dieu fait sortir, a.a.O., 360 und H.W. Wolff, Dodekapropheton 2: Joel und Amos, a.a.O., 206 (ad Am 2,10).

[60] Derselbe Argumentationsgang begegnet übrigens Am 5,18ff: Der Tag JHWHs ist Finsternis und nicht, wie die Hörer glaubten, Licht.

[61] L. Markert, Struktur und Bezeichnung des Scheltwortes, a.a.O., 197, Budde, Zu Text und Auslegung des Buches Amos, a.a.O., 113, L. Köhler, Amos, a.a.O., 31.

[62] Ina Willi-Plein, Vorformen der Schriftexegese innerhalb des Alten Testaments, a.a.O., 56. H.W. Wolff, Dodekapropheton 2: Joel und Amos, a.a.O., 395 fand das Problem keiner Anmerkung mehr wert und behält MT. Eva Osswald, Urform und Auslegung im masoretischen Amostext. Ein Beitrag zur Kritik an der neueren traditionsgeschichtlichen Methode, Diss. Jena 1951, 143–145 hält im Amosbuch nur den Namen JHWH für ursprünglich (144). LXX unterstützt allerdings unsere Argumentation, da sie MT genau übersetzt und den Gottesnamen mit dem Qere umschrieben hat: ὀφθαλμοὶ κυρίου τοῦ θεοῦ.

[63] Vgl. H.W. Wolff, Dodekapropheton 2: Joel und Amos, a.a.O, 400.

als Nachklapp; die Einschränkung der Aussage der vorhergehenden Halbverse kommt plötzlich und unmotiviert.[64] Warum eine so breite Ausmalung des Gerichts, um dann mit einem Halbvers alles wieder "zurückzupfeifen"?: "What is solemnly promised in one breath is taken back in the next."[65] Viele Exegeten lesen mithin V.9 durch die Brille von V.8c: Das Bild vom Sieb male aus, wie das in V.8c angekündigte Läuterungsgericht vorzustellen sei.[66] Jedoch ergeben sich auch hierbei Schwierigkeiten, da man sich fragt, warum ausgerechnet das Steinchen (צרור vgl. auch 2Sam 17,13) statt des zu erwartenden Getreidekorns beim Sieben zurückbehalten wird. Hier pflegt man sich gewöhnlich mit einer Untersuchung der antiken Siebe zu behelfen.[67] Das grobmaschige Getreidesieb (arab.) *kirbal* dient dazu, nach dem Worfeln des Getreides Steinchen, Grobhäcksel und Erdklümpchen auszusieben, während die (kleineren) Getreidekörner durchfallen. Doch nun bleibt das Problem bestehen, wie das Bild auf das Läuterungsgericht anzuwenden ist. Sind die Gerechten der צרור, der zurückbehalten wird, und die כל חטאי עמי die Getreidekörner, die, in alle Winde unter die Völker verstreut, im Exil untergehen?[68] Das Bild vom Sieb widersetzt sich offensichtlich einer Ausdeutung. Deshalb scheint es mir geraten, das tertium comparationis vom Sieb auf den *Vorgang des Siebens* zu verlegen. Der בית ישראל wird im Gericht wie in einem Sieb geschüttelt und keiner wird ihm entgehen:[69] ולא־יפול צרור ארץ, so, wie

---

[64] Zur Stellung der Negation s. W. Rudolph, Joel-Amos-Obadja-Jona, a.a.O., 272. Vgl. auch H. Gese, Das Problem von Amos 9,7, a.a.O., 37 Anm.13. Gese kommt zu der Übersetzung: "jedoch werde ich *bestimmt nicht* das Haus Jakob vertilgen" (Hervorhebung von mir). Seine Erklärung wirkt gezwungen. S. außerdem Cripps, A Critical and Exegetical Commentary on the Book of Amos, a.a.O., 319f.

[65] C.C. Torrey, Notes on Amos ii.7, vi.10, vii.3, ix.8–10, JBL 15 (1896), 153.

[66] Z.B. U. Kellermann, Der Amosschluß als Stimme deuteronomistischer Heilshoffnung, a.a.O., 172, H.W. Wolff, Dodekapropheton 2: Joel und Amos, a.a.O., 396, W. Rudolph, Joel-Amos-Obadja-Jona, a.a.O., 276: "9f ist die Begründung von 8b", W.R. Harper, Amos and Hosea, 5th ed., Edinburgh 1960 (ICC), 195.

[67] S.P. Volz, Zu Amos 9,9, ZAW 38 (1920) 105–111 und Wetzstein, Über die Siebe in Syrien, ZDPV 14 (1891) 1–7. Ferner: G. Dalman, Arbeit und Sitte in Palästina Bd.I,2, Gütersloh 1928, 552 und bes. ebd., Bd.III, Gütersloh 1933, 139–148.

[68] So z.B. E. Preuschen, Die Bedeutung von שבות שוב im Alten Testament, ZAW 15 (1895) 22–28, 27. Nicht ganz deutlich ist G. Hoffmann, Versuche zu Amos, ZAW 3 (1883) 125. Eine gute Übersicht der verschiedenen Lösungsmöglichkeiten findet sich bei Harper, Amos and Hosea, a.a.O., 197. S. auch die Diskussion bei Maurer, Commentarius Grammaticus Historicus Criticus in Prophetas Minores, a.a.O., 183. E. Florival, Le Jour du Jugement (Amos 9,7–15), BiViChr 8 (1954) 61–75: "La mention de la pierre est incertaine"(65).

[69] Auch A. Weiser, Das Buch der zwölf Kleinen Propheten, 6.durchges. Aufl.,

der Unrat im Sieb verbleibt, Sir 27,4; vgl. Jes 30,28. Haben wir nun
V.9 als ein Gerichtswort erwiesen, schließt sich V.10 gut daran an.
Eine Scheidung in Gerechte und Sünder findet sich expressis verbis
nirgendwo,[70] sondern sie wird aufgrund der falschen Deutung des
Bildes vom Sieben hineingelesen.

Daß בכל־הגוים einen späteren Zusatz darstellt, ist communis opinio.[71]
Daher wurde die Wendung in der obigen Erklärung unberücksichtigt gelassen, zumal auch die handschriftliche Bezeugung schwankt.[72]

Zu V.8–9 stellen wir also zusammenfassend fest: V.8 knüpft durch
das einleitende הנה strukturell an V.7 und durch הנה עיני אדני יהוה
inhaltlich an V.4b an. 8b könnte also ein sekundärer Zusatz sein,
der das Bild vom Sieben in ein Läuterungsgericht umdeuten sollte.
Die Gottesspruchformel hätte dann ursprünglich am Ende von V.8aβ,
den sie abschloß, gestanden.[73] Durch die Einfügung von V.8b wäre
sie an ihre jetzige Stelle gerutscht. Es besteht allerdings auch die
Möglichkeit, daß sie einmal zwischen 8aα und 8aβ ihren Platz hatte,
sodaß ursprünglich eine formale Ähnlichkeit zu V.7 bestand. Diese
Möglichkeit erscheint mir allerdings weniger wahrscheinlich, da ein
späterer Ergänzer sie kaum aus dieser Position entfernt hätte.

Im jetzigen Zustand ist V.8b jedenfalls als eine thetische Überschrift zu verstehen, die—durch die Gottesspruchformel abgeschlossen—ein besonderes Gewicht bekommt.

V.9 (ohne בכל־הגוים) knüpft durch כי הנה an V.8, der auch durch
הנה eingeleitet wird, an.[74] Falls das כי nicht authentisch ist, könnte es

---

[70] Göttingen 1974 (ATD 24), 202 deutet auf die Unentrinnbarkeit des Gerichts. Allerdings denkt er beim Schütteln des Siebes an ein Erdbeben.
[70] Hier könnte vielleicht auch angeführt werden, daß Sieben nie vollständige
Trennung bedeutet, vgl. Dalman, Arbeit und Sitte in Palästina, Bd.III, a.a.O., 146.
Auch R. Fey, Amos und Jesaja. Abhängigkeit und Eigenständigkeit des Jesaja, Neu-
kirchen-Vluyn 1963 (WMANT 12) 51f deutet auf eine Sichtung—wie wohl die
Mehrzahl der Exegeten. Vgl. auch Preuschen, Die Bedeutung von שוב שבות im Alten
Testament, a.a.O., 22–28.
[71] Vgl. R. Fey, Amos und Jesaja, a.a.O., Anm.3 S.51. Ebenso:
K. Budde, Zu Text und Auslegung des Buches Amos, a.a.O., 111.
A. Weiser, Die Prophetie des Amos, BZAW 53 (1929) 56.
A.S. Kapelrud, Central Ideas in Amos, Oslo 1956, 53.
H.W. Wolff, Dodekapropheton 2: Joel und Amos, a.a.O., 395.
W. Rudolph, Joel-Amos-Obadja-Jona, a.a.O., 277.
S. Amsler, Amos, a.a.O., 244.
[72] S.P. Volz, Zu Amos 9,9, a.a.O., 109f.
[73] P. Weimar, Der Schluß des Amos-Buches, a.a.O., Anm.58 S.74, schreibt auch
die Gottesspruchformel der Hand des Interpolators zu.
[74] K. Budde, Zu Text und Auslegung des Buches Amos, a.a.O., 111 lobt die

vom selben Ergänzer, der auch 8b zur Überschrift von V.9.10 gemacht hätte, stammen. Doch ist das כ auch als Anschluß an V.8aαβ
plausibel, dessen Bildhälfte es ja einführt.

אנכי מצוה enthält wiederum einen Rückbezug auf 9,3.4. Einige
Ausleger[75] ergänzen בר vor בכברה. Da dadurch das Wort צרור in ein
Getreidekorn umgedeutet wird, ist diese Ergänzung abzulehnen. Die
scharfe Gerichtsaussage von V.9 wird in V.10 in einem zweiten Bild
fortgesetzt[76]: בחרב ימותו כל חטאי עמי. בחרב ist wieder Stichwortanknüpfung
an den Komplex 9,1–4.

H.W. Hoffmann und G. Fohrer[77] beanstanden ein fehlendes ישראל
nach עמי wie es für Amos typisch sei. Da V.10 jedoch als Bildhälfte
zu V.8 formuliert und mit V.9, der den Ausdruck בית ישראל enthält,
zusammengehört, wäre ein weiteres ישראל redundant. Über die Authentizität ist damit noch nichts ausgesagt (vgl. V.14, wo der Ausdruck
vollständig erscheint, jedoch der ganze Vers dem Amos gemeinhin
abgesprochen wird). Jedenfalls ist der Ausdruck כל חטאי עמי in
diesem Kontext nicht partitiv zu verstehen, denn alle sind schuldig
und an sie ist das Wort gerichtet.[78]

V.10b bietet Schwierigkeiten: Der Versuch, הרעה zum Subjekt
des Satzes zu machen, führte dazu, in תגש (ni.) und תקדם (pi.) um-
zupunktieren. Etliche, zumeist frühere Ausleger, folgen dieser
Möglichkeit.[79] Eine solche Änderung ist m.E. überflüssig (auch
die Pleneschreibung widersetzt sich diesem Ansinnen), zumal sie

---

Einleitung durch כי, während S. Amsler, Amos, a.a.O., 244 schreibt: "Malgré le כי
(*car*) initial, cette parole de YHWH se lie mal au v.8c."

[75] Z.B. K. Budde, Zu Text und Auslegung des Buches Amos, a.a.O., 111 und
J. Reider, Contributions to the Scriptural Text, HUCA 24 (1952/53) 96. H.J. Elhorst,
De profetie van Amos, a.a.O., 289–292 ändert צרור in שֶבֶר "Getreide". M. Bernard,
Exegetical Study: Amos 9,8–15, in: Ministry 9 (1969) 22–26 schreibt: "The Hebrew
word translated by "pebble" (R.S.V.) is *pol* which means "broadbean" or "horse-
bean" . . . translated by "grain" in the K.J.V." (S.23). Hier scheint eine Verwechslung mit dem Verb (ולא־יפול) vorzuliegen.

[76] So auch E. Florival, Le Jour du Jugement, a.a.O., 65: "deux images pour un
jugement."

[77] H.W. Hoffmann, Zur Echtheitsfrage von Amos 9,9f, ZAW 82 (1970) 121f.
G. Fohrer, Die Propheten des Alten Testaments 3: Die Propheten des frühen 6.Jhs.,
Gütersloh 1975, 232.

[78] Belege s. R. Cripps, A Critical and Exegetical Commentary on the Book of
Amos, a.a.O., 269.

[79] Budde, Zu Text und Auslegung des Buches Amos, a.a.O., 114, Köhler, Amos,
a.a.O., 31, Harper, Amos and Hosea, a.a.O., 196 (mit einer Liste weiterer Vertreter
dieser Lesart). E. Hammershaimb, The Book of Amos, A Commentary, Oxford
1970, 140 wandelt תגש in qal um: "evil will not reach us".

darüberhinaus noch die Umwandlung von בעדינו in עדינו nach sich zieht.[80] Da es sich um einen Ausspruch von sprichwortartigem Charakter handelt, sind sprachliche Eigentümlichkeiten ein Zeichen von Originalität.[81]

הרעה bindet den Vers wieder inhaltlich an 4b zurück.

ביום ההוא markiert in *V.11* einen Neueinsatz.[82] P.A. Munch hat nachgewiesen, daß die Formel als redaktionelles Bindeglied zur Einführung sekundärer Passagen dient.[83] Das ist besonders dann der Fall, wenn: "Appendices of an eschatological promising nature follow immediately after older proclamations of judgment without any other mediation than a ביום ההוא." Das Temporaladverb kann dabei auch eschatologische Passagen einleiten, ohne selbst an der eschatologischen Bedeutung teilzuhaben.[84]

---

[80] So z.B. G. Hoffmann, Versuche zu Amos, ZAW 3 (1883) 123. W. Riedel, Miszellen, ZAW 20 (1900) 332 und im Anschluß daran Budde, Zu Text und Auslegung des Buches Amos, a.a.O., 113 ändern in בְּעֹדֵינוּ "so lange wir noch leben". Das Wort kommt mit anderem Suffix und in Defektivform auch Ps 139,11 vor.

[81] H. Greßmann, Der Messias, Göttingen 1929, 76 erkennt den Sprichwortcharakter nicht, der dem Wort zeitlose Gültigkeit verleiht und unterlegt stattdessen den Bezug auf eine Endzeitsituation.

[82] Vgl. Wolff, Dodekapropheton 2: Joel und Amos, a.a.O., 404, van Leeuwen, Amos, a.a.O., 346, Harper, Amos and Hosea, a.a.O., 195, Rudolph, Joel-Amos-Obadja-Jona, a.a.O., 279f, Weiser, Das Buch der zwölf Kleinen Propheten, a.a.O., 203, Cripps, A Critical and Exegetical Commentary on the Book of Amos, a.a.O., 270, Cramer, Amos, 47.

[83] P.A. Munch, The expression bajjôm hāhū'. Is it an Eschatological Terminus Technicus?, Oslo 1936 (Avhandlinger utgitt av Det Norske Videnskaps-Akademi Oslo. II.Historisk-Filosofisk Klasse), S.17 und 25. Vgl. auch Cripps, A Critical and Exegetical Commentary on the Book of Amos, a.a.O., 270, L. Černý, The Day of Yahweh and Some Relevant Problems, Praha 1948, 21. A. Lefèvre, L'expression "En ce jour là" dans le livre d'Isaie, TCJP 4, Paris 1957, 179 (Mélanges A. Robert), H.D. Preuß, Jahweglaube und Zukunftserwartung, Stuttgart 1968 (BWANT 87) 174. Über die Formel bei Jesaja (wo sie am häufigsten belegt ist) unterrichtet H. Wildberger, Jesajas Verständnis der Geschichte, VTS 9 (1963) 83–117, bes. 113f.

[84] Für H. Greßmann, Der Messias, a.a.O., 84, ist die Formel eschatologischer terminus technicus. Alle so eingeleiteten Stellen sind nach ihm auf den Tag JHWHs zu beziehen. Vgl. auch Ders., Der Ursprung der israelitisch-jüdischen Eschatologie, Göttingen 1905, 142.
Da es umstritten ist, wie für das AT überhaupt der Begriff "Eschatologie" zu füllen sei, kann dem Problem an dieser Stelle nicht weiter nachgegangen werden. Eine gute Darstellung des Sachverhalts findet sich bei A. Jepsen, Art. Eschatologie im AT, RGG II, 3.Aufl., Sp. 655–662. Vgl. auch G.v. Rad, The Origin of the Concept of the Day or Yahweh, JSS 4 (1959) 97–108. Auch für die Formel "am Ende der Tage" beweist G.W. Buchanan eine nicht-eschatologische Bedeutung. In jedem Fall entscheide der Kontext: JNES 20 (1961) 193. Vgl. neuerdings auch C. Westermann, Prophetische Heilsworte im Alten Testament, Göttingen 1987 (FRLANT 145) 197–199.

In *V.12* ist das למען auffällig. Es erweckt den Anschein der Einführung einer Erläuterung oder Erweiterung zu V.11. Das pluralische
Subjekt und die fehlende Metrik sind ebenfalls häufig beanstandet
worden.[85] Abgeschlossen wird der Vers durch die auffällige Formel
נאם־יהוה עשה זאת. Sie zum Schluß von V.11f zu machen, wie z.B.
Kellermann vorschlägt,[86] scheint mir nicht ratsam, da V.11 durch
כימי עולם bereits voll abgerundet ist.[87] Das וכל־הגוים enthält einen
Anklang an V.9a.

V.13 setzt mit הנה ימים באים נאם־יהוה neu ein.[88] Das einleitende הנה
greift zurück auf V.8 und 9, obwohl es hier mit den folgenden Worten
zu einem festen Ausdruck verbunden erscheint,[89] wie auch 4,2; 8,11.
Es handelt sich offensichtlich um eine Formel, die (wie ביום ההוא)
unbestimmte Zeiten einführend, in Heilsweissagungen variabel gebraucht werden kann.

LXX hat den ersten Teil von V.13 aus Lev 26,5 wörtlich übernommen[90] und den Rest nur dort abgeändert, wo ihr die Aussagen
zu phantastisch erschienen.[91] Auch die Übernahme aus Lev 26 hat
abmildernde Wirkung.

---

[85] Vgl. Cripps, A Critical and Exegetical Commentary on the Book of Amos,
a.a.O, 273, V. Maag, Text, Wortschatz und Begriffswelt des Buches Amos, Leiden
1951, 60, Eva Osswald, Urform und Auslegung im masoretischen Amostext, a.a.O.,
142f, Budde, Zu Text und Auslegung des Buches Amos, a.a.O., 117, Wolff,
Dodekapropheton 2: Joel und Amos, a.a.O., 404, Marti, Das Dodekapropheton erklärt,
a.a.O., 226, Weimar, Der Schluß des Amos-Buches, a.a.O., 75, Kellermann, Der
Amosschluß als Stimme deuteronomistischer Heilshoffnung, a.a.O., 173.

[86] Kellermann, Der Amosschluß als Stimme deuteronomistischer Heilshoffnung,
a.a.O., 173.
Über die Gottesspruchformel in Am 9,12 vgl. H.W. Wolff, Dodekapropheton 2:
Joel und Amos, a.a.O., 174. Er betrachtet sie als sekundär.

[87] Amsler, Amos, a.a.O., 245 behauptet aus stilistischen Gründen die Einheit von
V.11f.

[88] Zum Wort הנה im Amosbuch, s. Wolff, Dodekapropheton 2: Joel und Amos,
a.a.O., 173. Zum ganzen Ausdruck H.D. Preuß, Jahweglaube und Zukunftserwartung,
a.a.O., 176. Er nimmt eine Entwicklung von allgemeiner Zukunftsbezogenheit zu
eschatologischer Sinnaufnahme an.

[89] Gegen Weimar, Der Schluß des Amos-Buches, a.a.O., 76. Überhaupt über-
treibt Weimar die Betonung formaler Gesichtspunkte.

[90] Weitere textkritische Einzelheiten, die hier nicht von Bedeutung sind, bei
Rudolph, Joel-Amos-Obadja-Jona, a.a.O., 279.
S. auch A. Hirscht, Textkritische Untersuchungen über das Buch Amos, ZWTh
44 (1901) 11–73, bes. S.73.

[91] Gegen Hirscht, Textkritische Untersuchungen über das Buch Amos, a.a.O.,
73, der die Abweichungen aus einer Beschädigung des Schlusses herleitet. G. Baur,
Der Prophet Amos erklärt, Giessen 1847, nimmt an, daß LXX eine andere Lesart
zugrunde lag. Seine Rekonstruktion ist nicht einleuchtend.

V.13c kommt ähnlich auch in Joel 4,18b vor.[92]

V.14 ist die Bedeutung von שׁבות את־שׁבתי‎ umstritten,[93] da die Etymologie des Wortes שׁבות‎ (von שׁבה‎ "gefangen wegführen" oder von שׁוב‎ "wenden"?) ungeklärt und שׁוב‎ q. gewöhnlich intransitiv ist. Die Gretchenfrage bleibt, ob man übersetzen muß: "das Geschick wenden",[94] oder "die Gefangenschaft wenden/die Gefangenen zurückbringen".[95] Der Tatbestand verkompliziert sich noch durch die Qere und Ketib-Lesungen der Masoreten, die scheinbar ohne erkennbares Prinzip für

---

[92] Vgl. dazu die Thesen von E. Bosshard, Beobachtungen zum Zwölfprophetenbuch, BN 40 (1987) 30–67, 41f, der versucht, die ähnlichen Passagen im Dodekapropheton aus der Parallelanlage von Jesaja und dem Zwölfprophetenbuch zu erklären.

R.E. Wolfe, The Editing of the Book of the Twelve, ZAW NF 12 (1935) 90–129 ordnet Joel 4,18–19.21a und Am 9,11–15 der gleichen Redaktionsschicht zu: The Eschatologists, S.104–108.

Dieser Frage hier weiter nachzugehen, würde zu weit in die Redaktionsgeschichte des Zwölfprophetenbuches insgesamt führen. Die Abweichungen der beiden Stellen voneinander scheinen der Annahme einer einfachen Herübernahme entgegenzustehen.

[93] Ein Überblick über die ältere Forschung findet sich bei E.L. Dietrich, שׁוב שׁבות‎. Die endzeitliche Wiederherstellung bei den Propheten, BZAW 40 (1925) 6–11. Ferner s. E. Baumann, שׁוב שׁבות‎. Eine exegetische Untersuchung, ZAW 47 NF 6 (1929) 17–44, N. Schlögl, שׁוב שׁבות‎, WZKM 38 (1932) 68–75, R. Borger, Zu שׁבו/ית‎, ZAW 66 (1954) 315f. A. Dupont-Sommer, Les inscriptions araméennes de Sfiré, Paris 1958, 128, M. Noth, Der historische Hintergrund der Inschrifte von sfire, ZDPV 77 (1961) 149 Anm.85, W.L. Holladay, The Root sûbh in the Old Testament, Leiden 1958, H. Cazelles, L'expression שׁוב שׁבות‎ viendrait-elle de l'accadien d'Assarhaddon?, GLECS 9 (1961f) 57–60, A. Guillaume, Hebrew and Arabic Lexicography. A Comparative Study III, Abr-Nahrain 3 (1961f; ed. 1963) 8, R.E. Price, A Lexicographical Study of *glh*, *šbh* and *šwb* in Reference to Exile in the Tanach, DissAbstr 39 (1978) 326–A, J.A. Soggin, Art. שׁוב‎, THAT II, Sp.886ff, J.M. Bracke, *šûb šᵉbût*: A Reappraisal, ZAW 97 (1985) 233–244 ist eine Neuauflage der These Dietrichs, der sich auch C. Westermann, Prophetische Heilsworte im Alten Testament, Göttingen 1987 (FRLANT 145) 200–207 anschließt.

[94] So z.B. H.W. Wolff, Dodekapropheton 2: Joel und Amos, a.a.O., 403, Rudolph, Joel-Amos-Obadja-Jona, a.a.O., 278. Diese Deutung wurde von H. Ewald inauguriert (s. bei Dietrich, s.o. Anm. 69).

[95] Z.B. Harper, Amos and Hosea, a.a.O., 199. Jedoch geht es nicht an, mit Harper aus dem relativ häufigen Vorkommen des Begriffes in den jüngeren Schichten der prophetischen Überlieferung auch eine späte Entstehungszeit anzunehmen. Stele III von Sfire belegt ein Vorkommen des Ausdrucks im 8.Jh., vgl. Noth, Der historische Hintergrund der Inschriften von sfire, a.a.O., 149.

Dort geht es um das Herbeiführen einer Wende: השבו אלהן שיבת בית אבי‎, nicht um Rückführung aus der Gefangenschaft, vgl. Dupont-Sommer, Les inscriptions araméennes de Sfiré, a.a.O., 128 Z.24.

Die Deutung Harpers geht hauptsächlich auf die alten Versionen und Preuschen, Die Bedeutung von שׁוב שׁבות‎ im Alten Testament, ZAW 15 (1895) 1–74 zurück.

Andere Deutungen werden vertreten von Baumann, שׁוב שׁבות‎. Eine exegetische Untersuchung, a.a.O.: "Aufhebung der Schuldhaft" und von Guillaume, Hebrew and Arabic Lexicography, a.a.O.: "restore the stability".

שְׁבוּת das Qere שְׁבִית und umgekehrt, gaben.[96] LXX übersetzt meist mit αἰχμαλωσία[97] (Kriegsgefangenschaft), nur bei Jer hat sie ἀποικία und wollte hier offenbar den Bezug auf das babylonische Exil besonders herausstellen.[98] Überhaupt hat LXX an den Stellen, bei denen kein Bezug auf Kriegsgefangenschaft o.ä. vorlag, eine übertragene Bedeutung gewählt, z.B. Ez 16,53; Ijob 42,10. Sie hat also interpretierend übersetzt und kann zur Klärung der ursprünglichen Bedeutung der Phrase nicht herangezogen werden.

Fest steht jedenfalls, daß der Ausdruck schon im 8.Jh. in der übertragenen Bedeutung gebraucht wurde, vgl. Stele III von Sfire (s. dazu Anm.95). Es legt sich die Übersetzung nahe: Eine (eingetretene) Wendung wenden (rückgängig machen). Was im einzelnen rückgängig gemacht wird, ist dem Kontext zu entnehmen. Da in den Texten meist von Gefangenschaft und Zerstreuung die Rede ist, sind die Masoreten im Recht, die durch das Qere שְׁבִית der an sich gleichbedeutenden Phrase mit Hilfe eines Wortspiels den Bezug auf die שְׁבִיה, auf שְׁבִי, unterlegten.[99] Diese Linie ist durch LXX weiter ausgezogen worden.

V.15 übersetzt LXX am Schluß: ὁ θεὸς ὁ παντοκράτωρ. Sie hat offensichtlich die vielen schöpfungsmäßigen Aussagen als Doxologie gedeutet.[100]

Da der Amosschluß seit H.H. Krause (1932)[101] und besonders U. Kellermann (1969 s.o.) mit einer dtr. Redaktion in Verbindung

---

[96] Zur Statistik s. Borger, Zu שׁוב שׁבו/ית, a.a.O., 315f und auch J.J.P. Valeton, Amos und Hosea, Gießen 1898, Anm. 42 S.213–215.

[97] Übersicht über die alten Versionen: E.L. Dietrich, שׁוב שׁבות. Die endzeitliche Wiederherstellung bei den Propheten, a.a.O., 1–5.

[98] Gegen Dietrich, שׁוב שׁבות. Die endzeitliche Wiederherstellung bei den Propheten, a.a.O., 2, der die beiden Ausdrücke für gleichbedeutend hält.

[99] Gegen E. Preuschen, Die Bedeutung von שׁוב שׁבות im Alten Testament, a.a.O., 70–72.

N. Schlögl שׁוב שׁבות, a.a.O., 68–75, nimmt an, daß die alten Übersetzer zwei Phrasen zur Verfügung hatten, die sie jedoch falsch anwandten. Diese These nötigt Schlögl, an vielen Stellen zwecks Vereinheitlichung Änderungen vorzunehmen. Auch seine Erklärung des Qere-Problems ist gezwungen.

Die Arbeit von R.E. Price, A Lexicographical Study of glh, šbh and šwb in Reference to Exile in the Tanach, Diss. Duke Uni. 1977, DissAbstr 39 (1978) 326–A war mir leider nicht weiter zugänglich.

Zum Wortspiel vgl. auch B. Rahtjen, A Critical Note on Amos 8,1–3, JBL 83 (1964) 416f, der die Funktion des Wortes קץ im Gezer-Kalender bespricht.

[100] Gegen Rudolph, Joel-Amos-Obadja-Jona, a.a.O., 279.

[101] Krause, Der Gerichtsprophet Amos, ein Vorläufer des Deuteronomisten, a.a.O. Nach Krause ist der Gedanke der Kultzentralisation in Jerusalem eine Schöpfung des Amos, auf den die deuteronomistische Schule später zurückgriff (S.239).

gebracht wird, soll an dieser Stelle ein Exkurs über dieses Problem angehängt werden:

Exkurs: Die deuteronomistische Redaktion des Amosschlusses.

Nach H.H. Krause (1932) hat zunächst E. Florival die Frage nach der dtr. Herkunft von Am 9,13–15 wieder aufgenommen.[102] Er spricht von einer "Representation deutéronomique" und von Anleihen von Jeremia, dem "grand apôtre du Deutéronome".[103] H. Gottlieb (1967) bezeichnet (im Anschluß an Egnell) Amos pauschal als "praedeuteronomistischen Propagandisten".[104] W.H. Schmidt hatte schon 1965 der Frage nach der dtr. Redaktion des Amosbuches eine gründliche Untersuchung gewidmet.[105] Jedoch weist er den Amosschluß nicht dieser Bearbeitung zu.[106] Hier knüpft U. Kellermann (1969) an, der nun aus inhaltlichen Gründen mindestens Am 9,11f.14–15 der dtr. Schicht zuweist.[107]

Im Zusammenhang einer Untersuchung über die Beziehungen von Amos und Jeremia hat Z. Weisman (1975) auch die "dtr. Phraseologie"[108] bei beiden Propheten untersucht. Er kommt zu dem Ergebnis, daß[109] ‏סופר זה עשׂוי היה, לדעתי, להיות ברוך בן נריה‎.

M.W. hat die These Kellermanns keine große Gefolgschaft gefunden.[110] Seine Argumentation bzgl. Am 9,11.12 steht auf tönernen Füßen. (Über die Möglichkeit der dtr. Herkunft von Am 9,7 s. S.187f). Sie steht und fällt mit seiner Interpretation der "Hütte Davids" als Davidsdynastie. Da eine Zukunftshoffnung dieser Art im dtr. Geschichtswerk überhaupt fraglich ist und von der spekulativen Deu-

---

[102] E. Florival, Le Jour du Jugement, a.a.O., 61–75.

[103] S.71f.

[104] H. Gottlieb, Amos und Jerusalem, VT 17 (1967) 430–463, 459.

[105] W.H. Schmidt, Die deuteronomistische Redaktion des Amosbuches, ZAW 77 NF 36 (1965) 168–192.

[106] S.172.

[107] Kellermann, Der Amosschluß als Stimme deuteronomistischer Heilshoffnung, a.a.O., 178. Kellermanns literarische Ergebnisse sind an verschiedenen Stellen unklar: S.173 scheint er die Wendung "und alle(r) Völker" V.11 zuzuschreiben, obwohl sie in V.12 steht. Im Fazit seiner redaktionellen Untersuchung spricht er von einer "zweifachen Redaktion der Amosworte" (S.177f), obwohl nachher von mindestens drei redaktionellen Schichten die Rede ist.

[108] ‏ז.ויסמן, מקבילות סנוניות בספרי עמוס וירמיהו ומשמעותן לנבי חיבור ספר עמוס, שנתון‎ ‏למקרא ולחקר המזרח הקדום 1, ירושלים/תל-אביב 1975, 129–149, S.143–145‎.

[109] A.a.O., 149.

[110] Vgl. P. Weimar, Der Schluß des Amos-Buches, a.a.O., der nur 9,7 für dtr. hält (s.o.).

tung von 2Kön 25,27–30 abhängt, kann daraus nichts für unsere
Amosstelle abgeleitet werden. Deutet man die Chiffre "Hütte Davids" anders, können sofort andere zeitliche und theologische Verhältnisse in den Blick kommen.

Die Wendung in *V.12* נקרא שם על wird auch bei Weisman in der
Kategorie "dtr. Phraseologie" abgehandelt.[111] Ein Vergleich aller
Vorkommen zeigt jedoch, daß der Begriff bei Amos singulär verwen-
det worden ist,[112] denn gewöhnlich bezieht er sich nur auf Israel, die
Stadt Jerusalem und besonders den Tempel. Ein Bezug zu evtl. dtr.
Stellen bei Jeremia kommt also hier nicht in Betracht.

Für den Begriff ירש hat bereits N. Lohfink die nicht-dtr. Verwendung bei Amos nachgewiesen.[113] Der Gebrauch von ירש + את־שארית
אדום וכל־הגוים ist an unserer Stelle singulär.

Dtr. Herkunft kommt sodann wieder für *V.14* und *15* in Betracht.[114]
Hier sind besonders die Beziehungen zu entsprechenden Passagen
bei Jeremia von Bedeutung:

V.14aα kommt fast wörtlich auch in Jer 30,3 vor, allerdings erweitert durch ויהודה und mit längerer Einleitungsformel.

V.14bα und β sind eine Zusammenstellung:

Weinberge pflanzen und ihren Wein trinken—
Gärten anlegen und ihre Früchte essen,

die in dieser Kombination nicht mehr belegt ist. Gewöhnlich kommt
nur eine der Aussagen vor:

2Kön 19,29 ונטעו כרמים ואכלו פרים   (vgl. Jes 37,30)
Jes 65,21   ונטעו כרמים ואכלו פרים
Am 9,14 hat dagegen das Trinken des Weines.
Jer 29,5   ונטעו גנות ואכלו את־פרין
Jer 29,28   ונטעו גנות ואכלו את־פרייהן

Die Form גנות + עשה kommt nur noch Koh 2,4 vor.
Jedem der beiden Satzteile kann eine Aussage über das Bauen von
Häusern und dem Wohnen dort vorangehen: Jes 65,21; Jer 29,5.28,

---

[111] ז.ויסמן, מקבילות סגנוניות בספרי עמוס וירמיהו ומשמעותן לגבי חיבור ספר עמוס .a.a.O., 145.
[112] S. auch die Tabellen bei M. Weinfeld, Deuteronomy and the Deuteronomic
School, Oxford 1983, 325 Nr.2, 327 Nr.7, und C.J. Labuschagne, Art. קרא, THAT
II, 666–674.
[113] N. Lohfink, Art. ירש, ThWAT III, Sp.953–985, 958 und ders., Die Bedeutung
von hebr. jrš qal und hif., BZ NF 27 (1983) 14–33, 18f. Vgl. ebenfalls M. Weinfeld,
Deuteronomy and the Deuteronomic School, a.a.O., 313–316, 341–344.
[114] S. Kellermann, Der Amosschluß als Stimme deuteronomistischer Heilshoffnung,
a.a.O., 182.

auch Ez 28,26; Zef 1,13 (=Am 5,11). Am 9,14 spricht stattdessen vom Wiederaufbau zerstörter Städte.

Wir haben in V.14 eine sehr sorgfältig komponierte Aussage vor uns, die eine eigenständige Prägung verrät. Dtr. Herkunft kommt m.E. nicht in Frage.[115]

Auch *V.15* hat Parallelen bei Jeremia:

Jer 24,6 ונטעתים ולא אתוש

Jer 42,10 ונטעתי אתכם ולא אתוש

Beide Stellen werden bei Smend der dtr. Redaktion zugeschrieben.[116] H. Weippert lehnt diese dagegen für das Begriffspaar bei Jeremia ab.[117]

Weisman vermittelt: בשולי המליצה ה"דבטרונומיסטית"[118]

Der zweite Versteil: "aus ihrem Land, das ich ihnen gegeben habe" ist ähnlich häufiger bei Jeremia belegt, vgl. besonders 16,15; 24,10 (!); 25,5; 35,15.[119] Interessant ist, daß sonst als Objekt נתתי am häufigsten הארץ benutzt wird: Num 20,12.24; 27,12; Dtn 9,23; Jer 30,3.

האדמה wird dagegen in Zusammenhängen gebraucht, die das fruchtbare Ackerland oder den Erdboden bezeichnen wollen: Dtn 11,17; 21,23; 26,10.15; 1Kön 9,7; 14,15(!). Bei Jeremia wird dagegen ausschließlich האדמה für das Land als politische Größe verwendet, synonym zu הארץ.[120] Dieser Gebrauch scheint auch Am 9,15 vorzuliegen, selbst wenn die Bedeutung des Ackerlandes durch den Kontext mitschwingt, weil das Bild vom Pflanzen und Ausreißen dies erfordert.

Ob die entsprechenden Abschnitte dagegen bei Jeremia und Amos dtr. sind, muß an dieser Stelle offen bleiben. Die Nähe zu Jeremia einerseits und die Eigenständigkeit der sprachlichen Einkleidung bei Amos andererseits, lassen eher an gemeinsame Traditionen denken,

---

[115] S.R. Smend, Die Entstehung des Alten Testaments, Stuttgart/Berlin/Köln/Mainz 1978, 158f, der in Jer 29 nur V.8–19 für dtr. hält.

[116] R. Smend, Die Entstehung des Alten Testaments, a.a.O., 159. S. auch R. Bach, Bauen und Pflanzen. Studien zur Theologie der alttestamentlichen Überlieferungen, FS G.v. Rad, Neukirchen-Vluyn 1961, 7–32, Anm.56 S.24.

[117] Helga Weippert, Die Prosareden des Jeremiabuches, BZAW 132 (1973) 199–202. Dies., Schöpfer Himmels und der Erde. Ein Beitrag zur Theologie des Jeremiabuches, Stuttgart 1981 (SBS 102), 83f.

[118] ז.ויסמן, מקבילות סגנוניות בספרי עמוס וירמיהו ומשמעותן לגבי חיבור ספר עמוס, a.a.O., 140.

[119] Die letzten drei Belege werden bei Smend als dtr. beurteilt.

[120] Dies ist um so auffälliger, als im Dtn. sonst gerne festgeprägte Formulierungen verwendet werden, vgl. J.G. Plöger, Literarkritische, formgeschichtliche und stilkritische Untersuchungen zum Deuteronomium, Bonn 1967 (BBB 26) 60–129. Die Verwendung von האדמה bei Ezechiel liegt auf der Linie von Jeremia!

aus denen sowohl der Verfasser der Jeremia- als auch der Amostexte geschöpft hat, obwohl die Verse Am 9,14.15 auch als nachjeremianische Kombinationen von Heilstraditionen betrachtet werden könnten.[121]

Welche Entstehungsgeschichte liegt nach dem oben Gesagten nun unserem Text zugrunde?

M.E. wird in *Am 9,7–10* mit dem *Stilmittel der Inclusio* gearbeitet.[122]

V.8 (Stichwort עֵינַי) knüpft unter Inkludierung von Vers 7 (=b) an V.4b (Stichwort עֵינַי = A). Es ergibt sich das Schema: A—b—A. V.8b bleibt dabei außer Betracht.

Die gleiche Struktur liegt in V.9 (ohne die Glosse) und 10 vor: V.10 (=A Stichwort בחרב und הרעה) knüpft wiederum unter Inkludierung von V.9 (=c) an V.4 an. Es ergibt sich somit die Struktur: A—c—A.

Für die Verse 7–10 ist damit eine starke Zusammengehörigkeit erwiesen. Abgesehen von den Glossen V.8b und in V.9 könnten diese Verse durchaus auf Amos zurückgehen. Sprachliche Bedenken liegen nicht vor. Vielleicht haben wir in diesen Versen auch die Exegese der Amosschule vor uns, die unter Einschluß des echten Amoswortes in V.7[123] eine Weiterführung zu V.4 bildete, als die

---

[121] H.D. Preuß, Jahweglaube und Zukunftserwartung, Stuttgart/Berlin/Köln/Mainz 1968, 141.
  V. Maag, Text, Wortschatz und Begriffswelt des Buches Amos, Leiden 1951, 62.
  H.W. Wolff, Dodekapropheton 2: Joel und Amos, a.a.O., 408. G.J. Botterweck, Zur Authentizität des Buches Amos, BZ NF 2 (1958) 176–189, 188 sprechen von *überkommenem Heilsgut*.
  Mirjam Prager, Amos, der Hirte aus Teqoa IV, BiLi 36 (1962/63) 205–308, Anm.59 S.304 weist den Einfluß von Dtn und Jer auf Amos zurück. J.M. Berridge, Jeremia und die Prophetie des Amos, ThZ 35 (1979) 321–341 meint, daß Jeremia an die Botschaft Hoseas und Amos' im Sinne einer Aktualisierung angeknüpft habe.
  M. Bič, Das Buch Amos, Berlin 1969, 192: "Mit der Vorstellung der Wiedereinpflanzung folgen Amos auch Hosea . . . und andere Propheten, vornehmlich Jeremia . . ."
  E. Day/W.H. Chapin, Is the Book of Amos Post-Exilic?, AJSL 18 (1902) 65–93: "strongly post-exilic in tone" (88).

[122] Dieses Stilmittel hat A. van der Wal, The Structure of Amos, JSOT 26 (1983) 107–113 für Amos 1–6 herausgearbeitet, S.109. Ich schließe mich seiner Definition von Inclusio an.

[123] Anders G.A. Smith, The Book of the Twelve Prophets I. Amos, Hosea and Micah, London/New York/Toronto o.J. (1901?), 190, der 7.8a.b. für amosisch hält. Auch Wellhausen, Die Kleine Propheten, a.a.O., Weiser, Die Prophetie des Amos, a.a.O., 46f, Ina Willi-Plein, Vorformen der Schriftexegese innerhalb des Alten Testaments, 55, Würthwein, Amos-Studien, ZAW NF 21 (1950) 10–52, 39, Amsler, Amos, a.a.O., 241, Marti, Das Dodekapropheton erklärt, a.a.O., 223f, A. Lods, Les

Doxologie noch nicht an ihrer jetzigen Stelle stand.[124]

V.11 setzt mit der Formel "An jenem Tag" *neu* ein.[125] Die Herkunft dieses Verses und seiner ersten Auslegung in V.12 kann hier nicht ohne die Berücksichtigung traditionsgeschichtlicher Zusammenhänge geklärt werden. Das gilt auch für V.12, dessen Subjekt ja aus der "Hütte Davids" übernommen ist. Eine endgültige Klärung dieses Sachverhalts soll daher im nächsten Kapitel erfolgen.

V.13 folgt eine neue Überschrift, unter der jetzt verschiedene Aussagen in den Versen 13.14.15 versammelt sind, die durch einfaches ו aneinandergereiht wurden.

In *V.14* übernehmen die Worte ושבתי את־שבות die Funktion (s. V.13) einer weiteren Einleitung. Ein Vergleich aller Vorkommen des Ausdrucks zeigt, daß in einleitender Stellung der Formel häufig Begriffe wie:

Jer 30,3: כי הנה ימים באים נאם־יהוה

Jer 30,18: כה אמר יהוה הנני

Joel 4,1: כי הנה בימים ההמה ובעת ההיא

Prophètes d'Israel et les débuts du Judaisme, Paris 1935, 97, Budde, Zu Text und Auslegung des Buches Amos, a.a.O., 122, Baumgartner, Kennen Amos und Hosea eine Heilseschatologie?, Diss. Zürich 1913 (Separatausdruck aus der Schweiz. Theolog. Zeitschrift 30) 14, Köhler, Amos, a.a.O., 30, A.J. Bjørndalen, Jahwe in den Zukunftsaussagen des Amos, in: Die Botschaft und die Boten, FS H.W. Wolff, Neukirchen-Vluyn 1981, 181–202, 196f, O. Seesemann, Israel und Juda bei Amos und Hosea, Leipzig 1898, 13, R. Gordis, The Composition and Structure of Amos, HThR 33 (1940), 239–251, 251, halten V.7 für authentisch.
S. auch die Liste bei H. Gese, Das Problem von Amos 9,7, in: Textgemäß, FS E. Würthwein, Göttingen 1979, 33–39, 33.
[124] Jörg Jeremias setzt diese in die exilische Zeit: Amos 3–6, Beobachtungen zur Entstehungsgeschichte eines Prophetenbuches, ZAW 100 Supplement (1988) 123–138, 128.
C.C. Torrey, Notes on Amos ii.7, vi.10, vii.3, ix.8–10, JBL 15 (1896) 151–154, A. Winter, Analyse des Buches Amos, ThStKr 83 (1910) 323–374, C. Coulot, Propositions pour une structuration du livre d'Amos au niveau rédactionnel, RevSR 51 (1977) 169–186, halten V.8–10 für zusammengehörig.
L. Alonso-Schökel, Doce Profetas Menores, Madrid 1966, 81–83 nimmt die Verse 7–10 zusammen. Er meint allerdings zu V.8: "Este verso es la transición hacia la promesa." (82)
Es ist nicht völlig ausgeschlossen, daß die Verse 7–10 durch das Stilmittel der Inclusio an die Doxologie angefügt wurden, um nach der Unterbrechung durch diese wieder an den Komplex 9,1–4 anzuknüpfen und damit den ursprünglichen Faden wieder aufzunehmen.
[125] J. Halévy, Le Livre d'Amos, RSEHA 12 (1904) 1–18 schreibt dazu: "Entre IX,10 . . . et le verset 11 . . . il y a une lacune béante." (13)
R. Sasowski, Dann wende ich das Schicksal meines Volkes. Die Verheißung kommenden Heils, BiKi 22 (1967) 116–119 rechnet Am 9,11.12 noch zum authentischen Amosgut.

vorausgehen. Ein solcher Ausdruck war V.13 schon vorhanden, oder
wurde jedenfalls für den Anschluß an V.14f an V.13 erst verfaßt, so
daß sich mit der Schlußformel in V.15 zusammen eine *Rahmung* er-
gab. Es entsteht wieder eine Art Inclusio, indem die Verse 14f mit
den Stichwörtern בנה und נטש (Δ הרס) sich unter Einschluß von V.13
auf V.11 zurückbeziehen.

Falls die Redaktion der Verse 14 und 15 mit der Theologie der
entsprechenden Stellen im Buch Jeremia in Zusammenhang steht und
V.11 und 12 schon vorgefunden hätte, müßte sie in exilisch-
nachexilische Zeit zu datieren sein. Dann könnte vielleicht auch die
Einfügung der Glosse in V.9 auf diese Redaktion zurückgehen.

Jedenfalls dürfte sie dann mit der anderer Bücher des Dodekapropheton zusammenhängen, wo ebenfalls unkonditionale Heilssprüche
an den bestehenden Text angefügt wurden.[126]

Eine endgültige Klärung kann erst die Traditionsgeschichte erbrin-
gen, die zeigen muß, ob die Verse 11–15 traditionsgeschichtlich aus
einem Guß sind.

C. TRADITIONSGESCHICHTE

Welchen Wert können wir nun den beiden oben (S.150–158) herausgestellten großen Linien der Auslegung unserer Stelle zumessen?

Die Deutung auf die *davidische Dynastie* versucht, sich auf die Stelle
2Sam 7 zu berufen. Aber der Begriff "Hütte Davids" kommt in diesem Kapitel gar nicht vor (vgl. bes.V.12 und 13), wie überhaupt ein
anderes Wortfeld vorliegt. Die einzige Stütze der Auslegung ruht also
auf dem Syllogismus: Hütte = verfallenes Haus, Haus = Dynastie,[127]
Hütte = verfallene Dynastie. Dem steht allerdings entgegen, daß in
Am 9,11 von der Aufrichtung einer Hütte die Rede ist, die auch
dann eine solche bleibt und durch die Restauration nicht plötzlich
zu einem Haus wird. "Hütte" ist also hier—zugespitzt gesagt—als

---

[126] Vgl. den Schluß des Buches Joel. S. auch C. Westermann, Prophetische Heils-
worte im Alten Testament, a.a.O., 209, R.E. Wolfe, The Editing of the Book of the
Twelve, ZAW NF 12 (1935) 90–129 und J.D.W. Watts, The Origin of the Book of
Amos, ET 66 (1955) 109–112, 112.

[127] Für Haus = Dynastie vgl. J. Hempel, Der Symbolismus von Reich, Haus und
Stadt in der biblischen Sprache, in: Wissenschaftliche Zeitschrift der Ernst-Moritz-
Arndt Universität Greifswald, Reihe B, 5 (1955/56) 123–130, 124. E. König, Stilistik, Rhetorik, Poetik. In Bezug auf die biblische Literatur komparativisch dargestellt, Leipzig 1900, 25 meint, Haus stehe für Familie und Zelt für Stamm.

"Ehrentitel" zu begreifen und nicht—wie die meisten Ausleger wollen—pejorativ zu verstehen. Das gilt auch für die in der zweiten Hauptlinie der Auslegung vorausgesetzte Deutung auf das *davidische Großreich*, die in gleicher Weise von einer Reduktion ausgeht, die eine ontische Umwandlung der gedachten Größe einschließt. Das scheint mir den Text gegen den Strich zu bürsten, da in Am 9,11 von einer Hütte die Rede ist, die durch einen Sturz lediglich qualitativen Veränderungen ausgesetzt war und durch die Aufrichtung wieder zu einer vollwertigen Hütte werden wird.

In dieser Arbeit soll nun der Versuch gemacht werden, den Ausdruck סכת דויד *de dicto*, d.h. vom wörtlich Gesagten, und nicht de re, von der dahinterstehenden gedachten Größe, zu verstehen.

סכה ist von סכך III.[128] "decken, bedecken" abzuleiten, falls das Nomen überhaupt deverbal ist.[129] Auch סֹךְ* "Hütte, Laubhütte, Dikkicht" ist mit סכך zusammenzustellen.[130] סֻכָּה und סֹךְ* gehören also zusammen.

Im Akkadischen ist sukku "Heiligtum" ein sumerisches Lehnwort,[131] welches mit "Göttergemach, Kapelle" zu übersetzen ist.[132] Sumerisch suku I/sukku hängt wiederum mit suk I/sug I zusammen,[133] sodaß die hebräischen Verhältnisse סכה-סֹךְ* schon im Sumerischen vorgebildet zu sein scheinen.

Die eben genannten Begriffe dienen auch in der Sprache der Psalmen (vgl. 27,5f; 31,21; 42,5; 76,3) und in Klgl 2,6 zur Bezeichnung des Heiligtums von Jerusalem. Interessanterweise scheint dieser Zusammenhang (Hütte = Tempel) bisher vernachlässigt worden zu sein, wie ein Überblick aus zwei ausgewählten Kommentaren zu Ps 27,5, zeigt:[134]

A. Weiser, um mit einem neueren Kommentar zu beginnen,

---

[128] Vgl. L. Köhler/W. Baumgartner, Hebräisches und Aramäisches Lexikon zum AT, Bd.3, Leiden 1983, 711 und 712. Ob die Verteilung auf drei verschiedene Wurzeln sachgemäß ist, kann hier nicht entschieden werden, s. die Kritik bei Kronholm, Art. סָכַךְ, ThWAT V, Sp.838–856, Sp.840 und 844f.

[129] S. Kronholm, Art. סָכַךְ, a.a.O., Sp.840.

[130] S. wieder die Wörterbücher. Anders: W.L. Holladay, A Concise Hebrew and Aramaic Lexicon of the Old Testament, Leiden 1971, 255.

[131] S. W.v. Soden, Akkadisches Handwörterbuch, Bd.2, Wiesbaden 1972, 1055b.

[132] Vgl. A. Deimel, Šumerisches Lexikon, Bd.III,2: Akkadisch-Šumerisches Glossar, Rom 1937 (Scripta Pontificii Instituti Biblici) 328a.

[133] A. Deimel, Šumerisches Lexikon, Bd.III,1: Šumerisch-Akkadisches Glossar, Rom 1934 (Scripta Pontificii Instituti Biblici) 178b, 178a, 177b.

[134] Zur Textkritik s. H.J. Kraus, Psalmen 1–59. 5., grundlegend überarb. und veränd. Aufl., Neukirchen-Vluyn 1978 (BK XV/1) 363. Zu Ps 42,5: S.472.

meint,[135] Worte wie "Hütte" oder "Zelt" seien "Bilder für den Schutz und die Geborgenheit in der Gemeinschaft mit Gott." "Wie der Fremde in der gastlichen Hütte oder im Zelt des Gastfreundes Schutz findet vor Gefahren, die ihn umdrohen, so weiß sich der Gläubige in Gottes Schutz geborgen am Tage des Unglücks."

Auch vor Weiser liegen die Verhältnisse nicht viel anders. R. Kittel schreibt: "Das alles sind nichts anderes als Bilder für die beruhigende Gewißheit göttlichen Schutzes . . ."[136] Für die anderen obengenannten Psalmstellen ergibt sich das gleiche Bild.[137]

Es hat den Anschein, als sei den meisten Exegeten der Bezug von Hütte und Tempel nicht einleuchtend gewesen, sodaß sie im Bild des Schutzes, der Geborgenheit etc. das tertium comparationis gefunden zu haben glaubten. Unsere etymologische Ableitung hat jedoch erwiesen, daß es unnötig ist, eine metaphorische Bedeutung anzunehmen, da der Bezug auf den (Jerusalemer) Tempel ideell schon vom Sumerischen her vorgebahnt war und die Übertragung des Begriffs auf diesen erleichtert hat.

Wie kam es nun aber dazu, daß der Jerusalemer Tempel mit dem Wort סכה "Hütte" bezeichnet werden konnte? Als denkbare Erklärung bietet sich m.E. *das Laubhüttenfest* an. Nach Ausweis der biblischen Berichte fand die Einweihung des Heiligtums auf dem Zion stets am Laubhüttenfest statt: 1Kön 8,2 unter Salomo; Hag 1,15; 2,1 nach dem babylonischen Exil,[138] 2 Makk 1,9.18; 10,6 als Tempelreinigung und Einsetzung des Tempelweihfestes nach dem Tod des Antiochus Epiphanes, der das Heiligtum geschändet hatte (164 v.Chr.).[139]

---

[135] A. Weiser, Die Psalmen, Erster Teil Ps 1–60, 5., verb. Aufl., Göttingen 1959 (ATD 14) 165.

[136] R. Kittel, Die Psalmen übersetzt und erklärt, 5./6. Aufl., Leipzig 1929 (KAT 13) 106.

[137] Vgl. die Kommentare z.St. Kraus spricht von "archaisierenden Metaphern", die die altisraelitische Zelttradition wachhalten, Psalmen 1–59, a.a.O., 367. In Ps 42,5 wird der Bezug auf die "Hütte" meist durch Umpunktierung beseitigt, s. z.B. B. Duhm, Die Psalmen erklärt, 2., verm. und verb. Aufl., Tübingen 1922 (KHC 14) 178.

Zur Schreibweise in Klgl 2,6 vgl. O. Kaiser, Klagelieder, in: H. Ringgren/O. Kaiser, Das Hohe Lied/Klagelieder/Das Buch Esther, 3., neubearb. Aufl., Göttingen 1981 (ATD 16/2) Anm.12 S.325.

Die Rekonstruktion von T.F. McDaniel, Philological Studies in Lamentations, Bibl.49 (1968) 36–38 ist unannehmbar, ebenso wie F. Praetorius, Threni I,12.14. II,6.13, ZAW 15 (1895) 143–146, 145f.

[138] Vgl. P. Volz, Das Neujahrsfest Jahwes (Laubhüttenfest), Tübingen 1912 (SGV 67) 8.

[139] Zu den Beziehungen des Laubhüttenfestes zu Chanukka s. O.S. Rankin, The

Das Laubhüttenfest erscheint als sehr eng an den Tempel gebunden, es ist *das Tempelfest katexochen*. Das dürfte auch der Grund gewesen sein, warum Jerobeam I. sich nach der Reichstrennung gezwungen sah, ein Konkurrenzfest am neu eingerichteten Heiligtum in Bethel einzuführen, am 15. des 8.Monats (1Kön 12,32). Nach Sach 7,5 wurden im 5. und im 7. Monat (d.h. zur Zeit des Laubhüttenfestes) Klagefeiern für den zerstörten Tempel abgehalten.[140]

Es ist somit sehr wahrscheinlich, daß die Bezeichnung des Jerusalemer Tempels als Laubhütte weder symbolischen Charakter trägt, noch poetisch gemeint ist, sondern aus dem Laubhüttenfest hervorgegangen ist.[141]

Vielleicht sollte mit dieser Redeweise die in der Umwelt Israels vorhandene Vorstellung von *Zelten als Götterwohnungen* zurückgewiesen werden, wie sie W. SCHMIDT aus dem Krt- und dem Danel-Epos für Ugarit belegt hat.[142]

Aus dem Krt-Epos:

t'itj. 'ilm. l'ahlhm: Die Götter gehen zu ihren Zelten

dr. 'il. lmšknthm: Der Kreis Els (=das Göttergeschlecht) zu ihren Wohnungen.

Festival of Hanukkah, in: The Labyrinth, ed. S.H. Hooke, London 1935, 161–209 und J. van Goudoever, Biblical Calendars, Leiden 1959, 32, ferner P. Volz, Das Neujahrsfest Jahwes (Laubhüttenfest), a.a.O., 11f. Eine Beschreibung der Tempelweihe unter Salomo finden wir auch bei Josephus, Ant. viii, 100–104.

[140] Vgl. H.J. Kraus, Gottesdienst in Israel. Grundriß einer Geschichte des alttestamentlichen Gottesdienstes, 2., völlig neu bearb. Aufl., München 1962.

[141] Zur Vorgeschichte des Laubhüttenfestes s. G.W. MacRae, The Meaning and Evolution of the Feast of Tabernacles, CBQ 22 (1960) 251–276, K. Hruby, The Feast of Tabernacles in Temple and Synagogue and in the New Testament, Encounter Today 1 (1966) 12–19 und vorher in: L'Orient Syrien 7 (1962) 163–174, J. Wilch, Laubhüttenfest und Prediger Salomos. Freude und Ernst, in: FüI 58 (1975) 99–107, E. Auerbach, Eine große Überarbeitung der biblischen Bücher, VTS 1 (1953) 1–10, P. Volz, Das Neujahrsfest Jahwes, a.a.O., 1–30, E. Kutsch, Das Herbstfest in Israel, Diss. Mainz 1955, Th.H. Gaster, What the Feast of Booths Celebrates, Commentary 14 (1952) 308–314, F. Hägi, Jerusalem und die Endzeit nach Sacharja 14. Eine exegetische und bibeltheologische Untersuchung, Diss. Freiburg i.Br. 1970, 242–257.

Van Goudoever, Biblical Calenders, a.a.O., 31, führt Esra 3,3–4 (Laubhüttenfest anläßlich der Altarweihe unter Josua und Serubbabel) und Jdt 16,20 (Fest wegen der Errettung Jerusalems und des Tempels vor Holofernes) an, S.91. Die Traditionsverbindung Tempel-Laubhüttenfest war so stark, daß sie sogar bei der Einweihung der Grabeskirche in Jerusalem im 4.Jh. maßgeblich war, vgl. van Goudoever, Biblical Calenders, a.a.O., 210–214 und Joachim Jeremias, Golgotha und der heilige Felsen, Angelos 2 (1926) 74–128, Anm.3 S.101 und 128.

[142] S. W. Schmidt, מִשְׁכָּן als Ausdruck Jerusalemer Kultsprache, ZAW NF 34 (1963) 91f. Zitat Anm.4 S.91.

Aus dem Danel-Epos:
tbꜥ. kṯr. lʾahlh: Koscher zog fort zu seinem Zelt
hjn. tbꜥ. lmšknth: Hajin zog fort zu seinen Wohnungen.

(Koscher-waChassis ist eine Doppelgottheit, deren zweiter Namens-
teil hier nur durch Hajin ersetzt ist, sie scheint eine "interpretatio
ugaritica des Ptah" zu sein. Vgl. bei Anm.142).

Angesichts der Belege in den Psalmen (15,1; 27,5 parallel zu סכה;
61,5; 78,60 parallel zu משכן) und in Klgl 2,4 hat diese Möglichkeit
der Abweisung von Umweltvorstellungen allerdings wenig Wahrscheinlichkeit für sich. Beide Ausdrücke—סכה und אהל—können für den
Jerusalemer Tempel gebraucht werden. Die Zelt-Vorstellung leitet sich
allerdings nicht aus dem Laubhüttenfest her, sondern aus der Tradition des Ladezeltes (vgl. z.B. 2Sam 7,6 und 1Kön 2,28–30), hat also
traditionsgeschichtlich eine andere Wurzel als die Hütte-Vorstellung.[143]
Letztere geht auf die am Lesefest (Ri 9,27; 21,19–23; Ex 23,16;
34,22) gebräuchlichen Laubhütten[144] zurück (Dtn 16,13 erstmals erwähnt). Diese Vorstellung hat auch sonst auf die Bilderwelt des Alten Testaments gewirkt; z.B. wird Jes 1,8 Jerusalem mit einer Hütte
im Weinberg verglichen. Hier hat die Vorstellung eine Erweiterung
erfahren. Die Hütte steht nicht mehr nur für den Tempel, sondern
dieser steht pars pro toto für ganz Jerusalem in seinem Weinberg

---

[143] Gegen H.J. Kraus, Gottesdienst in Israel, a.a.O., der aus dieser Tradition
ein eigenes königliches Zionsfest, das aus dem Zeltfest hervorgegangen sei (vgl. bes.
die erste Aufl. seines Buches) rekonstruieren will, das am ersten Tag des Laubhüttenfestes begangen worden sei. Da dieses Fest jedoch expressis verbis keine Spuren
hinterlassen hat und eine Redundanz von Festen zum gleichen Termin kaum ir-
gendwelche Akzeptanz gefunden hätte, scheint mir die These Kraus' doch fraglich
zu sein.
Vgl. außerdem K. Koch, Art. אהל, ThWAT I, Sp. 128–141, T.E. Fretheim, The
Priestly Document: Anti-Temple?, VT 8 (1968) 313–329, 324.—P. Volz, Das Neujahrsfest Jahwes, a.a.O., meint, das Laubhüttenfest sei zunächst in Zelten aus Tü-
chern gefeiert worden, s.S.20. O.Eißfeldt, Kultzelt und Tempel, in: Wort und
Geschichte, FS K. Elliger, hrsg. H. Gese/H.P. Rüger, Neukirchen-Vluyn 1973 (AOAT
18) 51–55, 54 sieht bereits das Heiligtum von Silo im Zusammenhang mit der
Zelttradition, vgl. dazu z.B. Ps 78,60.
Zum Ganzen vgl. E. Sellin, Das Zelt Jahwes, in: Alttestamentliche Studien, FS R.
Kittel, Leipzig 1913 (BWANT 13) 168–192, der die Existenz eines Zeltheiligtums in
vorköniglicher Zeit belegt. Die Bezeichnung des Tempels als Zelt geht daher nicht
allein auf kanaanäischen Sprachgebrauch zurück, wie K. Rupprecht, Der Tempel
von Jerusalem, BZAW 144 (1976) 92 meint, sondern ist durch genuin israelitische
Traditionen umgeprägt worden.
[144] Vgl. die abgebildeten Beispiele Nr.11–16 bei G. Dalman, Arbeit und Sitte in
Palästina, Bd.II, Gütersloh 1932 und dazu Bd.VI, 59–64; Bd.IV, 333f. A.Alt, Zelte
und Hütten, in: Kleine Schriften zur Geschichte des Volkes Israel, Bd.III, 2.Aufl.,

Juda (vgl. dazu auch Jes 5,2).[145] Als mit dem Verlust der Eigenstaatlichkeit Israels, der Hauptstadt und des Tempels, der Zusammenhang mit der Einweihung des Heiligtums und agrarischen Riten, die
an den Besitz des Landes gebunden waren, als Grundlage für ein
jährliches Fest nicht mehr gegeben war, kam der Zusammenhang
mit der Wüstenwanderung auf, wie Lev 23,43 zeigt: "Damit eure
Geschlechter erfahren, daß ich die Israeliten in Hütten wohnen ließ,
als ich sie aus dem Land Ägypten herausführte, ich, JHWH, euer
Gott." Hier fließen die Zelt- und die Hüttetraditon zusammen, die
Hütten des Laubhüttenfestes werden mit den Zelten der Wüstenwanderung in eins gesetzt.[146] In diesem Stadium der Traditionsbildung
konnte das Laubhüttenfest zum Ausdruck der Hoffnung auf die künftige Wiedererlangung aller verlorenen Heilsgüter JHWHs werden. Jetzt

---

München 1968, 233–242 (früher in: Alttestamentliche Studien, FS F. Nötscher, Bonn
1950 <BBB 1> 16–25), denkt an einen prunkvollen Mattenbau, in dem der König
im Feldlager hauste. Das Laubhüttenfest sei demnach eine sakrale Spiegelung der
israelitischen Feldlager der Königszeit (S.241). W. Michaelis übernimmt diesen Zelt-
bzw. Hüttentypus und verwendet ihn zur Illustration von Am 9,11, s. Zelt und
Hütte im biblischen Denken, EvTh 14 (1954) 29–49, 37f und Ders., Art. σκηνή,
ThWNT VII, 369–374, 371, dem auch J.-A. Bühner, Art. σκηνή, EWNT III, Sp.599–
602, 600, folgt. E. Sellin, Das Zelt Jahwes, a.a.O., 187–192, lehnt die Priorität der
Hütten des Lesefestes ab und meint stattdessen, daß die Hütten des Herbstfestes aus
einem nomadischen Zeltfest zu erklären seien, das erst später mit dem bäuerlichen
Lesefest zusammengewachsen sei. Darin folgt er Volz, Das Neujahrsfest Jahwes, a.a.O.,
und H.J. Kraus wird diesen Gedanken eines Zeltfestes weiter ausarbeiten. Unsere
These geht dagegen von einer traditionsgeschichtlichen Parallelität beider Vorstellungen aus.
Eine Beschreibung der Feldhütten der Bauern und Feldhüter findet sich auch bei
K. Seybold, Das davidische Königtum im Urteil der Propheten, Göttingen 1972
(FRLANT 107), 61 und bes. bei I.Abrahams, Studies in Pharisaism and the Gospels,
2nd. series, Cambridge 1924, 50–52. Interessant ist auch: A. Stuiber, Die Wachthütte im Weingarten, Jahrbuch für Antike und Christentum 2 (1959) 86–89 (über
den pseudocyprianischen Traktat De montibus Sina et Sion).
[145] S. dazu auch: H.St.Th. Thackeray, The Septuagint and Jewish Worship, London
1921, 61–79 und C.G. Montefiore, A Tentative Catalogue of Biblical Metaphors,
JQR 3 (1891) 623–681, 658f, der allerdings keinen Bezug zum Tempel herstellt.
[146] Hos 12,10 gehört nicht in diese Traditionsstufe und enthält keine Anspielung
auf ein Laubhütten- oder Zeltfest, sondern meint einfach die Zeit der Wüstenwanderung, vgl. die Diskussion der Problems bei H.W. Wolff, Dodekapropheton I.
Hosea, 3., verb. Aufl., Neukirchen-Vluyn 1976 (BK XIV/1) 278f.
Interessanterweise betrachtet M. Noth, Könige, 1.Teilband I, 1–16, Neukirchen-
Vluyn 1968 (BK IX/1) 177, die Erwähnung des "Begegnungszeltes" in 1Kön 8,4
als Einschub von P. Ebenso E. Würthwein, Das Erste Buch der Könige, Kapitel 1–
16, Göttingen 1977 (ATD 11,1) Anm.4 S.85. S. ebenfalls K. Koch, Art. אֹהֶל, ThWAT
I, Sp.128–141, 139.
Vielleicht enthält 2Sam 11,11 eine Anspielung auf die Hütten der Wüsten-
wanderung, wenn diese nicht ein durch den Krieg bedingtes Improvisorium sind,
vgl. 1Kön 20,12.16, aber: 2Kön 7,7; sie würden also bereits die Anschauung von

sah man sich wieder zurückgeworfen auf die tempellose Zeit der
Wüstenwanderung und feierte das Laubhüttenfest in Erinnerung an
die Zeit, da Tempel, Jerusalem und Israel noch ein unteilbares Gan-
zes waren. Doch war auch die Wüstenzeit nicht ohne die schützende
Gegenwart JHWHs gewesen; damals nahmen Zelt und Lade den Platz
Jerusalems und des Tempels ein. In diesem Stadium der Rückschau
bahnte sich der Ausblick auf eine Zeit an, in der alle Formen der
Gegenwart JHWHs nebeneinander existieren werden: Jes 4,5f nennt
die Wolke und die Feuersäule, das Zelt (חפה)[147] und die Hütte (סכה),
weil sie durch die allumfassende Gegenwart des כבוד־יהוה in Jerusalem aufgehoben sind.[148] Mit dieser Spiritualisierung des Begriffes
"Hütte" war der Weg frei, alle Erwähnungen des Tempels als Hütte
(vgl. z.B. die obengenannten Psalmstellen) synonym von der direkten
Gegenwart JHWHs zu verstehen. Den Endpunkt dieser Entwicklung
finden wir in Offb 21,3.[149]

Welche Bedeutung hat nun diese Entwicklung des Laubhüttenfe-

Lev 23,43 vorwegnehmen. Merkwürdigerweise bieten die Kommentare zu 2Sam
11,11 keine Erklärung des Problems, vgl. H. Hertzberg, Die Samuelbücher, 2., neu
durchges. Aufl., Göttingen 1960 (ATD 10) Anm.2 S.255, der einfach "Zelte" übersetzt, wie auch W. Nowack, Richter, Ruth und Bücher Samuelis, Göttingen 1902
(HK I,4) 191. G. von Rad, Der Heilige Krieg im Alten Israel, Zürich 1951, 36
schweigt über den Sachverhalt.

Über Zelte und Hütten in den Feldlagern handelt A.Alt, Zelte und Hütten, a.a.O.
S.o. Anm.18. Außer den dort erwähnten Abbildungen s. auch J.B. Pritchard, ANEP,
Nr.170, 171 und Nr.374.

[147] Zum Ausdruck vgl. G.B. Gray, The Book of Isaiah, vol. I, Edinburgh 1962
(ICC) 80, H. Riesenfeld, Jésus Transfiguré, København 1947 (ASNU 16) 156–165.
Für die jüdische Tradition s. A. Büchler, Das Ausgiessen von Wein und Öl als
Ehrung bei den Juden, MGWJ 49 (1905) 12–40.

[148] Gegen A. Dillmann, Der Prophet Jesaja erklärt, 6.Aufl., bearb. R. Kittel, Leipzig
1898 (KEH 5), 42, der die Erwähnung der Hütte auf den Zion deutet und das als
ganz nichtssagend erklärt, O. Kaiser, Das Buch des Propheten Jesaja. Kapitel 1–12,
5., völlig neu bearb. Aufl., Göttingen 1981 (ATD 17) 95, der die Erwähnung der
Hütte auf den Wunsch nach einem Laubdach im befreiten Jerusalem als Schutz vor
Witterungseinflüssen deutet. Vgl. auch H. Hertzberg, Zur Nachgeschichte alttestamentlicher Texte innerhalb des Alten Testaments, in: Werden und Wesen des Alten
Testaments, BZAW 66 (1936) 110–121, 117. Zur Textkritik s. K. Marti, Das Buch
Jesaja erklärt, Tübingen 1900 (KHC X) 51; B. Duhm, Das Buch des Propheten
Jesaja, 5.Aufl., Göttingen 1968 (HK 3,1) 53, G.B. Gray, The Book of Isaiah, a.a.O.,
81 und H. Wildberger, Jesaja 1–12, 2., verb. Aufl., Neukirchen-Vluyn 1980 (BK X/
1) 152, dem ich mich anschließen möchte.

[149] Bemerkenswert ist wieder die enge Verbindung von "Hütte" und Jerusalem.
Wir haben also folgende Entwicklung durchlaufen: Zunächst stand Hütte für "Tem-
pel", dann für den Tempel und Jerusalem und hier schließlich hat Jerusalem den
Tempel absorbiert und wird selbst synonym von der Gegenwart Gottes verstanden.
Die Übersetzung von σκηνή mit "Hütte" ist an dieser Stelle also durchaus sachge-
mäß. Vgl. auch W. Michaelis, Art. σκηνή, ThWNT VII, 369 und 382, der keine

stes für unsere Stelle Am 9,11? Dazu möchte ich zunächst zurück-
greifen auf die oben erwähnte Erweiterung des Begriffes "Hütte" vom
Tempel auf ganz *Jerusalem*. Eine derartige Ausdrucksweise findet sich
außer in Jes 1,8 noch in Klgl 2,6 (vgl. dazu Jer 52,13). Alle anderen
Stellen: Jes 16,5; 33,20; Jer 10,20; 30,18; Klgl 2,4; Sach 12,7 benüt-
zen den Begriff אהל, vielleicht, weil sie mit einer derartigen Benennung Jerusalems und/oder Judas mehr den Wohn-aspekt akzentuieren
wollen.

Von den eben genannten Stellen sind Jes 1,8 und 16,5 für eine
Erklärung von Am 9,11 als "Kronzeugenstellen" zu nennen. Auf Jes
1,8 wurde oben schon hingewiesen. *Jes 16,5* ist im Kontext des
Moaborakels 15,1–16,14 von einem אהל דוד die Rede:

Dann wird in Huld ein Thron errichtet
auf ihm sitzt in Treue im Zelt Davids
ein Richter, der das Recht sucht und die
Gerechtigkeit fördert.[150]

Dillmann, Marti und von Orelli[151] lassen den Ausdruck "Zelt Davids" unerklärt. Duhm, Rudolph und Wildberger deuten auf die
davidische Dynastie,[152] wobei Rudolph "Zelt Davids" noch mit "im
Schutze Davids" übersetzt, und Wildberger an den Palast der
Davididen, der hier ausnahmsweise mit "Zelt", einem Ausdruck der
Tempelideologie, bezeichnet werde, denkt. Auch O. Kaiser[153] hat einen nicht näher beschriebenen Wohnsitz Davids vor Augen.

Erklärung für den traditionsgeschichtlichen Hintergrund hat. F. Hägi, Jerusalem und
die Endzeit, a.a.O., 306 übersetzt Offb 21,3 mit "Zelt".
    Zum Ganzen s. auch N.W. Porteous, Jerusalem-Zion: The Growth of a Symbol,
in: Verbannung und Heimkehr, FS W. Rudolph, Tübingen 1961, 235–252. Jetzt in:
Ders., Living the Mystery, Oxford 1967, 93–111.
[150] Auf literarkritische Einzelheiten kann an dieser Stelle nicht weiter eingegangen
werden. O. Procksch nannte das Moaborakel "das Schmerzenskind der Exegese" (s.u.
bei Kaiser, S.51). W. Rudolph, Jesaja XV–XVI, in: Hebrew and Semitic Studies.
Presented to G.R. Driver, Oxford 1963, 130–143 hält das Hauptstück Jes 15,1–8;
16,1.3–11 für vorexilisch, ja sogar älter als Jesaja (141f). H. Wildberger, Jesaja 13–
27, 2.Aufl., Neukirchen-Vluyn 1989 (BK X/2) 622f betrachtet Jes 16,1.3–5 als spä-
ten, nachexilischen Einschub, der wiederum durch die Worte "Zelt Davids" glos-
siert wurde. Einen Überblick über die Forschungslage gibt O. Kaiser, Der Prophet
Jesaja. Kapitel 13–39, 2., durchges. Aufl., Göttingen 1976 (ATD 18) 52.
[151] A. Dillmann, Der Prophet Jesaja erklärt, 6.Aufl., bearb. R. Kittel, Leipzig 1898
(KEH 5) 154. K. Marti, Das Buch Jesaja erklärt, Tübingen 1900 (KHC X) 137. C. von
Orelli, Der Prophet Jesaja. 3., neu durchgearb. Aufl., München 1904 (KK 4,1) 70.
[152] B. Duhm, Das Buch Jesaja, 5.Aufl., Göttingen 1968 (HK 3,1) 129f. W. Rudolph,
Jesaja XV—XVI, a.a.O., 140f. H. Wildberger, Jesaja 13—27, a.a.O., 623.
[153] O. Kaiser, Der Prophet Jesaja. Kapitel 13—39, a.a.O., 59.

Aus den obengenannten Belegen ergibt sich, daß als Deutung von "Zelt Davids" in erster Linie die Stadt Jerusalem in Frage kommt.

Nicht unerwähnt bleiben soll die zweite Möglichkeit, bei der nach Analogie von Ps 78,67 die Deutung "Stamm, Geschlecht, Familie" durch den parallelismus membrorum unbestritten ist: אהל + nomen proprium (יוסף) parallel zu שבט אפרים.[154] Interessanterweise ist an allen anderen Stellen im gleichen Psalm "Zelt" im Sinne von "Wohnsitz" gebraucht: V.51.55, vgl. auch Ps 91,10, wie sonst auch im Alten Testament (z.B. Num 24,5; Dtn 33,18; Ijob 8,22; Ps 132,3; Spr 14,11; Jes 40,22; Jer 4,20; 30,18; Sach 12,7; Mal 2,12). Der Deutung auf die davidische Dynastie steht in Jes 16,5 allerdings die Erwähnung des Titels "Richter" entgegen, da man doch aus der Linie Davids sicher einen König erwartete. *Jedenfalls ist damit via negationis für "Hütte Davids" die Bedeutung "Dynastie" ausgeschlossen, da diese bereits durch den Begriff "Zelt" abgedeckt ist.*[155]

Um einer Lösung näher zu kommen, müssen wir also den oben aufgezeigten Erklärungsweg Laubhütte = Tempel weiter beschreiten.

Zu Am 9,11 gibt es eine interessante *sumerische Parallele*. Auch in der *Klage um das zerstörte Heiligtum von Ur*[156] (ca. 2000. v.Chr.) wird ein Tempel mit einer Laubhütte verglichen:

My house founded by a righteous man
Like a garden hut (gi-sig-kiri-GIM) verily
on its side has caved in
(Z.122–123)

< . . . >
Like a tent (za-lam-gar), a house (é)[157]
on land denuded of crops

---

[154] S. o. Anm.1: "Zelt" steht für "Stamm". K. Koch, Art. אֹהֶל, a.a.O., Sp.129 und 131: "Zeltbewohner", bzw. "Zeltfamilie".

[155] Gegen K. Seybold, Das davidische Königtum, a.a.O., der סכת דויד mit בית דוד—אהל דוד gleichsetzt (S.61).

[156] S.N. Kramer, Lamentation over the Destruction of Ur, AS 12 (1940) 30f = ANET S.457, wo von Kramer lediglich in Z.122 eine Änderung vorgenommen wurde, die für unsere Fragestellung jedoch ohne Bedeutung ist. Zu Z.128f s.Anm. 31 u.

[157] Die Übersetzung von A. Falkenstein/W.v. Soden, Sumerische und Akkadische Hymnen und Gebete, Zürich/Stuttgart 1953, 198, übersetzt é "Haus" mit "Hütte" übersetzt, ist an dieser Stelle sinngemäß, da im alten Mesopotamien Häuser aus Schilfmatten üblich waren, die zwar für den an eine massive Bauweise gewöhnten Europäer den Ausdruck "Hütte" provozieren, für den Bewohner des heißen Zweistromlandes jedoch ein vollwertiges Haus repräsentieren, vgl. E. Heinrich, Bauwerke

Like a house on land denuded of crops
(the Ekišnugal) has been exposed
to wind and rain.

(Z.128–129)

Das sumerische Wort gi-sig, akkadisch kikkišu, bedeutet genaugenommen "Rohrhütte".[158] gi-sig-kiri-GIM muß also übersetzt werden: "wie eine Rohr-Gartenhütte".[159] In Mesopotamien war das Schilfrohr die Wiege aller Kultur.[160] Seine große Bedeutung wird auch aus anderen Texten deutlich.

So heißt z.B. am Anfang des sog. *Babylonischen Lehrgedichts von der Schöpfung*:[161]

1. bītu íl-lim bīt ilāni ina aš-ri íl-lim ul í-pu-uš
2. ḳa-nu-u ul a-ṣi i-ṣi ul ba-ni
1. Ein heiliges Haus, ein Haus der Götter, war an heiliger Stelle nicht gemacht,
2. ein Rohr nicht gesprossen, ein Baum nicht gebaut.

Einen Tempel konnte es am Weltenanfang noch nicht geben, da das Schilfrohr, der Urwerkstoff Mesopotamiens, aus dem auch die Rohr-

---

in der altsumerischen Bildkunst, Wiesbaden 1957 (Schriften der Max Freiherr von Oppenheim Stiftung 2) und S. Westphal-Hellbusch/W. Westphal, Die Ma'dan, in: Forschungen zur Ethnologie und Sozialpsychologie 4 (1962) 64–81. (Viele moderne Beispiele!) Z.128f folge ich in Text und Übersetzung Å.W. Sjöberg, The Sumerian Dictionary of the University Museum of the University of Pennsylvania, vol. 2, Philadelphia 1984, 163.

[158] Vgl. auch CAD 8, 352 und J.S. Cooper, The Return of Ninurta to Nippur. an-gim dím-ma, Rom 1978 (Acta Orientalia 52) S.119 Nr.118 und Anm.1, ebd. Dort finden sich auch andere Beispiele für die Verwendung des Wortes gi-sig.

[159] Vgl. W.H.Ph. Römer, Einführung in die Sumerologie, 3.verb. Aufl., Nijmegen 1982, 81: kiri₆ = Garten, ebenso Marie-Louise Thomsen, The Sumerian Language, Copenhagen 1984 (Mesopotamia 10) 56 und Anm.27, ebd. Vgl. auch die Übersetzung bei J.S. Cooper, The Return of Ninurta to Nippur, a.a.O., 118.

[160] A.L. Oppenheim, The Mesopotamian Temple, BA 7 (1944) 54–63, 54.
W. Andrae, Das Gotteshaus und die Urformen des Bauens im Alten Orient, Berlin 1930 (Studien zur Bauforschung 2).
S. Westphal-Hellbusch/W. Westphal, Die Ma'dan, a.a.O.
E. Heinrich, Schilf und Lehm. Ein Beitrag zur Urgeschichte der Sumerer, Berlin 1934 (Studien zur Bauforschung 6) war mir leider nicht zugänglich.
Vgl. außerdem die zahlreichen Vorkommen und Wortzusammensetzungen von "Rohr": Anita Rajkay Babó, Anton Deimels Sumerisch-Akkadisches Glossar. Register der deutschen Bedeutungen, Wiesbaden 1984, 44.

[161] P. Jensen, Assyrisch-babylonische Mythen und Epen, Berlin 1900 (KB 6,1) 38.

tempel bestanden, noch nicht erschaffen war. Die Bauweise solcher Rohrhüttentempel wird anschaulich in Z.17f und 31f des gleichen Gedichts beschrieben:

17. (ilu) Marduk a-ma-am ina pa-an mí-í ir-ku-us
18. í-pi-ri ib-ni-ma it-ti a-mi iš-pu-uk.[162]
17. Marduk fügte ein Rohrgeflecht vor dem Wasser,
18. baute Erde und schüttete (sie) bei dem Rohrgeflecht hin.[163]

Den Vorgang hat man sich so vorzustellen: Gerodete Schilfstengel bilden im Sumpfland eine erste Insel. Die an den Rändern der Rodung stehengebliebenen wurzelnden Schilfstengel werden gebündelt und dann je zwei gegenüberliegende Bündel zu Bögen zusammengebunden. So entsteht ein Hüttengerippe, das mit Schilfmatten abgedeckt wird, bis eine tonnenförmige Rohrhütte entsteht.[164] Dieser Vorgang der Landgewinnung mittels Rohrhüttenbau ist auch Z.31f im gleichen babylonischen Lehrgedicht von der Schöpfung beschrieben.[165]

Solche Rohrhütten bildeten die ersten Tempel: "In the marshy cane-brakes of Lower Mesopotamia worshipers of still undetermined ethnical affinities constructed boats . . ., fenced off sacred enclosures, wove dais-shaped windscreens and elaborate reed-huts to house their images and other worshiped objects as long ago as the end of the fourth millenium, B.C. The rare pictorial representations allow us only a few glimpses of the religious activity enacted in these reed-

---

[162] P. Jensen, Assyrisch-babylonische Mythen und Epen, a.a.O., 40.

[163] Das akkadische Wort amu, sumerisch ᵍidir, das AHw 1,45 "Floß" übersetzt, möchte ich lieber mit "Rohrgeflecht" wiedergeben, was wohl die dem Wort "Floß" zugrundeliegende Bedeutung ist. CAD 1,2 übersetzt ebenfalls "raft" (S.85).

[164] Vgl. W. Andrae, Das Gotteshaus und die Urformen des Bauens, a.a.O., 47. Für ein modernes Beispiel s. S. Westphal-Hellbusch/W. Westphal, Die Maʿdan, a.a.O., 64–81 und dort die Abb. 6–12 und 16. Außerdem wieder bei Andrae, a.a.O., Abb. 58–61.
Die Übersetzung amu mit "Rohrhütte bei A. Ungnad, Die Religion der Babylonier und Assyrer, Jena 1921 (Religiöse Stimmen der Völker III) ist also sinngemäß richtig. Vgl. auch M. Witzel, Die Dioritplatten Urninas, AfO 7 (1931/32) 33–36, 35: "Gerade dieser Schöpfungstext zeigt uns, daß man sich das Apsu, das von Enki über dem besiegten Apsu errichtete Haus (das ja das Vorbild aller Enki Heiligtümer war) als *mit* oder *auf* Rohrgeflecht erbautes Haus vorzustellen hat." (Hervorhebung im Original).

[165] S. Anm.162. Statt na-ma-la ist wegen der sumerischen Parallele: pa-rim₄: na-ba-la (von nābalu "Festland, trockenes Land") zu lesen. Vgl. Å.W. Sjöberg, The Sumerian Dictionary of the University Museum of the University of Pennsylvania vol.2, a.a.O., 125 u. und AHw 2,697 o. und CAD 11,1 S.20f.
Die rekonstruierende Übersetzung "Rohrstand" bei Jensen, Assyrisch-Babylonische Mythen und Epen, a.a.O., 40 ist also treffend.

sanctuaries. To this we trace back naval processions, the use of reed-huts for certain rites, altars made of reed and other customs."[166]

Abbildungen solcher Rohrhüttentempel aus dem Alten Mesopotamien sind besonders in Schriftzeichen und auf Rollsiegeln auf uns gekommen.[167]

Eine weitere Erwähnung des Rohrtempels finden wir in Enuma eliš I,6:[168]

gi-pa-ra la ḳ(k)i-iṣ-ṣu-ra ṣu-ṣa-a la <še'u>[169]

Ein Rohrtempel[170] war noch nicht geflochten, Rohrdickicht nicht zu sehen.

Sowohl im Babylonischen Lehrgedicht von der Schöpfung (vgl. Z.19: "Um die Götter in einer Wohnung, die ihrem Herzen wohlthäte, wohnen zu lassen"[171]) als auch in Enuma eliš ist der Rohrtempel vor aller Schöpfung genannt. Diesen Präexistenzgedanken finden wir bzgl. des salomonischen Tempels übrigens auch in der jüdischen Tradition (vgl. bPes 54a; bNed 39b; BerR 1,4; im Talmud eine

---

[166] A.L. Oppenheim, The Mesopotamian Temple, a.a.O., 54. Vgl. L.H. Vincent, La Réprésentation divine orientale archaique, in: Mélanges Syriens, FS A.R. Dussaud, Paris 1939, 373–390, 387.
Das akkadische Wort sukku "Heiligtum" geht möglicherweise auf sumerisch sug-ki (von sug=Röhricht) zurück, vgl. A. Deimel, Šumerisches Lexikon III,1: Šumerisch-Akkadisches Glossar, Rom 1934, 177.

[167] S.E. Heinrich, Die Tempel und Heiligtümer im Alten Mesopotamien, Abbildungsband, Berlin 1982 (Denkmäler Antiker Architektur 14), Abb.16 und 17. Abb.15 und 18 zeigen moderne Beispiele. Ders., Bauwerke in der altsumerischen Bildkunst, a.a.O., 12–20 und Abb.3a–6 (S.12f) und Abb.11a/b (S.17). S. auch Tafel II und III, a und g, bei W. Andrae, Das Gotteshaus und die Urformen des Bauens, a.a.O., im Anhang und ihre Beschreibung ebd., S.64f.

[168] P. Jensen, Assyrisch-babylonische Mythen und Epen, a.a.O., 2f.

[169] Bei diesem Wort folge ich der Rekonstruktion von CAD 16, 262.

[170] Akkadisch gipāru kann sowohl "(Gottes)wohnung, Haus, Tabu", als auch "Weide bedeuten (AHw 1,290; CAD 5,83f).
Die Übersetzung "Weide" legen zugrunde:
H. Zimmern, in: H. Gunkel, Schöpfung und Chaos in Urzeit und Endzeit, Göttingen 1895, 403.
A. Ungnad, Die Religion der Baylonier und Assyrer, a.a.O., 5.
H. Gressmann, AOT, 109 und Ders., AOB, 5.
Aufgrund der oben ausführlich beschriebenen Schilfbauweise ist der logische Zusammenhang von (Röhricht)weide und Tempel klar. Vgl. überdies die sehr interessante Bedeutungsentwicklung des Wortes gipāru bei E.D. van Buren, The Sacred Marriage in Early Times in Mesopotamia, OR 13 (1944) 1–72, 22, die in Enuma eliš 1,6 von "no hedge was yet set" zu "No *gipar* (sanctuary) had as yet been set up" führt. Weitere Belege S.31f.
S. auch ANET, 61, wo E.A. Speiser "reed-hut" wegen Enuma eliš Z.77 übersetzt. Nebenbei sei bemerkt, daß Speiser, a.a.O., Anm.4 gegen van Buren, a.a.O., 31 argumentiert, daß gipāru nicht mit sumerisch gi=Schilfrohr zusammenhänge.

[171] P. Jensen, Assyrisch-babylonische Mythen und Epen, a.a.O., 41.

Baraita). Ein Schilfheiligtum wird weiterhin auch in Gilgameš-Epos 11,20–22 erwähnt.[172] Das hierfür benutzte Wort kikkišu ist die akkadische Übersetzung von sumerisch gi-sig, das uns in der Klage um das zerstörte Heiligtum von Ur bereits begegnet ist.

   Damit schließt sich der Kreis. Anhand der vorgeführten Belege wird—trotz unterschiedlicher Terminologie in verschiedenen Sprachen—deutlich, daß der gewählte Vergleich in unserem Ausgangstext, der Klage um das zerstörte Heiligtum von Ur, nicht zufällig ist. Die Erwähnung des Wohnraumes des Gottes "in der ehrwürdigen Form der urältesten Rohrhütte"[173] unterstreicht wirkungsvoll den Gedanken der Tempelzerstörung und die damit einhergehende Profanierung. Der Vergleich mit einem Garten, bzw. einem abgeernteten Feld verstärkt den Eindruck von Öde und Verwüstung um das zerstörte Heiligtum, das jetzt schutzlos den Elementen preisgegeben ist. Diese Gedankenwelt erinnert sofort auch an Jes 1,8.[174]

Die Vorstellung des Tempels als Rohr- oder Laubhütte war allerdings nicht nur in Mesopotamien und in Israel, sondern auch im *Alten Ägypten* zu Hause.

   W.B. Kristensen[175] und wieder W. Andrae haben zahlreiche Belege—vom Alten bis zum Neuen Reich—für die enge Verbindung von Osiris und Ptah mit einer Schilf- oder Papyrushütte beigebracht. Beide Götter haben Bezug zur Fruchtbarkeit, deshalb ist ihre Papyrushütte als Tempel der Vegetation zu verstehen, der—bei Osiris—die Auferstehung des sterbenden Gottes in seinem Sohn Horus (vertreten

---

[172] P. Jensen, Assyrisch-babylonische Mythen und Epen, a.a.O., 230f. M. Witzel, Die Dioritplatten Urninas, a.a.O., 36. K. Möhlenbrink, Der Tempel Salomos. Eine Untersuchung seiner Stellung in der Sakralarchitektur des Alten Orients, Stuttgart 1932 (BWANT 4,7) Anm.6 S.43.

[173] W. Andrae, Das Gotteshaus und die Urformen des Bauens, a.a.O., 11. Zalam-gar in Z.128 bedeutet "Zelt" und ist hier wohl nur aus stilistischen Gründen eingeführt, s. AHw 1,157: kuštāru. Über Zelte und Baldachine als Kulträume bzw. Königszelte in Mesopotamien orientiert W. Andrae, a.a.O., 42f; für den Alten Orient überhaupt s. K. Koch, Art. אֹהֶל, a.a.O., Sp.133.

[174] Nach Ch. Rabin, Noṣerim, Textus 5 (1966) 44–52, 48 übersetzt Saadja ben Josef (Gaon; 882–942 n.Chr.) in Jes 1,8 (arab.) "like a city of reed-booths" und stützt damit unsere These.

[175] W.B. Kristensen, De Loofhut en het Loofhuttenfeest in den Egyptischen Cultus, in: Ders., Verzamelde Bijdragen tot Kennis der antieke Godsdiensten, Amsterdam 1947, 65–81. Zahlreiche Abbildungen bei W. Andrae, Das Gotteshaus und die Urformen des Bauens, a.a.O., Abb.49–51 (S.57) und Abb.66 (S.65). Die bei Kristensen angedeuteten Bezüge zur Thronbesteigung des Königs können im Rahmen dieser Arbeit nicht weiter verfolgt werden.

durch den König) repräsentiert. Dieser Vorgang fand am sed-Fest seinen kultischen Niederschlag: Horus bringt seinem Vater ein Vegetationsopfer aus dem Reichtum der ganzen Erde dar. So ist es zu erklären, daß auch die Hieroglyphe für "Fest" eine Papyrushütte abbildet.[176] Hier steht sie also ganz im Zeichen des großen Themas der ägyptischen Religion: Der Unsterblichkeit. Auch die Hieroglyphe für "Ober-Ägypten" gehört in diesen Zusammenhang.[177] Sie stellt eine Schilfhütte dar, die aus einem prähistorischen Wohnhaus oder einer Hirtenhütte abgeleitet ist. Anubis, der Hirte der abgeschiedenen Seelen, wird darum auch "Heer der goddelijke loofhut"[178] genannt, der die Toten zu den Papyrusfeldern der Seligen bringt, wo die "goddelijke loofhut van Anubis" aufgerichtet ist, der Tempel des auferstandenen Erdenlebens.[179] Die schnell wachsende und vielseitig nutzbare Papyruspflanze ist Symbol von Erneuerung und Gedeihen.

Auch die weiße Hütte des Erdgottes Geb scheint mit der Hütte von Ober-Ägypten zusammenzuhängen, da die weiße Farbe das Kennzeichen des Südens ist. Diese Hütte stellt auch den Aufbewahrungsort einer Mumie dar; sie ist der Ort der Auferstehung, der Unsterblichkeit. Die heilige Handlung der Aufrichtung der Hütte von Ober-Ägypten, dem Tempel der Vegetation, wird in einem Pyramidentext erwähnt: "de afgestorvene (koning) is gezond; de hut van Boven-Egypte is opgericht; de nieuwe maan <Mond> is geboren; de vruchtbare bodem (sp) leeft; de ceremonie van het trekken is verricht...".[180] Das Aufrichten der heiligen Hütte ist hier ein Symbol von Auferstehung und Leben. Die Hütte von Ober-Ägypten heißt auch "het groote huis".[181] Mit dem gleichen Ausdruck wird das Allerheiligste

---

[176] W.B. Kristensen, De Loofhut en het Loofhuttenfeest in den Egyptischen Cultus, a.a.O., Abb.2 und S.80f. S. auch A. Erman/H. Grapow, Wörterbuch der ägyptischen Sprache, Bd.3, Berlin 1955, 464: sh.

[177] W.B. Kristensen, De Loofhut en het Loofhuttenfeest in den Egyptischen Cultus, a.a.O., Abb.15 und Anm.19 S.72. A. Erman/H. Grapow, Wörterbuch der ägyptischen Sprache, Bd.1, 2., unveränd. Neudruck, Berlin 1957, 147: 'itr.t

[178] W.B. Kristensen, De Loofhut en het Loofhuttenfeest in den Egyptischen Cultus, a.a.O., 74.

[179] Ebd.

[180] W.B. Kristensen, De Loofhut en het Loofhuttenfeest in den Egyptischen Cultus, a.a.O., 76.
Über das Aufschlagen der (Rund)hütte des Fruchtbarkeitsgottes Min s. W. Helck, Art. Min, Lexikon der Alten Welt, Zürich/Stuttgart 1965, Sp. 1963 und R. Gundlach, Art. Min, Lexikon der Äyptologie, Bd.4, Wiesbaden 1982, Sp.136–140, 136f.

[181] W.B. Kristensen, De Loofhut en het Loofhuttenfeest in den Egyptischen Cultus, a.a.O., 77.

eines Tempels bezeichnet. Hier begegnet uns die enge Verbindung von Götterwohnung und Land, d.h. regionalen Kategorien.[182] Der Tempel steht für das Reich und sein Wohlergehen.

Unser Überblick über die Zeugnisse des Alten Orients hat gezeigt, daß sowohl in Mesopotamien als auch in Ägypten von der ältesten Zeit an die Rede von einer Rohrhütte als Götterwohnung nachzuweisen ist. In Israel ist die Bezeichnung "Laubhütte" sicher dadurch zu erklären, daß das Schilfrohr nicht in dem Maße die Flora beherrscht wie in Mesopotamien und Ägypten, wenn dem Wort סכה auch noch die etymologischen Wurzeln der Herkunft von Schilfrohr anhaften.[183]

Als "Sitz im Leben" der Rede vom Jerusalemer Tempel als Laubhütte hatten wir oben das Laubhüttenfest in seiner Form als Tempelweihfest herausgestellt. Nach dem Dargelegten kann die Behauptung von T.E. Fretheim: "The continued maintenance of the tent tradition through the period of monarchy in the face of a dominant temple theology is attested by a number of references in the psalms to the tent and the tabernacle. The provenance of these references is uncertain"[184] nicht mehr aufrecht erhalten werden.

Die *Schilderung überwältigender Fruchtbarkeit* in *Am 9,13* ist ebenfalls vom Laubhüttenfest inspiriert, und zwar von dessen Erntefestcharakter,[185] den wir oben bereits besprochen haben. Sie geht damit nicht auf einen Volksglauben zurück, den die Propheten übernommen hätten, wie M.Z. Segal und andere meinen.[186]

---

[182] Verwandtschaft zu sumerischen Vorstellungen finden wir auch beim "Urhügel", vgl. Kristensen, a.a.O., 78–80 mit Z.17f und 31f aus dem Babylonischen Lehrgedicht von der Schöpfung.

[183] Falls סכה auf akkadisch sukku bzw. sumerisch sug-ki zurückgeht; vgl. Anm.166. Gegen Sellin, Das Zelt Jahwes, in: Alttestamentliche Studien, FS R. Kittel, Leipzig 1913 (BWANT 13) 168–192, 178, der als Grundbedeutung "Hülle" annimmt.

Auch die im AT belegte Redeweise von JHWH als einem Löwen, der aus seinem Dickicht hervorkommt, z.B. Jer 4,7 und bes. 25,38, versteht dieses als eine Art natürliche Laubhütte. Mit diesem Aufenthaltsort JHWHs kann nur Jerusalem oder der Tempel gemeint sein, s. S.40.

[184] T.E. Fretheim, The Priestly Document: Anti-Temple?, VT 18 (1968) 313–329, 324.

[185] Vgl. F. Hägi, Jerusalem und die Endzeit nach Sacharja 14, a.a.O., 243, der das Laubhüttenfest definiert als "die Zeit, wo man die Ernte bedeckt."

[186]   סנל, מ.צ., חזון אחרית הימים בספרי הנביאים, תרביץ 27 (1957) 3–11
Engl. Zusammenfassung S.If. Vgl. außerdem:

ווייס,מ., מה בין הימים האלה ובין הימים הבאים לפי עמוס ט, ין?
ארץ ישראל 14 (1978) 69–73

Der Gedanke, daß vom Tempel Fruchtbarkeit ausgeht, findet sich auch in Mesopotamien, z.B. in den sumerischen Tempelbaumythen des Gudea: "Die Inbetriebnahme des Tempels hat zur Folge, daß die ganze Natur sich regeneriert; es wird berichtet, welche Produkte jetzt in Überfluß vorhanden sind: Fische, Getreide, Groß- und Kleinvieh."[187]

In der Klage um das zerstörte Heiligtum von Ur sprach der Text umgekehrt von Unfruchtbarkeit angesichts des zerstörten Tempels. Der Zusammenhang von Ernte und Fruchtbarkeit ist überaus deutlich. Das Gleiche gilt für die ägyptischen Beispiele, bei denen die Auferstehung des Osiris-Horus stets mit der Erneuerung der Vegetation, dargestellt durch die Schilfhütte, verbunden war. In einem Pyramidentext stand die Aufrichtung der Hütte von Ober-Ägypten in direktem Zusammenhang mit der Fruchtbarkeit des Bodens.

Im Alten Testament ist die Verbindung von Tempel/Jerusalem und Fruchtbarkeit des Landes in Jes 51,3; Ez 47,1–12; Joel 4,17.18;[188] Hag 2,15–19 (vgl. 1,4–11; in 2,1 ist obendrein der Monat des Laubhüttenfestes genannt) und Sach 8,9.12 bezeugt.

Engl. Zusammenfassung S.125*.

A. Meli, I beni temporali nelle profezie messianiche, Bib 16 (1935) 307–329.

A. Guglielmo, De, The Fertility of the Land in the Messianic Prophecies, CBQ 19 (1957) 306–311.

L. Alonso-Schökel, Descripción de los tiempos mesiánicos en la literatura profética como una vuelta al Paraiso, EE 24 (1950) 459–477.

A. Peter, Das Echo von Paradieserzählungen und Paradiesesmythen im Alten Testament unter besonderer Berücksichtigung der prophetischen Endzeitschilderungen, Diss. Würzburg 1946, bes. 174–180.

[187] F. Stolz, Strukturen und Figuren im Kult von Jerusalem, BZAW 118 (1970) 80.

Beispiele aus der jüdischen Traditionsliteratur: R. Patai, Man and Temple. In Ancient Jewish Myth and Ritual, London/Edinburgh/Paris/Melbourne/Toronto/New York 1947, 86–89, 122–124, 154f: ". . . the mere existence of the Temple secured the orderly functioning of nature . . ." (200).

Vgl. außerdem:

E. Burrows, Some Cosmological Patterns in Babylonian Religion, in: The Labyrinth, ed. S.H. Hooke, London 1935, 45–70.

L. Dürr, Ursprung und Ausbau der israelitisch-jüdischen Heilandserwartung, Berlin 1935, 99 zitiert einen babylonischen Segensspruch: "Wenn die Grundlagen meines Tempels gelegt werden, dann soll der Überfluß kommen."

A. Peter, Das Echo von Paradieserzählungen und ˙Paradiesesmythen im Alten Testament unter besonderer Berücksichtigung der prophetischen Endzeitschilderungen, a.a.O., 238ff und passim.

S.M. Siahaan, Die Konkretisierung der Messiasvorstellung nach dem Zusammenbruch Jerusalems, Diss. Hamburg 1973, 295.

[188] Siehe dazu auch: ‏,?‏ינ‎ ‏עמוס מ, לפי הבאים הימים ובין האלה הימים בין מה ‏,,מ,ס,‏וייס‎ a.a.O., 72f.

Wir müssen uns also fragen, ob aufgrund der engen Zusammengehörigkeit dieser Themenkreise für Am 9,11 und 13 nicht auch ein
literarischer Zusammenhang befürwortet werden muß,[189] da bei beiden Versen das Laubhüttenfest die geistige Patenschaft stellt. Dasselbe trifft auch für Am 9,12 zu, wie im Exkurs zu diesem Vers am
Ende dieses Kapitels dargelegt wird.

Vielleicht gilt dies auch für die crux interpretum *Am 5,26*.[190]
Dort lesen statt des masoretischen סִכּוּת:
LXX und Symmachus: τὴν σκηνήν (vgl. Apg 7,43)
Aquila: συσκιασμούς
CD 7,14–16: סוכת (המלך)
Vulgata: *tabernaculum*
Peschitta: mškn'; also סַכָּת und Aquila סַכּוּת[191]

---

[189] Dies konzidiert in völlig anderem Kontext auch S.M. Siahaan, Die Konkretisierung des Messiasvorstellung nach dem Zusammenbruch Jerusalems, a.a.O., Anm.12
S.50.

[190] Für text- und literarkritische Fragen vgl. die erschöpfende Behandlung bei
W. Rudolph, Joel-Amos-Obadja-Jona, Gütersloh 1971 (KAT XIII/2) 207f und E.
Sellin, Das Zelt Jahwes, a.a.O., 175–180; A. Hirscht, Textkritische Untersuchungen
über das Buch Amos, ZWTh 44 (1901) 11–73, 65f. Die Stelle wird auch in Qumran
exegesiert, s. S.1–22.

[191] Die Lesart Aquilas könnte ein aramäisches מטללא "Schattendach", das dem
Hebräischen סכה entspricht, reflektieren, s. S.38–45.

Die älteren Exegeten entscheiden sich meistens für die Lesart der alten Versionen, vgl. J. Tarnov, In Prophetas Minores Commentarius, Lipsiae 1706, 648. J.W.C.
Dahl, Amos. Neu übers. und erkl., Göttingen 1795, 53 und 177f. J.S. Vater, Amos
übersetzt und erläutert mit Beifügung des Hebräischen Textes und des Griechischen
der Septuaginta, Halle 1810, 45. E. Sellin, Das Zelt Jahwes, a.a.O., 175–180 und
H. Schmidt, Die Thronfahrt Jahves, Tübingen 1927, 46.

S. Gevirtz, A New Look at an Old Crux: Amos 5,26, JBL 87 (1968) 267–276
übersetzt aufgrund eines phönizischen מכם "shrine". Ina Willi-Plein, Vorformen der
Schriftexegese innerhalb des AT. Untersuchungen zum literarischen Werden der
auf Amos, Hosea und Micha zurückgehenden Bücher im hebräischen Zwölfprophetenbuch, BZAW 123 (1971) rekonstruiert mit Weiser: מַסֵּכָה, "Gußbilder", eine Lesart,
die auch von BHS z.St. vorgeschlagen wird. Sonst wird an dieser Stelle gewöhnlich der sumerische Göttername ^dSAK.KUD konjiziert, vgl. das Material bei Ina Willi-
Plein, a.a.O., 37f und E. Schrader, Assyrisch-Biblisches, ThStKr 47 (1874) 324–335.
Vgl. weiterhin:

N. Schmidt, On the Text and Interpretation of Am 5,25–27, JBL 13 (1894) 1–
15. H.A. Williamson, Amos 5,25–26, ET 36 (1924/25) 430f. E. Burrows, Sakkut in
Amos, JThS 28 (1927) 184f. K. Galling, Bethel und Gilgal, ZDPV 67 (1944) 21–43,
39. E.A. Speiser, Note on Amos 5,26, BASOR 108 (1947) 5f. E. Würthwein, Amos
5,21–27, ThLZ 72 (1947) 143–152. W. Tuschen, Die historischen Angaben im Buche
des Propheten Amos. Ein Beitrag zur Geschichte Israels, Diss. Freiburg i.Br. 1951,
176ff. H.H. Hirschberg, Some Additional Arabic Etymologies in Old Testament
Lexicography, VT 11 (1961) 373–385, 375f. S. Erlandsson, Amos 5:25–27, ett crux

Die Vorstellung von einer Götterhütte, wie sie während der gesamten Antike auch bei Prozessionen gebräuchlich war,[192] war derart vorherrschend, daß sie ohne weiteres an die Stelle des den alten Versionen nicht geläufigen Götternamens treten konnte, falls sie die Lesart סכות schon in ihrer Vorlage hatten. Damit jedoch der Bezug auf den Götzendienst erhalten blieb, übersetzte man מַלְכְּכֶם einfach mit Μολόχ.[193] Diese Interpretation ist immer noch erstaunlich sachgerecht (s.u. Anm.194). Mir erscheint es allerdings wahrscheinlicher, daß der masoretische Text wirklich einmal סַכַּת מַלְכְּכֶם oder סֻכּוֹת מַלְכְּכֶם gelautet hat. Dies gilt um so mehr, als neuerdings durch Keilschriftforschung erwiesen zu sein scheint, daß die Lesart Sak-kud und Kaj(j)amānu nicht mehr haltbar ist (R. Borger, s. Anm.190). Jedenfalls wäre damit in V.26 vom Götzendienst der Sterngottheiten[194] und ihren tragbaren Tempeln die Rede. So hat auch die LXX den Text verstanden.[195] Da wegen V.25 eine Verwechslung mit dem Zeltheiligtum der Wüstenzeit nahelag, wurden die Vokale von שִׁקּוּץ "Scheusal, Götze", einem Wort, das an anderen Stellen Götternamen

---

interpretum, SEÅ 33 (1968) 76–82. K.K. Sacon, Amos 5,21–27. An Exegetical Study (jap.), FS M. Sekine, ed. S.Arai a.o., Tokyo 1972, 278–299. W. Rudolph, Schwierige Amosstellen, in: Wort und Geschichte, FS K. Elliger, Neukirchen-Vluyn 1973 (AOAT 18) 157–162, 160. Ch.D. Isbell, Another Look at Amos 5:26, JBL 97 (1978) 97–99. L.J. Rector, Israel's Rejected Worship: An Exegesis of Amos 5, RestQ 21 (1978) 161–175. G.H. Davies, Amos—The Prophet of Re-Union, ET 92 (1980f) 196–200. A.S. van der Woude, Bemerkungen zu einigen umstrittenen Stellen im Zwölfprophetenbuch, in: Mélanges bibliques et orienteaux en l'honneur de M. Henri Cazelles, Neukirchen-Vluyn 1981 (AOAT 212) 485–490. C.G. Heider, The Cult of Molek. A Reassessment, Sheffield 1985 (JSOTS 43) 306–310. R. Borger, Amos 5,26, Apostelgeschichte 7,43 und Šurpu II, 180, ZAW 100 (1988) 70–81. J. Day, Molech. A God of Human Sacrifice in the Old Testament, Cambridge 1989 (University of Cambridge Oriental Publications 41) 79–80, 82.

[192] Vgl. K. Möhlenbrink, Der Tempel Salomos, a.a.O., 136 und E. Heinrich, Die Tempel und Heiligtümer im Alten Mesopotamien, a.a.O., Abbildungsband, Abb.342.

[193] Vgl. Ch.D. Isbell, Another Look at Amos 5:26, a.a.O., 97: "You will take up the tabernacle of Milcom."

[194] כוכב אלהיכם ist also nicht Glosse, sondern mit "euren Sterngott, den ihr euch gemacht habt" zu übersetzen. S. auch E. Schrader, Assyrisch-Biblisches, a.a.O., 327. Vgl. Schraders Übersetzungsvorschlag S.331.

[195] Vgl. F.Chr. Meisterlin, De Tabernaculo Molochi et Stella Dei Remphan, Diss. Marburg 1795 (Mikrofilm der Bayrischen Staatsbibliothek München) S.8: "Cum itaque in loco *Amosi* de cultu idololatrico sermonem esse ex toto contextu quam clarissime appareat, ex iis, quae hactenus allata, tuto concludi potest, quod LXX. vocem מלככם *Regis vestri*, recte, & ad genuinum Prophetae sensum, reddiderint per τοῦ Μολὸχ, *Molochi* . . ." (Hervorhebung im Original). Ch.D. Isbell, Another Look at Amos 5:26, a.a.O., 98 Anm.9 bringt viele Beispiele für die Verwechslung von MT מַלְכָּם mit מלכם in LXX. Daß diese Wiedergabe sachgerecht sei, belegt E. Schrader, Assyrisch-Biblisches, a.a.O., 328–330.

beigefügt ist (z.B. 1Kön 11,5.7), in den Konsonantenbestand eingetragen,[196] um auf jeden Fall sicherzustellen, daß hier von Götzendienst die Rede ist.

Nicht zuletzt die Erwähnung einer Tempelhütte in Am 5,26 wie auch das ganze Szenarium haben einige Ausleger veranlaßt, die letzten Verse von Am 5 am Laubhüttenfest gesprochen sein zu lassen.[197]

Nach dem Dargelegten kann es nicht mehr zweifelhaft sein, daß auch an unserer Stelle Am 9,11 auf den Tempel angespielt wird. Doch ist diese Aussage noch zu modifizieren.

Dazu liegt uns in *Jes 1,8* eine Analogie vor.

Das von Sanherib im Jahre 701 v.Chr. belagerte, jedoch nicht eingenommene Jerusalem[198] steht unversehrt inmitten des vom Feind verwüsteten Landes wie eine סכה im Weinberg. Diese Bewahrungserfahrung hat dazu geführt, nicht nur den schützenden Tempel, sondern ganz Jerusalem, das ja unangetastet blieb, unter dem Begriff

---

[196] Der gleiche Vorgang wiederholte sich bei dem parallelen Wort כִּיּוּן.-

Gegen Sellin, Das Zelt Jahwes, a.a.O., 178, der annimmt, daß der Vers überhaupt nur vom Zeltheiligtum der Wüstenzeit handle. Doch ist für dieses der Begriff "Hütte" in den einschlägigen Texten nicht belegt. Sellin muß sich darum mit der Argumentation behelfen, "Hütte" sei mit "Zelt" gleichzusetzen, da für beide die Grundbedeutung "Hülle" anzunehmen sei, was jedes philologischen Fundamentes entbehrt. Sellin ist damit selbst ein Paradebeispiel, wie naheliegend eine Verwechslung mit dem Wüstenheiligtum ist.

[197] Z.B. J.Chr. Harenberg, Amos propheta, Lugduni Batavorum 1763, 70: "Quae singula momenta in dies tabernaculorum festos congruunt satis evidenter" "Amos videtur libellum seu pericopam VI patentem V, 18–27 paullo ante festum tabernaculorum diem ... proposuisse." und P. Volz, Das Neujahrsfest Jahwes, Tübingen 1912 (SVG 67) 30.

[198] Vgl. die Beschreibung des Feldzugs Sanheribs auf dem Taylor-Prisma: H. Gressmann, AOT, 352ff; ANET 287f; TGI 67–69.

Aufgrund dieses Beleges kann die Datierung auf die Belagerung Jerusalems durch Sanherib nicht fraglich sein, was auch bei den meisten Auslegern zum Tragen kommt: K. Budde, Zu Jesaja 1–5, ZAW 49 NF 8 (1931) 16–40, 24. G. Fohrer, Jesaja 1 als Zusammenfassung der Verkündigung Jesajas, BZAW 99 (1967) 146–166, 151. M.A. Sweeney, Isaiah 1–4 and the Post-Exilic Understanding of the Isaianic Tradition, BZAW 171 (1988) 126f, 131.

A. Dillmann, Der Prophet Jesaja erklärt, 6.Aufl., bearb. R. Kittel, Leipzig 1898 (KEH 5) 3 denkt an die Verheerung infolge des syrisch-ephraemitischen Krieges; O. Kaiser, Das Buch des Propheten Jesaja. Kap 1–12, 5., völlig neu bearb. Aufl., Göttingen 1981 (ATD 17) 36f deutet auf die Zerstörung Jerusalems 586 v.Chr. Wie das mit dem Text zusammengeht, der ja gerade die Unversehrtheit Jerusalems und des Tempels herausstellt (im Gegensatz zur katastrophalen Vernichtung durch die Babylonier 586 v.Chr.), bleibt unverständlich.

W. Werner, Israel in der Entscheidung. Überlegungen zur Datierung und zur theologischen Aussage von Jes 1,4–9, in: Eschatologie, FS E. Neuhäusler, St. Ottilien 1981, 59–72, 69 hält Jes 1,8f für eine Deutung der Situation von 701 v.Chr. aus nachexilischer Perspektive.

"Hütte" zusammenzufassen. Der Tempel und Jerusalem sind zu einer Größe zusammengewachsen. In diesem Kontext wird auch V.8b klar: כְּעִיר נְצוּרָה "wie eine behütete Stadt" (v. נצר),[199] denn der Tempel war der Erscheinungsort der schirmenden Gegenwart JHWHs.[200]

Die Unversehrtheit Jerusalems und des Tempels ist in Jes 1,8 gerade als Auszeichnung gedeutet. "Hütte" ist auch dort als Ehrenbezeichnung zu verstehen, die nichts mit Ärmlichkeit, Verlassenheit und Niedergang zu tun hat,[201] wie jedoch die meisten Kommentatoren meinen: "In dem abgelesen und winterlich verödet zu denkenden Weinberg steht noch verlassen die ärmliche Hütte, welche dem Wächter zum Aufenthalt gedient hat, ebenso im Gurkengarten die entsprechende Schlafstätte."[202]

Diese Deutung von Jes 1,8 führt uns zu der Annahme, daß auch in Am 9,11 auf eine Einheit von Tempel und Jerusalem angespielt wird. Es liegt hier also keine metaphorische Redeweise vor, sondern eher *Metonymie*,[203] nämlich "die Wahl eines solchen Ausdruckes, welcher mit der nach dem herrschenden Sprachgebrauch nächstliegenden Bezeichnung eines Objektes innerlich-qualitativ zusammenhängt." Es hat eine Art "theologische Enterbung" stattgefunden, indem die

---

[199] Zu den textkritischen Fragen von Jes 1,4–9 vgl. G.B. Gray, The Book of Isaiah, vol. I, Edinburgh 1962 (ICC), 16 und 14 und H. Wildberger, Jesaja 1–12, 2., verb. Aufl., Neukirchen-Vluyn 1980 (BK X,1) 8.

[200] Besonders wenn, wie O. Kaiser, Der Prophet Jesaja Kap. 1–12, 2., verb. Aufl., Göttingen 1963, 5, meint, Jes 1,2–3.4–9 im Jerusalemer Tempel gesprochen wurde. Ebenso G. Fohrer, Jesaja 1 als Zusammenfassung der Verkündigung Jesajas, a.a.O., 151.

[201] W. Rudolph, Joel-Amos-Obadja-Jona, a.a.O., 280 ad Am 9,11: "Bruchbude". Hier sei noch einmal daran erinnert, daß bei den klimatischen Verhältnissen im Mittelmeerraum der Sonnenschutz die Hauptsache ist. Ein Dach aus Schilf oder Laub, evtl. mit Wänden aus dem gleichen Material, ist wegen der Kühlung durch den ständigen Wind sogar ideal. Vgl., daß das griechische σκηνή etymologisch auf σκιά "Schatten" zurückgeht: A. Frickenhaus, Art. Skene, PRE 3,1, Stuttgart 1927, 470–492, 470.
In diesem Sinn konnte das Wort für "Schatten" zum Inbegriff von Frieden und Wohlergehen überhaupt werden, vgl. das Notarikon in bPes 114a: אכול בצל ושב בצל "Iß Zwiebel(n) und sitze im Schatten".

[202] So C. von Orelli, Der Prophet Jesaja, 3., neu durchgearb. Aufl., München 1904 (KK 4,1) 11. Ebenso H. Wildberger, Jesaja 1–12, a.a.O., 29: "*Aber nun* ist die Tochter Zion einer סֻכָּה im Weinberg gleich, einer Raststätte für die Nacht im Gurkenfeld." (Hervorhebung von mir) und O. Kaiser, Das Buch Jesaja, 5., völlig neu bearb. Aufl., a.a.O., 37.

[203] L.L. Walker, The Language of Amos, SWJT 9 (1966) 37–48, 40. Definition und Zitat bei: E. König, Stilistik, Rhetorik, Poetik, a.a.O., 15–33. Evtl. kommt auch die Kategorie der Synekdoche in Frage, das Ersetzen eines Begriffes (Hütte/Tempel) durch einen engeren oder weiteren (Jerusalem).

Attribute des Tempels (Ort der Gegenwart JHWHs, Schutz und Asyl) immer mehr auf Jerusalem selbst übertragen wurden.

Diese Identifikation von Hütte/Tempel und Jerusalem hat zu dem häufig beobachteten Oszillieren der Ausdrucksweise von Am 9,11 geführt, denn sonst sind Risse und Trümmer bei einer Laubhütte schlechterdings undenkbar. Hier gilt, was M. Weiss im Gefolge von Richards als "contiguous association" bezeichnet hat: "der Gedanke gleitet unversehens von einem Gegenstand zum anderen herüber, sei es durch Doppeldeutigkeit des Wortes, sei es durch ein Homonym."[204]

In Am 9,11 liegt nun nicht nur eine Doppeldeutigkeit des Wortes "Hütte" vor, sondern eine Einheit von Bild und Sache, "d.h., daß die betr. Formulierung, die sich zunächst als Element des Bildes liest, so auch in einer nicht-bildlichen Darstellung desselben Inhalts wiederholbar wäre."[205] Diese Erscheinung beruht darauf, "daß die Möglichkeiten zur Entfaltung, die einem Bildstoff innewohnen, ausgenutzt wurden unter ständigem Bezug auf die intendierte Sache."[206]

Doch decken m.E. alle diese Erklärungen das Phänomen der Bildersprache im AT nicht völlig ab und bleiben damit unbefriedigend. Ist es nicht vielleicht so, daß alle diese Erläuterungsversuche noch zu stark vom westlichen platonischen Urbild—Abbild Denken und der Ideenlehre Platos geprägt sind, während für den Hebräer zwischen Bild und Sache keine Distanz und Diskrepanz bestand?[207]

In Am 9,11 liegt m.E. gar kein Bildstoff vor, sondern eine Beschreibung der gemeinten Sache: Jerusalem. Darauf weist auch das *Vokabular.* Das Wort פרץ bezieht sich fast ausschließlich auf die Risse in der Stadtmauer Jerusalems, z.B. 1Kön 11,27; Jes 58,12; Neh 6,1.

Zum Ganzen vgl.

C.G. Montefiore, A Tentative Catalogue of Biblical Metaphors, JQR 3 (1891) 623–681. N. Peters, Sache und Bild in den messianischen Weissagungen, ThQ 112 (1931) 451–489 (bringt viel Material, die semiotischen Erklärungen sind jedoch unbefriedigend). F. Kohata, A Stylistic Study on the Metaphors of Amos (jap.), FS M. Sekine, ed. S.Arai a.o., Tokyo 1972, 147–161. A.J. Bjørndalen, Untersuchungen zur allegorischen Rede der Propheten Amos und Jesaja, BZAW 165 (1986).

[204] M. Weiss, Methodologisches über die Behandlung der Metapher, ThZ Basel 23 (1967) 1–25, 22.

[205] A.J. Bjørndalen, Untersuchungen zur allegorischen Rede der Propheten Amos und Jesaja, a.a.O., 347.

[206] Ebd. 348.

[207] So J. Pedersen bei Th. Boman, Das hebräische Denken im Vergleich mit dem griechischen, 6.Aufl., Göttingen 1977, 57: "Die Wörter, die die Sprache bilden, rufen Bilder hervor, *der Israelit sieht mehr darin, als ein von der Sache selbst verschiedenes Bild*" (Hervorhebung von mir), Boman selbst scheint mehr die Ähnlichkeit von platonischen und hebräischen Vorstellungen zu betonen, s.S.56.

Auch in der übertragenen Sprache sind die Breschen in der Mauer einer Festungsstadt vorausgesetzt, z.B. Jes 30,13; Ijob 16,14; 30,14.

Das Gleiche gilt für הֲרִיסוּת*, "das Einreissen/Zerstören", das Jes 49,19 ebenfalls bzgl. Jerusalems vorkommt (הֲרִיסָה* ist nur Am 9,11 belegt). Das Verb הרס scheint ein militärischer terminus technicus für das Einreissen befestigter Städte zu sein. Auf Jerusalem oder Juda bezieht es sich in Jes 49,17; Jer 31,40; Mi 5,10; Klgl 2,2.17. Sonst: 2Sam 11,25; 2Kön 3,25; 1Chr 20,1; Jer 50,15; Ez 16,39; 26,4.12; 36,35.36; Mal 1,4.

Die Bezeichnung Jerusalems als Hütte scheint die Gleichsetzung Hütte = Tempel vorauszusetzen. Vielleicht ergibt sich daraus auch eine Lösung für die in Unordnung geratenen Suffixe in Am 9,11 (vgl. dazu S.169):

אֶת־פִּרְצֵיהֶן könnte sich auf Jerusalem und die Festungsstädte in Juda beziehen.

וַהֲרִסֹתָיו könnte den Jerusalemer Tempel meinen.

וּבְנִיתִיהָ würde sich wiederum auf Jerusalem beziehen bzw. die Hütte Davids, die all die genannten Größen umfaßt.

Das Subjekt von V.12 (יִירְשׁוּ) wären dann die Einwohner Jerusalems.[208] Da David mit der Eroberung Jerusalems die Voraussetzung für den Tempelbau geschaffen hat, kann dieses sehr wohl als Hütte Davids bezeichnet werden,[209] denn Jerusalem ist die Stadt Davids.

In Am 9,1 ist ebenfalls von einem Tempel die Rede. Bei den Exegeten herrscht Uneinigkeit, ob das Heiligtum zu Bethel oder der Tempel von Jerusalem gemeint ist.[210]

Ist in Am 9,1 das Heiligtum von Bethel im Blick, so würde Am 9,11 im Gegensatz zur völligen Vernichtung des Nordreichsheiligtums

---

[208] Jerusalem repräsentiert das Volk Israel, vgl. N.W. Porteous, Jerusalem—Zion: The Growth of a Symbol, a.a.O., 97 und passim. L. Gaston, The Theology of the Temple, in: Oikonomia, FS O. Cullmann, Hamburg 1967, 32–41, 36. G. Fohrer, Art. Σιών, ThWNT VII, 291–318, 306f.

[209] Vgl. dazu 1Chr 28,11: Salomo baut den Tempel nach dem Plan oder Modell Davids. N.W. Porteous, Jerusalem—Zion, a.a.O., 94.
Siehe ebenfalls H.H. Guthrie, Israel's Sacred Songs, New York 1966, 66: "The basic social and political unit in the civilization of the ancient Near East was the city-kingdom. This was true from the period of Sumerian culture in Mesopotamia (2800–2400 B.C.) well into the Christian era." Der Tempel bildete das Zentrum des Stadtkönigtums. Jerusalem als Krongut Davids kann als ein solches Stadtkönigtum bezeichnet werden, s. Guthrie, a.a.O., 88f. S. auch L. Gaston, The Theology of the Temple, a.a.O., 36: "the holiness of God's presence was ... transferred ... from the temple to Zion and the City." Ebenso G. Fohrer, Art. Σιών, a.a.O., 302, 304, 307.

[210] Vgl. die Kommentare z.St.: W. Rudolph, Joel-Amos-Obadja-Jona, a.a.O., 244 und Anm.4 ebd.

die Wiederherstellung des zerstörten Jerusalem verheißen (vgl. auch Am 5,2). Möglich ist m.E. auch, daß die Am 9,1 angedrohte Zerstörung Bethels später als auf Jerusalem bezüglich verstanden wurde (falls nicht sowieso auf Jerusalem angespielt wird) und damit den Anlaß für die Verheißung Am 9,11 bot.

Es wäre sogar denkbar, daß Am 9,11.13 den Ereignissen von 701 v.Chr. seine Entstehung verdankt. Anläßlich der Bewahrung Jerusalems bei der Belagerung durch Sanherib wird dem Prophet eine zukünftige Zerstörung Jerusalems (und des Tempels) zur Gewißheit. Zwar ist die gegenwärtige Verschonung als Bestätigung der Erwählung Jerusalems[211] zu verstehen, doch ist die jetzige Hauptstadt Israels und ihr Tempel nicht der Ort, auf den man sein Vertrauen setzen soll. Sie werden der Zerstörung preisgegeben und erst nach so langer Zeit wiedererbaut werden, daß man sich an das gegenwärtige Jerusalem als zur fernsten Zeit gehörend[212] erinnern kann. Diese zukünftige Restauration ist nicht mehr an ethische Forderungen gebunden, da sie JHWHs eigenes gnadenvolles Werk ist.

Exkurs zu Am 9,12

N. Glück[213] hat durch seine Ausgrabungen in Tell el-Ḥlefe für die bei ihm Periode III genannte Zeit (Ussia—Jotam—Ahas von Juda, 775–733 v.Chr.) nachgewiesen, daß der wichtige Hafen Ezion-geber—Elat in der genannten Zeit der Zankapfel zwischen Juda und Edom gewesen ist.

---

[211] R. de Vaux, Das Alte Testament und seine Lebensordnungen, Bd.II, 2.Aufl., Freiburg/Basel/Wien 1966, 156.

[212] S. dazu E. Jenni, Das Wort ʿolam im Alten Testament, ZAW 64 NF 23 (1952) 197–248 und 65 NF 24 (1953) 1–35.

[213] N. Glück, Ezion-Geber, BA 28 (1965) 70–87. Für die erste Fassung seiner Thesen s. BA 3 (1940) 51–55. Vgl. auch die Relativierung von Glücks Aussagen bei J.R. Bartlett, Edom and the Edomites, Sheffield 1989 (JSOTS 77) 125–128 (Jotham), 132–134 (733 v.Chr.) und die Auseinandersetzung mit Bartletts (früheren) Positionen bei R. Gordis, Edom, Israel and Amos—An Unrecognized Source for Edomite History, in: Essays on the Occasion of the Seventieth Anniversary of the Dropsie University, Philadelphia 1979, 109–132, Anm.8 S.111f.
Zum Ganzen vgl. die ausgezeichnete Bibliographie bei M. Weippert, Art. Edom und Israel, TRE 9, 291–299, 297–299.
Darüber hinaus sind noch zu nennen: W.F. Albright, Egypt and the Early History of the Negeb, JPOS 4 (1924) 131–161. W.W. Cannon, Israel and Edom: The Oracle of Obadiah, Theol 15 (1927) 129–140. 191–200. S. Krauss, Koz, Koza, Kozith. Die Spuren eines edomitischen Gottes, WZKM 26 (1929) 220–226. G.L. Robinson, The Sarcophagus of an Ancient Civilization, Petra, Edom and the Edomites, New

Ussia war es gelungen, Elat nach siebzigjähriger Unabhängigkeit zurückzuerobern. Aus der Zeit seines Sohnes Jotam wurde ein Siegelring mit der Inschrift "lytm",[214] "dem Jotam", gefunden. Doch im Zuge des syrisch-ephraemitischen Krieges gelang es 733 v.Chr. Edom, die Hafenstadt Elat aus dem Besitz Judas unter Ahas zurückzuerobern (vgl. 2Kön 16,6 korr. nach BHS). Von da an blieb sie bis zur Zerstörung durch die Babylonier in edomitischer Hand (Periode IV), wovon die auf Krughenkeln eingravierten edomitischen Namen Zeugnis ablegen.[215]

Mit את־שארית אדום in Am 9,12 ist m.E. Elat gemeint, der für Juda wohl unverzichtbarste Teil von Edom.[216]

York/London 1930. G. Horsfield/A. Conway, Historical and Topographical Note on Edom, with an Account of the First Excavations at Petra, GJ 76 (1930) 369–390. G. and A. Horsfield, Sela-Petra, The Rock, of Edom and Nabatene, QDAP 7 (1938) 1–44. V. Maag, Jakob—Esau—Edom, ThZ 13 (1957) 418–429. J. Prado, Los destinos de Edom, EE 34 (1960) 557–567. M. Dahood, Hebrew-Ugaritic Lexicography I, Bib 44 (1963) 289–303, 292.

ליבל,ד.,הנחלה, היורשים, והחלוקה בחזון עובדיה, :in

עז לדוד, מונש לדוד בן־גוריון במלא לו שבעים ושבע שנים 443–449, Jerusalem 1964

N.K. Gottwald, All the Kingdoms on the Earth. Israelite Prophecy and International Relations in the Ancient Near East, New York 1964. L.M. Muntingh, Political and International Relations of Israel's Neighbouring Peoples according to the Oracles of Amos, in: Studies on the books of Hosea and Amos, OTWSA.P 7th/8th meeting, 1964/65, 134–142, 136f. A. van Selms, Amos's Geographic Horizon, OTWSA 1965/66, 166–169. M. DuBuit, L'histoire d'Edom peuple mandit au pays de Seir, BTS 84 (1966) 2–4.

הרן, מ. מבעיות הרקע ההיסטורי של "נבואת הגויים" שבספר עמוס

ידיעות (בחקירת ארץ ישראל ועתיקותיה) 30 (1966) 56–69

M.H. Woudstra, Edom and Israel in Ezekiel, CTJ 3 (1968) 21–35. W.A. Summer, Israel's Encounters with Edom, Moab, Ammon, Sihon and Og according to the Deuteronomist, VT 18 (1968) 216–228. M. Lindner, Die Könige von Petra. Aufstieg und Niedergang der Nabatäer im biblischen Edom, Ludwigsburg 1968. Iris Müller, Die Wertung der Nachbarvölker Israels Edom, Moab, Ammon, Philister und Tyrus/Sidon nach den gegen sie gerichteten Drohsprüchen der Propheten, Diss. Münster 1968. R. de Vaux, Téman, ville ou région d'Edom, RB 76 (1969) 379–385. R. North, Edom-Petra, Rome Biblical Colour Slide Lectures, Rom 1971. לורי־א,

ב"צ, הנבואות על הגיים שבספר עמוס מבחינה ההיסטורית, בית מקרא 54 (1973) 287–301, 295f.

Engl. Zusammenfassung S.421f.

B. Diebner/H. Schult, Edom in alttestamentlichen Texten der Makkabäerzeit, Dielheimer Blätter zum AT 8 (1975) 11–17. U. Kellermann, Erwägungen zum deuteronomistischen Gemeindegesetz Dt 23,2–9, BN 2 (1977) 33–47. R. Gordis, Edom, Israel and Amos, a.a.O. D. Pardee, Literary Sources for History of Palestine and Syria II. Hebrew, Moabite, Ammonite and Edomite Inscriptions, AUSS 17 (1979) 47–69. A. Zeron, The Swansong of Edom, JJS 31 (1980) 190–198.

[214] J.R. Bartlett, Edom and the Edomites, a.a.O., 211f.

[215] A.a.O., 128–145.

[216] Viele Ausleger datieren Am 9,12 wegen der Erwähnung Edoms in die Zeit nach der babylonischen Eroberung Jerusalems. Sie übersehen dabei, daß in V.12

Auch in diesem Vers kommt wieder der traditionsgeschichtliche Hintergrund des Laubhüttenfestes zum Tragen. Denn zu diesem Fest gehörte der Ausblick auf ein Niederwerfen aller Feinde.[217] Hier spielt m.E. der Erntefestcharakter des Laubhüttenfestes eine Rolle. Da Jerusalem der Sammlungsort aller Völker ist,[218] werden die Bewohner Jerusalems den Rest Edoms und alle Völker, über die der Name JHWHs ausgerufen ist,[219] als "Ernte" für JHWH einnehmen: "The Jews connected the final harvest of the year with a harvest in the future—an ingathering of the nations to Judaism in the days of the Messiah."[220]

---

vom "Rest Edoms" die Rede ist, nicht von Edom insgesamt. Überdies ist der Vers frei von Rachemotiven für die den Jerusalemern von den Edomitern zugefügte Schmach anläßlich der Eroberung durch die Babylonier, vgl. dagegen Obd 10–15. S. auch M. Haller, Edom im Urteil der Propheten, BZAW 41 (1925) 109–117, 111f: Der Edomhaß datiert erst ab der babylonischen Zeit. Iris Müller, Die Wertung der Nachbarvölker Israels, a.a.O., 90–105 hat überdies nachgewiesen, daß exilisch-nachexilische Strafandrohungen gegen Edom stets die Drohung der Verwüstung beinhalten: Edom wird zur Steppe werden. Vgl. auch die Umkehrung von Am 9,12 in Ez 36,5, einer Stelle, die die exilischen Verhältnisse spiegelt.

Die von Diebner/Schult, Edom in alttestamentlichen Texten der Makkabäerzeit, a.a.O., vorgetragene Datierung auf das Jahr 128 v.Chr. ist indiskutabel und führt zu kanongeschichtlichen Problemen.

H.L. Ginsberg, Judah and the Transjordan States from 734 to 582 B.C.E., in: Alexander Marx Jubilee Volume, New York 1950, 348–368 meint: "That probably a portion of the Negeb was seized by the Edomites after Hezekiah's debacle in 701 (or perhaps as early as in 734) and remained in their hands until the rise of Josiah . . ." (362) und stützt damit—für welche Datierung man sich auch entscheidet—unsere These. Für die Datierung auf das Jahr 701 v.Chr. gibt es allerdings m.W. keine archäologischen Belege, s. J.R. Bartlett, Edom and the Edomites, a.a.O., 131f: Ein Ostrakon aus Stratum VIII in Arad bezeugt, daß Edom sich Sanherib sofort unterwarf.

[217] E. Sellin, Das Zelt Jahwes, in: Alttestamentliche Studien, FS R. Kittel, Leipzig 1913 (BWANT 13) 168–192, 189.

Vgl. auch WaR 30,2: Wenn Israel das Gebot des Lulav am Laubhüttenfest erfüllt, wird es die Nationen der Welt erobern können. An den sieben Tagen des Festes werden siebzig Stiere (Num 29,12–32) als Sühnopfer für alle heidnischen Völker zum Symbol für die erhoffte endzeitliche Anbetung aller Völker am Laubhüttenfest (Sach 14,16–21) geopfert. Vgl. dazu J. Wilch, Laubhüttenfest und Prediger Salomos: Freude und Ernst, in: FÜI 58 (1975) 99–107, 100.

[218] P. Volz, Das Neujahrsfest Jahwes, a.a.O., 47.

[219] Die Phrase wurde S.188 besprochen. Vgl. außerdem: K. Galling, Die Ausrufung des Namens als Rechtsakt in Israel, ThLZ 81 (1956) 66–70; H.J. Boecker, Redeformen des Rechtslebens im AT, 2., erw. Aufl., Neukirchen-Vluyn 1970 (WMANT 14) 166–168; M. Weinfeld, Deuteronomy and the Deuteronomistic School, Oxford 1983, 325.

Interessant ist auch die Auslegung bei J.Chr. Harenberg, Amos propheta. Expositus interpretatione nova latina, Lugduni Batavorum 1763, 457f und bes. Anm.c) ebd., der den Ausdruck sehr anschaulich aus dem antiken Sklavenrecht herleitet.

[220] H.St. Thackeray, The Septuagint and Jewish Worship, a.a.O., 65. Die Ausle-

Es scheint mir hier keine Anspielung auf die Völker des davidischen Großreichs vorzuliegen, da diese—mit Ausnahme von Edom—nicht genannt werden.[221]

D. Zusammenfassung des exegetischen Teils

In Am 9,11 konnten wir die Chiffre דויד סכת mit Hilfe der Etymologie und sumerisch-akkadischer und ägyptologischer Parallelen auflösen.

Wir gingen dabei von einer wörtlichen und nicht von einer metaphorischen Bedeutung des Ausdrucks aus.

Die etymologische Untersuchung des Begriffes סכה führte auf das sumerisch-akkadische sukku "Heiligtum". Hier liegt eine Parallele zum hebräischen Sprachgebrauch vor, denn der Tempel von Jerusalem wird in den Psalmen (27,5f; 31,21; 42,5; 76,3) und in Klgl 2,6[222] als סכה bezeichnet.

Der Ausdruck hat seinen Ursprung im *Laubhüttenfest*,[223] das seit dem salomonischen Tempel auch als Tempelweihfest Bedeutung erlangte (1Kön 8,2; Hag 1,15; 2,1; 2Makk 1,9.18; 10,6).

Hier spiegelt sich sehr alte Terminologie, denn Rohrhütten bildeten im alten Mesopotamien und in Ägypten die ersten Tempel, wovon zahlreiche Beispiele besprochen wurden. Besonders erwähnt

---

ger, die in Am 9,11 die Deutung auf die davidische Dynastie vertreten, haben große Mühe, das pluralische Subjekt in V.12 zu erklären und den Bezug zum Kontext herzustellen, vgl. die Kommentare z.St.

[221] Vgl. dagegen z.B. Num 24,17f; Jes 11,14; Jer 49; Obd 19–20. Daß die Propheten mit dem Modell des davidischen Großreiches bekannt waren, belegt Iris Müller, Die Wertung der Nachbarvölker Israels, a.a.O., 128, 172.—N. Lohfink, Art. ירש, ThWAT III (1982) Sp. 953–985, 982, meint, in Am 9,12 sei ירש mit personalem Objekt konstruiert. M.E. jedoch ist mit "Rest Edoms" das Gebiet, mit "alle Völker" die Menschen gemeint. Es liegt also eine Mischkonstruktion vor.

[222] Vielleicht ist es sogar denkbar, daß die Schreibweise in Klgl 2,6: שֻׂכּוֹ noch die sumerisch-akkadischen Wurzeln des Wortes סכה spiegelt. Bei der der Übernahme akkadischer Wörter ins Hebräische wurde das "s" häufig durch שׂ wiedergegeben. שׂ und שׁ sind ja im Hebräischen ein Buchstabe, der nur durch den diakritischen Punkt unterschieden wird. Die Punktierung in Klgl 2,6 gibt die richtige Aussprache wieder und stellt damit eine interessante Zwischenform dar. (Sonst kann die Schreibweise in Klgl 2,6 auch als eine aramaisierende Form erklärt werden, s. dazu Anm.137 S.194).

[223] H.St.Th. Thackeray, The Septuagint and Jewish Worship, London 1921, 61–79 meint, daß auch Ps 27,5; 42;43 und 118 mit dem Laubhüttenfest zusammenhängen.

sei hier die (sumerische) "Klage um das zerstörte Heiligtum um Ur" (Z.122–129).

Es ist nicht verwunderlich, daß sich die Bezeichnung des Jerusalemer Tempels als "Hütte" hauptsächlich in den Psalmen und in Klgl. findet, denn liturgische Texte zeichnen sich gewöhnlich durch das zähe Festhalten an traditioneller Terminologie aus, die dadurch im Laufe der Zeit ein poetisches Gepräge erhält.

Vom Tempel wurde der Begriff "Hütte" dann in einer zweiten Stufe der Traditionsbildung auf ganz *Jerusalem* ausgedehnt, wovon Jes 1,8 Zeugnis ablegt.

Die Bewahrung der Stadt und des Tempels vor dem Angriff des Assyrerkönigs Sanherib 701 v.Chr. wurde dadurch zu einem Haftpunkt des Theologumenons[224] von der Unantastbarkeit des Zion. Jerusalem und sein Tempel als Gottesstadt und -sitz sind in der Folge immer mehr zu einer Garantie für Segen und Fortbestand des Reiches geworden (vgl. Jer 7,4; außerdem Mi 3,12; Ez 11,23).

Hier setzt die prophetische Kritik an: Allen, die angesichts der Katastrophe des Nordreiches 722 v.Chr. glaubten, das Südreich bleibe wegen des Tempels verschont: "Nicht führst du herbei, nicht bringst du das Unheil an uns heran" (Am 9,10) wird nach 701 v.Chr. für eine lange Zeit endgültige Zerstörung Jerusalems und des Tempels *als Gottessitz* angekündigt.[225] In diesem Sinn ist das Wort des Propheten für die Judäer dieser Zeit ein Gerichtswort. Der Gedanke, daß das Gericht in Jerusalem seinen Anfang nehme, findet sich auch Am

---

[224] Nach H.St.Th. Thackeray, The Septuagint and Jewish Worship, a.a.O., 67ff, nimmt auch Ps 76 (V.3 Tempel=Hütte וכֹּס) Bezug auf den Rückzug Sanheribs vor Jerusalem. Daß dies auch für Ps 48 gilt, ist communis opinio.

[225] Die auf H. Gressmann zurückgehende Sicht der Eschatologie als zweier dualistisch voneinander abgehobener Zeitalter, die nur außerhalb des Geschichtlichen liegende Aussagen als eschatologisch anerkennt, ist abzulehnen, vgl. die Kritik bei K.-D. Schunck, Die Eschatologie der Propheten des Alten Testaments und ihre Wandlung in exilisch-nachexilischer Zeit, VTS 26 (1974) 116–132.

H.P. Müller, Zur Frage nach dem Ursprung der biblischen Eschatologie, VT 14 (1964) 276–293 meint, daß gewisse Heilstaten in der Geschichte Israels "voreschatologische Hoffnungen" weckten, sodaß deren Wiederholung dann erwartet werden konnte. Dabei wird die eschatologische Spannung, die ihnen selbst schon innewohnte, wieder lebendig (S.292).

Ein solcher Haftpunkt für voreschatologische Hoffnungen scheint mir die genannte Bewahrung des Zion 701 v.Chr. zu sein.

In diesen heilsgeschichtlichen Haftpunkten möchte ich überhaupt den Ursprung der prophetischen Eschatologie sehen; er liegt also viel weiter zurück als in der Davidsepoche (so H.P. Müller, a.a.O., 291) oder dem babylonischen Exil (so R. Kilian, Überlegungen zur alttestamentlichen Eschatologie, in: Eschatologie, FS E. Neuhäusler, St. Ottilien 1981, 23–39. Der Vorreiter dieser Ansicht war S. Mowinckel, He That Cometh, Oxford 1956) und umfaßt Heil wie Unheil.

9,1: "Der Verfasser dieses Spruches (Amos) ist Realist genug, um die Augen vor der Beschaffenheit Judas nicht zu verschließen. Seine Augen und sein Urteil sind geschärft durch die unablässige Analyse des Zustandes von Israel und durch die darin begründete hoffnungslose Unheilsansage, die auszurichten ihm aufgetragen war. Er konnte Juda auf der dunklen Folie des dahingegebenen Israel nicht aufwerten, aber wollte er in der Zukunft irgendeinen Lichtschimmer sehen, so konnte die nach dem ihm vor Augen stehenden klaren Tatbestand nur über den Süden möglich werden."[226]

Somit liegt m.E. kein Grund vor, Am 9,11 dem Amos abzusprechen.[227] Es knüpft eng an 9,10b an, mit dem es durch das einleitende ביום ההוא auf eine Stufe gestellt wird. Die Formel selbst dient dem Hinweis auf einen terminlich unbestimmten Zeitpunkt, der lediglich durch die Ereignisse näher qualifiziert wird.

Am 9,13 ist wie V.11 von der Laubhüttenfesttradition geprägt, und zwar von deren *Erntefestcharakter*. Deshalb gehören die beiden Verse zusammen (zu V.12 s.u.). Die Vorstellung, daß vom Tempel überwältigende Fruchtbarkeit ausgeht, konnten wir auch im Alten Orient und in der jüdischen Tradition nachweisen.

Es ist zu fragen, ob nicht auch *V.14.15* inhaltlich die gleiche Tradition voraussetzen wie V.13. Zumindest in V.14 ist ja von Fruchtbarkeit und Ernte die Rede. Diese Terminologie könnte auch auf V.15 eingewirkt haben.

Die Sicht S. Mowinckels in Psalmenstudien II (Amsterdam 1961=Oslo 1921–24), die die ganze Eschatologie ein in die Zukunft verlegtes Thronbesteigungsfest JHWHs sein läßt, erscheint mir zu spekulativ und zu sehr nach babylonischen Vorbildern konstruiert, für die wir im Alten Testament keinen Nachweis haben.

[226] S. Wagner, Überlegungen zur Frage nach den Beziehungen des Propheten Amos zum Südreich, ThLZ 96 (1971) Sp.653–670, 662.

Daß die Botschaft des Amos sich auf das Nordreich beschränkt habe, ist m.E. eine unzulässige und überdies unnatürliche Schematisierung seines Wirkens, die von einer petitio principii ausgeht. So auch G.v. Rad, Theologie des Alten Testaments, Bd.II, 7.Aufl., München 1980, 144f. Leider wird auch Am 1,2 von manchen Exegeten als judäische Glosse gestrichen (ebenso 2,4f; 3,1; 6,1). Vgl. aber dagegen S. Wagner, a.a.O., z.St.! Daß Amos Jerusalemer Tradition vertrat, befürwortet auch M. Kuntz, Ein Element der alten Theophanieüberlieferung und seine Rolle in der Prophetie des Amos, Diss. Tübingen 1968, 172.

[227] Ebenso wie 9,7–10; außer V.8b und "unter alle Völker" in V.9. Die um die Jahrhundertwende gängige Unterscheidung zwischen Unheils- und Heilsprophetie (d.h. die Festlegung jedes Propheten auf eine der beiden Formen) wird heute nicht mehr aufrecht erhalten. Ermahnung und Trost sind der Prophetie die beiden Seiten einer Medaille. Vgl. dazu auch W. Baumgartner, Kennen Amos und Hosea eine Heilseschatologie?, Diss. Zürich 1913 (SThZ 30 <1913>) und C. van Leeuwen, De heilsverwachting bij Amos, in: Vruchten van de Uithof. Studies opgedragen aan dr.H.A. Brongers ter gelegenheid van zijn afscheid, Utrecht 1974, 71–87.

In diesem Kontext hat auch *V.12* seinen Platz. In einem Exkurs
hatten wir auf Grund archäologischer Ergebnisse nachgewiesen, daß
mit את־שארית אדום die edomitische Hafenstadt Elat gemeint sein muß.

Das Niederwerfen aller Feinde Israels und ihre Usurpation durch
die Bewohner Jerusalems konnten wir traditionsgeschichtlich im
Erntefestcharakter des Laubhüttenfestes verankern.

Somit sind die Verse 11–15 traditionsgeschichtlich aus einem Guß.[228]

E. Goodenough nannte das Laubhüttenfest "a festival most elastic
in meaning."[229] In Am 9,11–15 konnten wir mindestens zwei Aspekte dieses Festes nachweisen: Seinen *Tempelfest-und seinen Erntefestcharakter.*
Somit hat in unserer Perikope *das Laubhüttenfest als Modell der eschatologischen Schilderung gedient.*

S. Mowinckel nannte die eschatologischen Stücke des Alten Testaments einmal eine "Bruchstücksammlung":[230] "Wir bekommen häufig
den Eindruck, daß mehr oder weniger—vielleicht gar alle—dieser
Einzelheiten in irgendeiner Weise etwas miteinander zu tun haben,
daß wir hier vor Bruchstücken eines ursprünglichen Organismus stehen; wir sind aber nicht imstande, aus den Prophetenreden den Kern
der ursprünglichen Einheit zu erkennen."[231]

Für Am 9,11–15 wenigstens konnte das Modell des Laubhüttenfestes als Kern des "ursprünglichen Organismus" der prophetischen
Schilderung herausgearbeitet werden.

---

[228] Das Laubhüttenfest ist auch ein Fest der Landnahme. Sollte dieser Aspekt in
Am 9,14f vorausgesetzt sein, könnten die Verse trotzdem aus der Zeit des Amos
stammen, denn G.W. MacRae, The Meaning and Evolution of the Feast of
Tabernacles, CBQ 22 (1960) 251–276, 267, meint, das Laubhüttenfest sei schon in
der Königszeit in diesem Sinne gefeiert worden. Vielleicht spielt dieser Aspekt überhaupt schon beim Erntefest eine Rolle (vgl. den Gebrauch des Wortes אדמה in V.15
statt des zu erwartenden ארץ!).—Sonst käme nur nachexilische Entstehungszeit für
V.14f in Betracht, s. die Literarkritik, wo ושבתי את־שבות als neue Einleitung für die
Verse 14f herausgestellt wurde.

P. Volz, Das Neujahrsfest Jahwes, Tübingen 1912 (SGV 67) Anm.80 S.60, nennt
שוב שבות den Terminus des Neujahrswunsches in Israel. Das Neujahrsfest sei identisch mit dem Laubhüttenfest.

[229] E.R. Goodenough, Jewish Symbols in the Greco-Roman Period, vol. 4, New
York 1954, 161.

[230] S. Mowinckel, Psalmenstudien II, a.a.O., 312.

[231] Ebd. 313. Mowinckel sieht den Einheitspunkt des Eschatologie dann in einem
von ihm herausgearbeiteten Thronbesteigungsfest JHWHs. Dazu wurde das Nötige
schon oben Anm.4 gesagt.—Auch H. Riesenfeld, Jésus Transfiguré, København 1947
(ASNU XVI) 146–205, hat sich nicht ganz aus dem Bannkreis Mowinckels lösen
können. Er sieht eine Verbindung der Hütten des Laubhüttenfestes mit der Inthro-
nisation eines Königs und mit der Chuppa der Ehezeremonie.

SCHLUß

Etwa 2000 Jahre jüdische und fast 1700 Jahre christliche Exegese des Begriffes "die gefallene Hütte Davids" (Am 9,11) wurden in der vorliegenden Arbeit untersucht.

Die Zeugnisse in den *Qumranschriften* (CD 7,9b–21; 4QFlor 1,10–13) eröffneten das Studium der jüdischen Auslegung der genannten Stelle. In der Damaskusschrift wie auch in dem eschatologischen Midrasch 4QFlorilegium kommt dem alttestamentlichen Zitat eine große Bedeutung zu. Denn in CD 7,9b–21 rechtfertigt sich die Qumrangemeinde für den Exodus aus der Wüste Juda nach Damaskus. Die Schriftbelege Am 5,26f; 9,11 und Num 24,17 wurden zu diesem Zweck apologetisch umgeformt. Die Bücher der Tora und der Propheten, die exegetisch aus Am 5,26f (סִכּוּת als 'Al tiqre'— Midrasch von סִכּוּת; צֶלֶם als "Traumbild/Vision" = Prophetie verstanden) und der Tradition des Laubhüttenfestes (Am 9,11 Laubhütte Davids) gewonnen wurden, werden von jetzt an aus dem damaszenischen Heilsexil offenbart, d.h. von der erwählten Gemeinde in ihrer tiefen eschatologischen Bedeutung enthüllt, da das alte Israel diesen eigentlichen Sinn der heiligen Schriften nicht erkennt.

In 4QFlor 1,10–13 dient das Zitat Am 9,11 der Legitimation des messianischen Anspruchs der Gemeinde auf die Repräsentanz des eschatologischen Heiligtums, in dem die Rettung des gefallenen Israel antizipierte Realität ist. Das gleiche gilt für das Selbstbild der Gemeinde als heiliger Sproß und Pflanzung, in dessen "Laubdach" durch das Erscheinen des Sprosses Davids ganz Israel Rettung findet.

Für die interpretierende Übersetzung des *Targums* ist ebenfalls das Verständnis der Laubhütte Davids als einem Schattendach konstitutiv, dem das davidische Königreich gleicht (vgl. Targum Ez 17; 31).

Aus den *rabbinischen Zeugnissen* der Verarbeitung von Am 9,11 in Talmud und Midrasch ragt besonders bSan 96b heraus. Hier wird aus Am 9,11 der Messiasname Bar Nflj abgeleitet, der als "Wolkensohn" die erwählte Stadt Jerusalem wieder zu einer "Wolkenhütte" der göttlichen Gegenwart macht.

In den restlichen rabbinischen Belegen BerR 88,7; PesK 16,8; MTeh 76,3 dient Am 9,11 als Schriftbeweis für die erwartete endzeitliche Erlösung mit der Aufrichtung des Staates Israel, Jerusalems und des

Tempels und ist mit dem Laubhüttenfest als einem Fest der eschatologischen Erwartung fest verbunden.

Im *Neuen Testament* ist Am 9,11 in Apg 15,13–21 (Jakobusrede auf
dem sog. "Apostelkonzil" in Jerusalem) als impliziter Midrasch zu
erklären, der unter Zuhilfenahme qumranischen Traditionsmaterials
die Frage des Gemeindezutritts rituell unreiner Heiden als in Gottes
Heilsplan begründet erweisen will. Der eschatologische Tempel "aus
Menschen" (vgl. 4QFlor 1,6) wird Juden und Heiden umfassen, für
die in der Zeit der eschatologischen Spannung die Minimalforderung als Grundordnung gilt, die für Juden selbst unter Lebensgefahr
verbindlich ist und die Vermeidung von Götzendienst, Unzucht und
Mord beinhaltet. Diese Tempelterminologie hat auch auf Apg 15,14
eingewirkt, wo sie zur Prägung des Begriffs "ein Volk für seinen
Namen" geführt hat: Der neutestamentliche οἶκος (=Tempel), den
Gott erwählt hat, um dort seinen Namen wohnen zu lassen, ist das
Gottesvolk, der λαός.

In Apg 15,17 konnte ein impliziter 'Al tiqre'—Midrasch auf der
hebräischen Sprachstufe nachgewiesen werden, der unter Einfluß
alttestamentlicher Traditionen, die auch in der Qumrangemeinde
exegetisch verwertet wurden, entstanden war.

Die mit Ephraem Syrus (gest. 377) einsetzende Auslegung der *Alten
Kirche*, die sich über Hieronymus, Theodor von Mopsuestia, Augustinus,
Cyrillus Alexandrinus bis zu Theodoret von Kyros erstreckt (gest.
458), ist vom christologisch-inkarnatorischen Verständnis der Hütte
Davids als des Tempels des Leibes Christi gekennzeichnet, in dem
Gott Wohnung genommen hat. Die Auferstehung Christi inauguriert
dann die Aufrichtung der Kirche als seines (neuen) Leibes.

Diese Deutung der Hütte Davids als der christlichen Kirche ist im
Mittelalter (z.B. Nicolaus von Lyra) tonangebend und wirkt über die
Reformation bis zum Beginn der *Aufklärung* (Hugo Grotius) nach. Ab
diesem Zeitpunkt sind unter historischem Blickwinkel bis zur *Gegenwart* hauptsächlich zwei Deutungsmöglichkeiten bestimmend:

1.) Die Auslegung auf die Familie Davids, die davidische Dynastie
bzw. das davidische Königtum oder 2.) auf das davidische Königreich bzw. das Südreich Juda. Dabei kann gelegentlich der Begriff
"Hütte" als Metapher der genannten Größen verstanden werden. Der
größte Teil der untersuchten jüdisch-christlichen Exegese von Am
9,11 wird somit durch das Verständnis der Hütte Davids als Tempel
bzw. Jerusalem konstituiert.

Dies gilt m.E. auch für den *masoretischen Text*, wo die Chiffre סכה

דויד mit Hilfe der Etymologie, sumerisch-akkadischer und ägyptologischer Parallelen aufgelöst werden konnte, die analog zum hebräischen Sprachgebrauch einen Tempel als Rohrhütte bezeichnen. In
Israel hat der Ausdruck "Laubhütte" als Bezeichnung des Tempels
(und später Jerusalems als "Laubhütte Davids") seine Wurzel im Laubhüttenfest. Dieses bildet als Tempelweih- und Erntefest die "traditionsgeschichtliche Klammer" des Amosschlusses, V.11–15, der somit auf
den Prophet des 8.Jhs zurückgehen dürfte.

Die 2000 Jahre umfassende Auslegungsgeschichte des Begriffes
"Hütte Davids" ist in den Qumranschriften und im Neuen Testament zu einer *Wirkungsgeschichte* geworden, da sie in jenen den heilvollen Exodus nach Damaskus und in diesem die Wendung der neutestamentlichen Gemeinde zur Heidenmission bestätigt hat, während
sie in der rabbinischen Literatur vor allem dazu diente, die Hoffnung auf
die endzeitliche Erlösung Israels wach zu halten, bRHSh 11b:

בניסן נגלאו . . . בתשרי עתידין ליגאל

*Summary: The Booth of David and The Son of the Clouds. A Study in the
History of Interpretation of Amos 9:11 in Jewish and Christian Exegetical
Tradition.*

Approximately 2000 years of Jewish and almost 1700 years of Christian exegesis of the term "the fallen booth of David" (Am 9:11) have
been investigated in the present study.

JEWISH EXEGESIS of the phrase is inaugurated by the writings
of the Dead Sea sect, for which the passage was of such an importance
that it is quoted twice in their extant records.

In the *Damascus Document*, Am 9:11 is part of the so-called Amos-
Numbers Midrash CD 7,9b–21, a passage which is regarded by
modern scholars as one of the most difficult in the Qumran writings
altogether.

In CD 7,9b–21 the author tries to account for the sect's exodus to
Damascus and therefore adapts the Scriptures Am 5:26f; 9:11; Num
24:17, which are quoted in this passage, to serve his apologetic
purposes. In the Qumran Scrolls, the way the Old Testament citation
is presented, often already represents its exegesis. This is also true
for Am 5:26f where the word (hi.) נלה which can mean either "to
exile" or "to reveal", was moved by the Qumran scribe from v.27 to
the beginning of v.26 in CD 7 to indicate that the community's exile
from the Judean desert to Damascus would eventually lead to a new

revelation of the Torah at this new place of settlement. For the same reason the Masoretic מהלאה in Am 5:27 is changed by the rabbinic method of 'al tiqre' to מאהלי "from My tent (to Damascus)" or "from the tents (of Damascus)".

The Dead Sea sect regarded itself as the true, chosen people of Israel, living separated in the desert of Judah and capable of understanding the deep eschatological meaning of the Scriptures, whereas the rejected Israel is unable to recognize this hidden, but real sense of the Old Testament.

This self-image of the sect is reflected in the phrase: "The books of the Torah, they are the booth of the king" in line 15 of CD 7, a sentence which indicates the scribe's understanding of Am 5:26f. Up to now, no link between "books of the Torah" and "booth of the king" could be established to reconstruct the Qumran author's exegesis.

The present writer would like to suggest, however, that the word סכּות in the Masoretic text of Am 5:26 was the starting point of an 'al tiqre' midrash, since the scribe understood the unvocalized word to mean סֻכּוֹת, "booths", or "Feast of Booths".

The books of the Torah and the booth (of the king) are indeed linked by the Feast of Tabernacles. According to Neh 8, the first Feast of Tabernacles after the Babylonian Exile was celebrated by reading "the Torah of Moses" to the assembly. Since the Middle Ages, the last day of the festival is called "Simchat Torah" because of this connection with the Torah.

To confirm his exegesis of Am 5, namely that the *skwt* of v.26 is not to be read as "sikkut", but has to be understood as "sukkot", the Qumran scribe adds Am 9:11, which contains also the word "booth", as a second Scripture by the rabbinic method of gezerah shawah: "The books of the Torah are the booth of the king, as He said: 'And I will raise up the booth of David which is fallen'" (Am 9:11; CD 7,15f). By this connection, the raising up (קום hi.) of the booth (of David) is interpreted to mean the fulfilment of the books of the Torah and their validity. This interpretation plays with the word qum hi. which can mean with regard to a booth "to raise up", but with respect to the "books of the Torah" "to fulfil, to make valid". According to the exegesis of the Qumran scribe, the hidden meaning of the Torah is raised up by the Community which also called itself the "house of the Torah" (CD 20,10.13). It means that the Torah is fulfilled in its eschatological validity.

The second highly controversial passage in the Amos-Numeri Midrash concerns the phrase: "and the pedestals (כִּיֵּי) of the images and the Kiyyun (כִּיּוּן) of the images are the books of the prophets" (l.17).

It is impossible to understand the author's exegetical equation unless his comprehension of the word "image" is taken into consideration. In this book it is suggested that the Qumran scribe understood צלם to mean "dream image" or "vision", which is one of the possible connotations of the word. In the Old Testament, in Qumran and in Rabbinic Literature, oneirocriticism was regarded as an act of prophetic activity since prophecy or prophetic images occur in dreams and visions. This is also why the pesher exegesis of Qumran, which has its roots in Biblical oneirocritic narrations, deals exclusively with prophetic writings (1QpHab 7,4–5). For the Qumran author then, the books of prophets represent pedestals for prophetic images, i.e. visions and dreams.

The Qumran sect considered itself the successor of the old, rejected Israel, for which the messianic predictions of the Old Testament were fulfilled. God has made a new covenant with them in the land of Damascus. The sect as a whole represents the royal assembly (CD 7,16f; 4QPB 2) which will bring forth a priest-prophet, the "Interpreter of the Torah" and the "Prince of all the congregation" (CD 7,18.20) as two messianic personalities (1QSa 2,11f).

In *4QFlorilegium*, 4QFlor 1,10–13 is part of an eschatological midrash presenting Scriptures in connection with the word בית.

The key phrase is found in l.6, where it is a matter of dispute whether מקדש אדם should be translated "a man-made sanctuary", "a sanctuary amongst men" or "a sanctuary of men". According to the structure of the midrash and the Scriptures 2Sam 7:10f; Ex 15:17f and Dtn 23:3f it is obvious that מקדש אדם denotes the Qumran community as a "sanctuary of men" where "works of the Torah" are offered to God as incense (l.7). The eschatological temple of the Qumran community is also the place which offers rest and protection against the sons of Belial (l.7–9); it is the new Israel, the eschatological sanctuary, built by God himself. In l.10 the citation from 2Sam 7:11 is adapted to fit this intended meaning: instead of the masoretic כי בית יעשה לך, l.10 reads: כיא בית יבנה לכה, obviously under the influence of the בנה of l.6. Thus, the topic of the Qumran community as an eschatological temple is a theme that consistantly runs through 4QFlor 1,1–10.

In lines 10b–13, however, the topic seems to change. The focus is now on the "Shoot of David" (l.11) which the sect hoped to produce. Instead of the masoretic term "seed" (זרע) in 2Sam 7:12, 4QFlor 1,11 refers to the Messiah as "Shoot" (צמח דויד), a term gained by gezerah shawah with Jer 23:5 and which also occurs in 4QPB 3.

But because there is no connecting link to 2Sam 7:11–14, the Qumran author's exegesis concerning the "Interpreter of the Torah", who is to arise with the Shoot of David, has to be derived from the term the "Shoot of David". This is possible via the Greek translation of צמח by ἀνατέλλειν, which leads to CD 7,18f, where the appearance of the "Interpreter of the Torah" was deduced from Num 24:17: ἀνατελεῖ ἄστρον ἐξ Ἰακώβ. (It is a well-known fact that the Dead Sea sect made use of the Septuagint and was familiar with Greek interpretations of the Bible).

Interestingly, in contrast to CD 7,19, the Shoot of David and the Interpreter of the Torah will make their appearance in *Zion* in the last days. Since the existing temple, Jerusalem and Zion were regarded as rejected by God, the final restoration of the "fallen booth of David", namely Jerusalem and Zion (cp. 1QM 12,13), had to be affirmed by the Scripture Am 9:11. Until this time of "raising up", the community of Qumran regarded itself as the proleptical representative of these entities, "which (היאה) will stand to save Israel" (l.13, cp. CD 3,19).

The same is true for a second mode of interpretation of 4QFlor 1,11–13: according to 1QH 8,4–10 the Dead Sea sect regarded itself as a holy shoot and plantation, in whose canopy of leaves (i.e. booth) all Israel will find salvation.

The interpretations of Am 9:11 in *Rabbinic Literature* are inaugurated by the *Targum*.

The Targum translates "the fallen booth of David" in Am 9:11 as: "the kingdom of the house of David that has fallen", which is quite unique, but can be explained by the fact that the Targumist tended to translate each Scripture according to its individual meaning.

Nevertheless, the term מטלתא "shade, shelter, booth" is used frequently in the Targum as a translation for the Hebrew סכה and can be applied to Jerusalem and the Temple.

How then did the Targumist arrive at his translation? What was the exegetical basis for his equation: booth = kingdom?

In Ez 17:22f; 31:6.12, the Targum describes a cedar as a kingdom (Ez 17: the kingdom of the house of David) in whose shade the nations dwell (cp. also Mk 4:30–32). Obviously, the canopy of leaves of the cedar tree has been understood as a shade in which the nations shall live. Quite often in the Targum, the cedar serves as a symbol for the king. Consequently, the shade of the cedar symbolizes his sphere of influence, i.e. his kingdom. Therefore, the "shade of David" in Am 9:11 could be interpreted as "the kingdom of the house of David".

It seems that in the context of Am 9:11f, the kingdom of the house of David, which has to be set up again, is a cryptogram for the expected rule of the Davidic Messiah who will free Israel from the yoke of her oppressors, as soon as her cities are rebuilt and the synagogues restored.

In the Babylonian Talmud, Am 9:11 is referred to in *bSan 96b*. In a dialogue between R. Nahman and R. Isaac II., the name of the Messiah is explained as Bar Nfly by R. Nahman because of Am 9:11. Besides the widely accepted punctuation בַּר נִפְלִי "Son of the Fallen One", namely the fallen kingdom of David (cp. Rashi's exegesis), it is also possible to punctuate as בַּר נְפֵלִי "Son of the Clouds" as an Aramaic transcription of the Greek νεφέλη "cloud". The latter interpretation can be asserted from the context in bSan 96b and makes use of the rabbinic identification of the booths of the Feast of Tabernacles (erected in remembrance of the booths of the exodus) with the clouds of glory protecting Israel during their exodus from Egypt (cp. TgLev 23:43; bSuk 11b; Ps 105:39). According to this interpretation, the Messiah will bring about a sweeping restoration which includes a complete reversal of the circumstances described in bSan 96b: Israel will regain her sovereignty, Jerusalem and the temple will be restored, the graves will surrender the dead.

The work of the Messiah is described by a play on words with his name (in the sense of an 'al tiqre' midrash. To denote the work of a person by his name was common practice among the rabbis): the Son of the fallen hut of David, viz. the one who comes when Jerusalem, the temple and the Torah are fallen, will also be the one who, as "Son of the Clouds", restores the divine glory over the chosen city.

In *BerR 88,7* the quotation of Am 9:11 is part of a haggadic exposition on Gen 40:23. The key word "to forget" (שכח) becomes the starting point of a narrative on salvation history, especially highlighting those pivotal points which revealed God's guarding intervention to ensure

Israel's continued existence. Unlike the chief butler who forgot Joseph in the narrative Gen 40:23, God did not forget Israel.

The Scriptures Am 9:11 and Zeph 3:9 are the culmination of this midrash and its messianic implications, and their quotation denotes them as hoped-for future events. Am 9:11 points to Israel's regaining her sovereignty, whereas Zeph 3:9 has to be interpreted with the aid of WaR 30:12 as describing eschatological mankind by the terms אגודה אחת (Am 9:6) and שכם אחד (Zeph 3:9), who, as a united band, will call on the name of the only God.

In *Pesiqta de Rav Kahana 16,8* (parallel Pesiqta Rabbati 29/30), Am 9:11 is incorporated in a homily-midrash on Is 40:1(–26).

God sends ten prophets to Jerusalem with words of consolation, but she rejects them, because they have also spoken words of judgment. The message of comfort for Amos is Am 9:11, the restoration of Israel and Jerusalem, which is rejected by Jerusalem on the basis of his word of doom in Am 5:2.

Finally, God himself together with the prophets, has to go and comfort Jerusalem. Therefore, the exegesis of PesK 16,8 rests on the 'al tiqre' interpretation of the inyanverse Is 40:1: do not read עַמִּי (my people), but עִמִּי (with me): "Comfort, comfort with me." God's consolation means salvation, especially eschatological redemption.

In *Midrash on Psalms* (MTeh; cp. BerR 56,10; Yalq Ps 76 §814) *v.3 of Ps 76*: ויהי בשלם סוכו is interpreted by gezerah shawah with Am 9:11. A second gezerah shawah connects the ויהי of Ps 76:3 to an added introductory והיה in Am 9:11. An implicit midrash is thereby created which answers the introductory question "When will God be known in Judah?" with: "When his Tabernacle will again be in Salem", viz. when God will be the architect of his Tabernacle (temple) which he has planned/provided since the beginning of the world (Ps 76:3) and will raise up in the future, when Israel, Jerusalem and the temple are reestablished (Am 9:11).

In the *New Testament*, Am 9:11f is quoted by James in his speech at the Apostolic Council in Jerusalem, *Acts 15:13–21*, as a vote for the admission of Gentiles into the Church, since they were regarded as ritually unclean in Judaism. The Council had gathered to settle the question whether or not circumcision and dietary laws were required as a prerequisite for admisson into the Church and for full fellowship including table fellowship.

The course of the meeting of the Jerusalem assembly can be illustrated by a passage in the writings of the Dead Sea sect, 1QS 6,8–13, which shows that meetings of the full assembly followed a certain established order (1QS 6,8: הזה הסרך). The Church Council at Jerusalem should therefore rather be called a meeting of the full assembly and the apostolic decree could be called a recommendation of the assembly.

Examining the text form of Am 9:11 in Acts 15:16, the double occurrence of the term ἀνοικοδομήσω (=בנה) is most remarkable because it can be derived neither from the masoretic text and the Septuagint, nor from 4QFlorilegium or the Damascus Document (קום hi., cp. p. 83). The term itself points to the rebuilding of Jerusalem and the temple, since the term ἀναστήσω, which is here dismissed from the New Testament text, is solely reserved with Luke to describe the resurrection of Jesus.

The presentation of the quotation Am 9:11 in Acts 15:16 with its many alterations can be called "implicit midrash" because of its interpretative character. There are no literal quotations of other Scriptures. The terms μετὰ ταῦτα and αἰῶνος have come into the text by gezerah shawah; the word ἀναστρέψω, denoting God's graceful "turning" has been introduced into the Amos quotation. This kind of adaptation of Scriptures is also well-known from the Qumran documents and the Targumim.

Acts 15:17 is generally regarded as a quotation from the Septuagint version of Am 9:12, but the text form can be better explained as an implicit 'al tiqre' midrash of the Hebrew text which turned יירשו into ידרשו and אדום into אדם.

Regarding the *traditions* that influenced the formation of the Amos quotation, in all three verses of Acts 15:16–18 knowledge of the exegetical traditions of the Qumran sect could be traced. This was possible because Christians and Essenes lived in close proximity to each other in Jerusalem and there were also Essenes converted to Christianity.

In Acts 15:16, the booth of David which is to be rebuilt, means, according to 4QFlor 1,6, an eschatological temple "of men", which will—contrary to the exegesis of Qumran which tightened the regulations of Dtn 23:3–9 for access to the קהל יהוה in 4QFlor 1,3f—consist of Jews and Gentiles. The Gentiles are no longer looked upon as ritually unclean, because their hearts are purified by faith (Acts 15:8f), as Peter's encounter with the Centurion Cornelius (Acts 10:10–16; 11:5–10) has taught. This concept of an eschatological temple consisting of men and its terminology influenced v.14 in Acts 15 and coined the expression "a people for his name": the New Testament οἶκος (=temple) which God chose for his name 'to be there', is the people of God, the λαός.

V.17 of Acts 15 is derived from 4QFlor 1,11–13 which connects the shoot of David with the booth of David. In Is 11:10 it is said of the יִשַׁי שֹׁרֶשׁ: "him the nations shall seek" (אֵלָיו גּוֹיִם יִדְרֹשׁוּ) and probably caused the insertion of τὸν κύριον in Acts.

Contrary to 1QS 5,12f and 1QM 14,5–9 which testify to the Qumranic belief that the community is the chosen remnant of Israel, whilst the heathen nations will be completely annihilated in the last eschatological battle, οἱ κατάλοιποι τῶν ἀνθρώπων ... καὶ πάντα τὰ ἔθνη denotes either those Jews who have not yet come under the influence of the Gospel and all heathen nations, regarded as impure up to now, or all mankind, viz. all nations.

The phrase "over whom my name has been called" is also taken from temple terminology, because in the Old Testament it is applied to the temple (1Ki 8:43; Jer 7:10.11.14.30; 32:34; 34:15; 2Chron 6:33), to Jerusalem (Jer 25:29; Dan 9:18) and to Israel (Dtn 28:10; Is 63:19; Jer 14:9; 2Chron 7:14) and expresses God's election and dominion. "The people who are left and all the Gentiles" may seek the Lord, because God's dominion has been called out over them. They belong now to the eschatological temple, to the people of God consisting of Jewish and Gentile Christians.

God himself is the author of these eschatological events and the Gentiles' seeking the Lord is founded in his initiative. This is expressed in v.18 which focusses on the eternal predestined plan of God and can be compared to 1QS 3,15 which speaks in almost Greek philosophical terms of the predestination of the individual.

The strong emphasis placed on God's initiative is one of the main characteristics of the Amos quotation in Acts 15:16–18. The experience Peter had with the Roman Centurion Cornelius receives exemplary significance at the Jerusalem Assembly as a model of God's *heils-geschichtliches* work, because the surprising gift of the Holy Spirit for the Centurion and his house was also characterized by God's initiative in the first place.

The quotation of Am 9:11f in its New Testament form represents the central Scripture of the Assembly in Jerusalem, because it settles the points of controversy.

Since in Qumran and in Pharisaic Judaism (cp. 4QFlor 1,6f; bMen

110a) temple worship was replaced by the study of the Torah and the admittance of Gentiles for the Jerusalem Church seemed to modify ritual law in the Torah, the question of the relevance of the Torah is implied in the argument in Acts 15, too. It is therefore unlikely that Acts 15 is composed of two (pre-Lukan) accounts: 1) Acts 15:5–12.13–33: the Antiochene conflict on table fellowship between Jewish and Gentile Christians and 2) Acts 15:1–4.12b.25: the Jerusalem agreement on circumcision, because the Amos quote served to settle the overall controversial issues, not just the question of table fellowship.

Because the Torah and therefore also its ritual regulations are recited every Sabbath in the synagogue, it seemed to be useful to instruct the Gentile Christians concerning the question of their application. The recommendation of the Jerusalem Assembly confines itself to the minimal requirements which are binding for Jews even in life-threatening situations: idolatry, fornication and murder ("blood") are to be abstained from (cp. bShevu 7b; bSan 57b). To these three minimal requirements is added "what is strangled", viz. to abstain from eating blood (cp. Gen 9:4); precepts that gained in great importance in the persecutions after the Bar Kokhbah Revolt 135 A.D.

CHRISTIAN EXEGESIS of Am 9:11 is presented in a diachronic way starting with the Church Fathers and comprising *Ephraem Syrus* (d. 377), *Jerome, Theodore of Mopsuestia, Augustine, Cyril of Alexandria* and *Theodoret of Cyrrhus* (d. 458).

For them, the Biblical notion of the human body as a tent or a hut (cp. Is 38:12; 2Cor 5:1–4; 2Peter 1:13f) was decisive and points to their interest in the relationship of the two natures in the person of Christ (incarnational understanding). So the interpretation of the Church Fathers is characterized by their comprehension of the hut of David as the temple of the body of Christ in which God takes his dwelling. The resurrection of Christ then inaugurates the establishment of the Church as his (new) body.

Ephraem Syrus, Theodore, Cyril and *Theodoret* also present an historical application of Am 9:11f for Israel whereas *Jerome* quotes the Jewish eschatological hope of Jerusalem and the temple, only to condemn it as a "vain expectation" (*vana exspectatio*) of a "carnal" fulfilment of the prophecy.

Augustine, however, adds to the concept of the Church as the body of Christ that of it being the representative of the Heavenly City whose relationship to the *civitas terrena* is the topic of "De civitate Dei".

Medieval exegesis of Am 9:11 is represented best by the Franciscan
Friar and professor at the university of Paris, *Nicholas de Lyre* (c. 1270–
1349).

In his "Glossae in universa biblia", Nuremberg 1481, Nicholas
denies the validitiy of the historical application of Am 9:11 to the
time of Israel's return from the Babylonian exile, because Israel has
not yet experienced the prosperity predicted in the prophecy of Amos.

Nicholas starts his own exposition by the thesis that Am 9:11 and
Acts 15:16 refer to the restoration of the Church by Christ. This
result falls in line with the exegesis of the Church Fathers and is
therefore not new; what is new with Lyranus is his usage of rabbinic
traditions, especially the Targumim and Rashi (R. Solomon ben Isaac
1040–1105). He makes use especially of those exegetical traditions
which enable him to interpret the Old Testament text in a literal
christological way. To prove, for example, that in the Old Testament Christ is called David, he quotes the Targum to Hos 3:5 and
Jer 30:9 in Latin translation where the masoretic "David" is translated
by "the Messiah, the Son of David". Therefore, the "booth of David" must denote the "Church of Christ".

In the beginning of his commentary, Nicholas quotes Rashi and a
passage in the Babylonian Talmud (bSan 96b) which substantiate his
claim that Am 9:11 refers to the time of the Messiah. Interestingly,
his quotation of Rashi is actually Rashi's citation of the interpretation
of the Targum, which means that Nicholas might have overlooked
(unless it was absent in his edition of Rashi's commentary) the
abbreviation ת״י meaning יונתן תרגם "Targum Jonathan translates".
Rashi, however, quoted the Targum to Am 9:11 because it fell in
with his own view and Nicholas was therefore right to refer to it as
Rashi's own opinion.

The booth of David, i.e. the Church, is fallen because of its apostasy
into idolatry. To prove this thesis, Nicholas adds an excursus on the
history of idolatry in Israel and also the rabbinic tradition that Nimrod worshipped the fire and tried to force Abraham into it also,
which is widespread in rabbinic literature (cp. BerR 38,13) and is
even present in Islam.

By the preaching of Christ and the apostles, idolatry ceased and
worship of the true God was restored in the Church.

Reformation and modern times.

Luther dealt with Am 9:11 in his lecture on the Twelve Minor

Prophets 1524–1526. He starts his exposition traditionally by alluding to Acts 15:16.

According to Luther, the booth of David means then the kingdom and dominion of David. This is confirmed by Luther's remarks on Am 9:9, preserved in text Amos b (cp. p.127f), where he adds that the kingdom of David will be restored through Christ by his "preaching the Gospel of faith" (*praedicando euangelium fidei*). This expression could be derived from Nicholas de Lyre (cp. above) who held the same idea and whose name is mentioned by Luther just a few lines above. Moreover, this remark reveals Luther's reformational ideas.

Luther's exegesis proper consists of the syllogism: the booth of David = the people of Judah. The people of Judah are also the stock of David which is mentioned in Is 11:1 as "the stump of Jesse". Before the coming of Christ, the kingdom of David was fallen and the stock of Jesse was dead. Christ is the shoot by whose advent the fallen booth of David is raised up and the stump of Jesse comes to life again.

Luther's remark that Am 9:11 is "a nice picture of a tent behind the door" is somewhat enigmatic. From his exegesis of Am 9:12 (text Amos a), however, it can be inferred that he had in mind the tabernacle in the desert. This could mean that the raised up tabernacle of David, the New Testament people of God, is (still?) hidden behind a door. The expression "little tabernacle" Luther uses in Am 9:12 could then point to the fact that he considered the flock of the reformational-minded to be small.

In a second interpretation of Am 9:11, Luther suggests that Mary may be the tabernacle who harboured the Son of God until his birth.

Mercerus (Jean <Le> Mercier, d. 1570)

The French professor Mercerus is noted for his careful text analysis and subtle stylistic observations. For Jewish messianic traditions he relies on Nicholas de Lyre and the Franciscan Friar and Christian Cabbalist Pietro Columna Galatinus (1460–1540). The former provides him with the Talmudic passage bSan 96b, the latter with the translation of the name Bar Nfly mentioned there as "falling" or "fallen son". His interpretation of "the fallen booth of David" is taken from the Targum and therefore the expression denotes "the kingdom of the Messiah", which is raised up in the kingdom and the Church of Christ and surely not in a kingdom of Israel "as the Jews are dreaming and vainly expecting" (*vt Iudaei somniant & frustra sibi pollicentur*). This passing shot at Jewish hopes could be taken from Jerome (cp. p. 136), unless it has already become a fixed mode of expression.

Le Mercier's exegesis is supported by the observation that "booth" (*tabernaculum*) or "shade" (*vmbraculum*) in the Old Testament denotes the temple and that David had in fact planned the 'erection' of the Jerusalem temple. Because the temple in the Old Testament denotes also the human body, Christ, as direct offspring of David, is the booth of David (cp. the Church Fathers).

In Am 9:11 the royal fortress (*regia*) is called a "booth" (*tabernaculum/ vmbraculum*) because it is decayed into a small hut (*tugoriolum*). This interpretation of a double decay goes beyond the Biblical text.

For Old Testament times, the text has to be applied to the schism under Jeroboam. For the New Testament (Acts 15:16), it is fulfilled in the Church which Christ raised up by purging it of idolatry (cp. Nicholas de Lyre) and of which the Jews might be a part also.

The interpretation of the booth of David as the Christian Church which was pre-dominant in medieval exegesis at the Reformation, remains in effect till the Enlightenment. It is also present in the commentaries of *J. Tarnov* (1586–1629) and *D.J.G. Carpzov* (1679–1767).

L.Chr. Miegius in 1732 published a doctoral thesis on Am 9:11: "De Fatis Tabernaculi Davidici" which shows evidence of his proficiency in rabbinic literature and classical antiquity.

According to Mieg, the expression "the booth of David" is taken from Amos' own habitation (cp. Jerome, p. 173) and transferred to the house of King David because, like Amos, David was a shepherd and he had a hut, or rather a shed (*tugurium*), built from straw, reed or leaves. This shed was his first palace which later is "fallen", i.e. the kingdom and family of David are declined. That is why the Jews called the Messiah "Son of the falling state"—בר נפילי—*Filius collabascentis Reipublicae* <bSan 96b>.

To confirm his interpretation, Miegius cites the whole passage on Am 9:11 from Yalqut Shim'oni <§549> in Latin translation (which starts with bSan 96b) and also discusses the thesis of Raymundus Martini in his *adversus—Judaeos* tract "Pugio fidei" (A.D. 1278). Martini explains the booth of David as the body of Christ being a little fallen hut (*casula collapsa*) which, "fallen" into death, will be raised up through Christ's resurrection.

The decline of the house and kingdom of David started after David and reached its climax at the time of Christ. The palace of David had again become a shed (*tugurium*). Christ's re-erection of the shed/kingdom of David is the Church, which is a refuge (סכה) for the believers.

Obviously, Mieg's logic is inconsistent, since the shed/kingdom of David can not be declined into a shed and be re-erected a shed, in other words, be pejorative and positive at the same time.

B.H. Gebhardi (1737) and *Ph.D. Burkius* (1753) also interpret the booth of David as the Church.

The commentary on Amos by *J.Chr. Harenberg* (1763) is conspicuous for its sharp Anti-Judaism, though he gives rabbinic interpretations to confirm his exegesis.

For Harenberg, the term סכה denotes primarily a tent (*tentorium*) and is used for the king's seat/residence or throne and the tents of the Israelites in the desert.

David, on the other hand, had pitched a tent for the ark of the Lord which he had brought to Jerusalem <cp. 2Sam 6:17>. Since this tent was burnt when the Babylonians captured Jerusalem, Amos must have had in mind a spiritual entity as the abode of God, viz. the Church of Christ, the New Jerusalem, Is 65:17.18; 66:22.

The Church is eternal and at the end of times a new Jerusalem without a temple will come down from heaven <cp. Rev 21:2>. Therefore, according to Harenberg, Jewish expectations of a rebuilt Jerusalem or temple are futile.

Harenberg's exegesis lacks discrimination between סכה "booth" and אהל "tent", probably because the Greek σκηνή denotes both.

From Hugo Grotius and the Enlightenment onwards there exist from an historical point of view mainly *two lines of interpretation*:

1) The booth of David stands for the family of David, the Davidic dynasty and the Davidic monarchy respectively.

According to this mode of interpretation, the term "booth" (סכה) is a diminutive form of "house" (בית). The house of David is his family which represented the ruling dynasty in Judah (cp. 2Sam 7).

The house of David would then be called in pejorative terms a "booth" in Am 9:11 and be described as "fallen".

The booth of David is therefore not a picture for the family of David and the exegesis rests on a play of words with the terms "house" and "hut".

Some exegetes suppose the term "booth" to be a *metaphor* for the Davidic dynasty and reconstruct different entities which could have decayed into a "hut" with the corresponding events in the history of Israel.

2) The fallen booth of David represents metaphorically the divided (after Solomon's death) or destroyed (in the Babylonian exile) Davidic Empire.

A smaller group of exegetes thinks the booth of David is a symbol only for the kingdom of Judah.

The last chapter of the book consists of *my own exegesis of Am 9:11 in its Old Testament context.*

The enigmatic phrase סכת דויד is explained with the help of etymology and Sumerian-Akkadian and Egyptian parallels.

The starting point is a literal and not a metaphorical understanding of the phrase.

Etymological investigation of the term סכה leads to the word "*sukku*" or "sanctuary" which is a Sumerian loan-word in the Akkadian language. This etymological meaning of the term is an exact parallel to the Hebrew use of the word: the Jerusalem temple is called a סכה in Psalms (27:5f; 31:21; 42:5; 76:3) and in Lam 2:6.

The expression "booth" has its roots in the Feast of Booths which, because of the temple of Solomon, gained significance as a Feast of consecration of the temple (1Ki 8:2; Hag 1:15; 2:1; 2Macc 1:9.18; 10:6).

The use of "booth" for the temple reflects very old terminology, for reed-booths were the first temples in Mesopotamia and Egypt. Numerous examples of this are adduced for the purpose of illustration in this chapter. The Sumerian "Lamentation over the Destruction of Ur" (l. 122–129; cp. the English translation on p. 200f) is especially worth mentioning.

It is therefore not surprising that the expression "booth" for the Jerusalem temple occurs mainly in Psalms and Lamentations since liturgical texts are usually characterized by a tenacious clinging to traditional terminology which then, in the course of time, receives a poetical stamp.

The term "booth" was then in a second stage of tradition-forming extended to Jerusalem as a whole, a witness of which is Is 1:8.

When the city and the temple of Jerusalem were preserved from the attack of the Assyrian king Sennacherib in 701 B.C., this event became the starting point of the *theologumenon* that Zion was inviolable. As a consequence, Jerusalem and her temple, as city and seat of God, became more and more a warrant for blessing and continued existence of the kingdom (cp. Jer 7:4; Mi 3:12; Ez 11:23).

This is exactly when prophetic criticism intervenes: after 701 B.C., the destruction of Jerusalem and the temple as a seat of God is proclaimed which would be final for a long time. This was said to all those who, in view of the catastrophe of the Northern Kingdom in 722 B.C., believed that the Southern Kingdom would be protected because of its temple: "Thou wilt not let disaster come near us or overtake us" (Am 9:10 NEB).

In this sense, the word of the prophet is a word of doom for the Judaeans of his time. Besides, the idea that judgement starts in Jerusalem is also present in Am 9:1.

There is therefore not sufficient reason to deny the authenticity of Am 9:11. In the section dealing with the literary criticism of the pericope, it is argued that, despite complex investigations, the question of authenticity cannot be solved on the basis of literary criticism alone, because the supposed meaning of סכת דויד determines the historical frame. Pages 171–176 provide an introduction into the problem of authenticity of the Amos passage from the Church Fathers to the present.

Am 9:11 is closely tied to 9:10b by the introductory ביום ההוא, a term that puts both events on the same level. The phrase itself is used to describe an indefinite point of time which is only defined more precisely by the events mentioned.

Like v.11, Am 9:13 is formed by the tradition of the Feast of Booths, namely by its harvest-festival character. Therefore both verses are closely knit together. The notion of abundant fertility coming from the temple is also present in the Ancient Near East and in Jewish tradition.

Because v.14 speaks of fertility and harvest, vv.14.15 could refer to the same tradition as v.13.

Am 9:12 also belongs to the same context. Archaeological investigation supports the assumption that אֶת־שְׁאֵרִית אֱדוֹם refers to the Edomitic seaport Elat (cp. excursus p. 214–217) which, between 775 and 733 B.C., was the bone of contention between Judah and Edom. From 733 B.C. onwards, Elat remained Edomite territory until its destruction by the Babylonians.

The overcoming of all of Israel's enemies and their usurpation by the inhabitants of Jerusalem have their traditio-historical root in the Feast of Booths as a harvest-festival.

Since Jerusalem is the assembly point of all nations, the inhabitants of Jerusalem will take the remnant of Edom and all the nations over whom the name of YHWH is called as a "harvest" for YHWH: "The Jews connected the final harvest of the year with a harvest in the future—an ingathering of the nations to Judaism in the days of the Messiah" (H.St. Thackeray, cp. p. 216 n. 220).

Vv. 11–15 of Am 9 are therefore closely knit together by the same traditio-historical context.

E. Goodenough once called the Feast of Booths "a festival most elastic in meaning" (cp. p. 220). In Am 9:11–15 we were able to trace at least two aspects of this festival: its character as a feast of the consecration of the Jerusalem temple and as a harvest-festival.

Consequently, the eschatological description in Am 9 is moulded on the Feast of Booths.

The different interpretations of the term "the hut of David" over two thousand years have shown a history of influence in the writings of the Dead Sea sect and in the New Testament.

In Qumran it confirmed the salutary exodus to Damascus and in the New Testament the turning of the New Testament Church to the mission of the Gentiles.

In rabbinic literature, however, the Scripture served to keep alive the hope of Israel's future redemption cp. bRosh Hashana 11b:

> "In the month Nisan they have been redeemed in the past . . .
> In the month Tishri they will be redeemed in the future."

BIBLIOGRAPHIE

Die bibliographischen Abkürzungen richten sich nach S. Schwertner, Internationales Abkürzungsverzeichnis für Theologie und Grenzgebiete (IATG). Zeitschriften, Serien, Lexika, Quellenwerke mit bibliographischen Angaben, Berlin/New York 1974.

Außerkanonische und außerrabbinische Schriften und das rabbinische Schrifttum sind nach dem Abkürzungsverzeichnis der Theologischen Realenzyklopädie (TRE), Berlin/New York 1976 angegeben.

Die biblischen Bücher wurden nach dem Ökumenischen Verzeichnis der biblischen Eigennamen nach den Loccumer Richtlinien, herausgegeben von den katholischen Bischöfen Deutschlands, dem Rat der Evangelischen Kirche in Deutschland und der Deutschen Bibelgesellschaft—Evangelisches Bibelwerk, 2.Aufl., Stuttgart 1981, abgekürzt.

1. Quellen

Albeck, Ch., Bereschit Rabba. Mit kritischem Apparat und Kommentar, Bd.III, Berlin 1929 (Veröffentlichungen der Akademie für die Wissenschaft des Judentums).

Allegro, J.M., Further Messianic References in Qumran Literature, JBL 75 (1956) 174–187.

Allegro, J.M., Fragments of a Qumran Scroll of Eschatological Midrašîm, JBL 77 (1958) 350–354.

Allegro, J.M., Qumrân Cave 4 (DJD V) Oxford 1968.

Augustinus, A., Ad Marcellinum. De Civitate Dei. Contra Paganos, MPL 41, Sp. 13–804.

Bauer, G.L., Die Kleinen Propheten. Übersetzt und mit Commentarien erläutert, Leipzig 1786.

Baum, G./Cunitz, E./Reuss, E., Hrg., Ioannis Calvini opera quae supersunt omnia. Bd.43, in: Corpus Reformatorum 71, Brunsvigae 1890, 168–171.

Baur, G., Der Prophet Amos erklärt, Gießen 1847.

Biblia Hebraica, edidit Rudolf Kittel, editio quarta decima emendata typis editionis septimae expressa, Stuttgart 1966.

Biblia Hebraica Stuttgartensia. Editio Funditus Renovata, ediderunt K. Elliger/W. Rudolph, Stuttgart 1967/77.

Biblia Sacra iuxta Vulgatam Versionem. Adiuvantibus B. Fischer, J. Gribomont, H.F.D. Sparks, W. Thiele. Recensuit et brevi apparatu instruxit R. Weber, Tomus II: Proverbia-Apocalypsis. Appendix, 2., verb. Aufl., Stuttgart 1975.

Bietenhard, H., Der tannaitische Midrasch Sifre Deuteronomium. Übersetzt und erklärt. Mit einem Beitrag von Henrik Ljungmann, Bern/Frankfurt/M./Nancy/New York 1984 (JeC 8).

Braude, W.G., Pesikta Rabbati. Discourses of Feasts, Fasts, and Special Sabbaths, vol. 2, New Haven/London 1968 (Yale Judaica Series XVIII).

Braude, W.G., The Midrash on Psalms, vol. 1, New Haven 1959.

Braude, W.G., The Midrash on Psalms, vol. 2, New Haven 1959 (Yale Judaica Series XIII).

Brierre-Narbonne, J., Exégèse Talmudique des Prophéties Messianiques, Paris 1934.

Brooke, G.J., Exegesis at Qumran. 4Q Florilegium in its Jewish Context, Sheffield 1985 (JSOTS 29).

Buber, S., Pesikta. Die älteste Hagada, redigirt in Palästina von Rab Kahana, Lyck 1868.

Buber, S., Midrasch Tanchuma. Ein Agadischer Kommentar zum Pentateuch von Rabbi Tanchuma ben Rabbi Abba, Wilna 1885.

Buber, S., Midrasch Tehillim (Schocher Tob) Wilna 1891 (Neudruck Jerusalem 1966).

Buber, S.: ש. בובר, מדרש אנדה על חמשה חומשי תורה, ירושלים
(=Wien 1893/94 bzw. 5654) 1960/61.

Buber, S.:
ש. באבר, מדרש זוטא על שיר השירים, רות, איכה וקוהלת עם נוסחא שניה על מגילה איכה, ילקוט
(=Berlin 1894) o.J.   שמעוני על איכה, נדפס מחדש תל־אביב

Burkius, Ph.D., Gnomon in Duodecim Prophetas Minores, Heilbronnae 1753.

Carpzov, D.J.G., Introductio ad libros canonicos. Pars III: Introductio ad libros propheticos, Lipsiae 1731.

Charles, R.H., The Apocrypha and Pseudepigrapha of the O.T., vol. II: Pseudepigrapha, Oxford 1969 (=1913).

Charlesworth, J.H., The Old Testament Pseudepigrapha, vol. 1, Garden City, N.Y. 1983.

Chilton, B.D., The Isaiah Targum. Introduction, Translation, Apparatus and Notes, Edinburgh 1987 (The Aramaic Bible 11).

Clarke, E.G., Targum Pseudo-Jonathan to the Pentateuch: Text and Concordance, Hoboken, New Jersey 1984.

Codex Reuchlinianus. No. 3 of The Badische Landesbibliothek in Karlsruhe (Formerly Durlach No. 55). With a General Introduction: Masoretic Hebrew by Alexander Sperber, Copenhagen 1956 (Corpus Codicum Hebraicorum Medii Aevi Pars II,1).

Cyrill von Alexandrien, ΤΟΥ ΕΝ ΑΓΙΟΙΣ ΠΑΤΡΟΣ ΗΜΩΝ ΚΥΡΙΛΛΟΥ ΑΡΧΙΕΠΙΣΚΟΠΟΥ ΑΛΕΞΑΝΔΡΕΙΑΣ ΕΞΗΓΗΣΙΣ ΥΠΟΜΝΗΜΑΤΙΚΗ ΕΙΣ ΤΟΝ ΠΡΟΦΗΤΗΝ ΑΜΟΣ. In Amos Prophetam Commentarius, MPG 71, Sp.407–582.

Dahl, J.C.W., Amos. Neu übersetzt und erklärt, Göttingen 1795.

Eichhorn, J.G., Die hebräischen Propheten, Bd.I, Göttingen 1816.

Ewald, H., Die Propheten des Alten Bundes erklärt, Bd.I, Stuttgart 1840.

Ewald, H., Die Propheten des Alten Bundes erklärt, Bd.I, 2.Aufl., Göttingen 1867.

Falkenstein A./Soden, W.v., Sumerische und Akkadische Hymnen und Gebete, Zürich/Stuttgart 1953.

Friedmann, M: 1879/80, מדרש פסיקתא רבתי, וונא, (Friedmann) מ. איש שלום

Galling, K., Hrsg., Textbuch zur Geschichte Israels, 3., durchges. Aufl., Tübingen 1979.

Gebhardi, B.H., Gründliche Einleitung in die Zwölff Kleinen Propheten, Braunschweig 1737.

Goldschmidt, L., Der Babylonische Talmud. Neu übertragen, Bd.9, Berlin 1934.

Göttinger Septuaginta, Bd.XIII: Duodecim prophetae, Hrsg. J. Ziegler, 2., durchgesehene Aufl., Göttingen 1967.

Gressmann, H., Hrsg., Altorientalische Texte zum Alten Testament, 2., völlig neugest. und stark verm. Aufl., Berlin/Leipzig 1926.

Grossfeld, B., The Targum Onqelos to Leviticus and the Tarqum Onqelos to Numbers. Translated with Apparatus and Notes, Edinburgh 1988 (The Aramaic Bible 8).

Grotius, H., Annotationes in Vetus Testamentum. Emendatius ed. et brevibus complurium locorum dilucidationibus auxit Gregorius Ludovicus Vogel, Tomus II, Halae 1776.

Halevy, A.A.: 1956/57, א.א. הלוי, מדרש רבה ב: בראשית רבה, תל־אביב

Harenberg, J.Chr., Amos Propheta. Expositus interpretatione nova latina, Lugduni Batavorum 1753.

Hävernick, H.A.Chr., Handbuch der historisch-kritischen Einleitung in das Alte Testament, Bd.II, Erlangen 1844.

Hengstenberg, E.W., Christologie des Alten Testamentes und Commentar über die Messianischen Weissagungen, Bd.I, 2.Aufl., Berlin 1854.

Hieronymus, Commentariorum in Amos Prophetam. Libri Tres, MPL 25, Sp.989–1096.

Ibn Adoniya, Jacob ben Hayim, Biblia Rabbinica, A Reprint of the 1525 Venice Edition, Bd.III, Jerusalem 1972.

Jensen, P., Assyrisch-babylonische Mythen und Epen, Berlin 1900 (KB 6,1).

Julian von Aeclanum, Commentarius in Amos Prophetam, MPL 21, Sp.1057–1104 (Rufino Presbytero Ascriptus).

Kern, Brigitte A.A., Tröstet, tröstet mein Volk! Zwei rabbinische Homilien zu Jes 40,1 (PesR 30 und PesR 29/30), Frankfurt/M. 1986 (Frankfurter Judaistische Studien 7).

Knobel, A., Der Prophetismus der Hebräer. Vollständig dargestellt, Teil 1, Breslau 1837.

Kramer, S.N., Lamentation over the Destruction of Ur, AS 12 (1940) 30f.

Lagarde, P. de, Hagiographa Chaldaice, Osnabrück 1967 (=1873).

Levey, S.H., The Targum of Ezekiel, Edinburgh 1987 (The Aramaic Bible 13).

Lohse, E., Die Texte aus Qumran. Hebräisch und deutsch, 3., gegenüber der zweiten unveränd. Aufl., München 1981.

Luther, M., Praelectiones in prophetas minores, WA 13, 154–206.

Lyra, Nicolaus de, Glossae in universa biblia, Nurembergae 1481.

Mandelbaum, B.(Dov), Pesiqta de Rav Kahana, According to an Oxford Manuscript. With Variants from all known Manuscripts and Genizoth Fragments and Parallel Passages with Commentary and Introduction, 2 vols, vol.1, New York 1962.

Margaliot, M.,

מ.מרנליות, מדרש הנדול, על חמשה חומשי תורה. ספר בראשית.Bde, 2 Bd ,ירושלים תש"ו (=1947).

Mercerius, J., Commentarius locupletissimus in Prophetas quinque priores inter eos qui minores vocantur, o.O u.J. (1598 oder 2. Aufl. 1698?; Mikrofilm der British Library London).

Margulies, M., Midrash Wayyikra Rabbah. A Critical Edition Based on Manuscripts and Genizah Fragments with Variants and Notes, vol. 4, Jerusalem 1958.

Maurer, F.J.V.D., Commentarius Grammaticus Historicus Criticus in Prophetas Minores, Lipsiae 1840.

Mercerus, Io., Commentarius locupletissimus in Prophetas quinque priores inter eos qui minores vocantur, o.O. und o.J. (1598 oder 2.Aufl. 1698). Mikrofilm der British Library London.

Michel, O./Bauernfeind, O., Hrsg., Flavius Josephus: De Bello Judaico. Der Jüdische Krieg. Griechisch und Deutsch, Bd.II, München 1969.

Midrasch Chamesch Megillot:

מדרש חמש מגילות. דפוס פיזרו רע"ס (1519) נדפס שנית בדפוס אופסיט, ברלין תרפ"ו (1926)

Midrasch Rabba: o.J. מדרש רבה על חמשה חומשי תורה וחמש מגילות, 2 Bde ירושלים (=Wilna 1923)

Midrasch Schocher Tov:

מדרש שוחר טוב. על תהלים. שמואל, משלי. עם פירוש מהר"י כהן, ירושלים 1968. (=Warschau 1873/74)

Miegius, L.Chr., De Fatis Tabernaculi Davidici Amos IX.v.11. In: Hase, Th./Iken, K., Thesaurus novus theologico-philologicus Bd.1, Lugduni Batavorum/Amstelodami 1732, 1044–1061 (Dissertatio Heidelbergae 1707).

Miqr'aot gedolot: 1958 מקראות נדולות, כתובים, חל אביב.

Mirkin, M.A.,: 1958 מ.א. מירקין, מדרש רבה. בראשית רבה, חלק ד, חל-אביב

Nestle, E.—Aland, K., Novum Testamentum Graece, 26., neu bearb. Aufl., Stuttgart 1979.

Newcome, W., An Attempt towards an Improved Version, a Metrical Rearrangement and an Explanation of the Twelve Minor Prophets, London 1785.

Nicolaus de Lyra, Glossae in universa biblia, Nurembergae 1481.

Pritchard, J.B., Ancient Near Eastern Texts. Relating to the Old Testament, 3rd ed. with Supplement, Princeton 1974.

Pritchard, J.B., The Ancient Near East in Pictures. Relating to the Old Testament, 2nd ed., Princeton 1974.

Pusey, E.B., The Minor Prophets with a Commentary Explanatory and Practical and Introduction to the Several Books, Oxford/Cambridge/London 1860.

Rabin, Ch., The Zadokite Documents, 2nd. rev. ed., Oxford 1958.

Reinke, L., Die messianischen Weissagungen bei den großen und kleinen Propheten des AT. III. Vorbemerkungen, Grundtext und Übersetzung, nebst einem philologisch-kritischen und historischen Commentar, Gießen 1861.

Richter, H.-P., A Preliminary Concordance to the Hebrew and Aramaic Fragments from Qumrân Caves II–X. Including Especially the Unpublished Material from Cave IV, 5 vols., Göttingen 1988.

Rosenmüller, E.F.C., Scholia in Vetus Testamentum in Compendium Redacta, Tom. IV: Scholia in Prophetas Minores. Post auctoris obitum edidit J.Chr.S. Lechner, Lipsiae 1836.

Rossi, J.B. de, Variae Lectiones Veteris Testamenti Librorum, Vol. III–IV et Supplementum, Amsterdam 1970 (=Parma 1786–98).

Rost, L., Die Damaskusschrift, Berlin 1933 (Kl. Texte f. Vorlesungen und Übungen, hrsg. H. Lietzmann, 167).

Schröder, J.F., Die Propheten Hoschea, Joel und Amos. Übersetzt und erläutert, Leipzig 1829.

Sidur Safa Berura. Mit deutscher Übersetzung von Rabbiner Dr. Bamberger, Basel o.J.

Singermann, F., מדרש תנחומא. Mit verbessertem hebräischem Text übersetzt und erläutert, Berlin 1927.

Sjöberg, Å.W., The Sumerian Dictionary of the University Museum of the University of Pennsylvania, vol.2, Philadelphia 1984.

Sperber, A., The Bible in Aramaic, vol. I: The Pentateuch, Leiden 1959.

Sperber, A., The Bible in Aramaic vol. III: The Latter Prophets according to Targum Jonathan, Leiden 1962.

Sperber, A., The Bible in Aramaic. Based on Old Manuscripts and Printed Texts, vol. IV A: The Hagiographa, Leiden 1968.

Sperber, A., The Bible in Aramaic. Based on Old Manuscripts and Printed Texts, vol. IV B: The Targum and the Hebrew Bible, Leiden 1973.

Sprenger, H.N., Theodori Mopsuesteni Commentarius in XII Prophetas. Einleitung und Ausgabe, Göttinger Orientforschungen V. Reihe: Biblica et Patristica 1, Wiesbaden 1977.

Steinsalz, A.: o.J. עדין שטיינזלץ, תלמוד בבלי, מסכת סנהדרין, כרך שני, ירושלים (Bd.9).

Talmud Bavli: (1962/63) 5723 תלמוד בבלי, מסכת סנהדרין, ירושלים Bd.15 (unpunktiert).

Tarnov, J., In Prophetas Minores Commentarius, Lipsiae 1706.

Theodor von Mopsuestia, ΕΡΜΗΝΕΙΑ ΑΜΩΣ ΤΟΥ ΠΡΟΦΗΤΟΥ. In Amosum Prophetam Commentarius, MPG 66, Sp.241–304.

Theodoret von Kyros, ΤΟΥ ΜΑΚΑΡΙΟΥ ΘΕΟΔΩΡΗΤΟΥ ΕΠΙΣΚΟΠΟΥ ΚΥΡΟΥ ΕΡΜΗΝΕΙΑ ΕΙΣ ΤΟΝ ΠΡΟΦΗΤΗΝ ΑΜΟΣ. Commentarius in Amos Prophetam, MPG 81, Sp.1663–1708.

Umbreit, Fr.W.C., Praktischer Commentar über die kleinen Propheten. Mit exegetischen und kritischen Anmerkungen. Erster Theil: Hosea, Joel, Amos, Obadja, Micha, Nahum, Habakuk, Zephanja, Hamburg 1845 (Praktischer Commentar über die Propheten des Alten Bundes IV,1).

Vater, J.S., Amos übersetzt und erläutert, mit Beifügung des Hebräischen Textes und des griechischen der Septuaginta, Halle 1810.

Walton, B., Biblia Sacra Polyglotta, Tomus III, Graz 1964.

Wünsche, A., Midrasch Tehillim. Oder Haggadische Erklärung der Psalmen. Nach der Textausgabe von Salomon Buber zum ersten Male ins Deutsche übersetzt und mit Noten und Quellenangaben versehen, Bd.2, Trier 1893.

Yadin, Y., ed., The Temple Scroll, vol. II: Text and Commentary, Jerusalem 1983.

Zeitlin, S., The Zadokite Documents. Facsimile of the Manuscripts in the Cairo Genizah Collection, Philadelphia 1952 (JQR. MS 1).

2. Hilfsmittel

Akkadisches Handwörterbuch. Unter Benutzung des lexikalischen Nachlasses von Bruno Meissner bearb. von Wolfram von Soden, 3 Bde., Wiesbaden 1965–1981.

Assyrian Dictionary of the Oriental Institute of the University of Chicago (The), ed., I.J. Gelb/B. Landsberger/A.L. Oppenheim/Erica Reiner, 21 vols., Chicago 1956ff.

Babó, Anita Rajkay, Anton Deimels Sumerisch-Akkadisches Glossar. Register der deutschen Bedeutungen, Wiesbaden 1984.

Dalman, G.H., Aramäisch-Neuhebräisches Wörterbuch zu Targum, Talmud und Midrasch. Mit Lexikon der Abreviaturen von G.H. Händler und einem Verzeichnis der Mischna-Abschnitte, Hildesheim 1967 (= Reprographischer Nachdruck der Ausg. Göttingen 1938).

Deimel, A., Šumerisches Lexikon, Bd.III,1: Šumerisch-Akkadisches Glossar, Rom 1934 (Scripta Pontificii Instituti Biblici).

Deimel, A., Šumerisches Lexikon, Bd.III,2: Akkadisch-Šumerisches Glossar, Rom 1937 (Scripta Pontificii Instituti Biblici).

Erman A./Grapow, H., Wörterbuch der ägyptischen Sprache, Bd.1, 2., unveränd. Neudruck, Berlin 1957.

Erman A./Grapow, H., Wörterbuch der ägyptischen Sprache, Bd.3, Berlin 1955.

Gesenius-Kautzsch-Bergsträsser, Hebräische Grammatik, Hildesheim/Zürich/New York 1983.

Hatch, E./Redpath, H.A., A Concordance to the Septuagint and the Other Greek Versions of the Old Testament, vol. I, Graz 1954 (= Oxford 1897).

Holladay, W.L., A Concise Hebrew and Aramaic Lexicon of the Old Testament, Leiden 1971.

Jastrow, M., A Dictionary of the Targumim, the Talmud Babli and Yerushalmi, and the Midrashic Literature, 2 vols, New York 1950 (=1903).

Joüon, P., Grammaire de l'Hébreu Biblique, Edition photomécanique corrigée (de l'édition Rome 1923), Graz 1965.

Köhler, L./Baumgartner, W., Hebräisches und Aramäisches Lexikon zum AT, Bd.3, Leiden 1983.

Levy, J., Wörterbuch über die Talmudim und Midraschim, 4 Bde., Darmstadt 1963 (Nachdruck der 2.Aufl. Berlin/Wien 1924).

Levy, J., Chaldäisches Wörterbuch über die Targumim und einen grossen Theil des rabbinischen Schrifttums, Bd.II: ‏ת-מ‎, 3., unveränd. Ausgabe, Leipzig 1881.

Meyer, R., Hebräische Grammatik Bd.III: Satzlehre, 3.neubearb. Aufl., Berlin/New York 1972 <Sammlung Göschen Bd.5765>.

Richter, H.-P., A Preliminary Concordance to the Hebrew and Aramaic Fragments from Qumrân Caves II–X. Including Especially the Unpublished Material from Cave IV, 5 vols., Göttingen 1988.

Römer, W.H.Ph., Einführung in die Sumerologie, 3.verb. Aufl., Nijmegen 1982.

Sjöberg, Å.W., The Sumerian Dictionary of the University Museum of the University of Pennsylvania, vol. 2, Philadelphia 1984.

3. Kommentare

Alonso-Schökel, L., Doce Profetas Menores, Madrid 1966.

Amsler, S., Amos, Genève 1982 (CAT XIa).

Barrett, C.K., Das Evangelium nach Johannes, Göttingen 1990 (KEK Sonderband).

Bauernfeind, O., Die Apostelgeschichte, Leipzig 1939 (ThHK 5); jetzt neu abgedruckt in: Ders., Kommentar und Studien zur Apostelgeschichte, hrg. V. Metelmann, Tübingen 1980 (WUNT 22).

Beck, Eleonore, Gottes Traum: Eine menschliche Welt. Hosea, Amos, Micha, Stuttgart 1972 (Stuttgarter Kleiner Kommentar 14).

Bič, M., Das Buch Amos, Berlin 1969.

Blaiklock, E.M., The Acts of the Apostles. A Historical Commentary, London 1969 (TNTC).

Boles, H.L., A Commentary on the Acts of the Apostles, Nashville 1976.

Conzelmann, H., Die Apostelgeschichte, 2.verb. Aufl., Tübingen 1972 (HNT 7).

Cripps, R., A Critical and Exegetical Commentary on the Book of Amos, 2nd. ed., London 1955.

Dahl, J.W.C., Amos. Neu übers. und erkl., Göttingen 1795.

Deden, D., De Kleine Profeten, Roermond 1953 (BOT 12).

Deissler, A., Zwölf Propheten. Hosea. Joël. Amos, Würzburg 1981 (Die Neue Echter Bibel).

Desnoyers, L., Le Prophète Amos, RB N.S.14 (1917) 218–246.

Dillmann, A., Der Prophet Jesaja erklärt, 6.Aufl., bearb. R. Kittel, Leipzig 1898 (KEH 5).

Duhm, B., Die Psalmen erklärt, 2., verm. und verb. Aufl., Tübingen 1922 (KHC 14).

Duhm, B., Das Buch des Propheten Jesaja, 5.Aufl., Göttingen 1968 (HK 3,1).

Elliger, K., Deuterojesaja. 1.Teilband Jes 40,1–45,7, 2.durchges. Aufl., Neukirchen-Vluyn 1989 (BK XI,1).

Ewald, H., Die Propheten des Alten Bundes erklärt, Bd.I, Stuttgart 1840.

Fohrer, G., Die Propheten des Alten Testaments 3: Die Propheten des frühen 6.Jhs., Gütersloh 1975.

Gray, G.B., The Book of Isaiah, vol. I, Edinburgh 1962 (ICC).

Haenchen, E., Die Apostelgeschichte, 15.Aufl., Göttingen 1968 (KEK 3).

Hammershaimb, E., The Book of Amos, A Commentary, Oxford 1970.

Hanson, R.P.C., The Acts in the Revised Standard Version. With Introduction and Commentary, Oxford 1967 (NCB.NT 5).

Harenberg, J.Chr., Amos propheta. Expositus interpretatione nova latina, Lugduni Batavorum 1763.

Harper, W.R., Amos and Hosea, Edinburgh 1910 (ICC).

Harper, W.R., Amos and Hosea, 5th ed., Edinburgh 1960 (ICC).

Hartung, K., Der Prophet Amos. Nach dem Grundtexte erklärt, BSt 3 (1898) 307–475.

Heaton, E.W., The Old Testament Prophets, Harmondsworth 1958.

Hertzberg, H., Die Samuelbücher, 2., neu durchges. Aufl., Göttingen 1960 (ATD 10).

Hoonacker, A. van, Les Douze Petits Prophètes, Paris 1908.

Kaiser, O., Der Prophet Jesaja Kap. 1–12, 2., verb. Aufl., Göttingen 1963 (ATD 17).

Kaiser, O., Der Prophet Jesaja. Kapitel 13–39, 2., durchges. Aufl., Göttingen 1976 (ATD 18).

Kaiser, O., Das Buch des Propheten Jesaja. Kapitel 1–12, 5., völlig neu bearb. Aufl., Göttingen 1981 (ATD 17).

Kaiser, O., Klagelieder, in: H. Ringgren/O. Kaiser, Das Hohe Lied/Klagelieder/

Das Buch Esther, 3., neubearb. Aufl., Göttingen 1981 (ATD 16/2).

Keil, F., Biblischer Commentar über die Zwölf Kleinen Propheten, 3. nachgebes. Aufl., Leipzig 1888 (BK III,4).

Kittel, R., Die Psalmen übersetzt und erklärt, 5./6. Aufl., Leipzig 1929 (KAT XIII).

Knabenbauer, J., Commentarius in Prophetas Minores, Paris 1886.

Koch, K. und Mitarbeiter, Amos. Untersucht mit den Methoden einer strukturalen Formgeschichte, Teil 2, Neukirchen-Vluyn 1976 (AOAT 30).

Koch, K., Die Propheten I, Stuttgart 1978.

Kraus, H.J., Psalmen 1–59. 5., grundlegend überarb. und veränd. Aufl., Neukirchen-Vluyn 1978 (BK XV/1).

Lake, K./Cadbury, H.J., English Translation and Commentary, in: F.J.F. Jackson/ K. Lake, eds., The Beginnings of Christianity, vol. 4, Grand Rapids 1979.

Lake, K./Cadbury, H.J., Additional Notes to the Commentary, in: F.J.F. Jackson/ K. Lake, eds., The Beginnings of Christianity, vol. 5, Grand Rapids 1979.

Leeuwen, C. van, Amos, Nijkerk 1985 (De Prediking van het Oude Testament).

Loisy, A., Les Actes des Apôtres, Paris 1920 (unveränd. Nachdruck 1973).

Marshall, I.H., The Acts of the Apostles. An Introduction and Commentary, London 1980 (TNTC).

Marti, K., Das Buch Jesaja erklärt, Tübingen 1900 (KHC X).

Marti, K., Das Dodekapropheton erklärt, Tübingen 1904 (KHC XIII).

Martin-Achard, R., A Commentary on the Book of Amos, in: God's People in Crisis, Edinburgh/Grand Rapids 1984.

Maurer, F.J.V.D., Commentarius Grammaticus Historicus Criticus in Prophetas Minores, Lipsiae 1840.

McKeating, H., Amos, Hosea, Micah, Cambridge 1971 (The Cambridge Bible Commentary).

Mercerus, J., Commentarius locupletissimus in Prophetas quinque priores inter eos qui minores vocantur, o.O u.J. (1598 oder 2. Aufl. 1698?; Mikrofilm der British Library London).

Munck, J., The Acts of the Apostles, Garden City 1967 (The Anchor Bible).

Mußner, F., Die Apostelgeschichte, Würzburg 1984 (Die Neue Echter Bibel Bd.5).

Noth, M., Könige, 1.Teilband I, 1–16, Neukirchen-Vluyn 1968 (BK IX/1).

Nötscher, F., Zwölfprophetenbuch oder Kleine Propheten, Würzburg 1954 (Echter Bibel).

Nowack, D.W., Die kleinen Propheten. Übersetzt und erklärt, Göttingen 1897 (HK III,4).

Nowack, D.W., Die kleinen Propheten. Übersetzt und erklärt, 2.Aufl., Göttingen 1903 (HK III,4).

Nowack, D.W., Die kleinen Propheten. Übersetzt und erklärt, 3. neu bearbeitete Aufl., Göttingen 1922 (HK III,4).

Nowack, W., Richter, Ruth und Bücher Samuelis, Göttingen 1902 (HK I,4).

Orelli, C. von, Das Buch Ezechiel und die zwölf kleinen Propheten, Nördlingen 1888 (KK V).

Orelli, C. von, Die zwölf kleinen Propheten, 2.verb. Aufl., München 1896 (KK V/2).

Orelli, C. von, Die zwölf kleinen Propheten, 3., neu bearb. Aufl., München 1908 (KK V/2).

Orelli, C. von, Der Prophet Jesaja. 3., neu durchgearb. Aufl., München 1904 (KK 4,1).

Pesch, R., Die Apostelgeschichte, 1.Teilband Apg 1–12, Zürich/Einsiedeln/Köln/ Neukirchen-Vluyn 1986 (EKK V,1).

Pesch, R., Die Apostelgeschichte. 2.Teilband Apg 13–28, Neukirchen-Vluyn 1986 (EKK V/2).

Pusey, E.B., The Minor Prophets with a Commentary Explanatory and Practical and Introduction to the Several Books, Oxford/Cambridge/London 1860.

Robinson, Th./Horst, F., Die zwölf kleinen Propheten, Tübingen 1938 (HAT 14).

Robinson, Th./Horst, F., Die zwölf kleinen Propheten, 2., verb. und verm. Aufl., Tübingen 1954 (HAT 14).

Roloff, J., Die Apostelgeschichte, Göttingen 1981 (NTD 5).

Rosenmüller, E.F.E., Scholia in Vetus Testamentum in Compendium Redacta. Tom.VI: Scholia in Prophetas Minores. Post auctoris obitum edidit J.Chr.Sigis. Lechner, Lipsiae 1836.

Rudolph, W., Joel, Amos, Obadja, Jona. Mit einer Zeittafel von Alfred Jepsen, Gütersloh 1971 (KAT XIII/2).

Schille, G., Die Apostelgeschichte des Lukas, Berlin 1983 (ThHK 5).

Schlatter, A., Erläuterungen zum Neuen Testament, Bd.I: Die Evangelien und die Apostelgeschichte, 5.durchges. Aufl., Stuttgart 1936.

Schmithals, W., Die Apostelgeschichte des Lukas, Zürich 1982 (ZBK NT 3,2).

Schneider, G., Die Apostelgeschichte, II.Teil, Freiburg/Basel/Wien 1982 (HThK 5,2).

Sellin, E., Das Zwölfprophetenbuch. Übersetzt und erklärt, Leipzig 1922 (KAT XII).

Smith, G.A., The Book of the Twelve Prophets I. Amos, Hosea and Micah, London/New York/Toronto o.J. (1901?).

Smith, R.H., Acts, Saint Louis/London 1970 (Concordia Commentary).

Soggin, A., The Prophet Amos, London 1987.

Stählin, G., Die Apostelgeschichte, 10.Aufl., Göttingen 1962 (NTD 5).

Steiner, H./Hitzig, F.,Die Zwölf Kleinen Propheten, 4. Aufl., Leipzig 1881 (KEH).

Steinmann, A., Die Apostelgeschichte, 4., neu bearb. Aufl., Bonn 1934 (HSNT IV).

Strabo, Walafrid, Glossa Ordinaria, MPL 113, Sp.67–1316. MPL 114, Sp.9–752.

Tarnov, J., In Prophetas Minores Commentarius, Lipsiae 1706.

Theis, J., in: J. Lippl, Die Zwölf Kleinen Propheten, 1.Hälfte, Bonn 1937 (Die Heiligen Schriften des AT VIII, 3/1).

Umbreit, Fr.W.C., Praktischer Commentar über die kleinen Propheten. Mit exegetischen und kritischen Anmerkungen. Erster Theil, Hamburg 1845 (Praktischer Commentar über die Propheten des Alten Bundes IV,1).

Valeton, J.J.P., Amos und Hosea, Gießen 1898.

Vater, J.S., Amos übersetzt und erläutert mit Beifügung des Hebräischen Textes und des Griechischen der Septuaginta, Halle 1810.

Weiser, A., Die Psalmen, Erster Teil Ps 1–60, 5., verb. Aufl., Göttingen 1959 (ATD 14).

Weiser, A., Das Buch der zwölf Kleinen Propheten, 6.durchges. Aufl., Göttingen 1974 (ATD 24).

Wellhausen, J., Die kleinen Propheten übersetzt. Mit Noten, Skizzen und Vorarbeiten, Heft 5, Berlin 1892.

Wellhausen, J., Die Kleinen Propheten. Übersetzt und erklärt, 4. unver. Aufl., Berlin 1963.

Werner, H., Amos, Göttingen 1969 (ExBib IV).

Wildberger, H., Jesaja 1–12, 2., verb. Aufl., Neukirchen-Vluyn 1980 (BK X/1).

Wildberger, H., Jesaja 13–27, 2.Aufl., Neukirchen-Vluyn 1989 (BK X/2).

Williams, C.S.C., A Commentary on the Acts of the Apostles, London 1971 (= reprint of the 2nd ed.; Black's NT Commentaries).

Wolff, H.W., Dodekapropheton 1. Hosea, 3., verb. Aufl., Neukirchen-Vluyn 1976 (BK XIV/1).

Wolff, H.W., Dodekapropheton 2. Joel und Amos, 2., durchges. Aufl., Neukirchen-Vluyn 1975 (BK XIV/2).

Würthwein, E., Das Erste Buch der Könige, Kapitel 1–16, Göttingen 1977 (ATD 11,1).

Zahn, Th., Die Apostelgeschichte des Lucas. Zweite Hälfte Kap. 13–28, 3./4. Aufl., Leipzig 1927 (KNT V,2).

4. Monographien, Zeitschriftenaufsätze, Lexikonartikel

Aberbach, M., Patriotic Tendencies in Targum Jonathan to the Prophets, Hebrew Abstracts 15 (1974) 89–90.

Abrahams, I., Studies in Pharisaism and the Gospels, 2nd. series, Cambridge 1924.

Albright, W.F., Egypt and the Early History of the Negeb, JPOS 4 (1924) 131–161.

Aldrich, W.M., The Interpretation of Acts 15:13–18, BS 111 (1954) 317–323.

Allegro, J.M., Further Messianic References in Qumran Literature, JBL 75 (1956) 174–187.

Allegro, J.M., Fragments of a Qumran Scroll of Eschatological Midrašîm, JBL 77 (1958) 350–354.

Alonso-Schökel, L., Descripcíon de los tiempos mesiánicos en la literatura profética como una vuelta al Paraíso, EE 24 (1950) 459–477.

Alt, A., Zelte und Hütten, in: Kleine Schriften zur Geschichte des Volkes Israel, Bd.III, 2.Aufl., München 1968, 233–242 (früher in: Alttestamentliche Studien, FS F. Nötscher, Bonn 1950 <BBB 1> 16–25).

Amsler, S., Art. קום, THAT II, Sp.635–641.

Andrae, W., Das Gotteshaus und die Urformen des Bauens im Alten Orient, Berlin 1930 (Studien zur Bauforschung 2).

Auerbach, E., Eine große Überarbeitung der biblischen Bücher, VTS 1 (1953) 1–10.

Augustinus, A., Sermo 349,2: De Charitate, et de caeco illuminato, MPL 39, Sp.1530.

Bach, R., Bauen und Pflanzen. Studien zur Theologie der alttestamentlichen Überlieferungen, FS G.v.Rad, Neukirchen-Vluyn 1961, 7–32.

Bacher, W., Die Agada der Palästinensischen Amoräer, Bd.III, Straßburg 1899.

Bacher, W., Die Agada der babylonischen Amoräer, 2., durch Ergänzungen und Berichtigungen verm. Aufl., Frankfurt/M. 1913.

Bamberger, B.J., Proselytism in the Talmudic Period, 2nd ed., New York 1968.

Bammel, E., Der Text von Apostelgeschichte 15, in: J. Kremer, Hrg., Les Actes des Apôtres, Louvain 1979 (BETL 48) 439–446.

Barth, H., Die Jesaja-Worte in der Josiazeit, Neukirchen 1977.

Bartlett, J.R., Edom and the Edomites, Sheffield 1989 (JSOTS 77).

Baumann, E., שׁוּב שְׁבוּת. Eine exegetische Untersuchung, ZAW 47 NF 6 (1929) 17–44.

Baumgarten, J.M., The Exclusion of "Netinim" and Proselytes in 4Q Florilegium, in: Studies in Qumran Law, Leiden 1977 (Studies in Judaism in Late Antiquity 24) 75–87 vorher in: RdQ 8 (1972) 87–96.

Baumgarten, J.M., 4Q 502, Marriage or Golden Age Ritual?, JJS 34 (1983) 125–135.

Baumgartner, W., Kennen Amos und Hosea eine Heilseschatologie?, Diss. Zürich 1913 (Separatausdruck aus der Schweiz. Theol. Zeitschift 30).

Benson, A., From the Mouth of the Lion. The·Messianism of Amos, CBQ 19 (1957) 199–212.

Berg, W., Die sogenannten Hymnenfragmente im Amosbuch, Bern/Frankfurt 1974 (Europäische Hochschulschriften 45).

Bergler, S., Die Hymnischen Passagen und die Mitte des Amosbuches, Tübingen 1979 (Magisterarbeit).

Bernard, M., Exegetical Study: Amos 9,8–15, in: Ministry 9 (1969) 22–26.

Bernhardt, K.-H., Art. Hütte, BHHW II (1964) 754.

Berridge, J.M., Jeremia und die Prophetie des Amos, ThZ 35 (1979) 321–341.

Bertram, G., Art. ἀναστρέφω, ThWNT VII, 715–717.

Betz, O., Felsenmann und Felsengemeinde (Eine Parallele zu Mt 16,17–19 in den Qumranpsalmen) ZNW 48 (1957) 49–77.

Betz, O., Offenbarung und Schriftforschung in der Qumransekte, Tübingen 1960 (WUNT 6).

Betz, O., Jesus und das Danielbuch, Bd.II: Die Menschensohnworte Jesu und die Zukunftserwartung des Paulus (Daniel 7,13–14) Frankfurt/M., Bern, New York 1985 (ANTI 6/II).

Betz, O., Die Bileamtradition und die biblische Lehre von der Inspiration, in: M. Görg, Hrsg., Religion im Erbe Ägyptens. Beiträge zur spätantiken Religionsgeschichte zu Ehren von Alexander Böhlig, Wiesbaden 1988 (Ägypten und AT 14) 18–53.

Betz, O., Der fleischliche Mensch und das geistliche Gesetz, in: Ders., Jesus. Der Herr der Kirche. Aufsätze zur biblischen Theologie II, Tübingen 1990 (WUNT 52) 129–196.

Bjørndalen, A.J., Jahwe in den Zukunftsaussagen des Amos, in: Die Botschaft und die Boten, FS H.W. Wolff, Neukirchen-Vluyn 1981, 181–202.

Bjørndalen, A.J., Untersuchungen zur allegorischen Rede der Propheten Amos und Jesaja, BZAW 165 (1986).

Blechmann, Malke, Das Buch Amos in Talmud und Midrasch, Diss. Würzburg o.J. (1933?).

Blenkinsopp, J., A History of Prophecy in Israel, Philadelphia 1983.

Blidstein, G., 4Q Florilegium and Rabbinic Sources on Bastard and Proselyte, RdQ 8 (1974) 431–435.

Boecker, H.J., Redeformen des Rechtslebens im AT, 2., erw. Aufl., Neukirchen-Vluyn 1970 (WMANT 14).

Boehmer, J., Hinein in die alttestamentlichen Prophetenschriften, Stuttgart 1903.

Boehmer, J., Die Eigenart der prophetischen Heilspredigt des Amos, ThStKr 76 (1903) 35–47.

Boman, Th., Das hebräische Denken im Vergleich mit dem griechischen, 6.Aufl., Göttingen 1977.

Boogart, Th.A., Reflections on Restoration, Groningen 1981.

Borger, R., Zu שׁוּב שְׁבוּת/ית, ZAW 66 (1954) 315f.

Borger, R., Amos 5,26, Apostelgeschichte 7,43 und Šurpu II, 180, ZAW 100 (1988) 70–81.

Borse, U., Kompositionsgeschichtliche Beobachtungen zum Apostelkonzil, in: Begegnung mit dem Wort, FS H. Zimmermann, hrg. J. Zmijewski/E. Nellessen, Bonn 1980, 195–212.

Bosshard, E., Beobachtungen zum Zwölfprophetenbuch, BN 40 (1987) 30–62.

Botterweck, G.J., Zur Authentizität des Buches Amos, BZ NF 2 (1958) 176–189.

Bouwman, G., Des Julian von Aeclanum Kommentar zu den Propheten Osee, Joel und Amos. Ein Beitrag zur Geschichte der Exegese, Rom 1958 (AnBib 9).

Bovon, F., Israel, die Kirche und die Völker im lukanischen Doppelwerk, ThLZ 108 (1983) 403–414.

Bracke, J.M., šûb šᵉbût: A Reappraisal, ZAW 97 (1985) 233–244.

Braun, M.A., James' Use of Amos at the Jerusalem Council: Steps Toward a Possible Solution of the Textual and Theological Problems, JETS 20 (1977) 113–121.

Brooke, G.J., Qumran Pesher: Towards the Redefinition of a Genre, RdQ 10 (1979–81) 483–503.

Brooke, G.J., The Amos-Numbers Midrash (CD 7,13b—8,1a) and Messianic Expectation, ZAW 92 (1980) 397–404.

Brooke, G.J., Exegesis at Qumran. 4Q Florilegium in its Jewish Context, Sheffield 1985 (JSOTS 29).

Brown, R.E., The Messianism of Qumrân, CBQ 19 (1957) 53–82.

Buber, M., Der Glaube der Propheten, Zürich 1950.

Buchanan, G.W., Eschatology and the "End of Days", JNES 20 (1961) 188–193.

Büchler, A., Das Ausgiessen von Wein und Öl als Ehrung bei den Juden, MGWJ 49 (1905) 12–40.

Büchler, A., Schechter's "Jewish Sectaries", JQR N.S. 3 (1912/13) 429–485.

Budde, K., Zu Text und Auslegung des Buches Amos, JBL 43 (1924) 46–131.

Budde, K., Zu Text und Auslegung des Buches Amos, JBL 44 (1925) 63–122.

Budde, K., Zu Jesaja 1–5, ZAW 49 NF 8 (1931) 16–40.

Bühner, J.-A., Art. σκηνή, EWNT III, Sp.599–602.

Buren, E.D. van, The Sacred Marriage in Early Times in Mesopotamia, Or 13 (1944) 1–72.

Burrows, E., Sakkut in Amos, JThS 28 (1927) 184f.

Burrows, E., Some Cosmological Patterns in Babylonian Religion, in: The Labyrinth, ed. S.H. Hooke, London 1935, 45–70.

Burrows, M., Die Schriftrollen vom Toten Meer, München 1957.

Cannon, W.W., Israel and Edom: The Oracle of Obadiah, Theol 15 (1927) 129–140. 191–200.

Capper, B.J., The Interpretation of Acts 5,4, JSNT 19 (1983) 117–131.

Carmignac, J., Comparison entre les manuscrits "A" et "B" du Document de Damas, RdQ 2 (1959/60) 53–67.

Carmignac, J./Cothenet, É./Lignée, H., Les textes des Qumrân. Traduits et annotés, Paris 1963.

Carpzov, D.J.G., Introductio ad libros propheticos, Lipsiae 1731.

Caspari, W., Erwarten Amos und Hosea den Messias?, NKZ 41 (1930) 812–817.

Causse, A., Les Prophètes d'Israël et les Religions de l'Orient, Paris 1913.

Cazelles, H., L'expression שׁוּב שְׁבוּת viendrait-elle de l'accadien d'Assarhaddon?, GLECS 9 (1961f) 57–60.

Černý, L., The Day of Yahweh and Some Relevant Problems, Praha 1948.

Churgin, P., Targum Jonathan to the Prophets, New Haven 1907 (YOS—Researches XIV).

Clements, R.E., Prophecy and Tradition, Oxford 1975.

Congar, Y., "Civitas Dei" et "Ecclesia" chez Saint Augustin, REAug 3 (1957) 1–14.

Cooper, J.S., The Return of Ninurta to Nippur. an-gim dím-ma, Rom 1978 (Acta Orientalia 52).

Cornill, C.H., Zur Einleitung in das Alte Testament, Tübingen 1912.

Coulot, C., Propositions pour une structuration du livre d'Amos au niveau rédactionnel, RevSR 51 (1977) 169–186.

Cramer, K., Amos. Versuch einer theologischen Interpretation, Stuttgart 1930.

Dahl, N.A., "A People For His Name" (Acts XV.14) NTS 4 (1957f) 319–327.

Dahood, M., Hebrew-Ugaritic Lexicography I, Bib 44 (1963) 289–303.

Dalman, G., Der leidende und der sterbende Messias der Synagoge im ersten nachchristlichen Jahrtausend, Berlin 1888 (SIJB 4).

Dalman, G., Die Worte Jesu. Mit Berücksichtigung des nachkanonischen jüdischen Schrifttums und der aramäischen Sprache, Bd.I, Darmstadt 1965 (= 2.Aufl., Leipzig 1930).

Dalman, G., Arbeit und Sitte in Palästina Bd.I,2, Gütersloh 1928.

Dalman, G., Arbeit und Sitte in Palästina, Bd.II, Gütersloh 1932.

Dalman, G., Arbeit und Sitte in Palästina Bd.III, Gütersloh 1933.

Dalman, G., Arbeit und Sitte in Palästina, Bd.IV, Gütersloh 1935.

Dalman, G., Arbeit und Sitte in Palästina, Bd.VI, Gütersloh 1939.

Daniélou, J., La Fête des Tabernacles dans l'exégèse patristique, TU 63 (1957) 262–279.

Daniélou, J., L'Etoile de Jacob et la Mission Chrétienne à Damas, VigChr 11 (1957) 121–138.

Daniélou, J., Le symbolisme eschatologique de la Fête des Tabernacles, Irén.31 (1958) 19–40.

Daube, D., Evangelisten und Rabbinen, ZNW 48 (1957) 119–126.

Davies, G.H., Amos—The Prophet of Re-Union, ET 92 (1980/81) 196–200.

Davies, Ph.R., The Ideology of the Temple in the Damascus Document, JJS 33 (1982) 287–301.

Davies, Ph.R., The Damascus Covenant. An Interpretation of the "Damascus Document", Sheffield 1983 (JSOT-Supplement Series 25).

Day, J., Molech. A God of Human Sacrifice in the Old Testament, Cambridge 1989 (University of Cambridge Oriental Publications 41).

Day, E./Chapin, W.H., Is the Book of Amos Post-Exilic?, AJSL 18 (1902) 65–93.

Delitzsch, F., Messianische Weissagungen, Leipzig 1890.

Delitzsch, F., Die Lese- und Schreibfehler im Alten Testament. Nebst den dem Schrifttexte einverleibten Randnoten klassifiziert, Leipzig 1920.

Denis, A.M., Les thèmes de connaissance dans le Document de Damas, Louvain 1967 (StHell 15).

Desnoyers, L., Le Prophète Amos, RB N.S. 14 (1917) 218–246.

Devresse, R., La méthode exégétique de Théodore de Mopsueste, in: Ders., Essai sur Théodore de Mopsueste, Città Del Vaticano 1948 (Studi e Testi 141) 53–93; vorher in: RB 53 (1946) 207–241.

Devresse, R., Le système doctrinal, in: Ders., Essai sur Théodore de Mopsueste, Città Del Vaticano 1948 (Studi e Testi 141) 94–124.

Dheilly, J., Les Prophètes, Paris 1960.

Dibelius, M., Das Apostelkonzil, in: Ders., Aufsätze zur Apostelgeschichte, hrg. H. Greeven, 5.durchges. Aufl. Göttingen 1968 (=1947) <FRLANT NF 2> 84–90.

Diebner, B./Schult, H., Edom in alttestamentlichen Texten der Makkabäerzeit, Dielheimer Blätter zum AT 8 (1975) 11–17.

Dietrich, E.L., שוב שבות. Die endzeitliche Wiederherstellung bei den Propheten, BZAW 40 (1925) 6–11.

Doeve, J.W., Jewish Hermeneutics in the Synoptic Gospels and Acts, Diss. Leiden 1953.

DuBuit, M., L'histoire d'Edom peuple mandit au pays de Seir, BTS 84 (1966) 2–4.

Duhm, B., Die Theologie der Propheten als Grundlage für die Entwicklungsgeschichte der israelitischen Religion, Bonn 1875.

Duhm, B., Anmerkungen zu den Zwölf Propheten I, ZAW 31 (1911) 1–18.

Duhm, B., Israels Propheten, Tübingen 1916.

Dupont, J., L'utilisation apologétique de l'AT dans les discours des Actes, EThL 29 (1953) 289–327.

Dupont, J., "ΛΑΟΣ 'ΕΞ 'ΕΘΝΩΝ" (Act 15,14), NTS 3 (1956f) 47–50.

Dupont, J., "Je rebâtirai la cabane de David qui est tombée" (Ac 15,16 = Am 9,11) in: Glaube und Eschatologie, FS W.G. Kümmel, hrsg. E. Gräßer/O. Merk, Tübingen 1985, 19–32.

Dupont-Sommer, A., Les inscriptions araméennes de Sfiré, Paris 1958.

Dupont-Sommer, A., Die Essenischen Schriften vom Toten Meer, Tübingen 1960.

Dürr, L., Wollen und Wirken der alttestamentlichen Propheten, Düsseldorf 1929.

Dürr, L., Ursprung und Ausbau der israelitisch-jüdischen Heilandserwartung, Berlin 1935.

Edersheim, A., The Life and Times of Jesus the Messiah, vol. II, 36th printing, Grand Rapids 1953.

Ego, Beate, Im Himmel wie auf Erden. Studien zum Verhältnis von himmlischer und irdischer Welt im rabbinischen Judentum, Tübingen 1989 (WUNT 2. Reihe 34).

Ehrlich, A.B., Randglossen zur hebräischen Bibel. Textkritisches, Sprachliches und

Sachliches, 6 Bde., Hildesheim 1968 (= Leipzig 1912).

Eichhorn, J.G., Einleitung ins Alte Testament, Bd.III, 2.verb. und verm. Aufl., Leipzig 1787.

Eißfeldt, O., Kultzelt und Tempel, in: Wort und Geschichte, FS K. Elliger, hrsg. H. Gese/H.P. Rüger, Neukirchen-Vluyn 1973 (AOAT 18).

Elhorst, H.J., De profetie van Amos, Leiden 1900 (bei Volz, ThLZ 1900, Sp.289–292).

Ellis, E.E., Midrash, Targum and New Testament Quotations, in: Neotestamentica et Semitica. Studies in honour of Matthew Black, ed. E.E. Ellis and M. Wilcox, Edinburgh 1969.

Ellis, E.E., Midraschartige Züge in den Reden der Apostelgeschichte, ZNW 62 (1971) 94–104.

Eltester, W., Art. Antiochenische Theologie, RGG 1, 3.Aufl., Sp.452f.

Encyclopaedia Judaica, ed. C. Roth/G. Wigoder u.a., 16 Bde., Jerusalem 1971:
Art. Galatinus, EJ 7, Sp.262f (G.E. Silverman).
Art. Moses, EJ 12, Sp.371–398 (M. Greenberg/D. Winston/A. Rothkoff).
Art. Seth, EJ 14, Sp.1192 (Editorial Board).

Erlandsson, S., Amos 5:25–27, ett crux interpretum, SEÅ 33 (1968) 76–82.

Fey, R., Amos und Jesaja. Abhängigkeit und Eigenständigkeit des Jesaja, Neukirchen-Vluyn 1963 (WMANT 12).

Finkel, A., The Pesher of Dreams and Scriptures, RdQ 4 (1963) 357–370.

Fischer, M., Des Nicolaus von Lyra postillae perpetuae in Vetus et Novum testamentum in ihrem eigenthümlichen Unterschied von der gleichzeitigen Schriftauslegung, JPTh 15 (1889) 430–471.

Fitzmyer, J.A., The Use of Explicit Old Testament Quotations in Qumran Literature and in the New Testament, NTS 7 (1960–61) 297–333.

Fitzmyer, J.A., Jewish Christianity in Acts in the Light of the Qumran Scrolls, in: L.E. Keck/J.L. Martyn (eds.), Studies in Luke—Acts, London 1968, 233–257.

Fitzmyer, J.A., The Use of Explicit Old Testament Quotations in Qumran Literature and in the New Testament, in: Essays on the Semitic Background of the New Testament, London 1971, 3–58.

Florival, E., Le Jour du Jugement (Amos 9,7–15), BiViChr 8 (1954) 61–75.

Flusser, D., Two Notes on the Midrash on 2Sam vii, IEJ 9 (1959) 99–109.

Fohrer, G., Art. Σιών, ThWNT VII, 291–318.

Fohrer, G., Jesaja 1 als Zusammenfassung der Verkündigung Jesajas, BZAW 99 (1967) 146–166.

Fohrer, G., Die Propheten des Alten Testaments, Bd.1, Gütersloh 1974.

Freedman, D.N./Willoughby, B.E., Art. עַם, ThWAT VI, 270–275.

Freimann, A., Rezension zu Maarsens Ausgabe von Raschis Parshandatha, MGWJ 80 NF 44 (1936) 433.

Fretheim, T.E., The Priestly Document: Anti-Temple?, VT 8 (1968) 313–329.

Frickenhaus, A., Art. Skene, PRE 3,1, Stuttgart 1927, 470–492.

Galling, K., Bethel und Gilgal, ZDPV 67 (1944) 21–43.

Galling, K., Die Ausrufung des Namens als Rechtsakt in Israel, ThLZ 81 (1956) 66–70.

Gärtner, B., Die rätselhaften Termini Nazoräer und Iskariot, Uppsala—Lund 1957 (Horae Soederblomianae 4).

Gärtner, B., The Temple and the Community in Qumran and in the New Testament, Cambridge 1965 (Society for New Testament Studies, Monograph Series I).

Gaster, H., What the Feast of Booths Celebrates, Commentary 14 (1952) 308–314.

Gaster, Th.H., The Scriptures of the Dead Sea Sect, London 1957.

Gaston, L., The Theology of the Temple, in: Oikonomia, FS O. Cullmann, Hamburg 1967, 32–41.

Gerlemann, G./Ruprecht, E., Art. דרש, THAT I, Sp.460–467.

Gese, H., Das Problem von Amos 9,7, in: Textgemäß. FS E. Würthwein, Göttingen 1979, 33–39.

Gevirtz, S., A New Look at an Old Crux: Amos 5,26, JBL 87 (1968) 267–276.

Ginsberg, H.L., Judah and the Transjordan States from 734 to 582 B.C.E., in: Alexander Marx Jubilee Volume, New York 1950, 348–368.

Ginzberg, L., Eine unbekannte jüdische Sekte, New York 1972 (=1922).

Ginzberg, L., The Legends of the Jews, vol. V, 7th ed. Phildelphia 5715/1955.

Glück, N., Ezion-Geber, BA 3 (1940) 51–55.

Glück, N., Ezion-Geber, BA 28 (1965) 70–87.

Goldberg, A., Die Peroratio (Ḥatima) als Kompositionsform der rabbinischen Homilie, FJB 6 (1978) 1–22.

Goodenough, E.R., Jewish Symbols in the Greco-Roman Period, vol. 4, New York 1954.

Gordis, R., The Composition and Structure of Amos, HThR 33 (1940) 239–251.

Gordis, R., Edom, Israel and Amos—An Unrecognized Source for Edomite History, in: Essays on the Occasion of the Seventieth Anniversary of the Dropsie University, Philadelphia 1979, 109–132.

Gordon, R.P., The Targumists as Eschatologists, VTS 29 (1977) 113–130.

Gottlieb, H., Amos und Jerusalem, VT 17 (1967) 430–463.

Gottwald, N.K., All the Kingdoms on the Earth. Israelite Prophecy and International Relations in the Ancient Near East, New York 1964.

Goudoever, J. van, Biblical Calendars, Leiden 1959.

Greeven, H., Art. ἐκζητέω, ThWNT II, 897.

Gressmann, H., Der Ursprung der israeltisch-jüdischen Eschatologie, Göttingen 1905.

Gressmann, H., Hrsg., Altorientalische Texte zum Alten Testament, 2. völlig neugest. und stark verm. Aufl., Berlin/Leipzig 1926.

Gressmann, H., Altorientalische Bilder zum Alten Testament. Gesammelt und beschrieben von Hugo Gressmann, 2., völlig neugest. und stark verm. Aufl., Berlin/ Leipzig 1927.

Gressmann, H., Der Messias, Göttingen 1929.

Guglielmo, A. De, The Fertility of Land in the Messianic Prophecies, CBQ 19 (1957) 306–311.

Guillaume, A., Hebrew and Arabic Lexicography. A Comparative Study III, Abr-Nahrain 3 (1961f; ed. 1963) 8.

Gundlach, R., Art. Min, Lexikon der Äyptologie, Bd.4, Wiesbaden 1982, Sp.136–140.

Gunkel, H., Schöpfung und Chaos in Urzeit und Endzeit, Göttingen 1895.

Guthrie, H.H., Israel's Sacred Songs, New York 1966.

Hägi, F., Jerusalem und die Endzeit nach Sacharja 14. Eine exegetische und bibeltheologische Untersuchung, Diss. Freiburg i.Br. 1970, 242–257.

Hailperin, H., Nicolas de Lyra and Rashi: The Minor Prophets, in: Rashi Anniversary Volume, ed. American Academy for Jewish Research, New York 1941 (Texts and Studies 1).

Hailperin, H., Rashi and the Christian Scholars, Pittsburgh 1963.

Halévy, J., Le Livre d'Amos, RSEHA 12 (1904) 1–18.

Haller, M., Edom im Urteil der Propheten, BZAW 41 (1925) 109–117.

Haran, M.: הרן, מ., מבעיות הרקע ההיסטורי של "נבואת הגוײם" שבספר עמוס, ידיעות (בחקירת ארץ ישראל ועתיקותיה) 30 (1966) 56–69

Hardy, E.R., Art. Cyrillus von Alexandrien, TRE 8, 254–260.

Hartung, K., Der Prophet Amos. Nach dem Grundtexte erklärt, BSt F 3 (1898) 307–475.

Hävernick, H.A. Chr., Handbuch der historisch-kritischen Einleitung in das Alte Testament, Bd.II, Erlangen 1844.

Heaton, E.W., The Old Testament Prophets, Harmondsworth 1958.

Heider, C.G., The Cult of Molek. A Reassessment, Sheffield 1985 (JSOTS 43).

Heinrich, E., Schilf und Lehm. Ein Beitrag zur Urgeschichte der Sumerer, Berlin 1934 (Studien zur Bauforschung 6).

Heinrich, E., Bauwerke in der altsumerischen Bildkunst, Wiesbaden 1957 (Schriften der Max Freiherr von Oppenheim Stiftung 2).

Heinrich, E., Die Tempel und Heiligtümer im Alten Mesopotamien, Abbildungsband, Berlin 1982 (Denkmäler Antiker Architektur 14).

Helck, W., Art. Min, Lexikon der Alten Welt, Zürich/Stuttgart 1965.

Hempel, J., Der Symbolismus von Reich, Haus und Stadt in der biblischen Sprache, in: Wissenschaftliche Zeitschrift der Ernst-Moritz-Arndt Universität Greifswald, Reihe B,5 (1955/56) 123–130.

Hengel, M., Die Zeloten, 2. verb. und erw. Aufl., Leiden/Köln 1976 (Arbeiten zur Geschichte des antiken Judentums und des Urchristentums 1).

Hengstenberg, E.W., Christologie des Alten Testamentes und Kommentar über die Messianischen Weissagungen, Bd.I, 2.Aufl., Berlin 1854.

Hentschke, R., Die Stellung der vorexilischen Schriftpropheten zum Kultus, BZAW 75 (1957).

Herrmann, S., Die prophetischen Heilserwartungen im Alten Testament, Stuttgart 1965 (BWANT 85).

Hertzberg, H.W., Zur Nachgeschichte alttestamentlicher Texte innerhalb des Alten Testaments, in: Werden und Wesen des Alten Testaments, BZAW 66 (1936) 110–121.

Hirschberg, H.H., Some Additional Arabic Etymologies in Old Testament Lexicography, VT 11 (1961) 373–385.

Hirscht, A., Textkritische Untersuchungen über das Buch Amos, ZWTh 44 (1901) 11–73.

Hodgson, R., The Testimony Hypothesis, JBL 98 (1979) 361–378.

Hoffmann, G., Versuche zu Amos, ZAW 3 (1883) 125f.

Hoffmann, H.W., Zur Echtheitsfrage von Amos 9,9f, ZAW 82 (1970) 121f.

Holladay, W.L., The Root šûbh in the Old Testament, Leiden 1958.

Holm-Nielsen, S., Hodayot. Psalms from Qumran, Aarhus 1960 (Acta Theologica Danica 2).

Hölscher, G., Die Propheten. Untersuchungen zur Religionsgeschichte Israels, Leipzig 1914.

Holtz, T., Untersuchungen über die alttestamentlichen Zitate bei Lukas, Berlin 1968 (TU 104).

Honeycutt, R.L., The Lion Has Roared! An Expository Outline of the Book of Amos, SWJT 9 (1966) 27–35.

Horsfield, G./Conway, A., Historical and Topographical Note on Edom with an Account of the First Excavations at Petra, GJ 76 (1930) 369–390.

Horsfield, G. and A., Sela-Petra, The Rock, of Edom and Nabatene, QDAP 7 (1938) 1–44.

Hruby, K., The Feast of Tabernacles in Temple and Synagogue and in the New Testament, Encounter Today 1 (1966) 12–19. Vorher in: L'Orient Syrien 7 (1962) 163–174.

Humbert, P., Le Messie dans le Targum des Prophètes, RThPh 44 (1911) 5–46. (Fortsetzung des Artikels aus RThPh 43 <1910>).

Humbert, P., Dieu fait sortir, ThZ 18 (1962) 357–361.

Humbert, P., Dieu fait sortir. Note complémentaire, ThZ 18 (1962) 433–436.

Huppenbauer, H., הרבים, רוב, רב in der Sektenregel (1QS), ThZ 13 (1957) 136f.

Hyatt, J.Ph., Prophetic Religion, New York/Nashville 1947.

Isbell, Ch.D., Another Look at Amos 5:26, JBL 97 (1978) 97–99.

Jaubert, Annie, "Le pays de Damas", RB 65 (1958) 214–246.

Jenni, E., Das Wort 'olam im Alten Testament, ZAW 64 NF 23 (1952) 197–248 und 65 NF 24 (1953) 1–35.

Jenni, E., Art. ענן, THAT II, 351–353.

Jepsen, A., Art. Eschatologie im AT, RGG II, 3.Aufl., Sp.655–662.

Jeremias, F., Das orientalische Heiligtum, Angelos 4 (1932) 56–69.

Jeremias, Joachim, Golgotha und der heilige Felsen, Angelos 2 (1926) 74–128.

Jeremias, Jörg, Amos 3–6. Beobachtungen zur Entstehungsgeschichte eines Prophetenbuches, ZAW 100 Supplement (1988) 123–138.

Johnson, D.S., The Dead Sea Manual of Discipline and the Jerusalem Church of Acts, ZAW 66 NF 25 (1954) 106–120.

Kahmann, J., Die Heilszukunft in ihrer Beziehung zur Heilsgeschichte nach Isaias 40–55, Bib 32 (1951) 65–89.

Kaiser, W.C., The Davidic Promise and the Inclusion of the Gentiles (Amos 9:9–15 and Acts 15:13–18): A Test Passage for Theological Systems, JETS 20 (1977) 97–111.

Kapelrud, A.S., Central Ideas in Amos, Oslo 1956.

Kaufmann, Y., The Religion of Israel, Chicago 1960.

Kellermann, U., Der Amosschluß als Stimme deuteronomistischer Heilshoffnung, EvTh 29 (1969) 169–183.

Kellermann, U., Erwägungen zum deuteronomistischen Gemeindegesetz Dt 23,2–9, BN 2 (1977) 33–47.

Kern, Brigitte, Die Pesiqta Rabbati 29/30 Naḥamu und die Pesiqta de Rav Kahana 16 Naḥamu—eine Gegenüberstellung zweier Textzeugen aus Parma, FJB 11 (1983) 91–112.

Kerrigan, A., St. Cyril of Alexandria. Interpreter of the O.T., Rome 1952 (AnBib 2).

Kilian, R., Überlegungen zur alttestamentlichen Eschatologie, in: Eschatologie, FS E. Neuhäusler, St. Ottilien 1981, 23–39.

Kilpatrick, G.D., Some Quotations in Acts, in: J. Kremer, Hrsg., Les Actes des Apôtres, Louvain 1979 (BETL 48) 81–97.

Klausner, J., Die Messianischen Vorstellungen des jüdischen Volkes im Zeitalter der Tannaiten, Berlin 1904.

Klein, M.L., Converse Translation: A Targumic Technique, Bib 57 (1976) 515–537.

Kleinert, P., Die Propheten Israels in sozialer Beziehung, Leipzig 1905.

Klinzing, G., Die Umdeutung des Kultus in der Qumrangemeinde und im NT, Göttingen 1971 (SUNT 7).

Knibb, M.A., Exile in the Damascus Document, JSOT 25 (1983) 99–117.

Knobel, A., Der Prophetismus der Hebräer. Vollständig dargestellt, 3 Teile, Breslau 1837.

Koch, K., Offenbaren wird sich das Reich Gottes. Die Malkuta Jahwäs im Profeten-Targum, NTS 25 (1979) 158–165.

Koch, K., Art. אהל, ThWAT I, Sp. 128–141.

Kohata, F., A Stylistic Study on the Metaphors of Amos (jap.) FS M. Sekine, ed. S.Arai a.o., Tokyo 1972, 147–161.

Köhler, L., Amos, Zürich 1917 (Separatausdruck aus der Schweizerischen Theologischen Zeitschrift 34).

König, E., Stilistik, Rhetorik, Poetik. In Bezug auf die biblische Literatur komparativisch dargestellt, Leipzig 1900.

König, E., Die messianischen Weissagungen des Alten Testaments, 2. und 3. allseitig ergänzte Aufl., Stuttgart 1925.

Kooij, A. van der, "De tent van David". Amos 9:11–12 in de Griekse Bijbel, in: B. Becking/J. van Dorp/A. van der Kooij (red.), Door het oog van de profeten. Exegetische studies aangeboden aan prof.dr.C.van Leeuwen, Utrecht 1989 (Utrechtse Theologische Reeks 8) 49–56.

Kramer, S.N., Lamentation over the Destruction of Ur, AS 12 (1940).

Kraus, H.J., Gottesdienst in Israel. Grundriß einer Geschichte des alttestamentlichen Gottesdienstes, 2., völlig neu bearb. Aufl., München 1962.

Krause, G., Studien zu Luthers Auslegung der Kleinen Propheten, Tübingen 1962 (BHTh 33).

Krause, H.H., Der Gerichtsprophet Amos, ein Vorläufer des Deuteronomisten, ZAW 50 NF 9 (1932) 221–239.

Krauss, S., Koz, Koza, Kozith. Die Spuren eines edomitischen Gottes, WZKM 26 (1929) 220–226.

Kristensen, W.B., De Loofhut en het Loofhuttenfeest in den Egyptischen Cultus, in: Ders., Verzamelde Bijdragen tot Kennis der antieke Godsdiensten, Amsterdam 1947, 65–81.

Kronholm, Art. סָכַךְ ThWAT V, Sp.838–856.

Kuhn, K.G., Der gegenwärtige Stand der Erforschung der in Palästina neugefundenen hebräischen Handschriften, ThLZ 85 (1960) Sp.649–657.

Kuntz, M., Ein Element der alten Theophanieüberlieferung und seine Rolle in der Prophetie des Amos, Diss. Tübingen 1968.

Kutsch, E., Das Herbstfest in Israel, Diss. Mainz 1955.

La Bonnardière, A.M., Les douze Petits Prophètes dans l'oeuvre de S. Augustin, REAug 3 (1957) 341–374 (Biblia Augustiniana 24).

Labuschagne, C.J., Art. קרא, THAT II, 666–674.

Lake, K., The Apostolic Council of Jerusalem, in: K. Lake/H.J. Cadbury, eds., The Beginnings of Christianity, vol. 5: Additional Notes to the Commentary, Grand Rapids 1979, 195–212 (= Ders., The Council of Jerusalem Described in Acts XV, in: Jewish Studies in Memory of Israel Abrahams, New York 1927, 244–265).

Lane, W.R., A New Commentary Structure in 4Q Florilegium, JBL 78 (1959) 343–346.

Leeuwen, C. van, De Heilsverwachting bij Amos, in: Vruchten van de Uithof. Studies opgedragen aan dr. H.A. Brongers ter gelegenheid van zijn afscheid, Utrecht 1974, 71–87.

Lefèvre, A., L'expression "En ce jour là" dans le livre d'Isaie, TCJP 4, Paris 1957 (Mélanges A. Robert).

Leibel, D.:   ליבל,ד.,הנחלה, היורשים, והחלוקה בחזון עובדיה, in:
עז לדוד, מונש לדוד בן-גוריון במלאת לו שבעים ושבע שנים 443–449, Jerusalem 1964,

Leloir, L., Ephraem et l'ascendance davidique du Christ, TU 63 (1957) 389–394.

Levey, S.H., The Messiah: An Aramaic Interpretation, Cincinnati/ New York/ Los Angeles/ Jerusalem 1974.

Levey, S.H., The Targum to Ezekiel, HUCA 46 (1975) 139–158.

Lévi, I., Un Écrit Sadducéen Antérieur à la Destruction du Temple, REJ 61 (1911) 161–205.

Levinson, N.P., Ein Rabbiner erklärt die Bibel, München 1982 (Abhandlungen zum christlich-jüdischen Dialog 14).

Lieberman, S., Greek in Jewish Palestine, 2nd ed., New York 1965.

Lindner, M., Die Könige von Petra. Aufstieg und Niedergang der Nabatäer im biblischen Edom, Ludwigsburg 1968.

Lods, A., Les Prophètes d'Israël et les débuts du Judaïsme, Paris 1935.

Loewe, R., The Jewish Midrashim and Patristic and Scholastic Exegesis of the Bible, TU 63 (1957) 492–514.

Lohfink, N., Art. יָרַשׁ, ThWAT III, Sp.953–985.

Lohfink, N., Die Bedeutungen von hebr. jrš qal und hif., BZ NF 27 (1983) 14–33.

Lövestam, E., Son and Saviour. A Study of Acts 13, 32–37 with an Appendix: "Son of God" in the Synoptic Gospels, Lund/Kopenhagen 1961 (Coniectanea neo-testamentica 18).

Luria, Ben-Zion: לוריא, ב"צ.,הנבואות על הגוים שבספר עמוס מבחינה ההיסטורית, בית מקרא 54 (1973) 287–301, 295f, Engl. Zusammenfassung S.421f.

Luther, M., Daß Jesus Christus ein geborner Jude sei, WA 11,326–328.

Luzarraga, J., Las tradiciones de la nube en la Biblia y en el Judaismo primitivo, Roma 1973 (AnBib 54).

Maag, V., Text, Wortschatz und Begriffswelt des Buches Amos, Leiden 1951.

Maag, V., Jakob—Esau—Edom, ThZ 13 (1957) 418–429.

Maarsen, I.:

פרשנדתא. והוא פירוש רש"י על נ"ך. על פי דפושים וכתבי יד., hrg. י. מאהרשען <Maarsen>,
חלק א: תרי עשׂר, אמסטרדם תרצה (1934/35=)

MacRae, G.W., The Meaning and Evolution of the Feast of Tabernacles, CBQ 22 (1960) 251–276.

Maier, J./Schubert, K., Die Qumran-Essener. Texte der Schriftrollen und Lebensbild der Gemeinde, München/Basel 1982 (UTB 224).

Maier, J., Die Texte vom Toten Meer, Bd.II: Anmerkungen, München/Basel 1960.

Manning, E., La nuée dans l'Écriture, BiViChr 54 (1963) 51–64.

Markert, L., Struktur und Bezeichnung des Scheltwortes, BZAW 140 (1977) 192–202.

Martin-Achard, R., Amos. L'homme, le message, l'influence, Genève 1984 (Publications de la Faculté de Théologie de l'Université de Genève No.7).

Martini, C.M., Rezension von J. de Waard, A Comparative Study of the OT Text in the Dead Sea Scrolls and in the New Testament, Bib 50 (1969) 272–275.

Mayer, Günter, Art. כּוֹס, ThWAT IV, Sp.107–111.

McDaniel, T.F., Philological Studies in Lamentations, Bib 49 (1968) 36–38.

McNicol, A.J., The Eschatological Temple in the Qumran Pesher 4Q Florilegium 1: 1–7, Ohio Journal of Religious Studies 5 (1977) 133–141.

Meisterlin, F.Chr., De Tabernaculo Molochi et Stella Dei Remphan, Diss. Marburg 1795. (Mikrofilm der Bayrischen Staatsbibliothek München)

Meli, A., I beni temporali nelle profezie messianiche, Bib 16 (1935) 307–329.

Metzger, B.F., The Formulas introducing Quotations of Scripture in the NT and the Mishnah, JBL 70 (1951) 297–307.

Michaelis, W., Art. σκηνή, ThWNT VII, 369–374.

Michaelis, W., Zelt und Hütte im biblischen Denken, EvTh 14 (1954) 29–49.

Michel, O./Betz, O., Von Gott gezeugt, in: Judentum, Urchristentum, Kirche, FS Joachim Jeremias, BZNW 26 (1964) 3–23.

Miegius, L.Chr., De Fatis Tabernaculi Davidici Amos IX.v.11. In: Hase, Th./Iken, K., Thesaurus novus theologico-philologicus Bd.1, Lugduni Batavorum/Amstelodami 1732, 1044–1061 (Dissertatio Heidelbergae 1707).

Milik, J.T., Ten Years of Discovery in the Wilderness of Judaea, London 1959.

Milikowsky, Ch., Again: Damascus in the Damascus Document and in Rabbinic Literature, RdQ 11 (1982) 97–106.

Möhlenbrink, K., Der Tempel Salomos. Eine Untersuchung seiner Stellung in der Sakralarchitektur des Alten Orients, Stuttgart 1932 (BWANT 4,7).

Montefiore, C.G., A Tentative Catalogue of Biblical Metaphors, JQR 3 (1891) 623–681.

Morgenstern, J., The Universalism of Amos, in: Essays presented to Leo Baeck, London 1954, 104–126 ("Tribute to Leo Baeck").

Morgenstern, J., "The Rest of the Nations" JSSt 2 (1957) 225–231.

Morgenthaler, R., Die lukanische Geschichtsschreibung als Zeugnis. Gestalt und Gehalt der Kunst des Lukas. 1.Teil: Gestalt, Zürich 1949 (AThANT 14).

Mowinckel, S., He That Cometh, Oxford 1956.

Mowinckel, S., Psalmenstudien II, Amsterdam 1961 (=Oslo 1921–24).

Müller, Iris, Die Wertung der Nachbarvölker Israels Edom, Moab, Ammon, Philister und Tyrus/Sidon nach den gegen sie gerichteten Drohsprüchen der Propheten, Diss. Münster 1968.

Müller, H.P., Zur Frage nach dem Ursprung der biblischen Eschatologie, VT 14 (1964) 276–293.

Munch, P.A., The expression bajjôm hāhū'. Is it an Eschatological Terminus Technicus?, Oslo 1936 (Avhandlinger utgitt av Det Norske Videnskaps-Akademi Oslo. II.Historisk-Filosofisk Klasse).

Muntingh, L.M., Political and International Relations of Israel's Neighbouring Peoples according to the Oracles of Amos, in: Studies on the books of Hosea and Amos, OTWSA.P 7th/8th meeting, 1964/65, 134–142.

Murphy-O'Connor, J., The Original Text of CD 7,9–8,2 = 19,5–14, HThR 64 (1971) 379–386.

Murphy-O'Connor, J., A Literary Analysis of the Damascus-Document VI,2—VIII,3, RB 78 (1971) 210–232.

Mußner, F., Die Idee der Apokatastasis in der Apostelgeschichte, in: Lex Tua Veritas, FS H. Junker, hrsg. H. Groß/F. Mußner, Trier 1961, 293–306.

Neher, A., Amos. Contribution à l'étude du prophétisme, Paris 1950.

Neumann, Influence de Raschi et d'autres commentateurs juifs sur les Postillae Perpetuae de Nicolaus de Lyre, REJ 26 (1893) 127–182. Fortsetzung des Artikels in REJ 27 (1893) 250–262.

Neusner, J., Early Rabbinic Judaism, Leiden 1975 (Studies in Judaism in late Antiquity 13).

Neusner, J., Messiah in Context. Israel's History and Destiny in Formative Judaism, Philadelphia 1984.

Niehr, H., Art. נָשִׂיא, ThWAT V, Sp.647–657.

North, R., Edom-Petra, Rome Biblical Colour Slide Lectures, Rom 1971.

Noth, M., Der historische Hintergrund der Inschriften von sfire, ZDPV 77 (1961).

Oepke, A., Art. νεφέλη, ThWNT 4, 904–912.

Oesterley, W.O.E./Box, G.H., The Religion and Worship of the Synagogue, London 1907.

Oettli, S., Amos und Hosea, BFChTh 5 (1901) 1–63.

Oppenheim, A.L., The Mesopotamian Temple, BA 7 (1944) 54–63.

Orelli, C. von, Die alttestamentliche Weissagung von der Vollendung des Gottesreiches, Wien 1882.

Osswald, Eva, Urform und Auslegung im masoretischen Amostext. Ein Beitrag zur Kritik an der neueren traditionsgeschichtlichen Methode, Diss. Jena 1951.

Osten-Sacken, P. von der, Die Bücher der Tora als Hütte der Gemeinde, ZAW 91 (1979) 423–435.

Pardee, D., Literary Sources for History of Palestine and Syria II. Hebrew, Moabite, Ammonite and Edomite Inscriptions, AUSS 17 (1979) 47–69.

Parker, James, The Concept of Apokatastasis in Acts. A Study in Primitive Christian Theology, Austin 1978 (Diss. Basel 1976).

Patai, R., Man and Temple. In Ancient Jewish Myth and Ritual, London/ Edinburgh/ Paris/ Melbourne/ Toronto/ New York 1947.

Patai, R., The Messiah Texts, New York 1979.

Payne, D.F., Semitisms in the Book of Acts, in: Apostolic History and the Gospel, FS F.F. Bruce, ed. W.W. Gasque/R.P. Martin, Exeter 1970, 134–150.

Peter, A., Das Echo von Paradieserzählung und Paradiesesmythen im Alten Testament unter besonderer Berücksichtigung der prophetischen Endzeitschilderungen, Diss. Würzburg 1946.

Peters, N., Sache und Bild in den messianischen Weissagungen, ThQ 112 (1931) 451–489.

Pirot, L., L'œuvre exégétique de Théodore de Mopsueste 350–428 après J.C., Rome 1913.

Pixner, B., An Essene Quarter on Mount Zion?, in: Studia Hierosolymitana I: Studi archaeologici, FS B. Bagatti, Jerusalem 1976 (SBF.C Ma 22) 245–285.

Plöger, J.G., Literarkritische, formgeschichtliche und stilkritische Untersuchungen zum Deuteronomium, Bonn 1967 (BBB 26).

Plümacher, E., Lukas als hellenistischer Schriftsteller, Göttingen 1972 (StUNT 9).

Porteous, N.W., Jerusalem-Zion: The Growth of a Symbol, in: Verbannung und Heimkehr, FS W. Rudolph, Tübingen 1961, 235–252. Jetzt in: Ders., Living the Mystery, Oxford 1967, 93–111.

Prado, J., Los destinos de Edom, EE 34 (1960) 557–567.

Praetorius, F., Threni I,12.14. II,6.13., ZAW 15 (1895) 143–146.

Prager, Mirjam, Amos, der Hirte aus Teqoa IV, BiLi 36 (1962/63) 205–308.

Preuschen, E., Die Bedeutung von שׁוּב שְׁבוּת im Alten Testamente, ZAW 15 (1895) 22–28.

Preuß, H.D., Jahweglaube und Zukunftserwartung, Stuttgart/Berlin/Köln/Mainz 1968 (BWANT 87).

Price, R.E., A Lexicographical Study of *glh*, *šbh* and *šwb* in Reference to Exile in the Tanach, Diss. Duke Univ. 1977, DissAbstr 39 (1978) 326–A.

Proksch, O., Die kleinen prophetischen Schriften vor dem Exil, Calw/Stuttgart 1910 (Theologische Abhandlungen zum AT 3).

Rabin, Ch., Noṣerim, Textus 5 (1966) 44–52.

Rabin, C., The Zadokite Documents, Oxford 1958.

Rabinowitz, I., Sequence and Dates of the Extra-Biblical DSS Texts and the "Damascus Fragments", VT 3 (1953) 175–185.

Rabinowitz, I., A Reconsideration of "Damascus" and "390 years" in the "Damascus" ("Zadokite") Fragments JBL 73 (1954) 11–34.

Rabinowitz, L., Does Midrash Tillim Reflect the Triennial Cycle of Psalms?, JQR N.S.26 (1935/36) 349–368.

Rad, G. von, Der Heilige Krieg im Alten Israel, Zürich 1951.

Rad, G. von, The Origin of the Concept of the Day of Yahweh, JSS 4 (1959) 97–108.

Rad, G. von, Theologie des Alten Testaments, Bd.II, 7.Aufl., München 1980.

Rahmer, M., Die hebräischen Traditionen in den Werken des Hieronymus, MGWJ 42 (1898) 1–16; 97–107.

Rahtjen, B., A Critical Note on Amos 8,1–3, JBL 83 (1964) 416f.

Rankin, O.S., The Festival of Hanukkah, in: The Labyrinth, ed. S.H. Hooke, London 1935, 161–209.

Rector, L.J., Israel's Rejected Worship: An Exegesis of Amos 5, RestQ 21 (1978) 161–175.

Reider, J., Contributions to the Scriptural Text, HUCA 24 (1952/53) 96.

Reinke, S.L., Die messianischen Weissagungen bei den großen und kleinen Propheten des AT. III. Vorbemerkungen, Grundtext und Übersetzung, nebst einem philologisch-kritischen und historischen Commentar, Gießen 1861.

Rendtorff, R., Zum Gebrauch der Formel nᵉ᾽um jahwe im Jeremiabuch, ZAW 66 NF 25 (1954) 27–37.

Reuß, E., Die Propheten, Braunschweig 1892.

Reventlow, H. Graf, Das Amt des Propheten bei Amos, Göttingen 1962 (FRLANT 80).

Richard, E., The Divine Purpose: The Jews and the Gentile Mission (Acts 15), SBL Seminar Papers 19 (1980) 267–282.

Richard, E., The Creative Use of Amos by the Author of Acts, NT 24 (1982) 37–53.

Richardson, H.N., SKT (Amos 9:11): "Booth" or "Succoth"?, JBL 92 (1973) 375–381.

Riedel, W., Miszellen, ZAW 20 (1900) 332.

Riehm, E., Die Messianische Weissagung, 2.Aufl., Gotha 1885.

Riesenfeld, H., Jésus Transfiguré, København 1947 (ASNU 16).

Riesner, R., Essener und Urkirche in Jerusalem, BiKi 40 (1985) 64–76.

Ringgren, H., The Branch and the Plantation in the *Hodayot*, BR 6 (1961) 3–9.

Ringgren, H., Art. צָמַח, ThWAT VI, Sp.1068–1072.

Robinson, G.L., The Sarcophagus of an Ancient Civilization, Petra, Edom and the Edomites, New York/London 1930.

Romanoff, P., Jewish Symbols on Ancient Coins, JQR 33 (1942/43) 1–15; 435–444.

Ropes, J.H., The Text of Acts, in: F.J.F. Jackson/K. Lake, eds., The Beginnings of Christianity, vol. 3, Grand Rapids 1979.

Roth, C., Messianic Symbols in Palestinian Archaeology, PEQ 87 (1955) 151–164.

Roth, C., The Cleansing of the Temple and Zechariah XIV 21, NT 4 (1960) 174–181.

Routtenberg, H.J., Amos of Tekoa. A Study in Interpretation. With a Foreword by L. Finkelstein, New York/Washington/Hollywood 1971.

Rubinstein, A., Urban Halakha and Camprules in the "Cairo Fragments of a Damascus Covenant", Sef. 12 (1952) 283–296.

Rudolph, W., Jesaja XV–XVI, in: Hebrew and Semitic Studies. Presented to G.R. Driver, Oxford 1963, 130–143.

Rudolph, W., Schwierige Amosstellen, in: Wort und Geschichte, FS K. Elliger, Neukirchen-Vluyn 1973 (AOAT 18) 157–162.

Rupprecht, K., Der Tempel von Jerusalem, BZAW 144 (1976).

Sacon, K.K., Amos 5,21–27. An Exegetical Study (jap.), FS M. Sekine, ed. S. Arai a.o., Tokyo 1972, 278–299.

Samain, E., La notion de ΑΡΧΗ dans l'oeuvre lucanienne, in: F. Neirynck, Hrsg., L'Évangile de Luc: problèmes littéraires et théologiques, Gembloux 1973 (TDTDC Nouvelle Série 4) 299–328.

Sandt, H. van de, Why is Amos 5,25–27 quoted in Acts 7,42f.?, ZNW 82 (1991) 67–87.

Sasowski, R., Dann wende ich das Schicksal meines Volkes. Die Verheißung kommenden Heils. BiKi 22 (1967) 116–119.

Schechter, S., Fragments of a Zadokite Work. Documents of Jewish Sectaries I, Cambridge 1910.

Schlögl, N., שוב שבות, WZKM 38 (1932) 68–75.

Schmidt, H., Die Thronfahrt Jahves, Tübingen 1927.

Schmidt, K.L., Jerusalem als Urbild und Abbild, Eranos Jb 18 (1950) 207–248.

Schmidt, N., On the Text an Interpretation of Am 5,25–27, JBL 13 (1894) 1–15.

Schmidt, W., משכן als Ausdruck Jerusalemer Kultsprache, ZAW NF 34 (1963) 91f.

Schmidt, W.H., Die deuteronomistische Redaktion des Amosbuches, ZAW 77 NF 36 (1965) 168–193.

Schneider, A., Luthers Glossen zu Amos, Luther 18 (1936) 38–46.

Schrader, E., Assyrisch-Biblisches, ThStKr 47 (1874) 324–335.

Schreckenberg, H., Die christlichen Adversus-Judaeos-Texte (11.–13.Jh.). Mit einer Ikonographie des Judenthemas bis zum 4.Laterankonzil, Frankfurt/M./Bern/New York/Paris 1988 (Europäische Hochschulschriften Reihe 23 Bd.335).

Schunck, K.-D., Die Eschatologie der Propheten des Alten Testaments und ihre Wandlung in exilisch-nachexilischer Zeit, VTS 26 (1974) 116–132.

Schwartz, D.R., The Three Temples of 4Q Florilegium, RdQ 10 (1979–81) 83–91.

Schwartz, D.R., The Messianic Departure from Judah (4Q Patriarchal Blessings), ThZ 37 (1981) 256–266.

Schwarz, Ottilie, Der erste Teil der Damaskusschrift und das Alte Testament, Lichtland/Diest, o.J., (Diss. Nijmegen 1965).

Schwarz, S., יְמוֹת הַמָּשִׁיחַ Die Messias-Zeit. Erläuterung der Talmudstellen die Bezug auf Israels Zukunft haben, 3. verm. Aufl., Lemberg 1865.

Sebök (Schönberger), M., Die syrische Übersetzung der zwölf kleinen Propheten, Diss. Leipzig 1887.

Seesemann, O., Israel und Juda bei Amos und Hosea, Leipzig 1898.

Segal, M.Z.: סנל, מ.צ., חזון אחרית הימים בספרי הנביאים, תרביץ 27 (1957) 11–3 Engl. Zusammenfassung S.If.

Sellin, E., Zur Einleitung in das Alte Testament, Leipzig 1912.
Sellin, E., Das Zelt Jahwes, in: Alttestamentliche Studien, FS R. Kittel, Leipzig 1913 (BWANT 13) 168–192.
Selms, A.van., Amos's Geographic Horizon, OTWSA 1965/66, 166–169.
Seybold, K., Das davidische Königtum im Urteil der Propheten, Göttingen 1972 (FRLANT 107).
Shereshevsky, E., Rashi's and Christian Interpretations, JQR 61 (1970/71) 76–86.
Siahaan, S.M., Die Konkretisierung der Messiaserwartung nach dem Zusammenbruch Jerusalems, Diss. Hamburg 1973.
Silberman, L.H., A Note on 4Q Florilegium, JBL 78 (1959) 158f.
Silberman, L.H., Unriddling the Riddle. A Study in the Structure and Language of the Habakkuk Pesher (1QpHab), RdQ 3 (1961) 323–364.
Smend, R., Die Entstehung des Alten Testaments, Stuttgart/Berlin/Köln/Mainz 1978.
Smith, R.L., The Theological Implications of the Prophecy of Amos, SWJT 9 (1966) 49–56.
Soggin, J.A., Art. שוב, THAT II, Sp.886ff.
Speiser, E.A., Note on Amos 5,26, BASOR 108 (1947) 5f.
Sperber, A., Zur Sprache des Prophetentargums, ZAW NF 4 (1927) 267–288.
Stegemann, H., Die Entstehung der Qumrangemeinde, Diss. Bonn 1971 (1965).
Stein, E., Die homiletische Peroratio im Midrasch, HUCA 8/9 (1931/32) 353–371.
Stemberger, G., Das klassische Judentum, München 1979.
Stendebach, F.J., Art. צלם, ThWAT VI, Sp. 1046–1055.
Stern, W., Judentum—eine Religion der Tat, in: Allgemeine Jüdische Wochenzeitung Nr.26, 27.06.1991, S.6. (Erklärung des Wochenabschnitts Num 22,2–25,9).
Stolz, F., Strukturen und Figuren im Kult von Jerusalem, BZAW 118 (1970).
Story, C.I.K., Amos-Prophet of Praise, VT 30 (1980).
Strack, H.L./Billerbeck, P., Kommentar zum Neuen Testament aus Talmud und Midrasch, Bd.I, 8., unveränd. Aufl., München 1982.
Strack, H.L./Billerbeck, P., Kommentar zum Neuen Testament aus Talmud und Midrasch Bd.II, 8.unveränd. Aufl., München 1983.
Strack, H.L./Billerbeck, P., Kommentar zum Neuen Testament aus Talmud und Midrasch Bd.III, 8.unveränd. Aufl., München 1985.
Strack, H.L./Billerbeck, P., Kommentar zum Neuen Testament aus Talmud und Midrasch Bd.IV,1, 8. unveränd. Aufl., München 1986.
Strack, H.L./Billerbeck, P., Kommentar zum Neuen Testament aus Talmud und Midrasch Bd.IV,2, 8. unveränd. Aufl., München 1986.
Strack, H.L./Stemberger, G., Einleitung in Talmud und Midrasch, 7., völlig neu bearbeitete Aufl., München 1982.
Strickert, F.M., Damascus Document VII, 10–20 and Qumran Messianic Expectation, RdQ 12 (1986) 327–349.
Stuiber, A., Die Wachthütte im Weingarten, Jahrbuch für Antike und Christentum 2 (1959) 86–89.
Summer, W.A., Israel's Encounters with Edom, Moab, Ammon, Sihon and Og according to the Deuteronomist, VT 18 (1968) 216–228.
Sweeney, M.A., Isaiah 1–4 and the Post-Exilic Understanding of the Isaianic Tradition, BZAW 171 (1988) 126f.
Thackeray, H.St.Th., The Septuagint and Jewish Worship, London 1921.
Thoma, C./Lauer, S., Die Gleichnisse der Rabbinen. Erster Teil: Pesiqta deRav Kahana (PesK), Einleitung, Übersetzung, Parallelen, Kommentar, Texte, Bern/Frankfurt/M./New York 1986 (JeC 10).
Thomsen, Marie-Louise, The Sumerian Language, Copenhagen 1984 (Mesopotamia 10).
Torrey, C.C., Notes on Amos ii.7, vi.10, vii.3, ix.8–10, JBL 15 (1896) 153.

Tuschen, W., Die historischen Angaben im Buche des Propheten Amos. Ein Beitrag zur Geschichte Israels, Diss. Freiburg i.Br. 1951.

Ungnad, A., Die Religion der Babylonier und Assyrer, Jena 1921 (Religiöse Stimmen der Völker III).

Valeton, J.J.P., Amos und Hosea. Ein Kapitel aus der Geschichte der israelitischen Religion, Gießen 1898.

Vaux, R.de, Das Alte Testament und seine Lebensordnungen, 2 Bde., 2. Aufl., Freiburg/Basel/Wien 1966.

Vaux, R.de, Téman, ville ou région d'Edom, RB 76 (1969) 379–385.

Venetianer, L., Ursprung und Bedeutung der Propheten-Lektionen, ZDMG 63 (1909) 103–170.

Vermes, G., Lebanon, in: Scripture and Tradition in Judaism, Leiden 1961 (Studia Post Biblica 4) 26–39.

Vermes, G., Lion—Damascus—Meḥoḳeḳ—Man. Symbolic Tradition in the Dead Sea Scrolls, in: Scripture and Tradition in Judaism, 2nd ed., Leiden 1973, 40–66.

Vermes, G., The Dead Sea Scrolls, 2nd. ed., London 1982.

Vermes, G., The Dead Sea Scrolls in English, 2nd. ed., Harmondsworth 1982.

Vernet, F., Art. Lyre, Dictionnaire de Théologie Catholique IX, Paris 1926, Sp.1410–1422.

Vincent, L.H., La Représentation divine orientale archaïque, in: Mélanges Syriens, FS A.R. Dussaud, Paris 1939, 373–390.

Vischer, L./Lerch, D., Die Auslegungsgeschichte als notwendige theologische Aufgabe, TU 63 (1957) 414–419.

Vogels, W., Invitation à revenir à l'alliance et universalisme en Amos IX.7, VT 22 (1972) 223–239.

Volz, P., Die vorexilische Jahweprophetie und der Messias, Göttingen 1897.

Volz, P., Das Neujahrsfest Jahwes (Laubhüttenfest), Tübingen 1912, (SGV 67).

Volz, P., Zu Amos 9,9, ZAW 38 (1920) 105–111.

Waard, J. de, A Comparative Study of the Old Testament Text in the Dead Sea Scrolls and in the New Testament, Leiden 1966 (STDJ 4).

Wagner, S., Überlegungen zur Frage nach den Beziehungen des Propheten Amos zum Südreich, ThLZ 96 (1971) Sp.653–670.

Wagner, S., Art. דָרַשׁ, ThWAT II, Sp.313–329.

Wal, A. van der, The Structure of Amos, JSOT 26 (1983) 107–113.

Walker, L.L., The Language of Amos, SWJT 9 (1966) 37–48.

Watts, J.D.W., The Origin of the Book of Amos, ET 66 (1955) 109–112.

Watts, J.D.W., Vision and Prophecy in Amos, Leiden 1958.

Weimar, P., Der Schluß des Amos-Buches, BN 16 (1981) 60–100.

Weinfeld, M., Deuteronomy and the Deuteronomic School, Oxford 1983.

Weippert, Helga, Die Prosareden des Jeremiabuches, BZAW 132 (1973) 199–202.

Weippert, Helga, Schöpfer des Himmels und der Erde. Ein Beitrag zur Theologie des Jeremiabuches, Stuttgart 1981 (SBS 102).

Weippert, M., Art. Edom und Israel, TRE 9, 291–299.

Weiser, A., Die Prophetie des Amos, BZAW 53 (1929).

Weisman, Z.: ז.ויסמן, מקבילות סגנוניות בספרי עמוס וירמיהו ומשמעותן
לגבי חיבור ספר עמוס, שנתון למקרא ולחקר המזרח הקדום 1, ירושלים/תל־אביב 1975, 129–149.

Weiss, M., Methodologisches über die Behandlung der Metapher, ThZ Basel 23 (1967) 1–25.

Weiss, M.:
וייס,מ., מה בין הימים האלה ובין הימים הבאים לפי עמוס ט, ינ?
ארץ ישראל 14 (1978) 69–73
Engl. Zusammenfassung S.125*.

Wenschkewitz, H., Die Spiritualisierung der Kultusbegriffe Tempel, Priester und Opfer im Neuen Testament, Angelos 4 (1932) 71–230.

Werner, W., Israel in der Entscheidung. Überlegungen zur Datierung und zur theologischen Aussage von Jes 1,4–9, in: Eschatologie, FS E. Neuhäusler, St. Ottilien 1981, 59–72.

Westermann, C., Die Begriffe für Fragen und Suchen im AT, KuD 6 (1960) 2–30.

Westermann, C., Prophetische Heilsworte im Alten Testament, Göttingen 1987 (FRLANT 145).

Westphal-Hellbusch, S./Westphal, W., Die Ma'dan, in: Forschungen zur Ethnologie und Sozialpsychologie 4 (1962) 64–81.

Wette de, W.M.L., Lehrbuch der historisch-kritischen Einleitung in die kanonischen und apokryphischen Bücher des Alten Testaments, 1.Teil, 6., verb. und verm. Aufl., Berlin 1845 (=Berlin 1817).

Wetzstein, Über die Siebe in Syrien, ZDPV 14 (1891) 1–7.

Wieder, N., The "Law-Interpreter" of the Sect of the Dead Sea Scrolls: The Second Moses, JJS 4 (1953) 158–175.

Wieder, N., "Sanctuary" as Metaphor for Scripture, JJS 8 (1957) 165–175.

Wieder, N., The "Land of Damascus" and Messianic Redemption, JJS 20 (1969) 86–88.

Wijngaards, J., הוציא and העלה. A twofold approach to the Exodus, VT 15 (1965) 91–102.

Wilch, J., Laubhüttenfest und Prediger Salomos. Freude und Ernst, FüI 58 (1975) 99–107.

Wilcox, M., The Semitisms of Acts, Oxford 1965 Richard, E., The Old Testament in Acts: Wilcox's Semitisms in Retrospect, CBQ 42 (1980) 330–341.

Wildberger, H., Jesajas Verständnis der Geschichte, VTS 9 (1963) 83–117.

Wilde, W.J.de, De Messiaansche Opvattingen der Middeleeuwsche Exegeten Rasji, Aben Ezra en Kimchi. Vooral Volgens Hun Commentaren op Jesaja, Diss. Wageningen 1929.

Willi-Plein, Ina, Vorformen der Schriftexegese innerhalb des Alten Testaments. Untersuchungen zum literarischen Werden der auf Amos, Hosea und Micha zurückgehenden Bücher im hebräischen Zwölfprophetenbuch, BZAW 123 (1971).

Willi-Plein, Ina/Willi, Th., Glaubensdolch und Messiasbeweis. Die Begegnung von Judentum, Christentum und Islam im 13.Jh. in Spanien, Neukirchen-Vluyn 1980 (Forschungen zum jüdisch-christlichen Dialog 2).

Williams, D.L., The Theology of Amos, RExp 63 (1966) 393–403.

Williamson, H.A., Amos 5,25–26, ET 36 (1924/25) 430f.

Wilson, S.G., Law and Judaism in Acts, SBL Seminar Papers 19 (1980) 251–265.

Winter, A., Analyse des Buches Amos, ThStKr 83 (1910) 323–374.

Winter, P., Miszellen zur Apostelgeschichte, EvTh 17 (1957) 398–406.

Wischnitzer-Bernstein, Rahel, Die Messianische Hütte in der jüdischen Kunst, MGWJ 80 NF 44 (1936) 377–390.

Witzel, M., Die Dioritplatten Urninas, AfO 7 (1931/32) 33–36.

Wolfe, R.E., The Editing of the Book of the Twelve, ZAW NF 12 (1935) 90–129.

Woude, A.S. van der, Die messianischen Vorstellungen der Gemeinde von Qumrân, Assen 1957.

Woude, A.S. van der, Bemerkungen zu einigen umstrittenen Stellen im Zwölfprophetenbuch, in: Mélanges bibliques et orienteaux en l'honneur de M. Henri Cazelles, Neukirchen-Vluyn 1981 (AOAT 212) 485–490.

Woudstra, M.H, Edom and Israel in Ezekiel, CTJ 3 (1968) 21–35.

Würthwein, E., Amos 5,21–27, ThLZ 72 (1947) 143–152.

Würthwein, E., Amos-Studien, ZAW NF 21 (1950) 10–52.

Yadin, Y., A Midrash on 2Sam vii and Ps i–ii (4Q Florilegium), IEJ 9 (1959) 95–98.

Yadin, Y., ed. The Temple Scroll, vol. 1: Introduction, Jerusalem 1983.

Yadin, Y., The Temple Scroll, vol. 2, Text and Commentary, Jerusalem 1983.

Yadin, Y., Die Tempelrolle. Die verborgene Thora vom Toten Meer, München/ Hamburg 1985.

Zeron, A., The Swansong of Edom, JJS 31 (1980) 190–198.

Zimmermann, C., "To This Agree the Words of the Prophets", GrJ 4 (1963) 28– 40.

Zinger, Z., The Bible Quotations in the Pesiqta de Rav Kahana, Textus 5 (1966) 114–124.

Zobel, M., Gottes Gesalbter. Der Messias und die Messianische Zeit in Talmud und Midrasch, Berlin 1938 (Schocken 90–91).

INDEX

NEUES TESTAMENT

Hellenistisches Judentum

RABBINISCHES JUDENTUM

ARBEITEN ZUR GESCHICHTE
DES ANTIKEN JUDENTUMS UND DES URCHRISTENTUMS

——

MARTIN HENGEL *Tübingen* · PETER SCHÄFER *Berlin*
PIETER W. VAN DER HORST *Utrecht* · MARTIN GOODMAN *Oxford*
DANIËL R. SCHWARTZ *Jerusalem*

——

1 M. Hengel. *Die Zeloten.* Untersuchungen zur jüdischen Freiheitsbewegung in der Zeit von Herodes I. bis 70 n. Chr. 2. verbesserte und erweiterte Auflage. 1976. ISBN 9004043276

2 O. Betz. *Der Paraklet.* Fürsprecher im häretischen Spätjudentum, im Johannes-Evangelium und in neu gefundenen gnostischen Schriften. 1963. ISBN 9004001093

5 O. Betz. *Abraham unser Vater.* Juden und Christen im Gespräch über die Bibel. Festschrift für Otto Michel zum 60. Geburtstag. Herausgegeben von O. Betz, M. Hengel, P. Schmidt. 1963. ISBN 9004001107

6 A. Böhlig. *Mysterion und Wahrheit.* Gesammelte Beiträge zur spätantiken Religionsgeschichte. 1968. ISBN 9004001115

7 B. J. Malina. *The Palestinian Manna Tradition.* The Manna Tradition in the Palestinian Targums and its Relationship to the New Testament Writings. 1968. ISBN 9004001123

8 J. Becker. *Untersuchungen zur Entstehungsgeschichte der Testamente der zwölf Patriarchen.* 1970. ISBN 9004001131

9 E. Bickerman. *Studies in Jewish and Christian History.*
    1. 1976. ISBN 9004043969
    2. 1980. ISBN 9004060154
    3. 1986. ISBN 9004074805

11 Z. W. Falk. *Introduction to Jewish Law of the Second Commonwealth.*
    1. 1972. ISBN 9004035370
    2. 1978. ISBN 9004052496

12 H. Lindner. *Die Geschichtsauffassung des Flavius Josephus im Bellum Judaicum.* Gleichzeitig ein Beitrag zur Quellenfrage. 1972. ISBN 9004035028

13 P. Kuhn. *Gottes Trauer und Klage in der rabbinischen Überlieferung.* Talmud und Midrasch. 1978. ISBN 9004056998

14 I. Gruenwald. *Apocalyptic and Merkavah Mysticism.* 1980. ISBN 9004059598

15 P. Schäfer. *Studien zur Geschichte und Theologie des rabbinischen Judentums.* 1978. ISBN 9004058389

16 M. Niehoff. *The Figure of Joseph in Post-Biblical Jewish Literature.* 1992. ISBN 900409556X

17 W. C. van Unnik. *Das Selbstverständnis der jüdischen Diaspora in der hellenistisch-römischen Zeit.* Aus dem Nachlaß herausgegeben und bearbeitet von P. W. van der Horst. 1993. ISBN 9004096930

18 A. D. Clarke. *Secular and Christian Leadership in Corinth*. A Socio-Historical and Exegetical Study of 1 Corinthians 1-6. 1993. ISBN 9004098623

19 D. R. Lindsay. *Josephus and Faith*. Πίστις and πιστεύειν as Faith Terminology in the Writings of Flavius Josephus and in the New Testament. 1993. ISBN 9004098585

20 D. M. Stec (ed.). *The Text of the Targum of Job*. An Introduction and Critical Edition. 1994. ISBN 9004098747

21 J. W. van Henten & P. W. van der Horst (eds.). *Studies in Early Jewish Epigraphy*. 1994. ISBN 9004099166

22 B. S. Rosner. *Paul, Scripture and Ethics*. A Study of 1 Corinthians 5-7. 1994. ISBN 9004100652

23 S. Stern. *Jewish Identity in Early Rabbinic Writings*. 1994. ISBN 9004100121

24 S. Nägele. *Laubhütte Davids und Wolkensohn*. Eine auslegungsgeschichtliche Studie zu Amos 9:11 in der jüdischen und christlichen Exegese. 1995. ISBN 9004101632

25 C. A. Evans. *Jesus and His Contemporaries*. Comparative Studies. 1995. ISBN 9004102795

DATE DUE

			Printed in USA